Neues aus Halle (Saale):
Entdeckungen, Erfindungen und Innovationen

Florian Steger

unter Mitarbeit von
Saskia Gehrmann, Andreas Jüttemann, Dajana Napiralla,
Elke Schlenkrich, Christian Schlöder und Maximilian Schochow

Neues aus Halle (Saale): Entdeckungen, Erfindungen und Innovationen

Universitätsverlag Halle-Wittenberg uvHW

Prof. Dr. Florian Steger ist Direktor des Instituts für
Geschichte und Ethik der Medizin der Medizinischen Fakultät
der Martin-Luther-Universität Halle-Wittenberg.

Die Deutsche Nationalbibliothek verzeichnet diese Publikation in
der Deutschen Nationalbibliografie; detaillierte bibliografische
Daten sind im Internet über *http://dnd.d-nb.de* abrufbar.

LXXXVIII

Lektorat: Nancy Grochol, www.argwohn-lektorat.de

Umschlaggestaltung: Horst Stöllger, pixzicato GmbH Hannover

ISBN 978-3-86977-087-1

Inhaltsverzeichnis

Anhang

Grußwort

Traditionsreiche Universitätsmedizin mit Zukunftsperspektive

Halle-Wittenberg bietet seit Beginn des 16. Jahrhunderts medizinische Lehrveranstaltungen und seit 1694 das Medizinstudium an. Die Vernetzung aus Lehre, Forschung und Krankenversorgung begann in Halle (Saale) bereits 1717, als das Leitmotiv „Universitätsklinikum“ erstmals in Deutschland gelebt wurde: Johann Juncker (1679–1759) führte im Rahmen der Armensprechstunde an den Franckeschen Stiftungen einen praktischen Unterricht für Studierende der Medizinischen Fakultät der Friedrichs-Universität Halle (Collegium clinicum Halense) ein. Frühzeitig zeigte sich die Universitätsmedizin Halle (Saale) fortschrittlich und promovierte mit Dorothea Christiana Erxleben (1715–1762) im Jahr 1754 die erste Frau in Deutschland zur „Dr. med.“. 2011 wurde das erfolgreiche Lernzentrum der Universitätsmedizin eingerichtet und nach ihr benannt – eine der drei größten Lernkliniken Deutschlands, in der eine intensive akademische und interprofessionelle Lehre und Ausbildung stattfindet.

Betrachtungen der Geschichte sind notwendig; sie dienen ein Stück weit der Selbstvergewisserung, sind jedoch für die erfolgreiche Entwicklung eines Standortes und dessen Zukunftssicherung, besonders in Zeiten fiskalisch geprägter hochschulpolitischer Diskussionen, nicht ausreichend. Verfolgt man die aktuelle Berichterstattung zur Universitätsmedizin in Sachsen-Anhalt und insbesondere zur Universitätsmedizin in Halle (Saale), wird dies besonders deutlich. Die hallische Universitätsmedizin hat, wie andere in den neuen Bundesländern ebenfalls, eine bewegte jüngere Geschichte hinter sich, in der es galt, sich in einem erweiterten Umfeld zu positionieren und zu profilieren. Sie wird, auch in Zeiten der Konsolidierung, weiter den wichtigen Bogen von biomedizinischen Grundlagenwissenschaften über klinische Forschung bis hin zur hochwertigen Krankenversorgung spannen. Die Einheit von Lehre (Medizin, Zahnmedizin sowie Gesundheits- und Pflegewissenschaften), Forschung und Krankenversorgung (Maximalversorgung bei gleichzeitiger Unterstützung der Gewährleistung der wohnortnahen allgemeinmedizinischen Versorgung) ebenso wie die wissenschaftliche Kooperation mit anderen Fakultäten der Martin-Luther-Universität Halle-Wittenberg gilt es, langfristig zu erhalten und zukunftsfähig zu machen, so dass der Standort zunehmende Sichtbarkeit erreicht.

In der Lehre bildet sich das Profil mittels der akademischen Qualifikation für die Gesundheitsversorgung durch die Studiengänge Medizin, Zahnmedizin sowie Gesundheits- und Pflegewissenschaften unter einem Dach ab – in dieser Kombination ein deutschlandweites Alleinstellungsmerkmal. Wir bieten moderne universitäre Lehre, die den Nachwuchs forschungsbasiert auf die zunehmenden interprofessionellen komplexen Herausforderungen des Wissenschaftsbetriebs als auch des Arbeitsmarktes vorbereitet. Dadurch erfolgt die Sicherung eines Studiums, das wissenschaftliche Qualifikation ermöglicht und auf wissenschaftliche Karrierewege vorbereitet. Die Reform der Curricula mit einer wesentlichen Stärkung der integrativen und interprofessionellen Elemente wird hierfür konsequent weitergeführt. Eine besonders wichtige Entwicklung ist der Ausbau der Akademisierung der Gesundheitsfachberufe im Rahmen eines integrierten Modells – gemäß Wissenschaftsratsempfehlung – unter dem Dach einer medizinischen Vollfakultät.

In der Forschung erfolgt die Profilierung einerseits durch den Bereich Epidemiologie und Pflegewissenschaften, der vom Wissenschaftsrat kürzlich als alleinstellend eingestuft wurde. Dieser wird strukturell durch das Koordinierungszentrum für Klinische Studien Halle (Saale), das Rekrutierungszentrum der Nationalen Kohortenstudie, das Profilzentrum für Gesundheitswissenschaften und das Regionale Herzinfarktregister Sachsen-Anhalt gestützt. Darüber hinaus weist die Universitätsmedizin Halle (Saale) Forschungsaktivitäten und -strukturen auf, die mit den naturwissenschaftlichen Fakultäten der Universität eng vernetzt sind und im Bereich Molekulare Medizin der Signaltransduktion zusammengefasst werden. Beispiele hierfür sind das Proteinzentrum „Charles Tanford“ und das DFG-Graduiertenkolleg 1591. Die Fakultät ist damit integraler Bestandteil eines erfolgreichen Schwerpunktes der biomedizinischen Lebenswissenschaften der Martin-Luther-Universität Halle-Wittenberg (Makromolekulare Strukturen und biologische Informationsverarbeitung). Weiterhin besteht eine erfolgreiche interfakultäre Vernetzung durch die Interdisziplinären Zentren für Altern (IZAH) und für Medizin-Ethik-Recht (MER). Schließlich wird die Vernetzung auch im Bereich der Nachwuchsförderung gelebt, zum Beispiel durch das Promotionskolleg Medizin.

In der Krankenversorgung stellt sich die hallische Universitätsmedizin den Herausforderungen im Sinn einer demographieorientierten Zukunftssicherung der regionalen medizinischen Versorgung. Primäres Ziel ist es, auf wissenschaftlicher Basis die Gesundheit der Bevölkerung zu fördern sowie deren gesundheitsbezogene Lebensqualität zu verbessern. Für die Erfüllung dieser Leistungen der Daseinsfürsorge besteht ein besonderer Ressourcenbedarf, der durch das übliche Erlössystem im Bereich der Krankenversorgung derzeit nicht gedeckt wird, sodass rasch zusätzliche bundesweite Finanzierungselemente eingeführt werden müssen. Da ohne eine Universitätsmedizin im bestehenden Umfang die Aus- und Weiterbildung und damit medizinische Versorgung nicht gewährleistet werden kann, muss diese auskömmlich finanziert werden.

Die hallische Universitätsmedizin hat ihr Entwicklungskonzept bis zum Jahr 2025 aufgestellt, mit dem eine realisierbare zukunftsorientierte Strukturanpassung erfolgen wird, sodass durch entsprechende Ressourcenfreisetzung und Schaffung von Gestaltungsspielraum für die akademische Entwicklung die Zukunftsfähigkeit gesichert werden kann und der Universitätsmedizinstandort Halle (Saale) ein weithin sichtbares Profil erarbeitet. Darauf vertrauen wir und vor allem die nachfolgenden Generationen, denn wir sind auf eine zuverlässige, öffentliche medizinische Daseinsfürsorge in Sachsen-Anhalt angewiesen.

Prof. Dr. Michael Gekle
Dekan der Medizinischen Fakultät der
Martin-Luther-Universität Halle-Wittenberg

Geleitwort

Schon der große Philosoph Voltaire (1694–1778) wusste: „Wer die Krone deutscher Gelehrsamkeit sehen will, der muss nach Halle gehen“. So war es schon vor 250 Jahren und so ist es auch heute.

Unsere Kampagne „wissenschaft in halle“ war ein außerordentlicher Erfolg. Forscherinnen und Forscher unserer Martin-Luther-Universität, der Nationalen Akademie der Wissenschaften Leopoldina, der Kunsthochschule Halle Burg Giebichenstein, der Franckeschen Stiftungen, des Technologieparks weinberg campus und vieler Institute und Unternehmen haben sich zusammengetan, um der Stadt und ihren Besucherinnen und Besuchern in einer Vielzahl von Veranstaltungen unser exzellentes wissenschaftliches Potenzial vor Augen zu führen. Ich hatte diese Aktion als Oberbürgermeisterin begleitet und war begeistert. Halle ist eine Erfinderwerkstatt, hier hatten und haben kluge Köpfe, mutige Kreative großartige Einfälle – und sie setzen sie in die Tat um!

Das wollen wir auch in Buchform dokumentieren. Ingeborg von Lips hat bereits in ihrer „Halleschen Anthologie“ literarische Texte rund um die Welt der Wissenschaft versammelt und in einer ganzen Reihe von Lesungen vorgestellt.

Professor Dr. Florian Steger, Direktor des Instituts für Geschichte und Ethik der Medizin an der Medizinischen Fakultät der Martin-Luther-Universität, verfolgt einen anderen, aber ebenso spannenden wie erhellenden Ansatz. In seinem Buch „Neues aus Halle (Saale): Entdeckungen, Erfindungen und Innovationen“ werden authentische Geschichten erzählt. So entwickelte der Anatom, Chirurg und Badearzt Johann Christian Reil (1759–1813) im Jahre 1808 den Begriff der „Psychiatrie“. Der Physiker und Philologe Johann Schweigger (1779–1857) baute 1820 das weltweit erste Galvanometer, welches die Stärke elektronischer Ströme messen konnte. Der Mathematiker Georg Cantor begründete die Mengenlehre und ist einer der Vorväter unserer Computerwelt. In unserer Zeit baute der Chirurg Karl Ludwig Schober (1912–1999) die erste Herz-Lungen-Maschine der DDR. 1962 wird mithilfe dieser Innovation die erste erfolgreiche Operation am offenen Herzen durchgeführt. Und Rudolf Millner (1928–2005), der „Papst“ der Ultraschalltechnik, entwickelte neuartige Verfahren im Bereich der Diagnostik.

Dieses Buch enthält noch weit mehr Beispiele hallischen Erfindergeistes; so entsteht auf unterhaltsame Art ein Kaleidoskop des Wissens, das Lust am Erkenntnisgewinn vermittelt.

Aber lesen Sie selbst – es lohnt sich!

Dagmar Szabados

Eine Einführung in Entdeckungen, Erfindungen und Innovationen in Halle (Saale)

Wenn es um Entdeckungen, Erfindungen und Innovationen geht, muss sich Halle (Saale) nicht verstecken.* Dies noch einmal weniger, nimmt man eine historische Perspektive auf Halle ein. Insofern war es keine leichte Aufgabe, für diese Monographie auf einige wenige Entdeckungen, Erfindungen und Innovationen zu fokussieren. Es musste also eine Auswahl getroffen werden, die einen möglichst breiten Blick auf unterschiedliche Disziplinen und Epochen zum Ziel hatte: Erzählt wird die Geschichte von der Gründung der Glauchaer Anstalten durch August Hermann Francke (1663–1727), die auf das Postulat „Bildung für alle" zugespitzt werden kann. Dann geht es um die hallische Medizin, die um 1700 fest im Blick Europas war, weil hier die Heilkunde durch Friedrich Hoffmann (1660–1742) und Georg Ernst Stahl (1659–1734) reformiert wurde. Aber auch die Hexenprozesse werden in Erinnerung gerufen, welche durch das Wirken von Christian Thomasius (1655–1728) letztlich abgeschafft wurden. Dem Zeitgenossen von Thomasius, Christian Wolff (1679–1754), ist ein Kapitel gewidmet, in dessen Mittelpunkt Deutsch als Wissenschaftssprache und die Förderung der chinesischen Philosophie in Europa stehen. Freilich können Georg Friedrich Händel (1685–1759) und seine 250 Stunden Musik in einem Buch über Entdeckungen, Erfindungen und Innovationen in Halle (Saale) nicht unerwähnt bleiben. Den chronologischen Faden der bisherigen Geschichten folgend wird dann erneut auf die Medizin geblickt, wenn die anatomischen Sammlungen der Martin-Luther-Universität Halle-Wittenberg und ihre Gründerväter vorgestellt werden. Auch die Anfänge der deutschen Psychiatrie werden beschrieben und damit auf Johann Christian Reil (1759–1813) geblickt, dessen 200. Todestags wir 2013 gedenken. In der somatischen Medizin gab es in Halle (Saale) auch wichtige Impulse, beispielsweise im 19. Jahrhundert durch den Chirurgen und Ärzteliteraten Richard von Volkmann (1830–1889), der die antiseptische Wundbehandlung in Deutschland etablierte. Wie groß die Unendlichkeit ist, fragte Georg Cantor (1845–1918), dessen Beitrag zur Mengenlehre ebenfalls thematisiert wird. Um die öffentliche Gesundheit sorgte sich Wilhelm von Drigal-

---

* Wo im Folgenden zur besseren Übersichtlichkeit die maskuline Formulierung verwendet wird, sind selbstverständlich Frauen wie Männer gleichermaßen gemeint.

ski (1871–1950), der einen bedeutenden Beitrag zur Bekämpfung der Säuglings- und Kindersterblichkeit leistete. Halle (Saale) brachte aber nicht nur die Humanmedizin voran, vielmehr wurde hier 1883 die Zahnärztliche Klinik gegründet und damit schon früh im Deutschen Reich ein wichtiger Grundstein für die akademische Zahnmedizin gelegt. Schließlich wurde in Halle (Saale) durch Fritz Jahr (1895–1953) der Begriff Bioethik geprägt, der damit ein weltweites Forschungsgebiet aufriss. Im weiteren Verlauf der Monographie steht dann die erste selbstgebaute Herz-Lungen-Maschine der DDR im Mittelpunkt, wenn auf den Konstrukteur Karl Ludwig Schober (1912–1999) eingegangen wird. Und auch die Ultraschalldiagnosetechnik in der DDR wurde in Halle (Saale) durch Rudolf Millner (1928–2005) wesentlich vorangebracht. Schließlich gingen aus der gleichen Stadt innovative Impulse zur Instandsetzung von Transformatoren aus, die heute in der Firma ABB weiterentwickelt werden und abschließend Thema sind.

Während der Arbeit an dieser Monographie wurde rasch klar, dass es über die ausgewählten Geschichten hinaus zahlreiche weitere Entdeckungen, Erfindungen und Innovationen in Halle (Saale) gibt, die in weiteren Arbeiten, vielleicht auch in einem weiteren Band wie diesem, beschrieben werden sollten. Um diese Innovationskraft deutlich zu machen, soll hier in der Einführung auf weitere Entdeckungen, Erfindungen, Innovationen in Halle (Saale) mit jeweils wenigen Strichen schaufensterartig eingegangen werden, nicht mit dem Anspruch, eine angemessene Würdigung vorzunehmen, sondern vielmehr in der Absicht, den Reichtum Halles an Innovations-, Entdeckungs- und Erfindungskraft herauszustellen. Dabei richtet sich der Blick wie auch schon bei den ausgewählten längeren Darstellungen nicht nur auf Medizin und Naturwissenschaften, sondern es wird versucht, darüber hinaus die Innovationskraft in der gesamten Breite und in verschiedenen Epochen herauszuarbeiten. Diese Schaufenster sind wie auch die längeren Fassungen dieser Monographie chronologisch angeordnet und beginnen mit Johann Heinrich Schulze (1687–1744), der mit seinem 1728 veröffentlichten Werk *Historia medicinae*[1] als Begründer einer gelehrten Medizingeschichtsschreibung gilt. Für ihn war die historische Betrachtung der Medizin von besonderer Bedeutung, denn ohne sie verstehe man Aussagen antiker Ärzte entweder gar nicht oder falsch.[2] Auch für die richtige Deutung von medizinischen Fachbegriffen seien Kenntnisse in der

1 Johann Heinrich Schulze: Historia medicinæ a rervm initio ad annum vrbis Romæ DXXXV deducta stvdio Io. Henrici Schulzii (...) accedunt tabulæ æneæ, chronologica, et indices copiosi. Lipsiae 1728.

2 Jürgen Helm: „Der erste wahre Geschichtsforscher der Medizin“. Johann Heinrich Schulze und seine „Historia medicinae“ von 1728. In: Ralf Bröer (Hg.): Eine Wissenschaft emanzipiert sich: die Medizinhistoriografie von der Aufklärung bis zur Postmoderne. Pfaffenweiler 1999, S. 190–200, hier: S. 192.

HISTORIA
MEDICINAE
A RERVM INITIO
AD
ANNVM VRBIS ROMAE DXXXV
DEDVCTA

STVDIO

IO. HENRICI SCHVLZII
MED. D. ET PROFESSORIS PVBLICI
ALTORFINI ACAD. NAT. CVR.
COLLEGAE.

*ACCEDVNT TABVLAE AENEAE, CHRONO-
LOGICA, ET INDICES COPIOSI.*

LIPSIAE
APVD PETRVM CONRADVM MONATH.
CIↃ IↃCCXXVIII.

Abb. 1: Titelblatt von Johann Heinrich Schulzes (1687–1744) „Historia Medicinae a Rerum Initio …" (1728)

Geschichte der Medizin von Vorteil. Für Schulze bestand die Bedeutung der Geschichte der Medizin nicht darin, aus den Schriften antiker Ärzte Handlungsanweisungen für seine Zeitgenossen abzuleiten. Vielmehr führe die Kenntnis der Geschichte der Medizin zu einem tieferen Verständnis für das Fach und stärke die Urteilsfähigkeit des Arztes. 1704 hatte sich Schulze für ein Studium der Medizin an der Friedrichs-Universität in Halle (Saale) immatrikuliert. Zwei Jahre später nahm er zudem ein Studium in Theologie und Philologie auf. Unterbrochen wurde sein Studium der Medizin ab 1708 von seiner Lehrtätigkeit am *Pädagogium regium* der Franckeschen Stiftungen, wobei er Unterricht in Botanik, Anatomie, Geographie und Philologie gab. Durch den Einfluss von Friedrich Hoffmann (1660–1742), Professor für Medizin an der Friedrichs-Universität Halle, nahm Schulze sein Studium der Medizin wieder auf, ab 1715 wohnte er in Hoffmanns privatem Haus. Er wurde 1717 in Halle (Saale) mit einer Abhandlung über Ausbildung und Lebensweise antiker Athleten, *Dissertatio Inauguralis Medica De Athletis Veterum, Eorum Diaeta Et Habitu*,[3] promoviert. Noch im selben Jahr wurde ihm für eine Arbeit – *De Ellisborismis veterum*[4] – über den Gebrauch des Nieswurzes in der Antike die Venia legendi verliehen. Schulze las im Anschluss über Physiologie, Anatomie, Chemie und medizinhistorische Themen an der hallischen Universität.[5] 1720 wurde Johann Heinrich Schulze als Nachfolger Lorenz Heisters (1683–1758) auf den Lehrstuhl für Anatomie und Wundarznei nach Altdorf berufen. Dort wirkte er bis zu seiner Rückkehr nach Halle (Saale) im Jahr 1732. In diese Zeit fällt auch die Publikation der *Historia medicinae*.

Georg Wilhelm Steller (1709–1746) wirkte als Arzt und Naturforscher auf Expeditionen nach Sibirien und Alaska mit. Steller fertigte ausführliche Beschreibungen der Pflanzenwelt an, die er auf seinen Expeditionen kennenlernte. Auf der Bering-Insel entdeckte und beschrieb er in den 1740er Jahren erstmals eine später nach ihm benannte Seekuh (Rhytina stelleri). Ab 1729 hatte er zunächst in Wittenberg Theologie studiert, interessierte sich aber auch für moderne Sprachen, Orientalistik und Medizin, sodass er sein Studium ab 1731 in Halle (Saale) fortsetzte. Dort widmete er sich naturwissenschaftlichen sowie medizinischen Themen und hörte bei Friedrich Hoffmann (1660–1742) Praktische Medizin, Anatomie, Physik und Chemie. Außerdem wirkte er, um sein Studium zu finanzieren, von 1731 bis 1734 als Aushilfslehrer an den Franckeschen Stiftungen. Im Sommer 1734 schloss er sein Studium der Medizin auf Anraten Friedrich Hoffmanns nicht in Halle (Saale), sondern am Ober-

---

3 Johann Heinrich Schulze: Dissertatio Inauguralis Medica De Athletis Veterum, Eorum Diaeta Et Habitu. Halae Magdeburgicae 1717.

4 Johann Heinrich Schulze: De Ellisborismis veterum. Halae 1717.

5 Helm: „Der erste wahre Geschichtsforscher der Medizin“ (Anm. 2), S. 190.

Abb. 2: „Stellersche Seekuh“ (Rhytina stelleri)
von Johann Andreas Fleischmann (1811–1878) um 1835

collegium medicum in Berlin mit dem Examen ab.[6] Zeit seines Lebens kehrte Steller nicht nach Halle (Saale) zurück. Der Einfluss Friedrich Hoffmanns auf Steller durch Vorlesungen über fremde Länder und naturkundliche Nachrichten aus ihnen ist unbestritten. Außerdem prägte ihn seine gründliche Ausbildung so sehr, dass es ihm gelang, auf seinen Forschungsreisen die Natur gründlich zu erkunden.[7]

Johann Georg Adam Forster (1754–1794) war Arzt, Ethnologe, Naturforscher und bekannter Autor von Reiseliteratur im Zeitalter der Aufklärung. Er verfasste das bis heute bekannte Buch *Johann Reinhold Forsters, Doktor der Rechte, und Georg Forsters Reise um die Welt während den Jahren 1772 bis 1775*[8], welches er 1777 erstmals in London unter dem englischen Titel *A voyage round the world*[9] veröffentlichte. Diese Reisebeschreibung stellt den Anfang der Reiseliteratur dar.[10] 1772 erhielt er das Angebot, zusammen mit seinem Vater, Johann Reinhold Forster (1729–1798), an der zweiten Umsegelung der Welt mit dem britischen Seefahrer James Cook (1728–1779) teilzunehmen. Sein Vater hatte ihn auf Inspektionsfahrten im Auftrag der russischen Regierung mitgenommen und so sein Interesse für das Reisen geweckt. Georg Adam Forster sollte einen wissenschaftlichen Bericht über Cooks zweite Weltreise erstellen und sich an Studien über die Tier- und Pflanzenwelt – besonders in der Südsee – beteiligen. Am 21. September 1785 erhielt Georg Forster von der Medizinischen Fakultät der Friedrichs-Universität in Halle (Saale) aufgrund seiner Schrift *De plantis esculentis insularum Oceani australis commentatio botanica*[11] und seiner zahlreichen Verdienste um die Naturgeschichte und Arzneikunde sowie das auf seinen Reisen erworbene Erfahrungswissen die Doktorwürde verliehen. Forsters Vater, seit 1780 Ordinarius für Naturgeschichte an der Friedrichs-Universität Halle, begünstigte durch seine Kon-

6 Internationale Georg-Wilhelm-Steller-Gesellschaft: Der Arzt und Naturforscher Georg Wilhelm Steller (1709–1746), http://www.steller-gesellschaft.de/ (Stand: 2.9.2013).

7 Anna-Elisabeth Hintzsche: Die Friedrichs-Universität Halle und die Erkundung der Welt im 18. Jahrhundert. Georg Wilhelm Steller und Friedrich Hoffmann – der Schüler ehrt seinen Lehrer. In: Ärzteblatt Sachsen-Anhalt 21 (2000), S. 67–68.

8 Johann Georg Forster: Johann Reinhold Forster's Doctor der Rechte (...) Reise um die Welt: während den Jahren 1772 bis 1775 in dem ... durch den Capitain Cook geführten Schiffe the Resolution unternommen / Beschrieben und herausgegeben von dessen Sohn und Reisegefährten George Forster (...) Vom Verfasser selbst aus dem Englischen übersetzt, mit dem Wesentlichsten aus des Capitain Cooks Tagebüchern und anderen Zusätzen für den deutschen Leser vermehrt und durch Kupfer erläutert. Berlin 1780.

9 Georg Forster: A Voyage round the World in His Britannic Majesty's Sloop Resolution, Commanded by Capt. James Cook, during the Years, 1772, 3, 4, and 5. London 1777.

10 Hans Hübner: Georg Forster – humanistischer Wissenschaftler und deutscher Jakobiner. In: Hans Hübner, Burchard Thaler (Hg.): Georg Forster (1754–1794). Ein Leben für den wissenschaftlichen und politischen Fortschritt. Halle 1981, S. 7–19, hier: S. 9.

11 Georg Forster: De plantis esculentis insularum Oceani australis commentatio botanica. Berolini 1786.

Georg Forster's

sämmtliche Schriften.

Herausgegeben von dessen Tochter

und begleitet

mit einer Charakteristik Forster's

von

G. G. Gervinus.

In neun Bänden.

Erster Band.

Johann Reinhold Forster's und Georg Forster's Reise um die Welt
in den Jahren 1772 bis 1775.

Leipzig:
F. A. Brockhaus.

1843.

Abb. 3: Titelblatt Johann Reinhold Forsters (1729–1798) „Reise um die Welt“ (1843)

takte in der Medizinischen Fakultät die Promotion seines Sohnes. Vor seiner Zeit in Halle (Saale) hatte Georg Forster u.a. von 1779 bis 1784 am Carolinum in Kassel eine Professur für Naturgeschichte ausgefüllt, ohne dass er zu diesem Zeitpunkt promoviert oder habilitiert war.[12] Seine zahlreichen Forschungs- und Entdeckungsreisen, aus denen viele Aufsätze hervorgingen, hatten ihn zu einer überregionalen Berühmtheit gemacht.

Ende des Jahres 1781 begann Carl August Schwetschke (1756–1839) seine Arbeit in der Verlagsbuchhandlung von Carl Hermann Hemmerde (1708–1782) in Halle (Saale), dessen Teilhaber er 1788 wurde. Schwetschke gilt als Vorkämpfer des modernen Verlagsrechts. 1820 erwarb Schwetschke nach dem Tod seines Schwagers Friedrich Wilhelm Ferdinand Gebauer (1786–1819) die Buchdruckerei und Verlagsbuchhandlung Gebauer. Verlegt wurden vor allem wissenschaftliche Texte aus den Bereichen Rechtswissenschaften, Philologie und Naturwissenschaften, sodass in den Jahren 1789–1893 über 800 Werke in seinem Verlag erschienen. In Halle (Saale) genoss er als Verleger großes Ansehen. Er bekleidete das Amt des Stadtrats und engagierte sich als Mäzen des hallischen Theaters.[13]

Friedrich August Wolf (1759–1824) ist es zu verdanken, dass die Altertumswissenschaft als universale wissenschaftliche Fachdisziplin im Sinn des Neuhumanismus anerkannt wurde.[14] In seinem 1795 entstandenen Hauptwerk *Prolegomena ad Homerum*[15] untersuchte er die Schriften Homers als einer der Ersten kritisch auf deren Entstehungsgeschichte hin. Er zweifelte an der alleinigen Autorschaft Homers für die Werke *Ilias* und *Odyssee* und begründete somit eine langjährige Forschungstradition (Homerische Frage). Wolf hatte an der Georg-August-Universität in Göttingen Philologie studiert. Als nicht examinierter Abgänger musste er sich später verschiedenen Prüfungen unterziehen.[16] Für die Stelle des Rektors an der Lateinschule in Osterode hatte er – pro loco – im Mai 1782 eine Pro rectoratu-Prüfung beim städtischen Schulträger zu absolvieren. Als Wolf 1783 einen Ruf auf eine ordentliche Professur für Philosophie und Pädagogik an der Friedrichs-Universität Halle erhielt, fehlte ihm als Voraussetzung für diese Tätigkeit ein akade-

12 Hübner: Georg Forster (Anm. 10), S. 10–11.

13 Hans-Joachim Kertscher: Hallesche Verlagsanstalten der Aufklärungsepoche. Die Verleger Carl Hermann Hemmerde und Carl August Schwetschke. Halle 2004, S. 31.

14 Otto Kern: Friedrich August Wolf. In: Historische Kommission für die Provinz Sachsen und für Anhalt (Hg.): Mitteldeutsche Lebensbilder. Bd. 1. Lebensbilder des 19. Jahrhunderts. Magdeburg 1926, S. 1–11; August Baumeister: Wolf, Friedrich August. In: Allgemeine Deutsche Biografie. Bd. 43. Leipzig 1898, S. 737–748.

15 Friedrich August Wolf: Prolegomena ad Homerum sive operum Homericum prisca et genuina forma variisque mutationibus et probabili ratione emendandi. Halis Saxonum 1795.

16 Hans Tütken: Privatdozenten im Schatten der Georgia Augusta. Zur älteren Privatdozentur (1734–1831). Teil 1. Statutenrecht und Alltagspraxis. Göttingen 2005, S. 200.

Abb. 4: Carl Ferdinand Schwetschke (1798–1843)

Abb. 5: Aus Friedrich August Wolfs „Museum der Alterthumskunde“ (1807)

misches philologisches Examen. Er wandte sich am 9. Februar 1783 an die Philosophische Fakultät der Georg-August-Universität Göttingen, um ein Magister-Diplom zu erhalten.[17] 1807 zog er, Napoleon (1769–1821) hatte die Friedrichs-Universität in Halle (Saale) geschlossen, nach Berlin. Dort wurde er 1708 Mitglied der Akademie der Wissenschaften und 1712 Ehrenmitglied. Er pflegte enge Verbindungen mit Friedrich Schiller (1795–1805), Johann Wolfgang von Goethe (1749–1832) und Wilhelm von Humboldt (1767–1835). Das begünstigte zusätzlich die Anerkennung der Altertumswissenschaft.

Mit seiner 1794 bis 1796 veröffentlichten, mehrbändigen *Geschichte der Medizin*[18] gilt Kurt Polycarp Joachim Sprengel (1766–1833) als einer der Väter der deutschsprachigen medizinischen Geschichtsschreibung. Sprengel hatte sich 1785 an der Friedrichs-Universität Halle immatrikuliert und studierte erst Theologie, dann Medizin. Er schloss sein Studium der Medizin zwei Jahre später mit der Promotion *Rudimentorum nosologiae dynamicorum prolegomena*[19] ab und wirkte seit 1787 als Privatdozent. Von 1785 an war er nebenbei als praktischer Arzt tätig. An der Friedrichs-Universität Halle hielt er seit 1789 Vorlesungen als Ordinarius für Botanik; 1795 erfolgte die Ernennung zum ordentlichen Professor an der Medizinischen Fakultät. Im selben Jahr wurde er Direktor des Botanischen Gartens in Halle (Saale). In dieser Funktion machte er den Botanischen Garten bekannt und verhalf diesem zu großem Ansehen. Er empfing auch Johann Wolfgang von Goethe in seinem privaten Haus, mikroskopierte mit ihm zusammen und führte ihn am 11. Juli 1802 durch den Botanischen Garten.[20]

Friedrich Ludwig Jahn (1778–1852) war Begründer der deutschen Turnbewegung.[21] Diese hatte es sich zum Ziel gemacht, Jugendliche durch sportliche Ertüchtigung auf die Bekämpfung der französischen Besatzung durch Napoleon im deutschsprachigen Raum vorzubereiten. Jahn hatte sich 1796 ohne Abitur für Theologie an der Friedrichs-Universität Halle immatrikuliert und wirkte u.a. als Hauslehrer in Halle (Saale). Sein Studium schloss Jahn nie ab, da er aufgrund seines Einsatzes für die Reinheit der deutschen Sprache und seiner unter einem Pseu-

---

17 Hans Tütken: Privatdozenten im Schatten der Georgia Augusta (Anm. 16), S. 200.

18 Kurt Sprengel: Beiträge zur Geschichte der Medicin. Halle 1794–1796.

19 Kurt Sprengel: Specimen Inaugurale Philosophico – medicum sistens rudimentorum nosologiae dynamicorum prolegomena. Halae 1787.

20 Hans-Uwe Lammel: Kurt Sprengel und die deutschsprachige Medizingeschichtsschreibung in der ersten Hälfte des 19. Jahrhunderts. In: Andreas Frewer, Volker Roelcke (Hg.): Die Institutionalisierung der Medizinhistoriographie. Entwicklungslinien vom 19. ins 20. Jahrhundert. Stuttgart 2001, S. 27–37.

21 Horst Ueberhorst: Jahn, Friedrich Ludwig. In: Neue Deutsche Biografie. Bd. 10. Berlin 1974, S. 301–303.

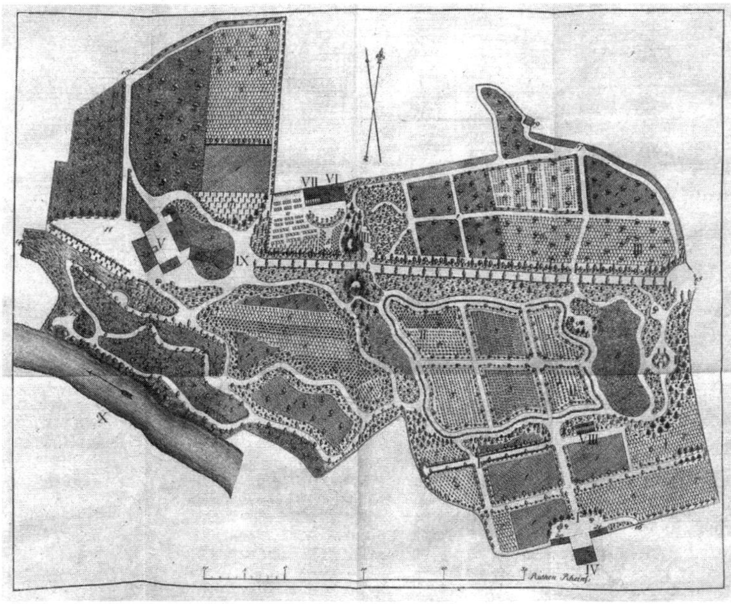

Abb. 6: Skizze des Botanischen Gartens der Friedrichs-Universität in Halle (Saale) um 1800

Abb. 7: Gedenktafel an der sogenannten „Jahn-Höhle" in Halle (Saale)

donym veröffentlichen Schrift *Über die Beförderung des Patriotismus im Preußischen Reiche*[22] Halle (Saale) verlassen musste.[23] Oft versteckte er sich in einer Höhle an der Saale, heute umgangssprachlich Jahn-Höhle genannt, um weiter in der Stadt bleiben zu können. Seine Abhandlung *Über die Beförderung des Patriotismus im Preußischen Reiche* hatte außerdem zur Folge, dass ihm um 1800 in Leipzig ein Immatrikulationsverbot für alle Universitäten im deutschsprachigen Raum auferlegt wurde.[24] Dennoch hielt er sich an den Universitäten in Greifswald und in Frankfurt (Oder) auf, schaffte es aber nie, ein Studium abzuschließen. 1807 kam Jahn nach Jena und traf dort auf den Pädagogen Johann Christoph Friedrich GutsMuths (1759–1839), von dem er erste Impulse für das Turnen erhielt. Im November 1810 gründete er in der Hasenheide bei Berlin den geheimen *Deutschen Bund* zur Befreiung und Einigung Deutschlands.[25] Er sollte maßgeblich an der Befreiung der deutschen Staaten von der französischen Besatzung mitwirken. In diesem Rahmen hielt er mit seinen Schülern und Mitgliedern des Bundes regelmäßiges, auch öffentliches Turnen ab, wodurch in der Hasenheide der erste deutsche Turnplatz entstand.

Johann Salomo Christoph Schweigger (1779–1857) gilt als Erfinder des sogenannten Multiplikators: des ersten Galvanometers, welches die Messung von schwachen Strömen ermöglichte. Mit dieser Innovation ging Schweigger, seit 1819 Professor für Chemie und Physik an der Vereinigten Friedrichs-Universität Halle-Wittenberg, in die Physikgeschichte ein.[26] In diese Zeit fällt auch die Entwicklung des Multiplikators. Das 1820 entwickelte Galvanometer besaß eine Magnetnadel, die mehrmals mit einem Draht umwickelt war. Diese Nadel wurde durch die Magnetwirkung des elektrischen Stromes abgelenkt und zeigte so die Stromstärke an. Die Erfindung des nach ihm benannten Schweigger-Multiplikators hing dabei vor allem mit dem Einfluss der romantischen Naturphilosophie des 19. Jahrhunderts auf zahlreiche Physiker in Deutschland zusammen. Schweigger hatte zunächst in Erlangen Philosophie studiert und eine philologische Ausbildung genossen, wid-

22 O. C. C. Höpffner [Ermittelt: Friedrich Ludwig Jahn]: Über die Beförderung des Patriotismus im Preußischen Reiche. Halle 1800.

23 Heinrich August Winkler: Der lange Weg nach Westen. Bd. 1. Deutsche Geschichte vom Ende des alten Reiches bis zum Untergang der Weimarer Republik. 5., durchges. Aufl. München 2010, S. 61.

24 Oliver Ohmann: Friedrich Ludwig Jahn. Sutton, Erfurt 2008.

25 Oliver Ohmann: Turnvater Jahn und die deutschen Sportfeste. Sutton, Erfurt 2008.

26 Denise Phillips: Science, Myths and Eastern Souls. J. S. C. Schweigger and the Society for the Spread of Natural Knowledge and Higher Truth. In: East Asian Science, Technology and Medicine 26 (2007), S. 40–67.

Abb. 8: Schweiggerscher Multiplikator um 1820

mete sich dann aber nach seiner Promotion *Dissertatio de Diomede Homeri*[27], welche die Oden von Homer thematisierte, den Naturwissenschaften. Er unterrichtete in Erlangen nach seiner Habilitation als Privatdozent Mathematik und Physik. Beide Fachrichtungen versuchte er miteinander zu verbinden, indem er seine romantischen Vorstellungen physikalisch zu beweisen suchte. Ein Vorbild fand er im dänischen Wissenschaftler Hans Christian Ørerstedt (1777–1851). Trotz seiner zahlreichen naturwissenschaftlichen Forschungen befasste sich Schweigger weiterhin mit dem klassischen Altertum, dem Hauptgegenstand seines Studiums und seiner Promotion, denn er glaubte, durch die griechische Mythologie zu weiteren physikalischen Erkenntnissen gelangen zu können.[28]

Robert Franz (1815–1892) machte sich vor allem um die Aufarbeitung der Werke Georg Friedrich Händels (1685–1759) mit der eigenen Bearbeitung von Händels Oratorien verdient. Daher trug er entscheidend dazu bei, die Werke Händels in Deutschland zu etablieren. Seit 1842 war er Dirigent der 1814 in Halle (Saale) gegründeten Singakademie und 1859 Musikdirektor der Vereinigten Friedrichs-Universität Halle-Wittenberg. Robert Franz war gebürtiger Hallenser und besuchte ab 1828 die *Latina* der Franckeschen Stiftungen. Hier fiel bereits seine musikalische Begabung auf. 1835 bis 1837 studierte er in Dessau Komposition und kehrte danach wieder nach Halle (Saale) zurück, wo er an der nach ihm umbenannten Singakademie und als Universitätsmusikdirektor tätig wurde. Freundschaften pflegte er mit den Komponisten Robert Schumann (1810–1856) und Franz Liszt (1811–1886).[29]

Carl Adolph Riebeck (1821–1883) war ein Industrieller und Bergwerksunternehmer. Er erwarb selbstständig fast alle Braunkohlefelder im Raum Bitterfeld, Halle (Saale) und Weißenfels und baute dort Anlagen zur Gewinnung von Solaröl und Teer. Somit entwickelte er den Braunkohleabbau zu einer Großindustrie weiter. Riebeck erwarb die Montanwerke AG – später *A. Riebecksche Montanwerke AG* – und erlangte damit großen Wohlstand. Riebeck entstammte einer einfachen Bergmannsfamilie und arbeitete nach seiner Schulzeit selbst in Bergwerken als Grubenjunge und Lehrhauer (Bergmann, der Bodenschätze aus

27 Johann Salomo Christoph Schweigger: Dissertatio de Diomede Homeri. Erlangae 1800.

28 Andreas Kleinert: „Philolog und Kenner der Physik". Altertumskunde und Experimentalphysik bei Johann Salomo Christoph Schweigger. In: Berichte zur Wissenschaftsgeschichte 23 (2000), S. 191–202.

29 Konstanze Musketa (Hg.): Robert Franz (1815–1892). Bericht über die wissenschaftliche Konferenz anlässlich seines 100. Todestages am 23. und 24. Oktober 1992 in Halle (Saale). Halle 1993; Hans Kleemann: Robert Franz Reihe. In: Historische Kommission für die Provinz Sachsen und für Anhalt (Hg.): Mitteldeutsche Lebensbilder. Bd. 1. Lebensbilder des 19. Jahrhunderts. Magdeburg 1926, S. 209–220.

Abb. 9: Robert-Franz-Denkmal in Halle (Saale)

Abb. 10: Wohn- und Geschäftshaus von Carl Adolph Riebeck (1821–1883) in Halle (Saale)

Abb. 11: Schulzscher Röhrentrockner um 1885

dem Gestein löst) in der Harzgeroder Eisensteingrube Albertine. Außerdem war er in den Braunkohlegruben in Zeitz und Weißenfels tätig.[30]

Ferdinand August Schulz (1841–1914) war Ingenieur und gilt bis heute als Erfinder des Röhrentrockners, nach ihm auch Schulzscher Trockner genannt.[31] Er dient als Apparat zur Trocknung von Schuttgütern, hauptsächlich von Braunkohlenstaub. Schulz entwickelte diesen Trockner als Weiterentwicklung des Trommeltrockners in den 1880er Jahren. 1884 meldete Schulz seine Entwicklung zum Patent an. Nach Beendigung der Schulzeit hatte Schulz den Beruf des Schlossers gelernt. 1859 legte er seine Gesellenprüfung ab und arbeitete zunächst als Schlosser in seinem Geburtsort Parey an der Elbe.[32] 1861 wollte er am Königlichen Gewerbe-Institut zu Berlin studieren, nahm aber stattdessen eine Tätigkeit als Maschinenbauer auf. Zunächst war er bei der Maschinenbaufabrik von Gruson in Buckau angestellt. 1862 war er Ingenieur in der Maschinenbau-Anstalt und Eisengießerei von Joerning und Sauer in Buckau. Von 1868 bis zum Jahr 1870 war Schulz Oberingenieur an der Ungarischen Maschinenfabrik Pest. Von 1870 bis 1886 war er schließlich Direktor in der Maschinenfabrik Zeitz. Ab 1887 machte Schulz sich selbstständig und arbeitete als Ingenieur in Halle (Saale) an seinen Erfindungen. 1885 wurde der Prototyp des sogenannten Röhrentrockners gebaut und kam in einer Brikettfabrik in Bitterfeld zum Einsatz.[33] Aufgrund der überaus günstigen Ergebnisse setzte sich dieser Trockner durch und wurde in der Brikettindustrie eingesetzt. Bis heute findet der Röhrentrockner Anwendung bei der Herstellung von Kohlebriketts.[34]

Auf Rudolf Kaltenbach (1842–1892) geht die Entwicklung des Regelkalenders zur Dokumentation der Monatsblutungen zurück. In den Jahren 1887 bis 1893 war er – als Nachfolger von Robert Michaelis von Olshausen (1835–1915) am Lehrstuhl für Gynäkologie und Geburtshilfe – Leiter der Frauenklinik der Vereinigten Friedrichs-Universität Halle-Wittenberg.[35] Hier entwickelte er das nach

30 Sebastian Kranich: Mathäus Ludwig Wucherer, Carl August Jacob, Johann Gottfried Boltze, Carl Adolph Riebeck: Christliche Unternehmer im Raum Halle. In: Sebastian Kranich, Peggy Renger-Berka, Klaus Tanner (Hg.): Diakonissen – Unternehmer – Pfarrer. Sozialer Protestantismus in Mitteldeutschland im 19. Jahrhundert. Leipzig 2009, S. 111–118; Hermann Krey: Carl Adolph Riebeck. In: Historische Kommission für die Provinz Sachsen und für Anhalt (Hg.): Mitteldeutsche Lebensbilder. Bd. 1. Lebensbilder des 19. Jahrhunderts. Magdeburg 1926, S. 258–270.

31 M. Wischniewski: 9.3. Trocknen von Kohle. In: Karl Kröll, Werner Kast (Hg.): Trocknungstechnik. Bd. 3. Trocknen und Trockner in der Produktion. Berlin (u.a.) 1989. S. 514–535, hier: S. 521.

32 Hans Baumgärtel, Erich Rammler: Pioniere der Brikettierung: Carl Exter, Ferdinand August Schulz, Robert Jacobi. In: Brennstofftechnische Gesellschaft in der Deutschen Demokratischen Republik (Hg.): 100 Jahre Braunkohlenbrikettierung. Halle 1958, S. 21–33, hier: S. 30.

33 Baumgärtel, Rammler: Pioniere der Brikettierung (Anm. 32), S. 31.

34 Wischniewski: 9.3. Trocknen von Kohle (Anm. 31), S. 522.

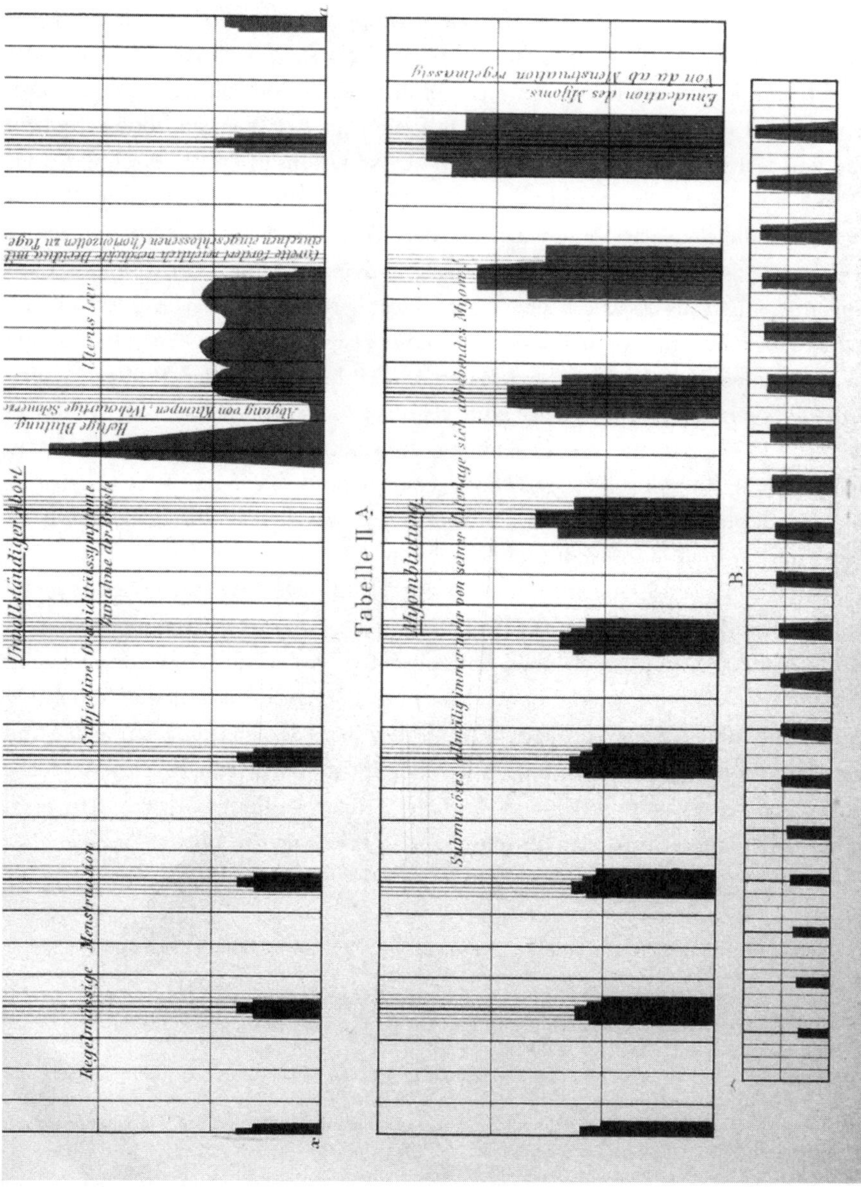

Abb. 12: „Kaltenbach-Schema" (1873)

ihm benannte Kaltenbach-Schema.[36] Dieses stellte er 1891 einem Fachpublikum in der Schrift *Ueber Hülfsmittel des Gynäkologischen Unterrichts*[37] vor. Das Kaltenbach-Schema diente als graphisches Mittel zur Erfassung wichtiger Parameter der Menstruation. Außerdem veröffentlichte Kaltenbach zahlreiche Arbeiten zur Antisepsis in der Geburtshilfe. Er studierte in Freiburg i. Br., Wien und Bonn Medizin und wurde 1865 in Wien promoviert. Die Dissertationsarbeit ist verschollen, das Thema unbekannt; Promotionsvater war der Gynäkologe Alfred Hegar (1830–1914).[38] Zunächst war Kaltenbach bei dem Arzt und Chirurgen Johann Dumreicher (1815–1880) in Wien tätig, danach fand er in Freiburg von 1867 bis 1873 eine Anstellung als Assistent von Alfred Hegar. Bereits 1867 wurde er mit der Arbeit *Über die kallösen Stricturen der männlichen Harnröhre*[39] zur Habilitation an der Universität Freiburg zugelassen und erhielt nach der Probevorlesung *Katheterismus in diagnostischer und therapeutischer Beziehung* die Venia legendi.[40] 1873 erfolgte die Ernennung zum außerplanmäßigen Professor in Freiburg i. Br. Kaltenbach folgte 1883 einem Ruf auf die Professur für Geburtshilfe und Gynäkologie an die Universität in Gießen und wirkte dort gleichzeitig als Leiter der Entbindungsanstalt und Frauenklinik.[41]

Von 1904 bis 1905 war Carl Wernicke (1848–1905) Direktor der psychiatrischen Klinik der Universität in Halle (Saale).[42] Er veröffentlichte bereits mit 26 Jahren eine Arbeit zur sensorischen Aphasie, deren Entdeckung auf ihn zurückgeht: *Der aphasische Symptomenkomplex. Eine psychologische Studie auf anatomischer Basis.*[43] Sie sollte eine psychologische Studie auf Basis der Anatomie darstellen und war damit von großer Bedeutung in der Geschichte der Medizin. Carl Wernicke hatte nach seinem Abitur 1866 in Breslau Medizin studiert und war dort nach seiner 1875 abgeschlossenen Promotion (*Erkrankung der inneren Kapsel. Ein*

---

35 Florian Steger, Maximilian Schochow: Medizin in Halle. Ein medizinhistorischer Stadtführer. Halle 2013, S. 154–155.

36 Hans Ludwig: Das Kaltenbach-Schema. In: Der Gynäkologe 37 (2004), S. 1148–1150.

37 Rudolf Kaltenbach: Ueber Hülfsmittel des gynäkologischen Unterrichts. Zeitschrift für Geburtshilfe und Gynäkologie 21 (1891), S. 228–296.

38 Hartmut P. H. Neumann: Rudolf Kaltenbach. Zum 150. Geburtstag und 100. Todestag. In: Geburtshilfe und Frauenheilkunde 53 (1993), S. 204–211, hier: S. 204.

39 Rudolf Kaltenbach: Über die kallösen Stricturen der männlichen Harnröhre. Habilitationsschrift verfasst in Wien, vorgelegt in Freiburg i.Br. 1867 (verschollen).

40 Neumann: Rudolf Kaltenbach (Anm. 38), S. 205.

41 Steger, Schochow: Medizin in Halle (Anm. 35), S. 155–156; Franz von Winckel: Kaltenbach, Rudolf. In: Allgemeine Deutsche Biographie. Bd. 51. Leipzig 1906, S. 25–26.

42 Karl Kleist: Carl Wernicke (1848–1905). In: Kurt Knolle (Hg.): Grosse Nervenärzte. Bd. 2. 22 Lebensbilder. Stuttgart 1970, S. 106–128.

43 Carl Wernicke: Der aphasische Symptomenkomplex. Eine psychologische Studie auf anatomischer Basis. Breslau 1874.

Abb. 13: Carl Wernicke (1848–1905)

Beitrag zur Diagnose der inneren Heerderkrankungen)[44] als Assistenzart am Allerheiligenhospital tätig. Er war danach zwei Jahre an der *Psychiatrischen und Nervenklinik* der Charité in Berlin wirksam und habilitierte sich 1876. 1885 ging er als außerordentlicher Professor der Psychiatrie und Neurologie nach Breslau zurück. Dort wurde er 1890 zum ordentlichen Professor ernannt und leitete die städtische Irrenanstalt. 1904 erfolgte der Ruf an die Vereinigte Friedrichs-Universität in Halle (Saale). Mit seinen Arbeiten knüpfte Wernicke an die Theorien Theodor Meynerts (1833–1892) über den Bau und die Tätigkeiten des Gehirns an und übertrug dessen Ideen auf die Psychophysik der Sprache. Wernicke erklärte die sensorische und motorische Aphasie (Störungen der Sprache) durch die Lokalisation der klang- und bewegungsbildenden Orte für Sprache im Gehirn: das Sprachzentrum. Schwerpunkt seiner Forschungen bildete die Anatomie des zentralen Nervensystems, insbesondere die des Gehirns. 1881 brachte er das *Lehrbuch der Gehirnkrankheiten*[45] heraus. Auf ihn geht außerdem die Beschreibung der Wernicke-Enzephalopathie zurück, eine degenerative Erkrankung des Gehirns.

Um 1900 brachte Friedrich Ernst Dorn (1848–1916) als erster die Emission von Alpha-Strahlen mit der Existenz eines bestimmten, noch nicht beschriebenen chemischen Elementes in Verbindung und entdeckte das radioaktive Element Radon. Außerdem befasste er sich mit der exakten Bestimmung bereits festgesetzter Größen in den Naturwissenschaften, beispielsweise mit der erdmagnetischen Kraft. Dorn entwickelte hochsensible Instrumente im Zusammenhang mit seinen Arbeiten zur atmosphärischen Elektrizität und interessierte sich bei seinen Forschungen für Röntgenstrahlen und Radioaktivität. Er war an vielen Fachgebieten interessiert, sodass er 1865 bis 1869 neben Physik noch Mathematik, Philosophie und Französisch an der Universität in Königsberg studierte. Im Jahr 1871 wurde er in Königsberg zum Dr. phil. promoviert mit einer Arbeit *Über eine Transformation zweiter Ordnung, welche das elliptische Integral mit imaginärem Modul auf ein ultraelliptisches mit reellen Moduln reducirt.*[46] 1873 habilitierte sich Dorn über *Form und Zahl der Repräsentanten nicht aequivalenter Klassen der Transformation der ultraelliptischen Funktionen*[47] an der Universität in Greifswald für Physik und Mathematik. Bevor er 1885 nach Halle (Saale) auf die Professur für Experimentalphysik berufen und zum Leiter des Physikalischen Instituts ernannt wurde,

44 Carl Wernicke: Erkrankung der inneren Kapsel. Ein Beitrag zur Diagnose der inneren Heerderkrankungen. Breslau 1875.

45 Carl Wernicke: Lehrbuch für Gehirnkrankheiten: für Ärzte u. Studirende. Kassel 1881.

46 Friedrich Ernst Dorn: Über eine Transformation zweiter Ordnung, welche das elliptische Integral mit imaginärem Modul auf ein ultraelliptisches mit reellen Moduln reducirt. Königsberg 1871.

47 Friedrich Ernst Dorn: Form und Zahl der Repräsentanten nicht aequivalenter Klassen der Transformation der ultraelliptischen Funktionen. Greifswald 1873.

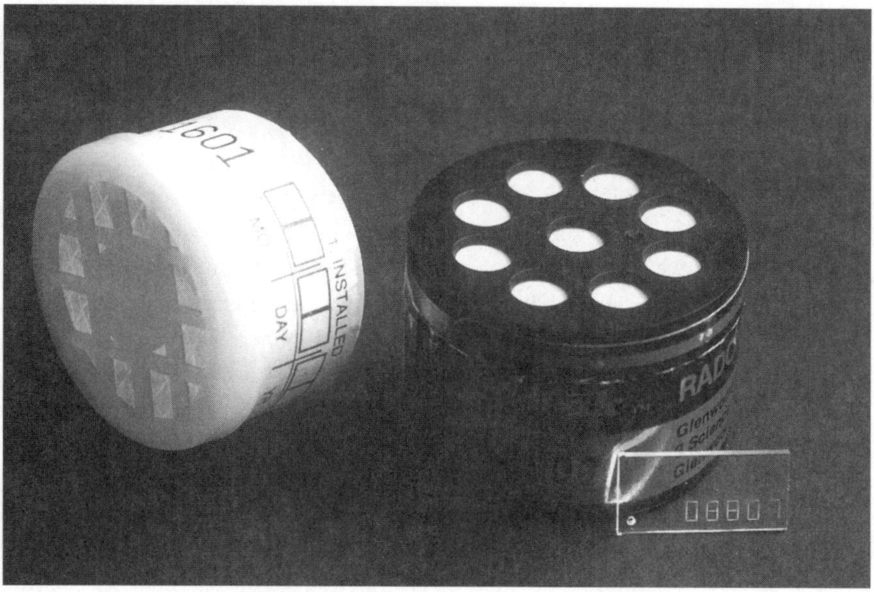

Abb. 14: Messinstrument für Radon (1988)

Abb. 15: Patentschrift für das Wabenpapier um 1903

war er ebenfalls ab 1873 als außerordentlicher Professor für Physik in Breslau und ab 1881 als Ordinarius für Physik an der TH Darmstadt tätig.[48]

Anfang des 20. Jahrhunderts wurde in der hallischen Papierwarenfabrik Heilbrun & Pinner das Wabenpapier entwickelt und gefertigt.[49] Mit der Erfindung von dekorativem Wabenpapier im Jahr 1901 und dem Verfahren zur automatisierten Produktion dieses Papiers (1903) wurde ein wesentlicher Beitrag für die Entwicklung von Wabenkernen in Halle (Saale) geleistet. Die Wabenkerne sind ein wichtiges Element für Werkstoffe, die in der Luft- und Raumfahrtindustrie Anwendung finden. Mit Harz imprägnierte Papierwaben haben sehr gute mechanische Eigenschaften bei geringem Aufwand an Material. Somit können Gewicht und Kosten eingespart werden, wenn es um die Entwicklung von Werkstoffen und Baumaterialien geht. Die Firma Heilbrun & Pinner wurde in Halle (Saale) gegründet und hatte ihren Sitz seit 1900 in der heutigen Geiststraße.[50] Bereits um 1910 gab es Zweigstellen in Paris, London und New York.

Fächerübergreifende Berühmtheit erlangte Victor Klemperer (1881–1960) durch das Werk *LTI – Notizbuch eines Philologen*[51], das 1947 erschien. Darin setzte er sich kritisch mit der Sprache des Dritten Reiches auseinander. Er identifizierte mit Stereotypen besetzte Begriffe, die in der Zeit des Nationalsozialismus immer wieder alltäglichen Gebrauch erfuhren und die nationalsozialistische Ideologie verbreiteten. Von 1948 bis 1958 war er als Professor für Romanistik an der Martin-Luther-Universität in Halle (Saale) tätig. Klemperer dokumentierte in seinen Schriften ausführlich die Ausgrenzung durch die Nationalsozialisten aufgrund seines jüdischen Glaubens. Er hatte Philosophie, Romanistik und Germanistik an den Universitäten in München, Genf, Paris und Berlin studiert, nachdem er 1902 sein Abitur nachgeholt hatte, und arbeitete u.a. von 1905 bis 1912 als freier Publizist in Berlin. Klemperer wurde 1912 promoviert (*Die Vorgänger Friedrich Spielhagens*[52]) und habilitierte sich zwei Jahre später mit einer Arbeit über *Montesquieu*.[53] Von 1914 bis 1915 arbeitete er als Lektor der Universität in

48 Catalogus Professorum Halensis: Ernst Dorn, http://web.archive.org/web/20071017183404/http://www.catalogus-professorum-halensis.de/dornernst.html (Stand: 2.9.2013).

49 Jochen Pflug: Weltinnovationen aus Halle (Saale) – am Beispiel Wabentechnologie, http://www.ebn24.com/?id=27718 (Stand: 8.10.2013).

50 Pflug: Weltinnovationen aus Halle (Anm. 49).

51 Victor Klemperer: LTI – Notizbuch eines Philologen. Berlin 1947.

52 Victor Klemperer: Die Vorgänger Friedrich Spielhagens. Weimar 1913.

53 Victor Klemperer: Montesquieu. Heidelberg 1914.

Abb. 16: Viktor Klemperer (1881–1960)

Neapel. Neben seiner Professur in Halle (Saale) war er von 1947 bis 1960 als Professor für Romanistik an den Universitäten Greifswald und Berlin tätig.[54]

Heinz Bethge (1919–2001) gilt als Vater der Elektronenmikroskopie in der Festkörperphysik. Er baute auf dem hallischen Weinbergcampus 1951 das erste Elektronenmikroskop der DDR. Sein zweites Modell, das EM 9, ging 1956 bereits bei Carl Zeiss Jena in die Serienproduktion. Die Forschungen am hallischen *Institut für Festkörperphysik und Elektronenmikroskopie* gipfelten in der Entwicklung eines hochauflösenden Emissionsmikroskops. So wurde 1971 in Halle (Saale) ein Höchstspannungs-Elektronenmikroskop entwickelt, das lange Zeit eines der wenigen Mikroskope mit einer Spannung von einer Million Volt war.[55] Heinz Bethge wuchs in Magdeburg auf und ging für ein Studium der Physik nach Berlin. 1954 wurde er an der Martin-Luther-Universität Halle-Wittenberg mit dem Thema *Entwicklung und Bau eines Laboratorium-Elektronen-Mikroskopes und Anwendung der Elektronenmikroskopie auf Fragen zum Realbau des Steinsalzes* promoviert.[56] Fünf Jahre später habilitierte er sich ebenfalls mit einem Thema zur Elektronenmikroskopie.[57] 1960 erfolgte die Ernennung zum Professor. Im selben Jahr gründete er die Arbeitsstelle für Elektronenmikroskopie an der Akademie der Wissenschaften der DDR. 1968 wurde die Arbeitsstelle zum *Institut für Festkörperphysik und Elektronenmikroskopie*. Außerdem war Bethge von 1974 bis 1990 Präsident der Deutschen Akademie der Naturforscher Leopoldina. Nach der politischen Wende von 1989/90 gingen aus dem *Bethge-Institut* das *Institut für Mikrostrukturphysik der Max-Planck-Gesellschaft* und das *Fraunhofer-Institut für Werkstoffmechanik* hervor. Im Jahr 1992 erhielt Bethge das *Große Bundesverdienstkreuz mit Stern*. 2001 wurde er auf dem Stadtgottesacker in Halle (Saale) beigesetzt.[58] Die „Elektronen- und ionenbasierte Mikrostrukturdiagnostik" ist heute noch untrennbar mit Halle (Saale) verbunden. An der Martin-Luther-Universität Halle-Wittenberg gibt es seit einigen Jahren ein sogenanntes *Exzellenznetzwerk für nanostrukturierte Materialien*. Im Jahr 2011 wurde in Halle (Saale) die *Heinz-Bethge-Stiftung für angewandte Elektronenmikroskopie* begründet, die ihren Sitz am

54 Wilhelm Theodor Elwert: Klemperer, Viktor. In: Neue Deutsche Biographie. Bd. 12. Berlin 1979, S. 35; Walter Nowojski: Victor Klemperer (1881–1960). Romanist – Chronist der Vorhölle. Berlin 2004.

55 Fraunhofer-Institut für Werkstoffmechanik IWM: Geschichte mit Zukunft: 50 Jahre Elektronenmikroskopie in Halle, http://www.iwm.fraunhofer.de/aktuelles/details/id/117/ (Stand: 3.9.13).

56 Heinz Bethge: Entwicklung und Bau eines Laboratorium-Elektronen-Mikroskopes und Anwendung der Elektronenmikroskopie auf Fragen zum Realbau des Steinsalzes. Halle 1954.

57 Heinz Bethge: Elektronenmikroskopische Untersuchungen zur Struktur von Steinsalz-Spaltflächen. Halle 1959.

58 Ulrich Hofmann: In Memoriam Heinz Bethge (Nachruf der Leibniz-Sozietät der Wissenschaften zu Berlin), http://archiv.leibniz-sozietät.de/nekrologe/bethge.htm (Stand 3.9.13).

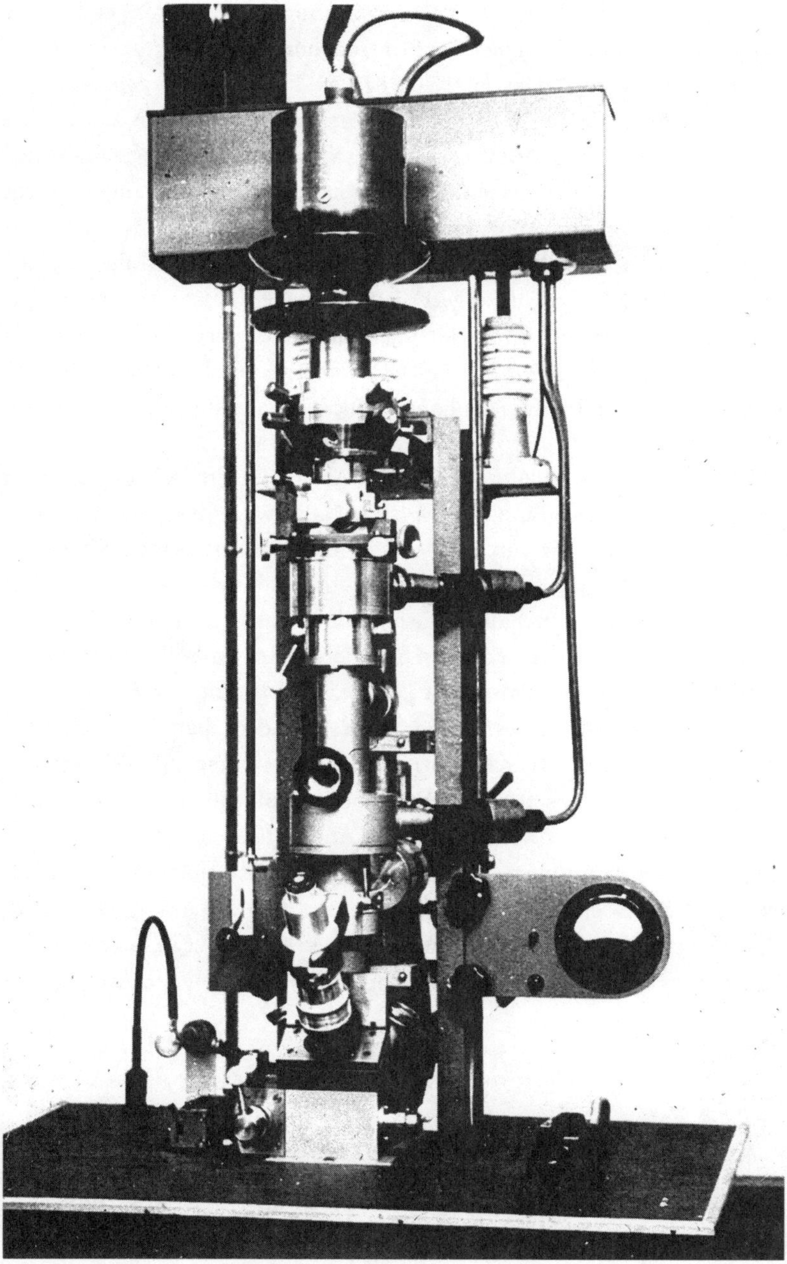

Abb. 17: Elektronenmikroskop um 1950

Weinbergcampus hat. Jährlich werden von der Stiftung Preise und Stipendien für junge Wissenschaftler auf dem Gebiet der Elektronenmikroskopie ausgelobt.[59]

Der Architekt Herbert Müller (1918–1987), in Halle (Saale) geboren, entwickelte in den 1950er Jahren die hyperbolische Paraboloidbetonschale, auch HP-Schale oder Hyparschale genannt.[60] Diese vorgespannte Längsschale mit geradliniger Bewehrung wurde aus Stahl und Beton hergestellt. Sie kam vor allem beim Bau von Turnhallen und Schwimmbädern in der DDR zum Einsatz, ebenso wie deren charakteristische Wellendächer, die ebenfalls auf Herbert Müller zurückgehen.[61] Eine 45 Meter lange Fußgängerbrücke aus einem Stück, bei deren Bau diese Schale zum Einsatz kam, steht bis heute in der Merseburger Straße in Halle (Saale). Außerdem entwickelte Müller die Deltakindergärten der DDR und baute das Panorama Museum in Bad Frankenhausen. Diese Verdienste brachten ihm den Namen „Schalenmüller" ein.

Heinz Rockstroh (1920–1986) führte am 25. April 1966 an der Chirurgischen Universitätsklinik der Martin-Luther-Universität Halle-Wittenberg die erste Nierentransplantation in der DDR durch.[62] Bei dem transplantierten Organ handelte es sich um eine Lebendspende von der Mutter an ihr Kind. Im Gegensatz zur Dialyse erhoffte sich Rockstroh durch die Transplantation des Organs eine vollständige Heilung der Patienten. Diesen Gedanken hatte Heinz Rockstroh bereits in seiner 1961 veröffentlichten Habilitationsschrift *Das Lebensschicksal der Einnierigen*[63] aufgegriffen. Um die Abstoßung des Implantats zu verhindern, hatte Rockstroh für die Zeit nach der Operation vorgeschlagen, den Patienten und sein Umfeld so steril wie möglich zu halten. Zusätzlich zu dieser Maßnahme sollte der Patient Knochenmark- und Bluttransfusionen sowie hochdosierte Antibiotika erhalten. Trotz dieser Vorkehrungen starb der Empfänger kurze Zeit nach der Transplantation an einer Blutvergiftung. Heinz Rockstroh hatte von 1939 bis 1945 in Leipzig, Straßburg, Breslau, Tübingen und Hamburg Medizin studiert. 1945 legte er in Hamburg das Staatsexamen ab und wurde im selben Jahr promoviert. Seine erste Arbeitsstelle

---

59 Bethge-Stiftung: Stiftungsgründungsveranstaltung. http://bethge-stiftung.de/stiftungsgruendung/ (Stand: 3.9.13).

60 Berthold Burkhardt: Luftig leicht. Kurze Geschichte der Betonschalen. In: Wilfried Dechau (Hg.): Kühne Solitäre: Ulrich Müther – Schalenbaumeister der DDR. Stuttgart, München 2000, S. 11–16, hier: S. 14.

61 Simone Hain: Abenteuer in Beton. Industrialisierung in der DDR. In: Wilfried Dechau (Hg.): Kühne Solitäre: Ulrich Müther – Schalenbaumeister der DDR. Stuttgart, München 2000, S. 17–27, hier: S. 24.

62 Jürgen Konert: Die historische Entwicklung der Urologie in Halle und der spezifische Beitrag der „Hallenser urologischen Schule" zur Disziplingenese. Diss. B, Halle (Saale) 1989, S. 87.

63 Heinz Rockstroh: Das Lebensschicksal der Einnierigen. Tierexperimentelle und klinische Untersuchungen zur Einnierigkeit. Habil., Halle (Saale) 1962.

Abb. 18: Hyperbolisches Paraboloidschalendach („HP-Schalendach“)

Abb. 19: Heinz Rockstroh (1920–1986)

erhielt er am Kreiskrankenhaus Aue. Dort begann er mit den Facharztweiterbildungen für Chirurgie und Urologie. Die Approbation für Chirurgie erlangte er 1951 und für Urologie 1958. Im Jahr 1956 verließ Heinz Rockstroh Aue und ging als urologischer Oberarzt an die Chirurgische Universitätsklinik Halle (Saale). 1963 begann er mit experimentellen Transplantationen an Hunden.[64] Nach der ersten Transplantation einer menschlichen Niere unternahm er bis 1969 noch zwei weitere Transplantationen. Auch diese scheiterten an den Abwehrreaktionen des Empfängers.[65] Nach mehrjähriger Pause führte Rockstroh am 7. Februar 1975 seine vierte Nierentransplantation durch. Dieser Eingriff brachte den langersehnten glücklichen Ausgang.[66] Bis 1980 wurden in Halle (Saale) 32 Nierentransplantationen durchgeführt.

Auch heute prägen aktuelle Erfindungen und Innovationen die Stadt Halle (Saale). So entwickelte im Jahr 2012 eine Gruppe von Wissenschaftlern um Andreas Kiesow am Frauenhofer-Institut für Werkstoffmechanik eine Zahnputzmaschine.[67] Mithilfe dieser Maschine werden Fragen rund um die Physik des Zähneputzens beantwortet.[68] Außerdem werden damit der Abrieb von Zahnschmelz und die Wirkung von Kalziumfluorid auf die Struktur des Zahnschmelzes untersucht. Für die Experimente verwenden die Wissenschaftler menschliche Zähne und verschiedene industriell erzeugte Zahnpasten.[69] Die Reib- und Verschleißtests werden mit einzelnen Borsten durchgeführt, die in Spezialgeräte eingespannt sind. Die Bürsten werden sowohl in geradlinigen als auch in kreisenden Bewegungen, im letzteren Fall bis zu 8.000-mal, über die Probe gezogen. Danach wird, mit hochempfindlichen Instrumenten, die Tiefe der entstehenden Spur des Abriebs auf dem Zahn vermessen.[70] Die Erkenntnisse fließen in die Herstellung und Entwicklung von Zahnpasten und Zahnbürsten ein.[71]

64 Konert: Die historische Entwicklung der Urologie in Halle (Anm. 62), S. 87.
65 Konert: Die historische Entwicklung der Urologie in Halle (Anm. 62), S. 100f.
66 Konert: Die historische Entwicklung der Urologie in Halle (Anm. 62), S. 100.
67 Fraunhofer IWM Halle: Zahnputzmaschine testet Abrasionsverhalten von Zahnpasten. In: Zahnarzt Wirtschaft Praxis (ZWP) Spezial 11 (2012), S. 29.
68 Sarah Huke: Erfindungen „made in Halle" II, http://www.magazin.uni-halle.de/14239/erfindungen-made-in-halle2/ (Stand: 9.10.2013).
69 Frauenhofer IWM: Zahnputzmaschine testet Abrasionsverhalten (Anm. 67), S. 29.
70 Frauenhofer IWM: Zahnputzmaschine testet Abrasionsverhalten (Anm. 67), S. 29.
71 Huke: Erfindungen „made in Halle" II (Anm. 68).

Abb. 20: Zahnputzmaschine vom Fraunhofer-Institut für Werkstoffmechanik IWM in Halle (Saale)

Zunächst gilt es, der ehemaligen Oberbürgermeisterin der Stadt Halle (Saale), Dagmar Szabados, herzlich zu danken, dass sie die Idee formuliert hat, die Innovationskraft der Stadt Halle (Saale) in einem Buchprojekt wissenschaftlich darstellen zu lassen. Einen herzlichen Dank an Prof. Dr. Andreas Kleinert, dass er die Projektidee an den hallischen Medizinhistoriker herangetragen hat. Ulrike Rohne-Rehagel war eine sehr verlässliche und hilfreiche Mittlerin und Mitdenkerin bei der Umsetzung der Idee in ein auf Mittel angewiesenes Projekt.

Für die finanzielle Unterstützung des Forschungsprojekts gilt der Dank der Stadt Halle (Saale), dem Stifterverband für die Deutsche Wissenschaft, der Martha-Maria Krankenhaus Halle-Dölau gGmbH, der Scil Proteins Production GmbH, der Siewert Hausbau GmbH sowie der ABB AG Standort Halle (Saale). Wolfram Neumann, dem Beigeordneten für Wirtschaft und Wissenschaft der Stadt Halle (Saale), ist für seine Unterstützung zu danken.

Für die Bereitstellung der Abbildungen ist dem Leiter des Stadtarchivs Halle (Saale), Ralf Jacob, M.A., zu danken sowie dem ehemaligen Kustos der Martin-Luther-Universität Halle-Wittenberg, Dr. Ralf-Torsten Speler; dem Mitarbeiter der Fotostelle des UKH, Daniel Gandyra; der stellvertretenden Direktorin der Universitäts- und Landesbibliothek Sachsen-Anhalt, Dr. Dorothea Sommer; dem Leiter des Universitätsarchivs der Martin-Luther-Universität Halle-Wittenberg, Dr. Michael Ruprecht; dem Leiter des Archivs der Leopoldina, Nationale Akademie der Wissenschaften, Dr. Danny Weber; dem Vorsitzenden des Fördervereins Meckelsche Sammlungen der Martin-Luther-Universität Halle-Wittenberg e.V., Prof. Dr. Rüdiger Schultka; dem Geschäftsführer der Stadtmarketing Halle (Saale) GmbH, Stefan Voß; dem Leiter der Stabsstelle Presse- und Unternehmenskommunikation und Pressesprecher des UKH, Jens Müller; der Leiterin für Kultur- und Öffentlichkeitsarbeit der Franckeschen Stiftungen Halle (Saale), Dr. Kerstin Heldt; dem Mitglied im Museumsrat des Ultraschallmuseums der DEGUM, Dr. Bernd Frentzel-Beyme; dem Inhaber der Galerie Saxonia, Frank C. Kempe; den Mitarbeiterinnen des Universitätsmagazins scientia halensis, Corinna Bertz und Sarah Huke; der Mitarbeiterin der ABB AG Standort Halle (Saale), Silvia Anton; den Betreibern der Internetseite „Halle im Bild“, Peter Kolbert und Sven Götze; der Pressesprecherin des Fraunhofer-Instituts für Werkstoffmechanik IWM Halle (Saale), Jasmine Ait-Djoudi; dem Museo Galileo – Institute and Museum of the History of Science – Florenz (Italien), der Bayerischen Staatsbibliothek München, der Universitätsbibliothek Heidelberg, Prof. Dr. Armin Muzur, Prof. Dr. Stephan Zierz, Dr. Susanne Millner, Iva Rincic, PhD, Dr. Eleonore Schumann und Dieter Gräf.

Für ihre ideelle und tatkräftige Unterstützung bei diesem Projekt ist darüber hinaus zu danken dem Geschäftsführer der SONOTEC Ultraschallsensorik Halle GmbH, Hans-Joachim Münch; dem wissenschaftlichen Mitarbeiter des Instituts für Anatomie und Zellbiologie an der Medizinischen Fakultät der Martin-Luther-Universität Halle-Wittenberg, Dr. Albrecht Klemenz; den Mitarbeitern von der ABB AG Standort Halle (Saale), Dipl. Ing. Oleg Kouzmine, Dipl. Ing. Hartmut Brendel und Silvia Anton; Dr. Susanne Millner und den studentischen Hilfskräften des Instituts für Geschichte und Ethik der Medizin Celina Kränzlein, Manuel Degen und Tobias Gennis.

Bildung für alle – die Gründung der Glauchaer Anstalten in Halle (Saale) durch August Hermann Francke (1663–1727)

Der pietistische Theologe August Hermann Francke (1663–1727), geboren in Lübeck,[1] rief Ostern 1695 eine Waisenschule in Halle (Saale) ins Leben.[2] Innerhalb weniger Jahre baute Francke die Waisenschule zu einer Internatsschulstadt aus, in der Kinder aller sozialen Gruppierungen lernten und lebten. Noch heute sind die 1698 gegründeten, Ende des 18. Jahrhunderts in *Franckesche Stiftungen* umbenannten, „Glauchaer Anstalten" ein Ort für Lernen und Lehre. Ende des 17. Jahrhunderts sollte Kindern unterschiedlicher Herkunft der Weg zu Schulbildung ermöglicht werden. Gleichzeitig galt es, sie zu versorgen sowie ihnen christliche Normen und Werte zu vermitteln. Dies waren für das ausgehende 17. Jahrhundert sehr hoch gesteckte Ziele, zu deren Verwirklichung sich Francke bei der Gründung seiner Anstalten verpflichtet sah. Dabei stand er in der Tradition des Renaissance-Humanismus, der seinen Höhepunkt in der pansophischen Pädagogik des Johann Amos Comenius (1592–1670), tschechisch-reformierter Bischof und Pädagoge, fand.[3] Leitsatz dieser Pädagogik war, alle alles in Rücksicht auf das Ganze zu lehren.[4] Bereits während seiner Kindheit und Jugend in Gotha kam Francke mit den Ideen des Comenius in Berührung, die dort Einflüsse auf die thüringische Kirchen- und Schulreform hatten.[5] Der didaktische Grundsatz von Comenius sollte sich auch in der Konzeption von Franckes Schulstadt und im Schulalltag der Anstalten wiederfinden: Alle alles auf alle Weise zu lehren. Diese „Allgemeinbildung" stand allen Menschen gleichermaßen zu, egal welcher Herkunft, Religion, welchen Geschlechts und Alters.[6] Die von Francke entworfene Internats-

---

1 Johannes Wallmann: Einführung. In: Paul Raabe (Hg.) unter Mitarbeit von Hannelore Ruhle, Elke Stateczny: Vier Thaler und sechzehn Groschen. August Hermann Francke. Der Stifter und sein Werk. Ausstellung im Hauptgebäude der Franckeschen Stiftungen vom 21. März 1998 bis 31. Januar 1999. Halle 1998, S. 35–47.

2 Wallmann: Einführung (Anm. 1), S. 9.

3 Winfried Böhm: Geschichte der Pädagogik. Von Platon bis zur Gegenwart. München 2010, S. 53.

4 Paul Kleinert: Comenius, Johann Amos. In: Realenzyklopädie für protestantische Theologie und Kirche. Bd. 4. Leipzig 1898, S. 247–250.

5 Wallmann: Einführung (Anm. 1), S. 9f.

6 Böhm: Geschichte der Pädagogik (Anm. 3), S. 54.

schule war jedoch weit mehr als eine reine Unterrichtsanstalt. Sie hatte die Aufgabe, zur Verbesserung der menschlichen Verhältnisse durch einsichtiges Lernen beizutragen.[7] Auch hier werden Parallelen zu Franckes Sicht auf Schule und Unterricht deutlich. Sein pädagogisches Konzept war beeinflusst durch seinen pietistischen Glauben und den Leitsatz des Pietismus: Weltverbesserung durch Menschenverbesserung. Im Gegensatz zu Comenius ging Francke von einer grundsätzlich verdorbenen Menschennatur aus, deren Heilung nicht durch Unterricht allein, sondern nur mithilfe göttlicher Gnade und einer den ganzen Menschen verändernden Erziehung allein möglich wäre.[8] Auch diese Grundannahme findet ihre praktische Entsprechung im Anstaltsalltag der Zöglinge. Wenngleich die Grundidee der „Bildung für alle“ auf Comenius zurückging, hatte die Schule aufgrund der pietistischen Glaubensvorstellung des Gründervaters einen ganz anderen Charakter als der entsprechende Schulentwurf von Comenius.

Anfang des Jahres 1692 kam August Hermann Francke mit 29 Jahren nach Halle (Saale).[9] Zuvor war er sowohl aus Leipzig als auch aus Erfurt ausgewiesen worden, da die zahlreichen und gut besuchten pietistischen Bibelkreise den jeweiligen christlichen Würdenträgern vor Ort ein Dorn im Auge waren.[10] Die von Francke als unsittlich beurteilten Zustände in Glaucha und das Elend der Kinder und Jugendlichen veranlassten ihn, zunächst seelsorgerisch tätig zu werden. Bereits während seines Studiums der Theologie in Erfurt, Kiel und Leipzig kam er in Kontakt zu radikalen Pietisten und widmete sich der religiösen Unterweisung von Kindern. Damit erschloss er ein neues Feld, was maßgebend für die Gründung und den Unterhalt der Glauchaer Anstalten zu Halle (Saale) wurde: die Pädagogik. Sein Interesse galt vor allem der jungen Generation, da er in ihr das größte Potenzial für eine positive Veränderung in Richtung einer christlichen Lebensführung sah. Sie aus Elend und Verwahrlosung zu befreien, stellte sein größtes Ziel dar. Außerdem widmete er sich der Armenpflege, woraus dann die Glauchaer Anstalten entstehen sollten. Im November 1695, zwei Jahre nach Franckes Wirkungsbeginn in Glaucha, hatte er die nötigen finanziellen Mittel durch Spenden aufgebracht und eröffnete seine Waisenanstalt. An der 1694 gegründeten Friedrichs-Universität in Halle (Saale) hatte er zugleich eine Professur für griechische und orientalische Sprachen inne, welche er Philipp Jakob Spener (1635–1705) – Konsistorialrat in Berlin

---

7 Böhm: Geschichte der Pädagogik (Anm. 3), S. 54.

8 Böhm: Geschichte der Pädagogik (Anm. 3), S. 55.

9 Werner Piechocki: Gesundheitsfürsorge und Krankenpflege in den Franckeschen Stiftungen in Halle/Saale. In: Rudolph Zaunick (Hg.): Beiträge zur Geschichte des Gesundheitswesens der Stadt Halle und der Medizinischen Fakultät der Universität Halle (= Acta Historica Leopoldina, 2). Leipzig 1996, S. 29–66.

10 Wallmann: Einführung (Anm. 1), S. 9f.

Abb. 1: August Herrmann Francke (1663–1727)

und eine Schlüsselfigur des Pietismus – verdankte. Francke lernte Spener erstmals im Rahmen eines von Francke ins Leben gerufenen Collegium philobiblicum, einer Übung zur Bibelauslegung, kennen. Spener selbst nahm an einer Zusammenkunft des Collegiums teil und ebnete so den Weg für Franckes Nähe zum Pietismus.[11] Die Einflüsse Speners auf die kurbrandenburgische Regierung in Berlin und Franckes Kontakte, die er bei einem Besuch dort rasch aufbauen konnte, taten ihr Übriges für die Berufung Franckes.

Zur Waisenanstalt kamen im Laufe weniger Jahre (bis 1698) ein Freitisch für arme Studenten, die Lateinschule und das Königliche Pädagogium. An der Lateinschule wurden Bürgersöhne sowie begabte Waisenkinder unterrichtet, am Königlichen Pädagogium ausschließlich Kinder höhergestellter Bürgerfamilien. Die Erziehung der Kinder in den Anstalten war von Anfang an religiös motiviert,[12] denn Francke war ausgebildeter Theologe, kein Pädagoge. Hauptzweck der Unterweisung sei die Ehre Gottes, die vor allem durch Gemütspflege zu erreichen sei:

> Die Ehre Gottes muß in allen dingen / aber absonderlich in Aufferziehung und Unterweisung der Kinder als der Haupt-Zweck immer für Augen seyn so wohl dem Praeceptori, als den untergebenen selbst. (...) Ist es dem Praeceptori nicht ernstlich umb die Ehre Gottes zu thun / so werden sich gemeiniglich die Kinder deren noch viel weniger annehmen.[13]

Oberstes, pietistisches Leitbild war, die Veränderung der Welt durch eine Veränderung der Menschen zu bewirken.[14] Wo konnte man damit besser beginnen, als bei Kindern und Jugendlichen?

Die Zöglinge in den Anstalten sollten lernen, nicht eigene Wünsche und Bedürfnisse zur Motivation ihrer Handlungen zu machen, sondern den Willen Gottes. Dabei waren sie angehalten, stets ihr innerstes Gefühlsleben zu reflektieren, um zu einem individuellen Bekehrungserlebnis, wie es der Anstaltsgründer selbst erlebt hatte, zu gelangen. Franckes vom Pietismus beeinflusste Pädagogik war eine normative und auf praktische Lebenserfahrung ausgelegt. Die Kinder lernten anhand

11 Manfred Jakubowski-Tiessen: Von Spener zu Francke – Der Pietismus im 17. und 18. Jahrhundert in seiner europäischen Dimension. In: Holger Zaunstöck, Thomas Müller-Bahlke, Claus Veltmann (Hg.): Die Welt verändern. August Hermann Francke. Ein Lebenswerk um 1700. Halle 2013, S. 29–39, hier: S. 29.

12 Axel Oberschelp: Das Hallesche Waisenhaus und seine Lehrer im 18. Jahrhundert. Lernen und Lehren im Kontext einer frühneuzeitlichen Bildungskonzeption. Tübingen 2006, S. 44ff.

13 August Hermann Francke: Kurtzer und einfältiger Unterricht, Wie die Kinder zur Wahren Gottseligkeit, und Christlichen Klugheit anzuführen sind, ehemals Zu Behuf Christlicher Informatorum entworffen, und nun auff Begehren zum Druck gegeben, Halle 1702. In: Erhard Peschke (Hg.): August Hermann Francke. Werke in Auswahl. Berlin 1969, S. 124–150, hier: S. 125.

14 Martin Schmidt: Epochen der Pietismusforschung. In: Ders. (Hg.): Der Pietismus als theologische Erscheinung. Göttingen 1984, S. 34–83, hier: S. 69.

Abb. 2: Ansicht des Waisenhauses und der Franckeschen Anstalten in Halle (Saale)

von „Exempeln", was gutes und schlechtes Handeln war, da „die wahre Gottseligkeit (…) der zarten Jugend am besten (…) durch das gottselige Exempel (eingeflößet wird)".[15] Auch Ermahnung, Verheißung und Bestrafung hatten ihren Platz in der religiös geprägten pädagogischen Konzeption Franckes. Dabei räumte Francke den Verheißungen den Vorzug ein, da nur sie ihm als dem Evangelium gemäß erschienen.[16] Gegenstand dieser Verheißungen waren himmlische Güter, zum Beispiel Gerechtigkeit, Friede und Freude im heiligen Geist. Sie sollten genutzt werden, wenn sich Kinder den Vorschriften angemessen verhalten hatten. Bestrafungen kamen dann zum Einsatz, wenn sich die Zöglinge unangemessen und entgegen den Vorschriften verhalten hatten. Eine erfolgreiche Erziehung ohne körperliche Strafen konnte sich Francke nicht vorstellen. Die Rute sei nicht ganz von der Kinderzucht zu verbannen, so der Theologe, da sie dazu dienen könne, verweichlichte, ältere und eigenwillige Kinder zur Gottseligkeit anzuführen.[17] Auch die Lehrer selbst waren zur Führung eines christlichen Lebenswandels verpflichtet,[18] um den Schülern ein Vorbild zu sein, denn „die Kinder machen alles nach / es sey gutes oder böses / daher das Aergernüß bey ihnen am gefährlichsten ist".[19] Francke begriff die Erziehung von Kindern und Jugendlichen als Chance, zur Ehre Gottes ein gutes Werk zu tun.[20] Dabei wurde die Familienerziehung zugunsten einer Anstaltserziehung relativiert, da das Verderben und die Sünde alle Stände durchdrungen hätten. Die Anstalten Franckes hingegen hatten den Charakter eines Schulverbundes, der in sich aber familienähnliche, hierarchische Strukturen aufwies und die Kinder nach außen hin abschottete. Francke wollte damit schädliche Einflüsse von außen vermeiden. Es wurde versucht, eine Atmosphäre unparteiischer, väterlicher Liebe zwischen den Erziehern, deren Hauptaufgabe die Seelsorge war, und den Zöglingen herzustellen. Außerdem sollten alle Kinder, egal aus welcher sozialen Schicht sie stammten, den gleichen Regeln folgen.

Was zunächst als Armenschule begann, fand so großen Anklang in der hallischen Bevölkerung, dass sogar bürgerliche und adlige Familien ihre Kinder in Franckes Obhut gaben.[21] August Hermann Francke schloss auch Mädchen in seine Bildungskonzeption (der Weltveränderung durch Menschenveränderung) mit ein.

---

15 Francke: Kurtzer und einfältiger Unterricht (Anm. 13), S. 126.
16 Francke: Kurtzer und einfältiger Unterricht (Anm. 13), S. 126.
17 Francke: Kurtzer und einfältiger Unterricht (Anm. 13), S. 126.
18 Oberschelp: Das Hallesche Waisenhaus (Anm. 12), S. 58.
19 Francke: Kurtzer und einfältiger Unterricht (Anm. 13), S. 127.
20 Werner Loch: Deutsche Pädagogik am Beispiel August Hermann Franckes. In: Martin Brecht, Klaus Deppermann, Ulrich Gäbler, Hartmut Lehmann (Hg.): Geschichte des Pietismus. Bd. 4. Glaubenswelt und Lebenswelten. Göttingen 2004, S. 264–308, hier: S. 265.
21 Loch: Deutsche Pädagogik (Anm. 20), S. 280.

Abb. 3: Francke-Denkmal vor den Franckeschen Stiftungen in Halle (Saale)

Bereits während seiner Studien- und Wirkungszeit in Leipzig besuchten Frauen seine Bibelkreise; in Erfurt gab er auch Mädchen in ihren Privathäusern Bibelstunden. Darauf gründet die Einrichtung einer Bürgerschule für Mädchen, in der ihnen analog zur Erziehung der Knaben Unterricht in Schreiben, Lesen, Rechnen, Katechismus, Neuem Testament und Choralsingen geboten wurde und nicht nur in hauswirtschaftlichen Tätigkeiten, wie es für diese Zeit üblich war. Auch das Waisenhaus hatte eine Abteilung für Mädchen, die dort getrennt von den Jungen lebten. Mädchenbildung war also, wie sonst üblich, keine Privatangelegenheit der Familie, sondern wurde in das Schulsystem der Glauchaer Anstalten integriert. Hier wird wieder die Grundidee deutlich, die Francke von Comenius übernahm: jedem Menschen einen Zugang zu Allgemeinbildung zu ermöglichen.[22] Hinzu kommt die Förderung begabter Kinder aus den unteren sozialen Schichten in der „Latina", der eigentlich Bürgerkindern vorbehaltenen Lateinschule. Waren die verschiedenen Schultypen formal nach Ständen gegliedert, so waren sie für begabte Kinder der unteren sozialen Schichten bedingt durchlässig. Im Jahr 1704 waren von 150 unterrichteten Schülern an der Lateinschule 40 Waisen. Insgesamt rund 850 Schüler fassten die Schulen der Glauchaer Anstalten um diese Zeit. 1696 war bereits aus den zunächst für arme Theologiestudenten eingerichteten Freitischen ein Lehrerseminar entstanden, an dem künftige Erzieher ausgebildet wurden. Für die Waisenkinder forderte Francke ein Arbeitshaus, in dem sie ein Handwerk erlernen konnten, um später selbst Geld zu verdienen. Zu seinen Lebzeiten wurde diese Forderung nicht umgesetzt. Sie zeugt allerdings von fortschrittlichem Gedankengut, auch den Ärmsten eine Perspektive zu verschaffen, um sie von der Straße zu holen und aus der Armut herauszulösen. Zudem sicherten diese Maßnahmen die Ausbildung einer vom hallischen Pietismus geprägten Funktionsträgerschaft.[23]

Das Leben gestaltete sich entsprechend der Einrichtungen verschieden, obwohl der Schulunterricht ähnlich organisiert war. In den sogenannten „deutschen Schulen" wurden Religion, Lesen, Schreiben, Rechnen und Singen unterrichtet. Ergänzt wurde der Schulunterricht durch die Lehre „gemeinnütziger Kenntnisse". In diesen Gelegenheitsstunden sollten die Schüler in den Realienfächern unterwiesen werden: Astronomie und Kalendergebrauch, Geographie und Landvermessung, Physik, Biologie, Geschichte und polizeiliche Vorschriften. Jedoch war diese Unterweisung auf das Nötigste beschränkt, da der Unterricht vor allem in den freien Stunden erfolgte, in denen kein regulärer Schulunterricht stattfand. Begabten Waisenkin-

---

22 Böhm: Geschichte der Pädagogik (Anm. 3), S. 54.

23 Juliane Jacobi: Der Blick auf das Kind. Zur Entstehung der Pädagogik in den Schulen des Halleschen Waisenhauses. In: Josef N. Neumann, Udo Sträter (Hg.): Das Kind in Pietismus und Aufklärung. Tübingen 2010, S. 47–60, hier: S. 49.

Anstalten /
Die
Zu Verpflegung der Ar=
men zu Glaucha an Halle
gemachet sind:
Wie sich solche befinden
Anno 1698 /
im Monat
JULIO.

Psalm. 64: v. 10.
Alle / die es sehen / werden sagen; Das hat GOtt
gethan / und erkennen / daß es Sein
Werck sey.

HALLE /
Gedruckt bey Christian Henckeln / Univers. Buchdr.

Abb. 4: Titelblatt von August Hermann Franckes „Anstalten / Die zu Verpflegung der Armen zu Glaucha an Halle“ (1698)

dern wurden so Chancen eröffnet, einen „künstlerischen" oder kaufmännischen Berufsweg einzuschlagen, auf den sie dann durch speziell darauf ausgerichteten Unterricht in „Sprachen und Wissenschaften" vorbereitet wurden.[24] Sieben Stunden Schulunterricht hatten die Kinder täglich zu absolvieren, zusätzlich zu den regelmäßig stattfindenden Gottesdiensten. Lernfreie Nachmittage und Sonntage wurden von Francke streng abgelehnt. Grundlegendes Erziehungsmittel war ein streng organisierter Tagesablauf von Gottesdiensten, Unterricht und Gelegenheitsstunden, den die Kinder in gemischten Fachklassen, nach Leistungsanforderungen organisiert, wahrnahmen. Methodisch waren die Unterrichtsstunden auf den Dreischritt des Auswendiglernens, Verstehens und Anwendens ausgelegt. Durch ständiges Wiederholen sollte sich das Gelernte besonders stark einprägen. Zum Ausgleich des überwiegend im Sitzen ablaufenden Alltags wurden „Motionsstunden" – Bewegungsübungen wie Spazierengehen – in den Tagesrhythmus integriert:

> Ob es nicht sey, daß die Mädgen anstatt des spazierengehens am Rande fleißig arbeiten, derweil diese motion ihnen hinlänglich ist: die Kinder, welche studieren, haben wol nöthig um das Gemüth zu ermuntern, sich mit herbatim gehen zu exercieren, die übrigen, so nicht studieren, können im Hofe ihre motion haben.[25]

Spiele jeder Art und sinnfreies Bewegen waren unerwünscht. Der Tag der Zöglinge war streng organisiert und lief immer nach demselben Muster ab. Kindliche Bedürfnisse nach Freizeit und sinnfreiem Spiel konnten nicht ausgelebt werden. Da es sich bei den meisten Kindern an den deutschen Schulen um Waisen handelte, kam es zu Schwierigkeiten mit der Disziplin der Kinder. Denn von ihrem Leben auf der Straße waren sie keine Regeln gewohnt. Hier kamen dann Mittel der Zucht zum Einsatz. Diese waren jedoch nicht wahllos, sondern unterlagen ebenfalls strengen Regelungen. Zentrales Disziplinierungsmittel war die Erinnerung an die Gottesfurcht und der Glaube, dass Gott alles sehe, der den Kindern eingeimpft wurde. Ebenso wurden sie einer stetigen Aufsicht durch die Erzieher unterstellt, die sie dazu anhalten sollte, sich zumindest zum Schein ordentlich zu verhalten.[26] Die Beobachtung ging so weit, dass sie sich selbst auf elementare Dinge wie Körperpflege und menschliche Verrichtungen erstreckte. Der Unterricht am königlichen Pädagogium lief nach ähnlichen strengen Tagesabläufen ab, obwohl in diesem vorwiegend Schüler aus hohen Adelskreisen lebten, deren Eltern für die Unterbringung

24 Loch: Deutsche Pädagogik (Anm. 20), S. 287.

25 Archiv der Franckeschen Stiftungen, Wirtschafts- und Verwaltungsarchiv, 13 (AFSt/W V/-/13): Konferenzprotokoll der Verwaltungskonferenz der Franckeschen Stiftungen vom 26. August 1706.

26 Juliane Dittrich-Jacobi: Pietismus und Pädagogik im Konstitutionsprozeß der bürgerlichen Gesellschaft. Historisch-systematische Untersuchung der Pädagogik August Hermann Franckes (1663–1727). Diss. Bielefeld 1976, S. 289.

ein Schulgeld zahlten. Es gab sogar mehr Vorschriften für die Kinder reicher Häuser als für die Kinder aus ärmlichen Familienverhältnissen.[27] Zum Beispiel sollten die Schüler streng darauf achten, untereinander Latein zu reden und den Verwandten nur Briefe auf Latein zu schreiben. Auch das vollkommene Offenlegen der Geldausgaben gehörte zu ihren Pflichten sowie das Anlegen eines Verzeichnisses über ihren gesamten Besitz. Ansonsten genossen die Schüler des Pädagogiums zahlreiche Vergünstigungen. Die Räumlichkeiten erlaubten es, von den paarweise angelegten Wohnzimmern getrennte Schlafräume zu unterhalten, so dass sich drei Jungen eine Stube teilten. Im Gegensatz dazu schliefen die Waisenkinder in großen Schlafsälen. Den Zöglingen im Pädagogium war jeweils ein Stubenpräzeptor zugeteilt, der mit ihnen zusammenlebte und immer ein Auge auf sie hatte. Außerdem beherbergte das Gebäude mehrere Bibliothekszimmer und Werkräume und war im Verhältnis zu seinen gerade einmal 100 Bewohnern sehr großzügig geschnitten. Speziell war die Einrichtung eines Moralunterrichts, in dem moralische Grundsätze und gute Sitten vermittelt wurden. Da die Kinder des Adels kaum an die Unterordnung und die strengen religiösen Übungen und wissenschaftlichen Studien gewöhnt waren, kam es gerade in diesem Bereich häufig zu Disziplinschwierigkeiten. Jedoch war es nicht im Sinn von August Hermann Francke, für Kinder des Pädagogiums Sonderregelungen für Unterricht und Religionsausübung zu treffen. Es war ihm wichtig, dass alle Kinder einer gleichen Ordnung unterworfen waren, obwohl sie in verschiedenen Schulen lernten und lebten. Die Unterschiede beschränkten sich daher auf Feinheiten, wie beispielsweise eine Strafmilde bezüglich körperlicher Züchtigungen adliger Zöglinge. Die Unterrichtsinhalte gingen im Vergleich zu den deutschen Schulen über das Nötigste hinaus. Der Schulalltag war ebenso durchorganisiert wie an den anderen Bildungseinrichtungen, es gab auch hier keine lernfreie Zeit. Dies erklärt sich zunehmend aus der Funktion, die Francke dem Lernen zuschrieb. Lernen sei eine heilsame Tätigkeit, welche die Kinder davon abhalte, sich durch das Böse verführen zu lassen.[28] Um eine Überforderung der Schüler zu verhindern, beschränkte Francke die Anzahl der verschiedenen Unterrichtsfächer, allerdings ging es ihm dabei keineswegs um eine Verkürzung der Studienzeit. Die Beschränkung galt nur für die täglich zu studierenden Fächer, nicht für alle während der gesamten Schulzeit. Auch im königlichen Pädagogium gab es altersgemischte Klassen. Jeder Schüler konnte solange in seiner Klasse bleiben, bis er das nötige Leistungsniveau erreicht hatte, um in eine höhere Klasse zu wechseln. Ebenso galt auch hier das Prinzip der Wiederholung des Unterrichtsstoffes als

27 Dittrich-Jacobi: Pietismus und Pädagogik (Anm. 26), S. 293.
28 Dittrich-Jacobi: Pietismus und Pädagogik (Anm. 26), S. 297.

grundlegend. In der pädagogischen Ausrichtung des Schulalltags ähnelten sich also die Einrichtungen sehr. Unterschiede traten vor allem in den Wohnstandards und der Versorgung der Zöglinge auf. Auch die Karriereplanung sah Unterschiede vor. Während Schüler der deutschen Schulen die Möglichkeit bekamen, einen „künstlerischen" oder handwerklichen Beruf zu ergreifen, war für die Absolventen des Pädagogiums der Eintritt in den Staatsdienst offen.[29]

Zu Pfingsten 1698 eröffnete das Gynäceum, eine Bildungsanstalt für adlige und aus wohlhabenden Familien stammende Mädchen.[30] Familien, die Kontakte nach Halle (Saale) und zu Francke hatten sowie der pietistischen Bewegung nahestanden, schickten ihre sechs bis fünfzehn Jahre alten Töchter nach Glaucha. Zum Beispiel besuchte Marie Sidonie Richter (†1704), Schwester des späteren Anstaltsarztes Christian Friedrich Richter (1676–1711), das Gynäceum. Die Einrichtung einer solchen Anstalt zur Mädchenbildung stieß auf Vorbehalte, was die Werbung um Schülerinnen erschwerte. Geistige Bildung fanden christliche Mädchen üblicherweise nur im Besuch der Gottesdienste. Eine Mädchenanstalt einzurichten, in der die Schülerinnen u.a. Schreiben und Lesen lernten, war für das ausgehende 17. Jahrhundert im deutschsprachigen Raum ein singuläres Phänomen.[31] Die sächsische Adlige Henriette Katharina von Gersdorff (1648–1726) machte sich für das Gynäceum stark und unterstützte es finanziell. Daraufhin schickten mehr und mehr adlige Familien ihre Töchter an die Anstalt. So kam es dazu, dass die Einrichtung zwei Gebäude mit Schlaf-, Unterrichts- und Esszimmern umfasste. Schon bald reichte das Kostgeld nicht mehr aus und eine Erhöhung der Schülerinnenanzahl stand im Raum, um die laufenden Kosten zu decken.[32]

Für Unterricht und Unterbringung waren jährlich 100 Reichstaler zu zahlen. Francke war daran gelegen, die Mädchen durch französischsprachige Lehrerinnen unterrichten zu lassen. Hierfür konnte er Louise Charbonnet (1665–1739), eine im Exil lebende Hugenottin, als Leiterin der Mädchenanstalt gewinnen. Diese brachte eine ebenfalls im Exil lebende Französin mit nach Halle (Saale): Susanne Baile (†1713). Charbonnet und Baile waren jahrelang im Gynäceum als Leiterin bzw. Gouvernante tätig.[33] So genossen die Schülerinnen Unterricht in Französisch. Die Mädchen wurden jedoch auch in den „weiblichen Arbeiten" wie Hauswirtschaft von Frauen unterwiesen – ganz wegzudenken waren diese Bereiche aus der Mäd-

29 Ulrike Witt: Bekehrung, Bildung und Biografie. Frauen im Umkreis des Halleschen Pietismus. Göttingen 1996, S. 90.

30 Witt: Bekehrung, Bildung und Biografie (Anm. 29), S. 103.

31 Elke Kleinau: Geschichte der Mädchen- und Frauenbildung. Bd. 1: Vom Mittelalter bis zur Aufklärung. Frankfurt/Main 1996.

32 Kleinau: Geschichte der Mädchen- und Frauenbildung (Anm. 31), S. 107.

33 Kleinau: Geschichte der Mädchen- und Frauenbildung (Anm. 31), S. 110.

Kurtze und deutliche
Nachricht/
In welcher
Verfassung
Die zu Glaucha an Halle
Beydes zur
Erziehung der Jugend/
und zur
Aufnehmung/
Auch nöthiger
Verpflegung der Dürfftigen
gemachte
Anstalten
Sich ietziger Zeit im Julio 1709. befinden/
zu künftiger
VII. Fortsetzung
vorläuftig ertheilet
von
August Hermann Francken/
S. Theol. Prof. und Past.
HALLE/ im Wäysen-Hause.

Abb. 5: Titelblatt von August Hermann Franckes „Kurtze und deutliche Nachricht …“ (1709)

chenbildung also nicht. Die Fächer Religion, Geographie, Kirchengeschichte und Griechisch wurden von Männern besetzt. Lehrerwechsel waren an der Tagesordnung, sodass immer neu zu vergebene Stellen eine permanente Schwierigkeit darstellten. Entscheidend für die Neubesetzung war Franckes Netzwerk, aus dessen Quellen sich die Pädagogen rekrutierten und das vor allem für die Einstellung weiblichen Lehrpersonals entscheidend war. Dem Anstaltsgründer war wichtig, dass sie dem christlich-lutherischen Glaubensbekenntnis angehörten, um sich in das Selbstverständnis der Schulstadt einzufügen. Die Lehrerinnen und Lehrer sollten ihre Schülerinnen getreu den christlichen Werten erziehen. Wie in den anderen pädagogischen Einrichtungen standen Bibellektüre und Katechese im Mittelpunkt des Unterrichts. Die Prinzipien des Auswendiglernens, Wiedergebens und Wiederholens setzten sich auch in den Mädchenanstalten fort. Hinzu kam der sogenannte extraordinäre Unterricht, Stunden in Griechisch, Vokalmusik und im Singen. Das Fachklassensystem setzte sich auch am Gynäceum durch, sodass die Mädchen nur den Religionsunterricht gemeinsam absolvierten.[34] Gouvernanten sorgten dafür, dass die Schülerinnen den ganzen Tag unter Aufsicht standen; sie überwachten den Ablauf der Mahlzeiten, die Gesprächsthemen bei Tisch und begleiteten sie zu morgendlichen Betstunden und zu den zweimal wöchentlich stattfindenden Singstunden.[35] Die ständige Überwachung sollte die Mädchen, wie auch die Jungen in den anderen Schulen, vor der eigenen, sündigen Natur schützen. Freie Zeit gab es nicht. Nach dem Unterricht wurden die Mädchen von ihren Gouvernanten im Stricken, Nähen, Spitzenwirken und Spinnen unterwiesen. Selbst das Federballspiel wurde nicht um des Spielens willen, sondern zur gesundheitlichen Ertüchtigung betrieben. Den strikt durchorganisierten Tagesablauf teilten die Mädchen also mit allen männlichen Zöglingen in den Anstalten. Auch sie waren nach außen durch ein Internatsschulsystem abgegrenzt, besonders wenn ihre Familien Kontakt zu nicht pietistischen Kreisen hatten. Im Gegensatz zu den Waisenmädchen mussten sie jedoch nicht arbeiten, wenn sich ihre Eltern offen dagegen aussprachen. In den Waisenanstalten bestand diese Wahlmöglichkeit nicht.[36] Das Gynäceum bestand bis zum März 1703, danach wurde es aufgelöst. Die Unterbringung und Unterweisung bürgerlicher und adliger Töchter wurde jedoch nicht aufgegeben, sondern in einem neuen Frauenzimmerstift fortgesetzt.

Die Glauchaer Anstalten boten Kindern beiderlei Geschlechts und aus allen sozialen Schichten die Möglichkeit, eine Schulbildung zu erhalten. Waisenkinder

34 Witt: Bekehrung, Bildung und Biografie (Anm. 29), S. 116.
35 Witt: Bekehrung, Bildung und Biografie (Anm. 29), S. 116.
36 Witt: Bekehrung, Bildung und Biografie (Anm. 29), S. 118.

fanden dann in den Waisenanstalten Aufnahme, wenn sie körperlich gesund waren. Andere Zugangsvoraussetzungen gab es nicht. Die Eltern der Kinder, die an der Latina oder dem Königlichen Pädagogium beheimatet waren, zahlten Schulgeld und waren oft selbst Anhänger des Pietismus oder Freunde Franckes. Die Zöglinge sollten an den Glauchaer Anstalten im Sinn der pietistischen Weltanschauung zur Weltverbesserung beitragen. Dies war das hauptsächliche Ziel, das Francke bei der Gründung seiner Anstalten und seiner pädagogischen Tätigkeit verfolgt hatte. Zum Teil wurden Kinder dadurch auf ein Berufsleben vorbereitet, das sie ohne Erziehung in den deutschen Schulen nie hätten ergreifen können. Besonders für die Waisenkinder, die aufgrund ihrer Begabung in die Latina aufgenommen wurden, eröffnete Francke somit Zukunftsperspektiven. Kinder aller Schichten konsequent unter einem Dach wohnen zu lassen und gemeinsam zu unterrichten, wäre für Francke, der die Ständeordnung nicht anzweifelte, undenkbar gewesen. Die Aufteilung der Zöglinge an die verschiedenen Schulformen auf dem Anstaltsgelände, die sich auch räumlich äußerte, ist ein Beleg dafür. Dennoch hat Francke sein selbstgestecktes Ziel, Bildung für alle zu ermöglichen, in seinen Glauchaer Anstalten verwirklicht.

Europa blickt auf die Medizin in Halle (Saale) – die Reform der Heilkunde im 18. Jahrhundert: Friedrich Hoffmann (1660–1742) und Georg Ernst Stahl (1659–1734)

Das 17. Jahrhundert markiert den Anfang der empirisch-experimentellen Medizin und das Ende der alten Autoritäten der Universitätsmedizin. Dazu beigetragen hatten u.a. Francis Bacon (1561–1626) mit der Einführung des Experiments als wissenschaftliche Methode, René Descartes (1596–1650) durch seine Beschreibung des Menschen als Meister der Natur, und nicht zuletzt William Harvey (1578–1657) durch die Entdeckung des Blutkreislaufes.[1] Die deutschen Universitäten befanden sich allerdings durch die verheerenden Folgen des Dreißigjährigen Krieges (1618–1648) im Niedergang, mit dem auch hohe Verluste an Studierenden einhergingen. Generell erfolgte der medizinische Unterricht an den deutschen Universitäten Ende des 17. Jahrhunderts oft immer noch auf traditionellen, alten Wegen – die Lehren des Galen von Pergamon (129 bis ca. 210), vor allem die humoralpathologische Viersäftelehre, waren nach wie vor bestimmend in der medizinischen Ausbildung.[2] Nur an den protestantischen Universitäten in den Niederlanden und im norddeutschen Raum bestanden Ausnahmen. Hier verbreitete sich die neue medizinische Konzeption des Cartesianismus: die Lehre vom Dualismus von Leib/Körper einerseits und Seele/Geist andererseits. Gleichzeitig befand sich das Konzept der Iatromechanik auf dem Vormarsch. Es erklärte alle Phänomene von Gesundheit und Krankheit in Abhängigkeit von einer inneren, physikalischen Beschaffenheit des menschlichen Körpers.[3] Überall fehlte es bei den deutschen medizinischen Fakultäten an adäquater Forschung, da die Medizin die schwächste Fachrichtung der jeweiligen Universitäten darstellte.[4] Eine Ausnahme bildete die im Jahr 1694 durch den Kurfürsten Friedrich III. von Brandenburg-Preußen

1 Thomas Fuchs: The Mechanization of the Heart: Harvey and Descartes. Rochester 2001.

2 Olaf Pedersen: Tradition und Innovation. In: Walter Rüegg (Hg.): Geschichte der Universität in Europa. Bd. 2. Von der Reformation zur Französischen Revolution (1500–1800). München 1996, S. 363–390, hier S. 364.

3 Ingo Wilhelm Müller: Iatromechanische Theorie und ärztliche Praxis im Vergleich zur galenistischen Medizin, Friedrich Hoffmann – Pieter van Foreest – Jan van Heurne. Stuttgart 1991, S. 26.

4 Pedersen: Tradition und Innovation (Anm. 2), S. 363.

Abb. 1: Friedrich Hoffmann (1660–1742)

(1657–1713) gegründete Friedrichs-Universität in Halle (Saale), die Fridericiana. Die ersten beiden Professoren der Medizinischen Fakultät, Friedrich Hoffmann (1660–1742) und Georg Ernst Stahl (1659–1734), trugen entscheidend zur Modernisierung des Studiums der Medizin und zur Verbreitung von zeitgenössisch-modernen Konzeptionen bei. Nicht zuletzt durch die Strahlkraft Hoffmanns und Stahls konnte die Universität in Halle (Saale) um 1700 ca. 3.000 Hörer verzeichnen, davon 144 Studierende der Medizin. Dies war angesichts der desolaten Lage der Universitäten auf deutschsprachigem Gebiet herausragend. Hoffmann und Stahl waren zum Zeitpunkt ihres Rufs an die noch junge Fridericiana bereits anerkannte Persönlichkeiten, was zusätzlich Studierende nach Halle (Saale) gelockt haben muss. Doch der Beginn der Hochschulmedizin gestaltete sich zunächst scheinbar eher schleppend; es mangelte an allem. Nur eine kleine Universitätsapotheke, eine „Anatomie-Kammer" und zwei Professoren konnte die Medizinische Fakultät vorweisen. Friedrich Hoffmann und Georg Ernst Stahl mussten sich den Vorlesungsstoff teilen. Hoffmann hielt Vorlesungen in Anatomie, Innerer Medizin, Chirurgie, Physik und Chemie; Georg Ernst Stahl übernahm die Physiologie, Pathologie, Diätetik, Botanik und Pharmakologie.[5] Was veranlasste Hoffmann und Stahl, an die noch junge Friedrichs-Universität Halle zu kommen? Welche Lehren vertraten sie und welche Innovationen können den beiden Ärzten für die Medizinische Fakultät in Halle (Saale) und die Medizin des 18. Jahrhunderts zugeschrieben werden?

Hoffmann hatte in Jena Medizin studiert, traf hier das erste Mal auf Georg Ernst Stahl und freundete sich mit ihm an. Beeinflusst von der Philosophie der Aufklärung Christian Wolffs (1679–1754) ordnete Hoffmann die medizinischen Erkenntnisse seiner Zeit und strebte eine Reform der Heilkunde an. Eine Sammlung ärztlicher Fallberichte und Konsultationen veröffentlichte Hoffmann von 1721 bis 1739 in der *Medicina consultatoria*[6]. Die klare Systematik und Sprache machten seine Schriften für interessierte Leser verständlich, und der stetige Praxisbezug erleichterte besonders praktizierenden Ärzten den Zugang zum Werk. Dadurch galten Hoffmanns Schriften in medizinischen Kreisen als die am meisten gelesenen und

5 Jürgen Konert: Hoffmann oder Stahl? Medizinische Fakultät und Franckesche Stiftungen in der Gründungsära. In: Richard Toellner (Hg.): Die Geburt einer sanften Medizin. Die Franckeschen Stiftungen zu Halle als Begegnungsstätte von Medizin und Pietismus im frühen 18. Jahrhundert. Tagungsband zum internationalen Symposium der Franckeschen Stiftungen vom 16. bis 19. April 1998. Halle 2004, S. 51–72, hier: S. 51.

6 Friedrich Hoffmann: Medicina consultatoria. Worinnen unterschiedliche über einige schwere casus ausgearbeitete consilia, auch responsa facultatis medicae enthalten und in fünff Decurien eingetheilet (...). Halle 1721.

zitierten.[7] Berühmtheit erlangte er durch seine zahlreichen Veröffentlichungen, die für angehende Ärzte des 18. Jahrhunderts Grundlagenwerke der medizinischen Ausbildung darstellten.[8] Hoffmanns medizinisches Gesamtsystem – vor allem seine in vier Bänden erschienene *Medicina rationalis systematica*[9] – war es, das europaweit besondere Aufmerksamkeit erlangte, sodass er den Beinamen „zweiter Hippokrates" oder „Aesculapius Hallensis" trug.[10] Ein Zitat von Johann Friedrich Blumenbach (1752–1840), deutscher Anatom, Zoologe und Anthropologe, zeugt von Hoffmanns gutem Ruf: „[N]icht leicht kann man einen größeren, umfassenderen Wunsch gegen jemanden aussprechen als den: Sei so verdient und glücklich wie Friedrich Hoffmann".[11]

Neben seiner Tätigkeit als Professor an der Medizinischen Fakultät beaufsichtige Hoffmann die Studierenden der Medizin, die in den Krankenpflegeeinrichtungen der Glauchaer Anstalten – einer durch den pietistischen Theologen August Hermann Francke (1663–1727) gegründeten Waisenanstalt und Internatsschulstadt – praktizierten.[12] Er selbst war kein Anhänger des hallischen Pietismus, stand ihm aber durch seine Religiosität sehr nahe.[13] Seine später auch auf Deutsch veröffentlichte Antrittsvorlesung vom 3. März 1693, *Verteutschte Rede, worinnen gezeiget wird, wie ein Atheist aus der künstlichen Structur des menschlichen Cörpers von der Existenz Gottes zu überzeugen*[14], zeugt von großer Frömmigkeit.

Weitere religiös-philosophische Schriften folgten. Hoffmann betreute in den Anstalten vor allem kranke Studierende der Theologie und Kinder. Durch seine Tätigkeit im hallischen Waisenhaus hinterließ Hoffmann zahlreiche Beschreibungen von Kinderkrankheiten, da Anstaltszöglinge im Wesentlichen in den Krankenstuben betreut worden sind.[15] Viele Schriften widmete er der Kinderheilkunde und Geburtshilfe wie das Werk *Vernünfftiger Unterricht von Heilsamer Vorsorge Eines zur Welt gebohrenen und Saugenden Kindes*[16], welches Hoffmann allen Müttern und Heb-

7 Stephan Zierz: Aus den Anfängen der Medizinischen Fakultät der Fridericiana Halensis. In: Achim Lipp, Jürgen Lasch (Hg.): Hallesche Helden der Heilkunst. Bedeutende Ärzte und Wissenschaftler der Medizinischen Fakultät. Halle 2013, S. 47–56, hier: S. 48.

8 Konert: Hoffmann oder Stahl (Anm. 5), S. 54.

9 Friedrich Hoffmann: Medicina rationalis systematica. Halle 1727.

10 Konert: Hoffmann oder Stahl (Anm. 5), S. 53.

11 Rudolf Benecke: Friedrich Hoffmann. In: Historische Kommission für die Provinz Sachsen und für Anhalt (Hg.): Mitteldeutsche Lebensbilder. Bd. 4. Magdeburg 1929, S. 20–40.

12 Konert: Hoffmann oder Stahl (Anm. 5), S. 59.

13 Karl Eduard Rothschuh: Studien zu Friedrich Hoffmann (1660–1742). In: Sudhoffs Archiv 60 (1976), S. 235–270, hier: S. 237.

14 Friedrich Hoffmann: De Antheo ex artificiosissima corporis humani structura convincendo. Antrittsrede vom 3. März 1693.

15 Konert: Hoffmann oder Stahl (Anm. 5), S. 61.

16 Friedrich Hoffmann: Vernünfftiger Unterricht von Heilsamer Vorsorge Eines zur Welt gebohrenen und Saugenden Kindes. Frankfurt, Leipzig 1741.

ammen der Stadt empfahl. Viele von Hoffmanns Nachfolgern im Amt des Anstaltsarztes hatten bei ihm studiert, so zum Beispiel Christian Friedrich Richter (1676–1711). Auch für die Medizinische Fakultät leistete er Beachtliches: Achtundvierzig Mal bekleidete er das Amt des Dekans; der Entwurf für das Siegel, die Prüfungsordnung und die Statute der Fakultät stammten von ihm.[17] Der Universität in Halle (Saale) stand er fünfmal als Prorektor vor. Seine Bedeutung für die studentische Ausbildung bezeugen außerdem mehrere hundert Inauguraldissertationen, die unter seinem Vorsitz entstanden und von denen er zwei Drittel, gemäß der im 17. Jahrhundert geltenden Promotionsformalitäten, selbst verfasste. Studierende der Medizin, die unter Hoffmanns bzw. Stahls Vorsitz promoviert wurden, mussten deren Ansichten in ihren Dissertationen teilen und verfeinern, was der Verbreitung und Rezeption der von ihnen vertretenen Konzepte zuträglich war.[18]

Friedrich Hoffmann begründete im Sinn seiner starken Systematisierung eine iatromechanistische Theorie von Gesundheit und Krankheit.[19] Er interpretierte alle Lebensvorgänge im streng mechanischen Sinn als Erscheinungen eines von Gott erschaffenen und vom sogenannten kosmischen Äther als bewegender Ursache abhängigen Mechanismus.[20] Bewegung sei, so Hoffmann, das übergeordnete Prinzip.[21] Der Blutkreislauf war für ihn Sinnbild dieses Bewegungsprinzips; er bewirke Verdauung, Körperwärme, Absonderung und Ausscheidung. Alle denkbaren körperlichen Zustände basierten für Hoffmann – ganz in der Tradition der antiken Schule der Methodiker – auf dem Spannungszustand (tonus) der faserigen Körperteile, insbesondere der flüssigkeitstransportierenden.[22] In Anlehnung an der Leib-Seele-Konzeption René Descartes sah er den Körper als Maschine an, dessen Funktionen durch die Bewegung der verschiedenen Körperflüssigkeiten, Blut bzw. Blutserum, Lymph- und Nervenflüssigkeit, gesteuert werden.[23]

17 Florian Steger, Maximilian Schochow: Medizin in Halle. Ein medizinhistorischer Stadtführer. Halle 2013, S. 40.

18 Elisabeth Quast: Ein unbequemer Mitarbeiter. Johann Wolfgang Künstel, Chemiker und Arzt. In: Christian Soboth, Udo Sträter, Hartmut Lehmann (Hg.): „Aus Gottes Wort und eigener Erfahrung gezeiget“ Erfahrung – Glauben, Erkennen und Handeln im Pietismus. Beiträge zum III. internationalen Kongress für Pietismusforschung 2009. Halle 2012, S. 735–752, hier: S. 742.

19 Zierz: Aus den Anfängen (Anm. 7), S. 48.

20 Eckart, Wolfgang U.: Geschichte der Medizin. Fakten, Konzepte, Haltungen. 6., völlig neu bearb. Aufl. Heidelberg 2009.

21 Eckart: Geschichte der Medizin (Anm. 20), S. 159.

22 Eckart: Geschichte der Medizin (Anm. 20), S. 159.

23 Almut Lanz: Friedrich Hoffmann: Concordance between medical theory and practice. In: Jürgen Helm, Renate Wilson (Hg.): Medical Theory and Therapeutic Practice in the Eighteenth Century. A Transatlantic Perspective. Stuttgart 2008, S. 159–176, hier: S. 162.

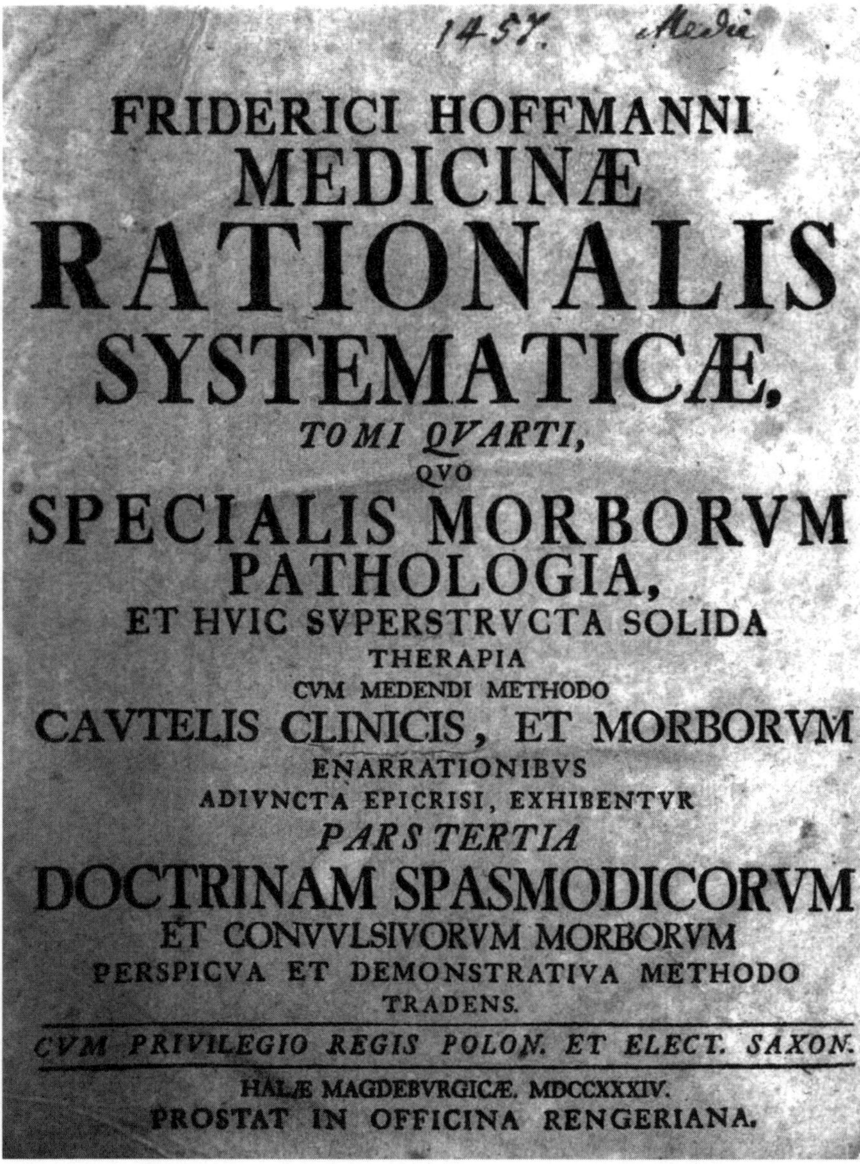

FRIDERICI HOFFMANNI
MEDICINÆ
RATIONALIS
SYSTEMATICÆ,
TOMI QVARTI,
QVO
SPECIALIS MORBORVM
PATHOLOGIA,
ET HVIC SVPERSTRVCTA SOLIDA
THERAPIA
CVM MEDENDI METHODO
CAVTELIS CLINICIS, ET MORBORVM
ENARRATIONIBVS
ADIVNCTA EPICRISI, EXHIBENTVR
PARS TERTIA
DOCTRINAM SPASMODICORVM
ET CONVVLSIVORVM MORBORVM
PERSPICVA ET DEMONSTRATIVA METHODO
TRADENS.

CVM PRIVILEGIO REGIS POLON. ET ELECT. SAXON.

HALÆ MAGDEBVRGICÆ. MDCCXXXIV.
PROSTAT IN OFFICINA RENGERIANA.

Abb. 2: Titelblatt von Friedrich Hoffmanns „Medicina Rationalis Systematica“ (1727)

Gesundheit und Krankheit hingen demnach ebenfalls davon ab. Ein Krankheitsfall weise auf Störungen des Strömungsverhältnisses im Körper hin und der Arzt müsse, in seiner therapeutischen Anwendung, zur Wiederherstellung des Normalzustandes beitragen. Hoffmann empfahl dahingehend den Einsatz von flüssigkeitsverändernden Medikamenten.[24] Er bezweifelte die Existenz einer Seele zwar nicht, maß ihr aber deutlich weniger Bedeutung für den Erhalt des Körpers bei als sein Kollege Stahl. Der Körper diene ihr zwar als Wirkstätte, werde aber nicht von ihr kontrolliert.[25] Der Mensch, so Hoffmann, bestehe aus einem als Mechanismus zu verstehenden Körper und einer rationalen Seele, deren Verbindung zum Körper nicht zu erklären sei. Bei der Wiederherstellung der durch Krankheit gestörten Bewegungsabläufe des Körpers setzte Hoffmann bei der Natur an. Die Natur war gleichzeitig Vorbild und Ansatzpunkt für Korrekturen. Wenn man wissen wolle, auf welche Weise die gestörten Bewegungen wieder ins Reine gebracht werden können, müsse man sich lediglich an den Beobachtungen der Natur orientieren.[26] Unter Natur verstand Hoffmann nichts anderes als den körperlichen Mechanismus mit seinem Säftekreislauf. Für die Heilung sei es ungemein wichtig, dass die erkrankte Materie so schnell wie möglich und am Beginn der Erkrankung aus dem Körper geleitet werde. Der Aderlass spielte daher bei Hoffmann eine große Rolle, ähnlich wie bei zeitgenössischen Therapiemethoden anderer Ärzte. Zusätzlich empfahl er den Einsatz schnell wirksamer Medikamente, allerdings erst, wenn es die Natur von selbst nicht schaffen sollte, gegen die Krankheit vorzugehen. Hier grenzte er sich deutlich von Georg Ernst Stahl ab, welcher den Aderlass konsequent ablehnte. Generell plädierte Hoffmann für den Einsatz von Arzneien, deren Wirkung bereits genau bekannt war, und stellte seine Medikamente entsprechend selbst zusammen. Bis heute bekannt sind die nach ihm benannten Hoffmanns-Tropfen, ein Gemisch aus Alkohol und Äther, die er bei Schwächezuständen, Nervenschmerzen und starkem Erbrechen verschrieb.[27] Zur Krankheitsprophylaxe empfahl er Bewegung und Arbeit, da diese die Muskelfasern so in Bewegung hielten, dass Venen und Lymphgefäße ausgepresst würden. Dementsprechend werde der Kreislauf stabil gehalten, Körper und Geist in Einklang gebracht.[28]

24 Lanz: Friedrich Hoffmann (Anm. 23), S. 162.
25 Lanz: Friedrich Hoffmann (Anm. 23), S. 65.
26 Lanz: Friedrich Hoffmann (Anm. 23), S. 66.
27 Steger, Schochow: Medizin in Halle (Anm. 17), S. 41.
28 Friedrich Hoffmann: Medicinae rationalis systematicae (...). Halle 1729, S. 140f.

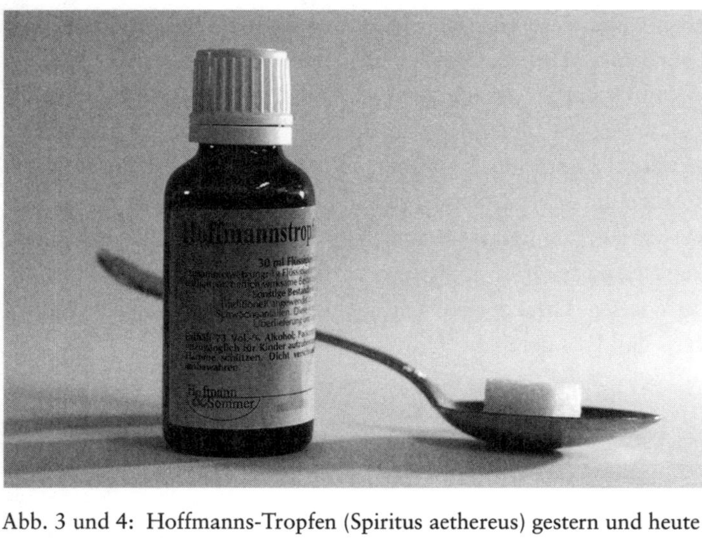

Abb. 3 und 4: Hoffmanns-Tropfen (Spiritus aethereus) gestern und heute

Auch Georg Ernst Stahl studierte in Jena. Bereits während seiner Studienzeit interessierte sich der junge Stahl für chemische Vorlesungen, die er nur im Rahmen eines Studiums der Humanmedizin besuchen konnte, da Chemie zu diesem Zeitpunkt noch keine eigenständige Fachdisziplin darstellte.[29] Stahls medizinische Lehre – der Animismus – fand Ausdruck in seinem im Jahr 1708 veröffentlichten Werk *Theoria medica vera.*[30] Er beeinflusste damit nicht nur die medizinische Praxis, sondern auch die Psychologie des 18. Jahrhunderts maßgeblich, da er oft als Begründer der Psychosomatik interpretiert worden ist.[31] Schon während seiner Studienzeit wandte sich Stahl von den zu seiner Zeit gängigen mechanistischen Theorien der Medizin ab, was seine Lehrtätigkeit in Halle (Saale) entschieden beeinflusste. Jacob Friedrich Reimmann (1668–1743), deutsch-lutherischer Theologe und Historiker, schrieb über Stahl:

> Er sehet auf ihre Lehren und nicht auf die Lehrer. Und dieselben weiß er in seinem beywohnendem Lichte oder Vernunfft und Erfahrung/nach denen Grundsätzen der Natur und Kunst so accurat zu prüfen/daß man ihre Stärcke und Schwäche alsofort mit Händen greiffen kan.[32]

Stahl lernte u.a. bei Georg Wolfgang Wedel (1645–1721), einem Vertreter der durch Paracelsus (1493–1541) im 16. Jahrhundert begründeten Schule der Iatrochemie. Seine therapeutischen Konzepte formulierte Stahl jedoch später während seines Wirkens in Halle (Saale) aus. Mit dem Ende seiner Tätigkeit als Leibmedikus von Herzog Johann Ernst III. von Sachsen-Weimar (1664–1707) – dieses Amt hatte er von 1687 bis 1694 inne – und seiner Berufung zum Professor für Medizin an der hallischen Friedrichs-Universität war Stahl in der Lage, seine medizinische Lehrmeinung in Buchform zu veröffentlichen und, wie Hoffmann auch, eine eigene medizinische Tradition zu begründen.[33] Die Zeit vor seiner Berufung nach Halle (Saale) hatte er vor allem für Forschungen auf dem Gebiet der Chemie genutzt; er setzte sich mit den Lehren seiner Vorgänger auseinander und führte eigene Experimente durch, deren Ergebnisse er erst ab dem Jahr 1697 veröffentlichte.[34] Generell fehle es in der Medizin des 18. Jahrhunderts aus seiner Perspektive am Begriff des

29 Irene Strube: Georg Ernst Stahl. Leipzig 1984, S. 8.

30 Georg Ernst Stahl: Theoria medica vera. Physiologiam et Pathologiam. Halle 1737.

31 Johanna Geyer-Kordesch: Pietismus, Medizin und Aufklärung in Preußen im 18. Jahrhundert. Das Leben und Werk Georg Ernst Stahls. Tübingen 2000, S. 10.

32 Jacob Friedrich Reimmann: Versuch einer Einleitung in die Historiam literariam so wohl insgemein als auch in die Historiam literariam derer Teutschen. Dritter und letzter Theil, viertes und letztes Hauptstück (...). Die Historia Medicinae insgemein (...). Halle 1713, S. 648.

33 Geyer-Kordesch: Leben und Werk Georg Ernst Stahls. Tübingen 2000, S. 12.

34 Strube: Stahl (Anm. 29), S. 12.

Abb. 5: Georg Ernst Stahl (1659–1734)

Lebens, obwohl man es dort mit lebendigen Körpern zu tun habe. Dies habe zur Folge, dass medizinische Theorien in der Praxis scheitern und die Medizin – da sie den Unterschied zwischen gemischten und lebendigen Körpern nicht mache – als Fach mit für sie unwesentlichen Wissenschaften überfrachtet sei.[35] Stahl beschrieb die zeitgenössische Medizin drastisch als krank, verfallen, schwach, verkrüppelt, unergiebig, verworren und verkehrt, kurz als *Medicina curiosa*.[36] Er sah den menschlichen Körper als mechanistischen Apparat an, welcher von der Seele kontrolliert wurde.[37]

Im Gegensatz zu Friedrich Hoffmann war Stahl nicht der Ansicht, dass sich alle Körpervorgänge durch mechanistische Gegebenheiten allein erklären lassen.[38] Für ihn war das Bewahren des Körpers vor dem ständigen Verfall Grund genug dafür, ein lebenserhaltendes, immaterielles und vernünftiges Prinzip anzunehmen, das er mit Seele bzw. Natur bezeichnete.[39] Auch die zweckmäßige Anordnung aller Teile des Körpers sowie dessen Organe, die keinesfalls zufällig sei, beweise dieses vernünftig agierende Prinzip. Nur durch das Wirken der Seele, so die Ausführungen Stahls, gelangen die sonst passiven Glieder in Bewegung.[40] Die wichtigsten Bewegungen des Körpers waren demnach Blutzirkulation, Sekretion und Exkretion, die durch dafür zweckmäßig eingerichtete Organe des Körpers realisiert würden. Gesundheit war demzufolge dann hergestellt, wenn alle Körpervorgänge ohne Störung dieser Bewegungsabläufe funktionierten.[41] Große Bedeutung für die Funktionsfähigkeit des Körpers und seiner Organe hatten für Stahl die Affekte, beispielsweise Freude, Wut oder Trauer.[42] Diese Abhängigkeit zeige sich eindeutig, da Leidenschaften Unordnung in Blutkreislauf, Sekretion und Exkretion bringen und dadurch die Ausscheidung schädlicher Substanzen aus dem Körper verhindern würden.[43]

Seine Lehre vom vitalen, beseelten Organismus stand damit im drastischen Gegensatz zum medizinischen Konzept Hoffmanns. Krankheit werde, so Stahl, ver-

35 Jürgen Helm: Das Medizinkonzept Georg Ernst Stahls und seine Rezeption im Halleschen Pietismus und in der Zeit der Romantik. In: Berichte zur Wissenschaftsgeschichte 23 (2000), S. 167–190, hier: S. 169.

36 Jürgen Helm: „Ein guter Anfang zu künfftiger Reformation in rebus medicis". Georg Ernst Stahls medizinische Theorie und der Pietismus des 18. Jahrhunderts. In: Sybille Gerstengarbe, Joachim Kaasch, Michael Kaasch (Hg.): Acta Historica Leopoldina 55. Vorträge und Abhandlungen zur Wissenschaftsgeschichte 2010. Halle 2010, S. 23–38, hier: S. 26.

37 Steger, Schochow: Medizin in Halle (Anm. 17), S. 41.

38 Francesco Paolo de Ceglia: I fari di Halle. Georg Ernst Stahl, Friedrich Hoffmann e la medicina europea del primo Settecento. Bologna 2009, S. 187f.

39 Jürgen Helm: Georg Ernst Stahls medizinische Theorie (Anm. 36), S. 26.

40 Eckart: Geschichte der Medizin (Anm. 20), S. 160.

41 Helm: Das Medizinkonzept (Anm. 35), S. 168.

42 Eckart: Geschichte der Medizin (Anm. 20), S. 160.

43 Helm: Das Medizinkonzept (Anm. 35), S. 170.

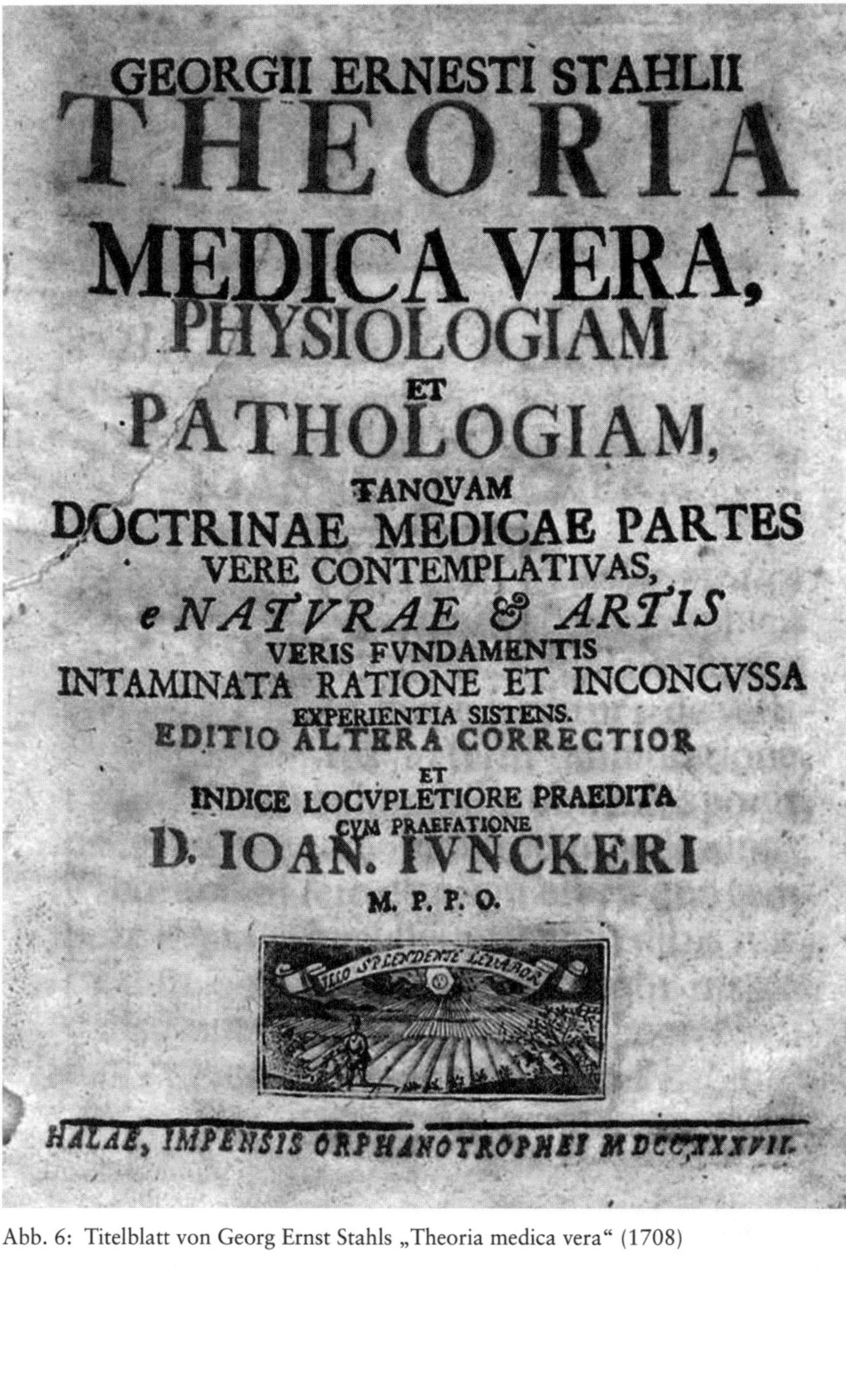

GEORGII ERNESTI STAHLII
THEORIA
MEDICA VERA,
PHYSIOLOGIAM
ET
PATHOLOGIAM,
TANQVAM
DOCTRINAE MEDICAE PARTES
VERE CONTEMPLATIVAS,
e NATVRAE & ARTIS
VERIS FVNDAMENTIS
INTAMINATA RATIONE ET INCONCVSSA
EXPERIENTIA SISTENS.
EDITIO ALTERA CORRECTIOR
ET
INDICE LOCVPLETIORE PRAEDITA
CVM PRAEFATIONE
D. IOAN. IVNCKERI
M. P. P. O.

HALAE, IMPENSIS ORPHANOTROPHEI MDCCXXXVII.

Abb. 6: Titelblatt von Georg Ernst Stahls „Theoria medica vera“ (1708)

ursacht durch eine irregeleitete Seele und deren fehlerhafte Bewegungen. Diese würden von der Seele selbstständig erkannt und durch Heilsanstrengungen, also Krankheitssymptome wie Schüttelfrost, Fieber oder Blutungen, ihrerseits bekämpft. Demnach sei es die Seele, welche erkranke. Diese Ansicht bedeutete eine Abwendung vom Konzept der Viersäftelehre, nach dem eine Seelenerkrankung nicht möglich war.[44] Die Erhaltung des Körpers hänge zwar von mechanischen und physikalisch-chemischen Prozessen ab, die Ursache dieser Prozesse liege aber in der Seele begründet.[45] Zudem lehnte Stahl den von seinen Zeitgenossen gebrauchten Begriff der Krankheitsursache im Sinn einer materiellen Ursache entschieden ab. Ursache von Krankheit sei stets die Seele, die auf Schädigung mit veränderten Bewegungen reagiere, welche dann als Symptome der Krankheit in Erscheinung treten. Als Symptom verstand Stahl den Ausdruck der sich veränderten Bewegungen im Körper, eine Erhaltungstätigkeit der Natur, die den Körper vor Verfall schützen solle. In diesem Punkt lassen sich geringfügige Übereinstimmungen der Lehren Stahls mit denen Hoffmanns feststellen. Auch Hoffmann leugnete nicht, dass Zustände der Seele durchaus von Zuständen des Körpers beeinflusst werden können, auch wenn es nicht allein die Seele sei, die alle Körpervorgänge steuere. Daraus resultierte – im Kontrast zum Therapiekonzept Hoffmanns – eine vorsichtige, abwartende Behandlungsweise von Seiten Stahls. Oftmals zielten seine Therapievorschläge auf eine Gemütsberuhigung ab, obwohl er auch dem Einsatz von Medikamenten nicht negativ gegenüberstand.[46] Die von ihm bevorzugten Medikamente, teilweise aus eigener Herstellung, wirkten vor allem schweißtreibend, blutzerteilend oder laxierend und sollten somit die Heilsanstrengungen der Seele unterstützen. Große Erfolge konnte er auch auf chemischem Gebiet, als Begründer der Phlogistontheorie, erzielen. Immaterielle Grund- und Nährsubstanz aller chemischen Verbrennungsvorgänge war, laut Stahl, das Phlogiston. Stoffe, die viel davon enthalten, verbrennen gut, verlieren ihr Phlogiston jedoch durch den Verbrennungsvorgang. Mit dieser Theorie legte Stahl ein lange fruchtbares und universelles Erklärungskonzept der Chemie vor, welches die Grundlage für die spätere Entwicklung der Oxidationstheorie darstellte.[47]

Hoffmann und Stahl spielten eine zentrale Rolle für die Entwicklung neuer Konzepte in der Medizin des 18. Jahrhunderts. Beide bemühten sich an der Medizinischen Fakultät der hallischen Friedrichs-Universität um ein neues Erklärungskonzept des Lebendigen.[48] Sie setzten ihre Bemühungen in verschiedenen Traditionen

44 Konert: Hoffmann oder Stahl (Anm. 5), S. 66.
45 Helm: Georg Ernst Stahls medizinische Theorie (Anm. 36), S. 26.
46 Eckart: Geschichte der Medizin (Anm. 20), S. 160.
47 Eckart: Geschichte der Medizin (Anm. 20), S. 162.

um, von denen die Studierenden gleichermaßen beeinflusst wurden oder sich einer von beiden zugehörig fühlten. Die Medizinische Fakultät der Friedrichs-Universität Halle beherbergte bereits in ihren Gründerjahren Professoren, die über eine breite medizinische Reputation verfügten und gleichzeitig über einen längeren Zeitraum Ämter im Staatsdienst bekleideten. So wurde Hoffmann im Jahr 1709 von Friedrich I. in Preußen (1657–1713) zum königlichen Hofrat und Leibarzt nach Berlin berufen; Stahl wirkte ab 1715 als Hofarzt Friedrich Wilhelms I. (1688–1740) ebenfalls in Berlin. Gleichzeitig wurde er zum Präsidenten des Berliner *collegium medicum chirurgicum* ernannt, der obersten preußischen Gesundheitsbehörde.[49] Stahl übernahm somit die Verantwortung für die Gesundheit des Königs sowie seiner Familie und hatte gleichzeitig erheblichen Einfluss auf das preußische Medizinalwesen.[50]

Die unterschiedlichen medizinischen Lehrmeinungen von Stahl und Hoffmann führten aber auch zu Spannungen, da beide medizinischen Konzepte zu vollkommen unterschiedlichen Konsequenzen für das Verständnis von Gesundheit und Krankheit sowie zu jeweils verschiedenen Therapieansätzen führten.[51] Die inhaltlichen Differenzen zwischen den beiden hatten letztlich negativen Einfluss auf den Lehrbetrieb, da Georg Ernst Stahl 1715 Halle (Saale) verließ – er folgte dem Ruf des Preußischen Königs nach Berlin – und die Medizinische Fakultät dadurch einen ihrer Professoren verlor.[52] Zeit seines Lebens kehrte Stahl nicht wieder nach Halle (Saale) zurück. Trotz der schwierigen Ausgangssituation und der fachlichen Differenzen verhalfen Friedrich Hoffmann und Georg Ernst Stahl der Medizinischen Fakultät der Friedrichs-Universität Halle zu einem raschen Aufschwung und einer wachsenden Anzahl von Studierenden der Medizin. Vielleicht waren es gerade die beiden sehr unterschiedlichen medizinischen Konzepte und die daraus entstehenden medizinischen Traditionen, welche in der Summe zahlreiche Studierende an die Fakultät lockten und der Universität in Halle (Saale) zu einem Sonderstatus innerhalb der prekären Lage der deutschsprachigen Universitätslandschaft verhalfen.

48 Eckart: Geschichte der Medizin (Anm. 20), S. 159.
49 Steger, Schochow: Medizin in Halle (Anm. 17), S. 43.
50 Geyer-Kordesch: Leben und Werk Georg Ernst Stahls (Anm. 33), S. 12.
51 Steger, Schochow: Medizin in Halle (Anm. 17), S. 42.
52 Steger, Schochow: Medizin in Halle (Anm. 17), S. 43.

Die Abschaffung der Hexenprozesse – Christian Thomasius (1655–1728) und seine grundlegende Justizreform

Christian Thomasius (1655–1728) gilt bis heute als juristische Instanz, die im ausgehenden Zeitalter der Hexenprozesse den Übergang zur Aufklärung vorbereitete. Er ist nicht nur einer der ersten Professoren der im Jahr 1694 gegründeten Friedrichs-Universität in Halle (Saale)[1] und Wegbereiter der deutschen Aufklärung, sondern war an der Abschaffung der Hexenprozesse in Deutschland beteiligt. Im Jahr 1701 erschien sein Werk *De crimine magiae*,[2] in dem er Hexenprozesse als juristisch nicht zulässig bezeichnete, da es keine eindeutigen Beweise in den Prozessen gebe und das sogenannte „corpus delicti" fehle.[3] Im Europa des 17. Jahrhunderts war der Glaube an magische Kräfte stark verbreitet: Handlinienlesen gehörte zum regulären Lehrplan der Hochschulen, neben der christlichen Religion gab es den Aberglauben. Die Existenz von Hexen war fest im Bewusstsein verankert.[4] Gerade die Angst vor Hexen und Hexern führte zu einer ungeheuren Anzahl von Hexenprozessen in ganz Europa.[5] In Deutschland verbreiteten sich die Prozesse später als in anderen europäischen Ländern, wo sie bereits im 13. Jahrhundert gang und gäbe waren. Dennoch wurde Deutschland zu dem europäischen Land, in welchem die meisten Todesurteile gegen vermeintliche Hexen vollstreckt wurden.[6] Thomasius wurde von seiner Zeit an der hallischen Friedrichs-Universität stark geprägt. Er wurde vom ehemaligen Befürworter zum Gegner der Hexenprozesse in Deutschland. Wie kam es dazu, dass Thomasius seine Meinung grundlegend änderte und wie beeinflusste ihn seine Zeit an der Friedrichs-Universität in Halle (Saale)?

1 Florian Steger, Maximilian Schochow: Medizin in Halle. Ein medizinhistorischer Stadtführer. Halle 2013, S. 35.

2 Christian Thomasius: De crimine magiae. Halle 1701.

3 Manfred Wilde: Christian Thomasius im Spannungsfeld der späteren Hexenprozesse in Kursachsen und in Brandenburg. In: Heiner Lück (Hg.): Christian Thomasius (1655–1728). Gelehrter Bürger in Leipzig und Halle. Abhandlungen der Sächsischen Akademie der Wissenschaften zu Leipzig – Philologisch-historische Klasse. Leipzig, Stuttgart 2008, S. 141–154, hier: S. 146.

4 Max Fleischmann: Christian Thomasius. Leben und Lebenswerk. Neudruck der Ausgabe Halle 1931. Aalen 1979, S. 129.

5 Fleischmann: Christian Thomasius (Anm. 4), S. 129.

6 Rainer Decker: Hexenjagd in Deutschland. Darmstadt 2006, S. 25.

Papst Innozenz VIII (1432–1492) setzte 1484 zwei Inquisitoren in Deutschland ein, welche die Hexen „nach ihrem Verbrechen züchtigen, in Haft nehmen, am Leib und am Vermögen strafen" sollten.[7] Der Dominikanermönch Heinrich Kramer (1430–1505) verfasste den „Hexenhammer". Darin führte er aus, wie man Hexen und Zauberer aufspüren könne und anschließend foltern müsse. Im 15. Jahrhundert änderte sich auch ein wichtiger Grundsatz der Rechtsprechung: Ein Strafprozess wurde nicht mehr nur durch eine Beschuldigung ausgelöst, sondern konnte auch direkt von Seiten des Gerichts begonnen werden. Nicht alle Denunzianten waren dabei von der schwarzen Magie überzeugt. Für die Verurteilung war nur das Geständnis des Beschuldigten wichtig. Das Geständnis konnte auf jede Art und Weise vom Richter erzwungen werden, auch mithilfe von Gewalt. Für die meisten Strafverfahren durfte Folter im Falle schon vorhandener Indizien zusätzlich angewendet werden. Bei den Hexenprozessen reichte dafür ein einfacher Anfangsverdacht aus, oft auch nur eine bloße Anschuldigung oder ein Gerücht.[8] Meist wurden die Bewohnerinnen eines Dorfes der Hexerei bezichtigt, die beispielsweise bei Gewitter auf den Feldern unterwegs waren oder mit denen man Streit hatte. Auch wenn das Vieh erkrankte oder ein Kind starb, konnte das Anlass für eine Beschuldigung sein. Es gab sogar Fälle, in denen allein das Sammeln von Kräutern und ein Spaziergang im Wald einen Verdacht auf Hexerei begründete.[9] Die Betroffenen hielten die Folter nicht lange durch, gleichwohl es Fälle von wiederholten Folterungen gab. Unmittelbar nach dem Geständnis wurden die Angeklagten verurteilt und hingerichtet. Öffentliche Hinrichtungen waren ein willkommener Anlass für große volksfestartige Versammlungen.

Christian Thomasius wurde am 1. Januar 1655 in Leipzig geboren. Sein Vater Jakob Thomasius (1622–1684) war als Rektor an der Nikolaischule, Thomasschule und Universität Leipzig tätig. Bereits als Christian Thomasius noch im Säuglingsalter war, schrieb der Vater seinen Sohn an der Universität ein. 1669, mit gerade einmal 14 Jahren, besuchte Christian Thomasius die ersten Vorlesungen. Drei Jahre später war er schon Magister. Thomasius beendete seinen ersten Studienabschnitt und wechselte an die Universität Frankfurt (Oder). Dort belegte er Veranstaltungen in Jura und wurde 1678 in den Rechtswissenschaften mit seiner Dissertationsschrift *De Iure Circa Frumentum*[10] promoviert. Nach erfolgtem

7 Oskar Wächter: Hexenprozesse. Stuttgart 1892, S. 120.
8 Wächter: Hexenprozesse (Anm. 7), S. 123.
9 Wächter: Hexenprozesse (Anm. 7), S. 125f.
10 Christian Thomasius: De jure circa frumentum, praecipue de fructibus et frumento in genere, deque cura rei annonariae et. prohibita frumenti exportatione etc. / Von dem Rechte, was bey denen Korn-Früchten, oder dem Getreyde, so in Halmen und Aehren schiesset, zu beobachten is. Halle 1737.

Abb. 1: Christian Thomasius (1655–1728)

Abschluss des Studiums 1679 ging Thomasius wieder nach Leipzig zurück. Dort bewarb er sich vergeblich um eine Anstellung bei Gericht (damals Schöffenstuhl genannt), da ihm die nötigen Unterstützer fehlten.[11] Gleichzeitig begann er, an der Universität Leipzig als Privatdozent eigene Veranstaltungen anzubieten.[12]

Das wissenschaftliche Werk von Thomasius besteht aus über 300 Schriften. Hervorzuheben sind seine naturrechtlichen Veröffentlichungen *Institutiones Jurisprudentiae Divinae*[13] (1688; 1709 dann auf Deutsch als *Drey Bücher der Rechtsgelahrtheit*), in denen er vor allem die Leitmotive der Rechtsgelehrten Hugo Grotius (1583–1645) und Samuel von Pufendorf (1632–1694) vertrat. Grundlage des Naturrechts war, dass Gott als Gesetzgeber fungiere und für den Menschen Gebote erlasse und Verbote aufstelle. Auch der Mensch selbst könne Gesetze und Regeln erstellen, diese müssten aber immer auf einer Art göttlichem Willen beruhen. Insofern gebe es die Unterscheidung zwischen göttlichen und menschlichen Normen. Diese Einteilung nahmen in der Regel die Juristen vor. Außerdem unterteilte Christian Thomasius die Rechte in angeborene und erworbene Rechte und erklärte die Entstehung eines Staatsgebildes mit der Schutzfunktion aus Angst vor äußeren schlechten Einflüssen. Naturrecht solle keine juristische Grundlage sein, sondern vielmehr als „Ratschlag“ verstanden werden, das Lebensglück zu steigern und ein sorgloses Miteinander zu wahren.[14] Im Konzept der Naturlehre von Thomasius wurde zudem der Grundstock für Fragen an das Privat- und Strafrecht sowie nach Sinn, Zweck und Entstehung von Staatsgebilden gelegt.[15] Schon nach wenigen Jahren seiner Lehrtätigkeit in Leipzig kam es zu Meinungsverschiedenheiten mit anderen Gelehrten, die seine Ansichten in juristischen und religiösen Fragen nicht teilten. Leipzig und Wittenberg waren damals streng protestantische Hochschulen. Der Freigeist Thomasius unterhielt von Leipzig aus Kontakte mit Halle (Saale), wo in akademischen Kreisen der Geist des Pietismus vorherrschte. Gleichzeitig suchte er Kontakt zu August Hermann Francke (1663–1727), der damals ebenfalls in Leipzig wirkte und ähnlicher Kritik ausgesetzt war. Stets unterstützte Thomasius progressive Strömungen. Am 10. März 1690 erhielt er Schreib- und Lehrverbot an der Leipziger Universität. Daraufhin verließ er Leipzig in Richtung Halle (Saale). Vorausgegangen war ein Disput über unterschiedliche juristische und theologische Ansichten mit dem einflussreichen Leipziger Professor Johann Benedikt Carpzov

11 Wilde: Christian Thomasius im Spannungsfeld (Anm. 3), S. 148.
12 Peter Schröder: Christian Thomasius zur Einführung. Hamburg 1999, S. 11.
13 Christian Wolff: Institutiones Jurisprudentiae Divinae (...). Halle 1688, 1709.
14 Klaus-Gert Lutterbeck: Staat und Gesellschaft bei Christian Thomasius und Christian Wolff. Stuttgart 2002, S. 43.
15 Lutterbeck: Staat und Gesellschaft (Anm. 14), S. 91.

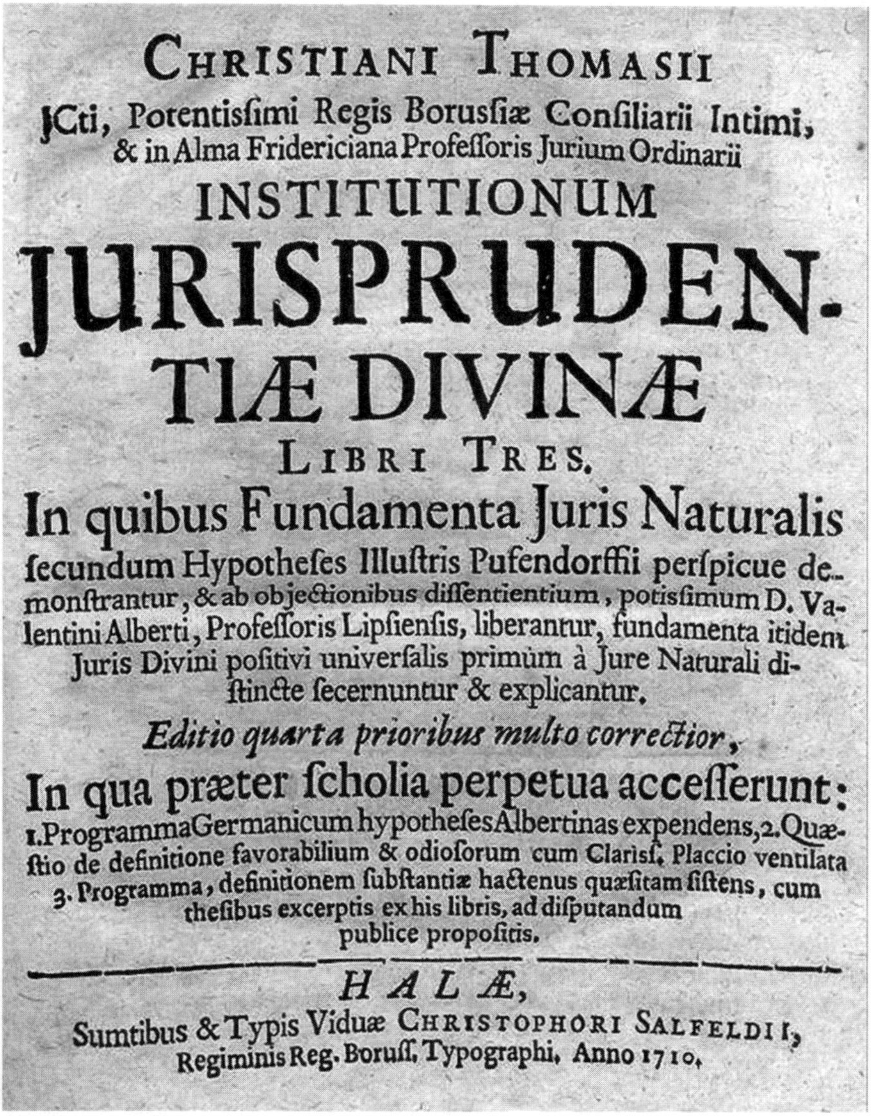

CHRISTIANI THOMASII
JCti, Potentisſimi Regis Borusſiæ Conſiliarii Intimi, & in Alma Fridericiana Profeſſoris Jurium Ordinarii
INSTITUTIONUM
JURISPRUDENTIÆ DIVINÆ
LIBRI TRES.
In quibus Fundamenta Juris Naturalis ſecundum Hypotheſes Illuſtris Pufendorffii perſpicue demonſtrantur, & ab objectionibus diſſentientium, potisſimum D. Valentini Alberti, Profeſſoris Lipſienſis, liberantur, fundamenta itidem Juris Divini poſitivi univerſalis primùm à Jure Naturali diſtincte ſecernuntur & explicantur.
Editio quarta prioribus multo correctior,
In qua præter ſcholia perpetua acceſſerunt:
1. Programma Germanicum hypotheſes Albertinas expendens, 2. Quæſtio de definitione favorabilium & odioſorum cum Clarisſ. Placcio ventilata 3. Programma, definitionem ſubſtantiæ hactenus quæſitam ſiſtens, cum theſibus excerptis ex his libris, ad diſputandum publice propoſitis.

HALÆ,
Sumtibus & Typis Viduæ CHRISTOPHORI SALFELDII, Regiminis Reg. Boruſſ. Typographi, Anno 1710.

Abb. 2: Titelblatt von Christian Thomasius „Jurisprudentia Divina“ (1710)

und dessen Bruder, dem Oberhofprediger Samuel Benedikt Carpzov (1747–1807). Betrieben wurde der Weggang von Thomasius nach Halle (Saale) aber vor allem durch Eberhard Christoph Balthasar Freiherr von Danckelman (1643–1722), dem späteren preußischen Premierminister und Hauslehrer des brandenburgischen Kurfürsten Friedrich III., dem künftigen Kurprinzen Friedrich I. (1657–1713).

Thomasius folgte einem Ruf des Kurfürsten nach Halle (Saale), wo er als Kurfürstlicher Rat an der 1680 gegründeten hallischen Ritterakademie tätig war und Vorlesungen in Philosophie und Jura hielt.

> Es wird auch diese meine Erleuterung dazu dienen, dass alle unparteyische Leute daraus deutlich erkennen werden, dass die Stifftung dieser Universität und die Hintertreibung der dawieder hier und da vielfältig vorgenommenen Hindernisse mehr der Göttlichen Providenz als menschlicher List zuzuschreiben sey.[16]

Er wohnte im sogenannten „Weichartschen Haus" an der heutigen Leipziger Straße.[17] Erst 1701 wurde er offiziell Bürger der Stadt. Kurz zuvor war er in die Große Ulrichstraße umgezogen, dort wo das heutige Haus Nr. 3 steht. Hier lebte er bis zu seinem Tod.[18] In Halle (Saale) wollte Thomasius die „utilitaristischen Traditionen der Ritterakademien" an der 1694 neugegründeten Friedrichs-Universität fortsetzen.[19] Er war Gründungsmitglied der Juristischen Fakultät der hallischen Friedrichs-Universität, die auf wesentliches Betreiben von Thomasius von Kurfürst Friedrich III. von Brandenburg gestiftet und am 11. Juli 1694 in der Ratswaage am Marktplatz der Stadt eröffnet wurde.[20] Thomasius war der erste berufene Professor für Recht an der Friedrichs-Universität und zugleich ihr Rektor.[21] Er zog viele Studierende nach Halle (Saale), die ihm als treue Zuhörer von Leipzig an seine neue Wirkungsstätte folgten.[22] Sein Wirken an der Friedrichs-Universität sollte auch

16 Wilhelm Schrader: Geschichte der Friedrichs-Universität zu Halle. Berlin 1894, S. 2.

17 Arbeitskreis Innenstadt: Vom Schlamm zum Händlerviertel. Ein hallesches Altstadtviertel im Wandel der Zeit. Halle 2000, S. 44 und S. 57.

18 Arbeitskreis Innenstadt: Vom Schlamm zum Händlerviertel (Anm. 17), S. 44 und S. 57.

19 Jan Brademann: Residenzstadt und frühmoderner Staat. Überlegungen zum verfassungs- und kulturrechtlichen Hintergrund für die Gründung einer Universität in Halle. In: Heiner Lück (Hg.): Christian Thomasius (1655–1728). Gelehrter Bürger in Leipzig und Halle. Abhandlungen der Sächsischen Akademie der Wissenschaften zu Leipzig – Philologisch-historische Klasse. Leipzig, Stuttgart 2008, S. 117–140, hier: S. 118.

20 Steger, Schochow: Medizin in Halle (Anm. 1), S. 34.

21 Andrea Thiele: Im Spannungsfeld von Staat und Stadt – soziale und wirtschaftliche Aspekte des Transformationsprozesses Halles von der Residenz- zur Universitätsstadt: In: Heiner Lück (Hg.): Christian Thomasius (1655–1728). Gelehrter Bürger in Leipzig und Halle. Abhandlungen der Sächsischen Akademie der Wissenschaften zu Leipzig – Philologisch-historische Klasse. Leipzig, Stuttgart 2008, S. 98–116, hier: S. 108.

22 Thiele: Im Spannungsfeld von Staat und Stadt (Anm. 21), S. 106.

seine Meinung zu den Hexenprozessen beeinflussen. Vom lokalen Universitätswesen hielt Thomasius nicht viel:

> Es herrschte auf denen evangelischen Universitäten folgender Zustand des Vorurtheils menschlicher Autorität: z.E. in der Philosophie anstatt der Logik eine grobe Zankkunst, anstatt der natürlichen Gottes-Lehre tumme, aber dabey tollkühne und ketzermacherische Grillen; anstatt einer ächten Sitten- und Regiments-Lehre unnütze Pedantereyen, damit man nicht einen Hund hätte aus dem Ofen locken können, oder handgreifliche Jesuitische Lehren, die denen Regenten zwar schmeichelten, aber ihnen das Regiment aus der Hand zu drehen trachteten. In der Rechts-Gelahrtheit mangelte nicht allein, wie allbereit erinnert, der Grund einer ächten Sitten- und Regiments-Lehre, sondern auch einiger vernünfftigen Erkäntniß des Rechts der Natur, und man strampelte noch damahls auch auf Seiten der Juristen mit Händen und Füßen, daß ja bey Leibe diese Neuerung nicht eingeführet werden dürffte. Ja man bildete sich noch mehrentheils ein, die Jurisprudentz wäre in herrlichsten Zustand, wenn man das Jus Publicum gar nichts achtete.[23]

Eine juristische Besonderheit des ausgehenden 17. Jahrhunderts waren die sogenannten Spruchkollegien, die an den Universitäten, so auch in Halle (Saale), angesiedelt waren. Die Gerichte übermittelten Akten zur Begutachtung an die juristischen Fakultäten der Universitäten. Hierbei handelte es sich um Fragen zum Zivil-, Verwaltungs- und Strafrecht. Die Aussagen der Spruchkollegien waren dann meist ausschlaggebend, auch bei Entscheidungen „über Leben und Tod“.[24] Oftmals beanspruchte diese Zusatztätigkeit der Fakultäten das Zeitbudget der Lehrenden so stark, dass der eigentliche Hochschulbetrieb vernachlässigt wurde, weswegen sich viele Studierende beklagten. Das hallische Spruchkollegium wurde mit einem kurfürstlichen Erlass vom 3. Januar 1693, noch vor der offiziellen Eröffnungsfeier der Friedrichs-Universität, eingerichtet. Kollegiumsmitglied war neben Thomasius auch Samuel Stryk (1640–1710).[25] Ab 1703 kam es zu Bestrebungen, das Justizwesen nachhaltig zu reformieren. Gerade die „Langwierigkeit der Prozesse“ sollte vermieden werden.[26] Friedrich Wilhelm I. (1688–1740) war kein großer Freund der „schlimmen Justiz“.[27] Er gab ein Edikt heraus, nach dem ab 1714 alle juristischen Niederschriften in einem „von dem gemeinen Manne“ verständlichen Deutsch abgefasst werden mussten. Thomasius ging bereits in seiner Dissertation im Jahr 1678 auf die Reformierung des Justizwesens ein. Er hielt aber eine wesentliche Verbesserung für „überaus schwierig“.[28] So war es die ablehnende Haltung seines

---

23 UA Halle R 13: Untersuchungsakten des Hallenser Universitätsgerichts, S. 64–68.
24 Fleischmann: Christian Thomasius (Anm. 4), S. 128.
25 Fleischmann: Christian Thomasius (Anm. 4), S. 129.
26 Fleischmann: Christian Thomasius (Anm. 4), S. 138.
27 Fleischmann: Christian Thomasius (Anm. 4), S. 139.
28 Fleischmann: Christian Thomasius (Anm. 4), S. 139.

Abb. 3: Christian Thomasius (1655–1728)

Kollegen im Spruchkollegium, Samuel Stryk, die ein Umdenken in ihm auslöste.[29] Thomasius wandelte seine Meinung über die Verfahrensweise mit Hexen grundlegend. Ab etwa 1700 erklärte er die Urteile in Hexenprozessen generell als nichtig und begründete eine neue Ära in der Justiz mit.[30] In Kursachsen und Kurbrandenburg war bereits in den vorausgegangen Jahrzehnten die Rechtsprechung in den Prozessen der Inquisition gelockert worden. Die letzten Todesurteile wegen Hexerei werden nach Aufzeichnungen des Schöffenstuhls Halle (Saale) 1688 für das Fürstentum Anhalt und 1689 für Kursachsen gesprochen. In Jena kam es noch bis ins Jahr 1705 zu Verurteilungen.[31] Aus den letzten beiden Richtersprüchen des hallischen Schöffenstuhls gegen zwei vermeintliche Hexen ist etwa bekannt, dass gegen eine angeklagte, nicht geständige Frau aus Ballenstedt von den Schöffen

> zunächst die Folter bis zum höchsten Grad empfohlen [wurde]. Schließlich erging nach dem Schuldeingeständnis wiederum aus Halle das Urteilskonzept, worauf die Beschuldigte am 29. Juni 1688 hingerichtet wurde. Im darauf folgenden Jahr, 1689, fand vor dem Gericht des schriftsässigen und mit der Obergerichtsbarkeit belehnten Rittergutes Ostrau in Kursachsen (...) ein weiterer Hexenprozess statt. Das Verfahren führte der Schösser des Rittergutes, David Wolf, der zumindest zu zwei Beisitzern (Lüdecke und Mayer) des hallischen Schöffenstuhls verwandtschaftliche Beziehungen hatte. Dies wird auch der offensichtliche Grund gewesen sein, warum er sich mit seinem Spruchersuchen gerade dorthin gewandt hatte. Auch in diesem Fall erkannte der Schöffenstuhl auf Feuertod für die Beschuldigte.[32]

Christian Thomasius bestritt zwar nicht, dass es einen Teufel geben könne,[33] wurde jedoch 1695 des Atheismus bezichtigt, und zwar von einem Leipziger Prediger. Im Fall einer Anklage und Verurteilung wäre Thomasius deswegen hingerichtet worden. Er ließ sich aber nicht beirren und setzte sich weiter dafür ein, Hexerei- und Zaubereiprozesse einzustellen. Damit kam eine Bewegung in Gang, die in Halle (Saale) ihren Anfang nahm.

Trotz der allgemein liberalisierten Auffassung sind Hexenprozesse noch bis in die Mitte des 18. Jahrhunderts in der Region Halles nachweisbar, wenngleich die Verfahren eingestellt wurden und auch keine Folter mehr stattfand. Über Thomasius heißt es: „Bis in das vorletzte Jahr seines Lebens nahm ihn dieser Kampf noch in Anspruch".[34] Allerdings kam es noch im Todesjahr von Thomasius 1728 in Preußen zu Hexenprozessen. Die Urteile wurden aber nicht vollstreckt. Formal abge-

29 Fleischmann: Christian Thomasius (Anm. 4), S. 133.
30 Wilde: Christian Thomasius im Spannungsfeld (Anm. 3), S. 142.
31 Wilde: Christian Thomasius im Spannungsfeld (Anm. 3), S. 141f.
32 Wilde: Christian Thomasius im Spannungsfeld (Anm. 3), S. 145f.
33 Fleischmann: Christian Thomasius (Anm. 4), S. 133.
34 Fleischmann: Christian Thomasius (Anm. 4), S. 135.

schafft wurde die Folter 1740. Eine durchgängige praktische Umsetzung dieser Anordnung erfolgte erst 1777.[35] Der Grund für die Abschaffung der Hexenprozesse wurde im „neuen Geist der Zeit, der freilich selbst ein Stück vom Wesen des Thomasius geworden ist“, gesehen.[36] Ein wichtiger Meilenstein auf dem Weg zur Abschaffung der Inquisition in Preußen war sicher der königliche Erlass vom 13. Dezember 1714. Friedrich Wilhelm I. legte fest, dass ihm ab sofort „jegliches Urteil, das auf Folterung erkenne und jegliches Todesurteil in Hexenprozessen persönlich zur Bestätigung vorgelegt werden müsse“ und dass die „Brandpfähle, woran Hexen gebrannt seien“, abgebaut werden.[37] Doch erst Mitte des 18. Jahrhunderts wurde von Johann Heinrich von Carmer (1720–1801) und Carl Gottlieb Svarez (1746–1798) ein Kodifikationswerk für das preußische Rechtswesen verfasst, welches 1794 als *Allgemeines Landrecht für die Preußischen Staaten (ALR)*[38] in Kraft trat und Bewegung in das System brachte, wofür sich Thomasius schon seit vielen Jahren engagiert hatte.[39]

In Halle (Saale) musste sich Thomasius nicht mehr den Zwängen der Leipziger Scholastik unterwerfen, sondern konnte seinen Bestrebungen im Geist der Aufklärung nachgehen.[40] Für ihn war allein die geistige Freiheit der entscheidende Grundstein sowohl für wissenschaftlichen Fortschritt als auch zur Verbesserung der Lebenssituation benachteiligter Gesellschaftsschichten.[41] Er hatte das Glück, nun auf brandenburgisch-preußischem Hoheitsgebiet tätig zu sein. In Kursachsen, Dänemark oder in Frankreich zur Zeit Ludwigs XIV. (1638–1715) wäre Thomasius wahrscheinlich nicht in eine universitäre Position gelangt oder hätte unter vielen Restriktionen arbeiten müssen. Dennoch konnten sich nicht alle für das Wirken von Thomasius begeistern. Nach und nach drängten viele Gelehrte an die junge Friedrichs-Universität in Halle (Saale). So auch August Hermann Francke, ein enger Freund von Thomasius. Er galt in Brandenburg-Preußen als Vorreiter einer neuen Orientierung in den Rechtswissenschaften und vermochte einen erheblichen Einfluss auf die anderen Universitäten und die Jurisprudenz im Land auszuüben.[42] Zwischen Thomasius und Francke kam es – im Zeitalter des Pietismus – zu einigen Streitigkeiten und später sogar zum Bruch.[43] Auch wenn Thomasius weitaus mehr

---

35 Wilde: Christian Thomasius im Spannungsfeld (Anm. 3), S. 153.
36 Fleischmann: Christian Thomasius (Anm. 4), S. 135.
37 Fleischmann: Christian Thomasius (Anm. 4), S. 136.
38 Allgemeines Landrecht für die preußischen Staaten von 1794. Mit einer Einführung von Hans Hattenhauer und einer Bibliographie von Günther Bernert. Neuwied, Kriftel, Berlin 1996.
39 Fleischmann: Christian Thomasius (Anm. 4), S. 141.
40 Schröder: Christian Thomasius zur Einführung (Anm. 12), S. 16.
41 Schröder: Christian Thomasius zur Einführung (Anm. 12), S. 17.
42 Thiele: Im Spannungsfeld von Staat und Stadt (Anm. 21), S. 109.

Abb. 4: Straßenschild der Thomasiusstraße in Halle (Saale)

Abb. 5: Grab von Christian Thomasius auf dem Stadtgottesacker in Halle (Saale)

Freiheiten in Halle (Saale) als zuvor in Leipzig genoss, stieß er auch hier auf den Widerstand religiös-orthodoxer Gesellschaftskreise, weil er stets für Toleranz und einen offenen Umgang in Glaubensfragen eintrat. Für den in Kirchenkreisen unbeliebten brandenburgischen Kurfürsten war Thomasius stets des Lobes voll, sodass er oft vom hallischen Klerus kritisiert wurde. Aber auch mit der Stadtverwaltung stimmte Thomasius nicht immer überein. Die städtische Verwaltung und der orthodoxe Klerus waren ihm gegenüber teilweise sogar feindselig eingestellt.[44] Aus seiner Heimatstadt Leipzig wurde das Wirken von Christian Thomasius in der Nachbarstadt stets beobachtet. 1709 erhielt er sogar einen Ruf an die Universität von Leipzig, den er aber ablehnte. Vermutlich verband er zu viele schlechte Erinnerungen mit seiner Heimatstadt. Um Thomasius zu halten, hatte ihm die Stadt Halle (Saale) zudem eine Stellung als Geheimer Justizrat angeboten. So konnte er fortan dem König juristischen Rat anbieten. Im Jahr 1710 war Thomasius die Direktion der Universität auf Lebenszeit übertragen worden. Die folgenden Jahre werden im Nachhinein als Höhepunkt seines wissenschaftlichen Werdegangs angesehen. Er starb am 23. September 1728 und wurde auf dem Stadtgottesacker unter dem Bogen 10 beigesetzt.[45]

Thomasius galt als ein wichtiger Reformer des Staatsrechts in Preußen, der erfolgreich für eine einheitliche Verfahrensregelung und Bewertung von Strafsachen eingetreten war. Auf seinen Einfluss hin wurden die sogenannten Spruchkollegien und lokalen Gerichte entmachtet, was eine wirksamere Kontrolle der Justiz ermöglichte. Thomasius erfuhr aber nicht nur für seine Verdienste um die preußische Jurisprudenz, sondern auch als eine zentrale Figure der deutschen Aufklärung Würdigung.[46] Die Stadt Halle (Saale) erinnert an Christian Thomasius mit einem Denkmal am Landgerichtsbau. In Leipzig wurde gegenüber dem heutigen Bundesverwaltungsgericht ein Denkmal errichtet. Die Stadt Berlin benannte eine Straße am Kriminalgericht nach ihm.[47]

43 Fleischmann: Christian Thomasius (Anm. 4), S. 40.
44 Fleischmann: Christian Thomasius (Anm. 4), S. 38.
45 Anja Tietz: Der Stadtgottesacker in Halle (Saale). Halle 2004, S. 66.
46 Wilde: Christian Thomasius im Spannungsfeld (Anm. 3), S. 154.
47 Fleischmann: Christian Thomasius (Anm. 4), S. 141.

Deutsch als Wissenschaftssprache und die Förderung der chinesischen Philosophie in Europa – Christian Wolff (1679–1754)

Bis weit in das 16. Jahrhundert hinein war in Europa Latein die Sprache der Gelehrten. Wissenschaftler wie Nikolaus Kopernikus (1473–1543), René Descartes (1596–1650) oder Isaac Newton (1642–1727) verfassten ihre Werke in lateinischer Sprache, und in den Vorlesungen an den Universitäten wurde Latein gesprochen.[1] Versuche, an den Universitäten die jeweiligen Volkssprachen als akademische Sprachen in der Lehre durchzusetzen, blieben weitgehend ohne Erfolg. Erst im 17. Jahrhundert wurden wissenschaftliche Texte in England überwiegend in englischer Sprache verfasst. Auch in Frankreich und Italien war es ab dieser Zeit üblich, die eigene Sprache in der Wissenschaft zu verwenden. Nur im deutschsprachigen Raum wurde am Lateinischen als Sprache der Wissenschaft festgehalten.[2] Erst der Philosoph Gottfried Wilhelm Leibniz (1646–1716) sowie der Jurist und Philosoph Christian Thomasius (1655–1728) versuchten im Zuge der Aufklärung, die deutsche Sprache in der Wissenschaft zu etablieren. Für Leibniz war die Sprache ein Denkinstrument auf dem Weg zur Erkenntnis. Sprache sollte zweckmäßig sein und möglichst breit wirksam werden. Das konnte für Leibniz, der ursprünglich in Latein oder Französisch schrieb, nur die eigene Muttersprache leisten.[3] Christian Thomasius gilt als Vorreiter der mündlichen Verwendung des Deutschen als Wissenschaftssprache. 1687 lud er zu ersten Vorlesungen in Leipzig ein, die auf Deutsch gehalten wurden, und erhielt dafür viel Kritik von anderen Wissenschaftlern. Für Fachbegriffe allerdings benutzten Thomasius und die Wissenschaftler jener Zeit weiterhin lateinische Wörter.

Das änderte sich, als Christian Wolff (1679–1754) im Jahr 1706 nach Halle (Saale) an die Friedrichs-Universität berufen wurde. Für ihn war die Verwendung der deutschen Sprache in seinen Vorlesungen bereits selbstverständlich. Damit

---

1 Jürgen Leonhardt: Latein, Geschichte einer Weltsprache. München 2009, S. 125ff.

2 Ulrich Ricken: Christian Wolffs deutsche Wissenschaftssprache und einige Aspekte ihrer Rezeption. In: Jürgen Stolzenberg, Oliver-Pierre Rudolf (Hg.): Christian Wolff: Gesammelte Werke. Bd. 105 (Wolffiana II.5. Christian Wolff und die europäische Aufklärung). Hildesheim (u. a.) 2010, S. 177–192, hier: S. 177.

3 Ricken: Christian Wolffs deutsche Wissenschaftssprache (Anm. 2), S. 177.

Abb. 1: Christian Wolff (1679–1754)

wollte er ein möglichst breites Publikum erreichen.[4] Auch seine wissenschaftlichen Hauptwerke verfasste Wolff auf Deutsch. Viele seiner Schüler wie zum Beispiel Siegmund Jacob Baumgarten (1706–1757), Johann Christoph Gottsched (1700–1766) oder Ludwig Philipp Thümmig (1697–1728) folgten seiner Intention und verwendeten bei ihren wissenschaftlichen Veröffentlichungen die deutsche Sprache.[5] Damit wurde der Weg geebnet, Deutsch als anerkannte Wissenschaftssprache in Mitteleuropa zu etablieren. Christian Wolff steht aber nicht nur für die Einführung der deutschen Sprache in den wissenschaftlichen Sprachgebrauch, sondern auch für seine Auseinandersetzung mit der chinesischen Philosophie, die er als Vorbild für den Rationalismus sah. Im Weiteren sollen diese beiden Aspekte in Wolffs Schaffen als wegweisende Innovationen dargestellt werden. Wie etablierte Wolff die deutsche Sprache als Sprache der Wissenschaft? Worin bestand der Vorbildcharakter der chinesischen Philosophie?[6]

Christian Wolff wurde am 24. Januar 1679 in Breslau geboren. Sein Vater Christoph Wolff und seine Mutter Anna Wolff, geborene Gillerinn, ließen ihren Sohn lutherisch taufen.[7] Die schlesische Stadt Breslau, geprägt vom Protestantismus, wurde zu jener Zeit von einer österreichisch-katholischen Verwaltung geleitet. Dieser bikonfessionelle Charakter der Stadt prägte auch den Schüler Christian Wolff. Mit acht Jahren kam er auf das katholische Maria-Magdalenen-Gymnasium in Breslau. Nach eigenen Aussagen verfolgte er die katholischen Gottesdienste und diskutierte über philosophische und theologische Fragen.[8] Der Rektor des Gymnasiums war zu dieser Zeit Christian Gryphius (1649–1706), ein Sohn des Dichters Andreas Gryphius (1616–1664). Wolffs Interesse für die Mathematik, geweckt durch Kaspar Neumann (1648–1715), führte ihn 1699 nach Jena. Dort studierte er Mathematik, Physik und Theologie. 1702 ging Wolff nach Leipzig, um seine Magisterprüfung abzulegen. Nach einem weiteren einjährigen Aufenthalt in Jena wurde er 1703 in Leipzig mit der Abhandlung *Philosophia Practica Universalis*

4 Ricken: Christian Wolffs deutsche Wissenschaftssprache (Anm. 2), S. 177.

5 Vgl. u. a.: Siegmund Jacob Baumgarten: Nachrichten von einer hallischen Bibliothek. Halle 1748–1751; Siegmund Jacob Baumgarten: Abris einer Geschichte der Religionsparteien, oder gottesdienstlichen Geselschaften, und derselben Streitigkeiten so wol als Spaltungen, ausser und in der Christenheit. Halle 1755; Johann Christoph Gottsched: Versuch einer critischen Dichtkunst vor die Deutschen. Leipzig 1729.

6 Michael Pantenius: Vater des Rationalismus: Christian Wolff (1679–1754), Aufklärer, Philosoph und Publizist. In: Ders. (Hg.): Gelehrte, Weltanschauer, auch Poeten ... literarische Porträts berühmter Hallenser. Halle 2006, S. 39–42.

7 Heinrich Wuttke (Hg.): Christian Wolffs eigene Lebensbeschreibung mit einer Abhandlung über Wolff. Leipzig 1841, S. 107–201, hier: S. 110.

8 Wuttke: Christian Wolffs eigene Lebensbeschreibung (Anm. 7), S. 117.

Mathematica methodo conscripta[9] promoviert und erhielt die Lehrbefugnis.[10] In Leipzig hielt er Vorlesungen über Mathematik und Physik, später auch über Philosophie, vor allem über Logik und Metaphysik. 1706 wurde Wolff an die hallische Friedrichs-Universität berufen und erhielt eine Professur für Mathematik und Philosophie. Dort war die Mathematik wenig bekannt und in der Philosophie überzeugte Thomasius mehr, dessen Vortragsart nicht nach Wolffs Geschmack war.[11]

Wolff, der bereits in Leipzig seine Vorlesungen in deutscher Sprache gehalten hatte, wurde in seiner Praxis als Universitätsprofessor zunehmend deutlich, dass die neue deutsche Wissenschaftssprache nicht ohne die Verwendung von Fremdwörtern auskam. Der Mangel an Begriffen aber führte zu dem Problem, dass ein Deutsch, das von lateinischen Fachbegriffen durchsetzt war, nicht von allen Zuhörern verstanden wurde. Daher ging Wolff auf die Suche nach deutschen Wörtern für lateinische Ausdrücke und achtete dabei auf folgende Regeln, die er in seine *Ausführliche Nachricht von seinen eigenen Schriften*[12] übernahm:

> 1. Wo mir ein deutsches Wort bekannt gewesen, das von andern an statt eines lateinischen gebraucht worden, da habe ich kein neues erdacht. Denn da die Benennung willkürlich ist und man nicht aus den Wörtern nach den Regeln der Sprach-Kunst, sondern aus den Begriffen nach den Regel der Vernunfftkunst von den Sachen urtheilet; so gilt es gleich viel, mit was für einem Nahmen man eine Sache beleget, und ist nicht nöthig, daß man erst critisiret, ob sich der Nahme dazu schickt, oder nicht. (...)
>
> Ferner ist zu mercken, daß ich 2. die deutschen Kunst-Wörter nicht aus dem Lateinischen übersetzet habe, sondern sie vielmehr so eingerichtet, wie ich es der deutschen Mund-Art gemäß gefunden, und wie ich würde verfahren haben, wenn auch gar kein lateinisches Kunst-Wort mir wäre bekandt gewesen. Dieses habe ich deswegen gethan, weil die Ubersetzung der lateinischen Kunst-Wörter gemeiniglich im Deutschen übel klinget. (...)
>
> Nemlich 3. daß ich die deutschen Wörter in ihrer ordentlichen Bedeutung nähme, und darinnen den Grund der Benennung zu dem Kunst-Worte suchte. Denn auf solche Weise ist mein Kunst-Wort rein deutsch, weil ich deutsche Wörter in ihrer eigentlichen Bedeutung brauche, und in dem ich sie zu einem Kunst-Worte mache, auf Sachen ziehe, darinnen etwas anzutreffen, so durch das Wort in seinem eigentlichen Verstand genommen, angedeutet wird.[13]

Auf Grundlage dieser Regeln verfasste Wolff seine Abhandlungen und entwickelte eine Vielzahl von Wortneuschöpfungen, die bis heute gebräuchlich sind: Architekt,

---

9 Christian Wolff: Philosophia Practica Universalis Mathematica methodo conscripta. Leipzig 1703.
10 Wuttke: Christian Wolffs eigene Lebensbeschreibung (Anm. 7), S. 129.
11 Wuttke: Christian Wolffs eigene Lebensbeschreibung (Anm. 7), S. 146.
12 Christian Wolff: Ausführliche Nachricht von seinen eigenen Schriften, die er in deutscher Sprache von den verschiedenen Theilen der Welt-Weisheit heraus gegeben. Frankfurt/Main 1757.
13 Wolff: Ausführliche Nachricht (Anm. 12), S. 29–35.

Barometer oder Mechanik.[14] Wolff unterteilte in seinem *Mathematischen Lexikon*[15] folgerichtig die von ihm verwendeten Begriffe in „rein-deutsche Wörter" und „eingedeutschte Kunstwörter". Die eingedeutschten Kunstwörter (Bewegungskunst für Mechanik oder Weltweisheit für Philosophie) fanden schnell Einzug in die deutsche Sprache. Auch Adjektive mit deutschen Endungen entstanden aus den Nomen, wie etwa „quadratisch" aus „Quadrat".[16] Lange Zeit gab es noch ein Nebeneinander von deutschen Kunstwörtern und aus dem Lateinischen stammenden eingedeutschten Fremdwörtern. Da die Wissenschaft aber einer starken Internationalisierung ausgesetzt war, entfielen alsbald die Kunstwörter zugunsten der Fremdwörter.[17]

Die Etablierung der einzelnen Wörter war häufig durch lange wissenschaftliche Diskurse begleitet, ob diese Neuschöpfungen passend waren. So stritt man u.a. darüber, ob „Idee" oder „Begriff" eine richtige Übersetzung des lateinischen „idea" wäre. Viele Kontrahenten von Wolff wandten sich gegen seine Übersetzung von „idea" in „Begriff". Sie argumentierten, dass der neue Terminus „Begriff" stigmatisiere und als eindeutiges Kennzeichen fungiere, den Verfasser eines Textes als einen „Wolffianer" kenntlich zu machen.[18] Neben der Sprache war für Wolff auch die Methode Grundlage für Wissenschaftlichkeit. Wolff erhob die mathematische zur allgemeingültigen Methode aller Wissenschaften. Die Methode sei mit der „natürlichen Art" des Denkens gleichzustellen, so Wolff:

> Und demnach kann ich mit einem Worte sagen, ich habe mich beflissen nach der mathematischen Lehr-Art meine Sache vorzutragen (...); so kan ich auch sagen, ich habe mir angelegen seyn lassen alles so vorzutragen, wie es sich auf eine natürliche Art gedencken lässet.[19]

Nachdem seine wichtigen Bände in deutscher Sprache erschienen waren, wechselte er wieder zurück in die lateinische Sprache. Viele sahen darin einen Widerspruch. Doch Wolff erklärte, er wolle mit diesen Veröffentlichungen ganz Europa erreichen und da sei eben die lingua franca unverzichtbar. Für Wolff war die Mission, Deutsch als Wissenschaftssprache im eigenen Land einzuführen, mit dem Abschluss seiner ersten Bandreihe beendet. Seine Schüler, die „Wolffianer" (wie

14 Ricken: Christian Wolffs deutsche Wissenschaftssprache (Anm. 2), S. 180.

15 Christian Wolff: Der Anfangs-Gründe Aller Mathematischen Wissenschafften Erster Theil / Und zu mehrerem Auffnehmen der Mathematick so wohl auff hohen als niedrigen Schulen auffgesetzet worden (...). Halle 1710.

16 Ricken: Christian Wolffs deutsche Wissenschaftssprache (Anm. 2), S. 180.

17 Ricken: Christian Wolffs deutsche Wissenschaftssprache (Anm. 2), S. 181.

18 Ricken: Christian Wolffs deutsche Wissenschaftssprache (Anm. 2), S. 183.

19 Christian Wolff: Mathematisches Lexikon (Nachdruck). Hildesheim 1978, S. 53

Christian Wolffens/
Königl. Schwedis. Hochfürstl. Hessis. Hof-Rath
und Prof. Math. & Phil. prim. zu Marburg, wie auch
Prof. honor. zu St. Petersburg/ der Königl. Groß-
Brittannis. und Königl. Preußis. Societät der
Wissenschafften Mitgliedes
Ausführliche
Nachricht
von
seinen eigenen
Schrifften,
die er
in deutscher Sprache
von den
verschiedenen Theilen
der
Welt-Weißheit
heraus gegeben/
auf Verlangen ans Licht gestellet:
Die andere Auflage, hin und wieder vermehret.

FRANCKFURT am Mayn/ 1733.
Bey Joh. Benj. Andreä und Heinr. Hort.

Abb. 2: Titelblatt von Christian Wolffs „Ausführliche Nachricht …“ (1733)

beispielsweise Baumgarten und Gottsched), verbreiteten von Halle (Saale), Marburg und Leipzig aus die deutsche Wissenschaftssprache in Mitteleuropa. Sie waren aber auch bemüht, die von Wolff geforderte Wissenschaftlichkeit für die Philosophie zu etablieren und somit Wissenschaftssprache universal verwendbar zu machen.[20]

Neben der Einführung einer deutschen Wissenschaftssprache kann man für Wolff auch eine zweite Innovation geltend machen: Die Etablierung der Schriften chinesischer Philosophen im deutschsprachigen Raum. In Halle (Saale) beschäftigte sich Wolff nicht nur mit der Sprache, sondern mit dem Studium der chinesischen Philosophien. Bald wurde er zu einem großen Bewunderer der chinesischen Kultur. Mit Begeisterung las Wolff die Übersetzungen von François Noël (1651–1729) und Philippe Couplet (1622–1693) über die taoistischen, buddhistischen und konfuzianistischen Weltanschauungen. Die chinesischen Religionen wählte Christian Wolff später zur Grundlage seines philosophischen Systems. Damit folgte Wolff zwar der Tradition des Vordenkers Leibniz, ging aber noch einen Schritt weiter und implementierte chinesische Lehren in seine Konzepte von Staat und Ethik.[21] Vor allem begeisterte er sich für die praktische Anwendbarkeit der gewonnenen Erkenntnisse und die Weite der chinesischen Anschauungen. Die Chinesen würden es schaffen, wissenschaftliche Theorie mit der Praxis zu verbinden.[22] Wolff stand dabei in der Tradition des Neokonfuzianismus und der Bewunderung eines chinesischen Reiches, das im 12. und 13. Jahrhundert seine Blütezeit erlebt hatte. In konfuzianistischen Schriften und auch in taoistischen Ideen suchten europäische Philosophen wie Leibniz und Wolff oftmals Erklärungen und Lösungsansätze für moralische Fragestellungen in Europa. Sie glaubten dabei – wie die Vertreter der europäischen Aufklärung – an die Vernunft des Menschen.

Aber nicht nur die chinesischen Wissenschaften hatten es Christian Wolff angetan. Auch die chinesische Zeichenschrift sah er als Ausdruck der Überlegenheit chinesischen Denkens. Sogar das chinesische Schulwesen hielt er für vorbildlich. In den unteren Klassen des Schulsystems stand das Erlernen „guter Sitten mittels der Gewöhnung“ im Vordergrund.[23] In den letzten Jahren der Schulausbildung sollten die Eleven „auf das Herrschen auf der Grundlage der Vernunfterkenntnis“ vorbe-

20 Michael Albrecht: Die philosophischen Grundüberzeugungen des Wolffianismus. In: Jürgen Stolzenberg, Oliver-Pierre Rudolf (Hg.): Christian Wolff: Gesammelte Werke. Bd. 105 (Wolffiana II.5. Christian Wolff und die europäische Aufklärung). Hildesheim (u.a.) 2010, S. 13–30, hier: S. 17.

21 Michael Albrecht: Einleitung. In: Ders. (Hg.): Christian Wolff. Rede über die praktische Philosophie der Chinesen. Hamburg 1985, S. IX–LXXXIX, hier: S. XXI.

22 Albrecht: Einleitung (Anm. 21), S. XXXVII.

23 Artur Zempliner: Die chinesische Philosophie und J. Ch. Wolff. In: Deutsche Zeitschrift für Philosophie 6 (1962), S. 758–778, hier: S. 770.

Abb. 3: Wohnhaus von Christian Wolff (1679–1754) in Halle (Saale)

Abb. 4: Straßenschild der Christian-Wolff-Straße in Halle (Saale)

reitet werden.[24] Eine weitere wichtige Säule der Erkenntnis war für Wolff der Universalismus der chinesischen Weltanschauung. Das Verhältnis von Mikro- und Makrokosmos wurde von den Chinesen ganz anders gesehen als in Europa. Wolff erklärte dies damit, dass die chinesische Landbevölkerung aufgrund der extremeren Wetterverhältnisse viel stärker im Einklang mit der Natur leben müsse als die Europäer. Daraus resultiere, dass die Natur auch als Quelle der Moralgesetze angesehen werden könne. Eine gleichsam übergeordnete Instanz sei dann nur noch „der Glaube an die Moralordnung des Weltalls".[25] Das All, auch Himmel oder „T'ien" genannt, wurde von Konfuzius als nicht-theistische ethikgebende Kraft angesehen, die in Beziehung zur menschlichen Moral stehe. Als einen besonderen Vorzug der chinesischen Weltanschauung sah Wolff an, dass sie ohne eine Schöpferfigur auskomme. Allein das Wissen um das Kraftgefüge der Natur müsse deshalb dem Philosophen ausreichen, um moralische Wertvorstellungen generieren und zwischen Gut und Böse bzw. richtig und falsch unterscheiden zu können. Die Chinesen würden, so Wolff, einen unbegrenzten Verstand annehmen. Grundgedanke chinesischer Ethik sei das „Erreichen der Vollkommenheit im Handeln des Einzelnen".[26] Wolff erläuterte den Begriff der „Vervollkommnung" so:

> Da ich die Hauptbücher des Sinesischen Reiches mit Bedacht durchlase; habe ich geglaubet als ob die alten Sineser vornehmlich aber Confuz diesen Begriff obschon dunkel, keineswegs aber deutlich gehabt hätten, so das er nur von demjenigen erkannt wird, der ihn besitzet. Da ich hernach ihre Lehren und Verrichtungen, die in ihren Büchern vorkommen, auf allgemeine Gründe gebracht hatte, so nahm ich wahr, da die Anleitung zu der Übung bey den Sinesern von der meinigen nicht abgehe.[27]

Hieraus schlussfolgerte Wolff, dass Ethik keiner religiös-theologischen Untermauerung bedürfe. Moralische Ansichten müssten auch dann bestehen können, wenn Gott nicht existiere bzw. wenn der Mensch nicht an ihn glauben würde. Wolff war allerdings kein Unterstützer atheistischer Strömungen. Er vertrat die Auffassung, dass kein Mensch die Existenz Gottes leugnen könne, da niemand von dessen Existenz wisse. Davon ausgehend, dass die moralischen Gesetze gottgegeben seien, schrieb er auch Atheisten zu, moralisch handeln zu können.[28] Die chinesischen

---

24 Zempliner: Die chinesische Philosophie (Anm. 23), S. 770.

25 Werner Lühmann: Konfuzius: aufgeklärter Philosoph oder reaktionärer Moralapostel? Der Bruch in der Konfuzius-Rezeption der deutschen Philosophie des ausgehenden 18. und beginnenden 19. Jahrhunderts. Wiesbaden 2003, S. 61f.

26 Zempliner: Die chinesische Philosophie (Anm. 23), S. 770.

27 Wolffs Rede in Marburg vom 19.1.1726. In: Christian Wolff: Rede von der Sittenlehre der Sineser. Halle 1740, neu veröffentlicht als Faksimile 1981, S. 8.

28 Zempliner: Die chinesische Philosophie (Anm. 23), S. 771.

Weltanschauungen würden keinen Gott kennen und seien von Moralvorstellungen durchsetzt.

In seine eigene Staatstheorie übernahm Wolff die Aufteilung in „reine und praktische“ Aspekte der Philosophie. Der praktische Teil wurde wiederum in Ethik, Politik (Handeln des Menschen als Mitglied der Gesellschaft) und Ökonomie (der Mensch innerhalb seiner familiären Verflechtungen) gegliedert. Dieser Aufbau bildete eine offenkundige Analogie zu dem dreistufigen chinesischen System aus Ethik, Gesellschaft und Familie.[29] Bereits in seinem Hauptwerk *Philosophia civilis sive politica*[30] wählte Wolff die chinesischen Moralansätze als Vorbild für sein rationalistisches philosophisches System und nicht die christlichen Wertvorstellungen der preußischen Monarchie. Als Wolff noch im selben Jahr in seiner Antrittsrede als Prorektor über die chinesische „Sittenlehre“ referierte und vorschlug, die Moralvorstellungen und Staatstheorien aus der chinesischen Philosophie in Europa weitgehend zu übernehmen, und den Konfuzianismus als Grundlage chinesischer Werte verherrlichte, rief er eine Vielzahl von Widersachern auf den Plan.[31]

Derartige Überlegungen bildeten einen Affront gegen die in Preußen und besonders in Halle (Saale) lebenden Pietisten. Die Theologische Fakultät war hier streng pietistisch geprägt. Wolff war den Theologen schon lange ein Dorn im Auge. Allerdings war er auch kein Freund des Pietismus. Er zog die Moral der Chinesen der der Pietisten vor, da letztere nur des „Geldes“ und der „Eitelkeit“ wegen eine „der Lehre Christi widerstrebenden Frömmigkeit“ vortäuschen würden.[32] Als „pseudophilosophisch“ wurde Wolff kritisiert, da er darauf verzichtete, in seinen Lehren einen „Bezug zur biblischen Offenbarung“ herzustellen. Seine Gegner sahen eine „Gefahr der modernen Philosophie für den Glauben“.[33] Demgegenüber könnte man aber auch von einer „Emanzipation der Philosophie“ sprechen, die Wolffs Gegenspieler, der Hallenser Theologe Samuel Lange (1711–1781), befürchtete.[34] Wolff, der eigentlich Mathematiker und Physiker war, dehnte seine Kompetenzen an der Friedrichs-Universität auf die Philosophische Fakultät aus. Dass er auch noch mithilfe von Argumenten aus den Themengebieten Logik und Metaphysik versuchte, die Bibel zu erklären, wurde als Überschreitung seines Aufgabenbereichs

29 Zempliner: Die chinesische Philosophie (Anm. 23), S. 769.

30 Christian Wolff: Philosophia civilis sive politica. Halle 1756.

31 Barbara Mahlmann-Bauer: Wolffs Hochschulpolitik. Institutionengeschichtliche Hintergründe von Wolffs Vertreibung aus Halle. In: Jürgen Stolzenberg, Oliver-Pierre Rudolf (Hg.): Christian Wolff: Gesammelte Werke. Bd. 105 (Wolffiana II.5. Christian Wolff und die europäische Aufklärung). Hildesheim (u.a.) 2010, S. 358–363, hier: S. 359.

32 Zempliner: Die chinesische Philosophie (Anm. 23), S. 772.

33 Mahlmann-Bauer: Wolffs Hochschulpolitik (Anm. 31), S. 321.

34 Mahlmann-Bauer: Wolffs Hochschulpolitik (Anm. 31), S. 321.

betrachtet.[35] Samuel Lange, sein späterer Nachfolger, klagte Wolff 1723 an, Atheist zu sein und stieß ein Amtsenthebungsverfahren an. Zu diesem Zweck berief Lange eine Kommission ein, die feststellte, dass Wolff mit seinen ketzerischen Ideen die Studierenden verführe. Im November 1725 erreichten Wolffs Gegner, dass König Friedrich Wilhelm I. (1688–1740) die Amtsenthebung für Wolff unterzeichnete, da Wolffs Vorlesungsinhalte im Widerspruch zur „natürlichen Religion“ stünden. Wolff musste – bei Androhung der Todesstrafe im Fall der Weigerung – innerhalb von 48 Stunden Halle (Saale) und Brandenburg-Preußen verlassen. Er floh nach Marburg, da er dort einen Ruf auf eine Professur erhalten hatte.[36] Wolffs Marburger Zeit steht also sinnbildlich für eine dritte Innovation: Die Entwicklung eines grundständigen Studiengangs „Philosophie“. Doch darauf soll an dieser Stelle nicht weiter eingegangen werden.

Zu Wolffs Schülern zählte Michail Wassiljewitsch Lomonossow (1711–1765), der russische Vordenker der Aufklärung. Lomonossow wurde als Dichter und Naturwissenschaftler bekannt und gilt ebenso wie Wolff als Mitbegründer der nationalen Wissenschaftssprache seines Landes.[37] Lomonossow verfasste 1757 eine russische Grammatik und war maßgeblich an der Reform der russischen Schriftsprache beteiligt.[38] Katharina I. (1684–1727), die zweite Ehefrau Peter des Großen (1672–1725), ernannte Wolff als Dank für die Ausbildung Lomonossows und der daraus hervorgegangenen Reformströmungen in Russland zum Mitglied der 1724 gegründeten Sankt Petersburger Akademie, der heutigen Russischen Akademie der Wissenschaften.

Im Jahr 1749 kehrte Wolff wieder nach Halle (Saale) zurück. In einem Brief an Johann Daniel Schumacher, datiert auf den 13. November 1740, beschreibt Wolff seinen Umzug:

> Ich bin nun im Begriff von Marburg mein domicilium nach Halle zu transferiren, welches mir viele Unruhe verursachet und wegen der jetzigen Witterung sehr beschweerlich fället. (...) Ich gedencke nun in Halle mit der Continuation meiner Wercke geschwinder zu stande zu kommen, ob mir gleich der Winter beynahe verlohren gehet.[39]

35 Mahlmann-Bauer: Wolffs Hochschulpolitik (Anm. 31), S. 322.
36 Albrecht: Einleitung (Anm. 21), S. LII.
37 Markus Bauer: Passage Marburg. Ausschnitte aus vierundzwanzig Lebenswegen. Marburg 1994, S. 81–89.
38 Peter Scheibert: Lomonosov, Christian Wolff und die Universität Marburg. In: Philipps-Universität Marburg (Hg.): Academia Marburgensis. Beiträge zur Geschichte. Marburg 1977, S. 231–240.
39 Hans-Joachim Kertschner: Christian Wolffs zweiter Aufenthalt in Halle. In: Jürgen Stolzenberg, Oliver-Pierre Rudolf (Hg.): Christian Wolff: Gesammelte Werke. Bd. 105 (Wolffiana II.5. Christian Wolff und die europäische Aufklärung). Hildesheim (u.a.) 2010, S. 435–459, hier: S. 435.

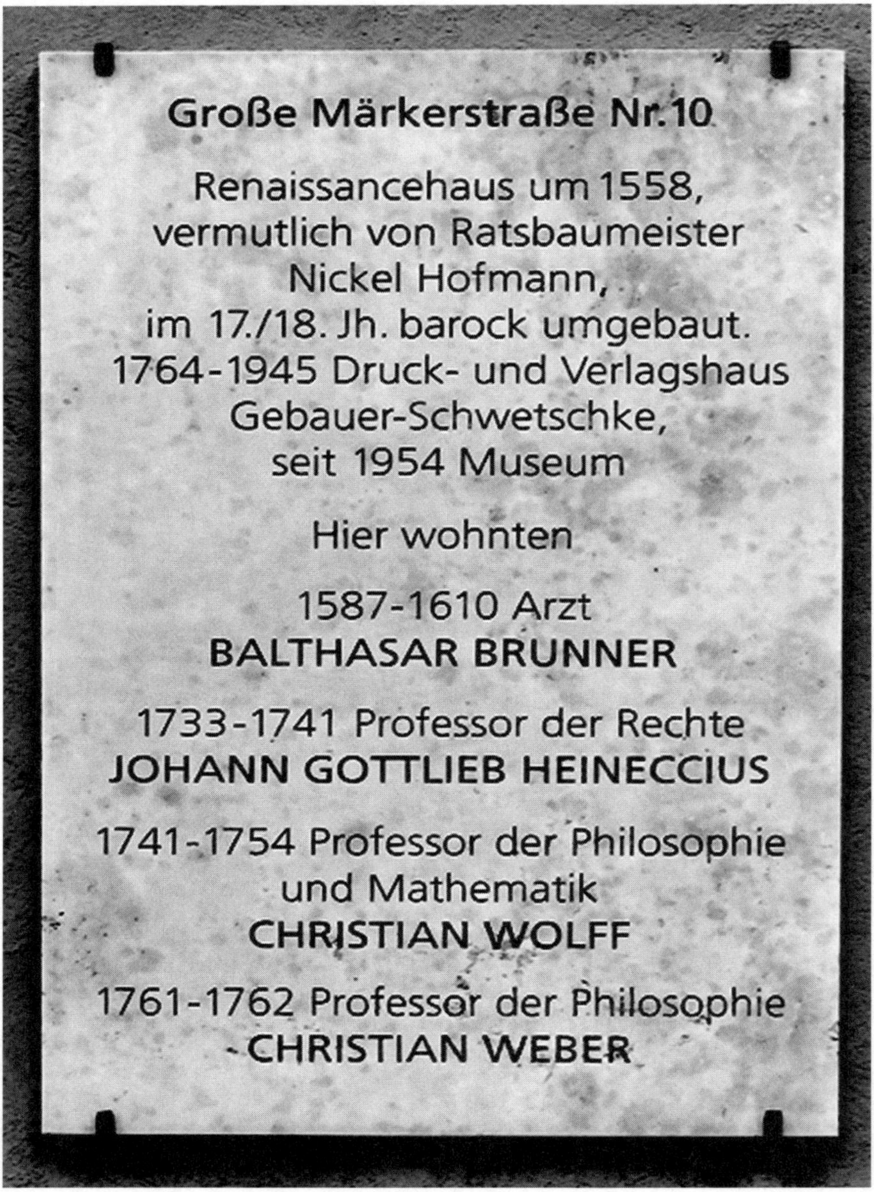

Abb. 5: Gedenktafel am Christian-Wolff-Wohnhaus in Halle (Saale)

Christian Wolff folgten wenige Studierende von Marburg nach Halle (Saale). Trotz seiner didaktischen Qualitäten konnte er nicht mehr an die Erfolge seiner ersten Jahre in Halle (Saale) anknüpfen. Das ausbleibende Publikum minderte seine Motivation für die Lehrtägigkeit. Wolff erhoffte sich vor allem Ruhe und volle Konzentration zum Schreiben. In Marburg hatte es ihm aufgrund vieler Verpflichtungen ständig an Zeit dafür gefehlt.[40] Am öffentlichen Leben in Halle (Saale) nahm er nicht teil. Im Jahr 1742 äußert sich Johann Gehler (1696–1765) über Wolffs Zustand: „Ich habe kaum einen solchen Phlegmaticum Zeit Lebens gesehen. Man ist hier mit Hr. Wolffen gar nicht zufrieden.“[41] Während seiner zweiten hallischen Amtszeit wohnte Wolff, nach einer kurzen Übergangszeit im alten Wohnhaus von Thomasius in der Großen Ulrichstraße, in einem von ihm gekauften Gebäude in der Großen Märkerstraße 10.[42]

Eine späte Ehre wurde Wolff zuteil, als ihn am 10. September 1745 der bayerische Herzog Maximilian III. Joseph (1727–1777) in den Reichsfreiherrenstand erhob. Bereits 1746 gelangte er in den Besitz eines Ritterguts in Kleindölzig bei Merseburg, das er aber aufgrund seiner universitären Verpflichtungen kaum besuchen konnte. Der Kauf erfolgte wohl eher im Hinblick auf eine standesgemäße Erbschaft für seinen Sohn Ferdinand (1722–1780).[43] In den Folgejahren wurde Wolff durch einige Krankheiten zunehmend geschwächt. Seit Sommer 1753 plagten ihn verstärkt Schweißausbrüche und Schwächeanfälle. Nach einer kurzen Rekonvaleszenz im Herbst 1753 kehrte er ein letztes Mal an die Universität zurück. Im Winter 1753/54 gab es gesundheitliche Rückschläge.[44] Wolff starb am 9. April 1754 und wurde in der hallischen Schulkirche beigesetzt. Ihm zu Ehren wurde sein ehemaliges Wohnhaus in der Großen Märkerstraße 10 in Christian-Wolff-Haus umbenannt. Dort befindet sich heute das hallische Stadtmuseum, und auch der Saal, in dem er selbst Vorlesungen gehalten und Abendgesellschaften veranstaltet hat, ist sehr gut erhalten geblieben.

40 Kertschner: Christian Wolffs zweiter Aufenthalt in Halle (Anm. 39), S. 435f.
41 Kertschner: Christian Wolffs zweiter Aufenthalt in Halle (Anm. 39), S. 439.
42 Kertschner: Christian Wolffs zweiter Aufenthalt in Halle (Anm. 39), S. 446.
43 Kertschner: Christian Wolffs zweiter Aufenthalt in Halle (Anm. 39), S. 448.
44 Kertschner: Christian Wolffs zweiter Aufenthalt in Halle (Anm. 39), S. 450.

250 Stunden Musik aus einer Feder und das englische Oratorium – Georg Friedrich Händel (1685–1759)

Die Erfindung der musikalischen Stilrichtung des englischen Oratoriums geht auf den hallischen Komponisten und Musiker Georg Friedrich Händel (1685–1759) zurück. Im England des 18. Jahrhunderts waren Oratorien unbekannt, da die anglikanische Kirche auch musikalisch Distanz zu Rom halten wollte und Oratorien mit italienischer Kirchenmusik in Verbindung gebracht wurden. Erst die tolerante Grundstimmung, die während der Regentschaft König Georgs I. (1660–1727) einsetzte, ließ zu, dass Oratorien geschrieben wurden. Ein Oratorium war ein musikalisches Drama, das mit dem Theater nicht mehr viel gemein hatte.[1] Die Maskerade und die schauspielerische Darstellung entfielen. Die Chormitglieder wurden zu Handlungsträgern.[2] Die Oratorien lösten in den 1750er Jahren die Opernaufführungen ab und wurden „zu einer Art kultureller Institution, mit der sich das englische Königshaus und damit die englische Nation zu identifizieren schien".[3]

Neu war nicht nur, dass in englischer Sprache gesungen wurde, sondern auch, dass die Melodie mehr an englische Musikstile erinnerte als in den italienisch beeinflussten Opern. Das englische Bürgertum war begeistert, galt die Oper doch als aristokratisch. Insofern stand das englische Oratorium auch für eine Veränderung im gesellschaftlichen Bewusstsein. Bürger drängten zu den Chören und konnten so aktiv an den Aufführungen von Oratorien mitwirken: „Anstelle der großbesetzten Ensembles, die seit den monumentalen Aufführungen (...) als den Intentionen Händels angemessen erachtet wurden, verwendete man jetzt kleinere Ensembles."[4] Zugleich entstand eine soziale Komponente. Bei den Aufführungen wurde meist Geld für wohltätige Zwecke gesammelt. Das englische Oratorium war aber nicht nur eine von Händel ins Leben gerufene eigenständige Kunstgattung, sondern sie etablierte auch eine neue Form breiter gesellschaftlicher Teilnahme an Musikauf-

---

1 Hans Joachim Marx: Das Händel-Handbuch in 6 Bänden. Bd. 3: Händels Oratorien, Oden und Serenaten. Laaber 2008, S. XVI.

2 Winton Dean: Handel's dramatic oratorios and masques. Oxford 1990.

3 Marx: Händels Oratorien (Anm. 1), S. XV.

4 Marx: Händels Oratorien (Anm. 1), S. XXII.

führungen.[5] Bevor Händels Werk *Esther* 1718 uraufgeführt wurde, gab es in England keine nennenswerten oratorischen Stücke, allenfalls sogenannte „dialogues“, in denen Chor und Solisten die Handlung musikalisch darstellten. Mit dem englischen Oratorium entwickelte Händel eine Kunstform auf eine europäische Art und Weise: Dem Kulturgut einer jeden Nation, mit der Händel in Berührung kam, entnahm er eine Musikströmung und verband sie zu einem neuen Genre, das vor allem Bürger ansprechen sollte. Als Vorbild für seine Kompositionen diente die italienische Oper mit ihren Arien und Ouvertüren, das klassische französische Drama, die Kantate aus der deutschen Kirchenmusik, die lateinische Psalmvertonung und die englischen Anthems, Plays oder Masques.[6] Doch wie kam es dazu, dass ein Komponist aus Halle (Saale) eine neue musikalische Gattung in England schuf?

Der am 23. Februar 1685 in Halle (Saale) geborene Georg Friedrich Händel zählt zu den bedeutenden Komponisten der Frühen Neuzeit.[7] Händels erster Kontakt mit der Kirche und der Kirchenmusik war seine Taufe am 24. Februar 1685 in der Marienkirche, Marktkirche Unser Lieben Frauen. Aus den wenigen biographischen Überlieferungen geht hervor, dass sein Vater Georg Händel (1622–1697) Chirurg und Arzt am herzoglichen Hof zu Sachsen-Weißenfels war.[8] Im 17. Jahrhundert war die Chirurgie noch ein Beruf mit Meisterbrief, weshalb Georg Händel zu den wohlhabenden Handwerkern der Stadt gehörte.[9] Georg Händel arbeitete seit 1645 als Amtschirurg in Giebichenstein – die Saaleburg Giebichenstein war seit dem Mittelalter die erzbischöfliche Residenz.[10] Nach dem Tod der ersten Frau Georg Händels, Anna Ettinger (1612–1682), heiratete der 60-jährige Witwer die mit 32 Jahren deutlich jüngere Dorothea Taust (1651–1730).

Dorothea bekam vier Kinder, von denen nur zwei das Erwachsenenalter erreichten. Georg Friedrich Händel wurde 1685 geboren, seine Schwester Dorothea Sophia (1687–1711) zwei Jahre später. Als fromme Pastorentochter ließ Dorothea ihren Kindern eine religiöse Erziehung angedeihen und schon früh wurde der junge Georg Friedrich mit der Kirchenmusik vertraut. Über die ersten Lebensjahre Händels in seinem Elternhaus ist nur wenig bekannt. Die Biographen mutmaßen, die Mutter habe ein Calvichord besessen und schon früh damit begonnen, den Jun-

5 Marx: Händels Oratorien (Anm. 1), S. XXXIV.
6 Marx: Händels Oratorien (Anm. 1), S. XVI.
7 Konstanze Musketa, Christiane Rieche: Händel – der Europäer. Führer durch die Ausstellung im Händel-Haus. Halle 2009, S. 6.
8 Florian Steger, Maximilian Schochow: Medizin in Halle. Ein medizinhistorischer Stadtführer. Halle 2013, S. 66.
9 Dorothea Schröder: Georg Friedrich Händel. München 2008, S. 9.
10 Musketa, Rieche: Händel – der Europäer (Anm. 7), S. 13.

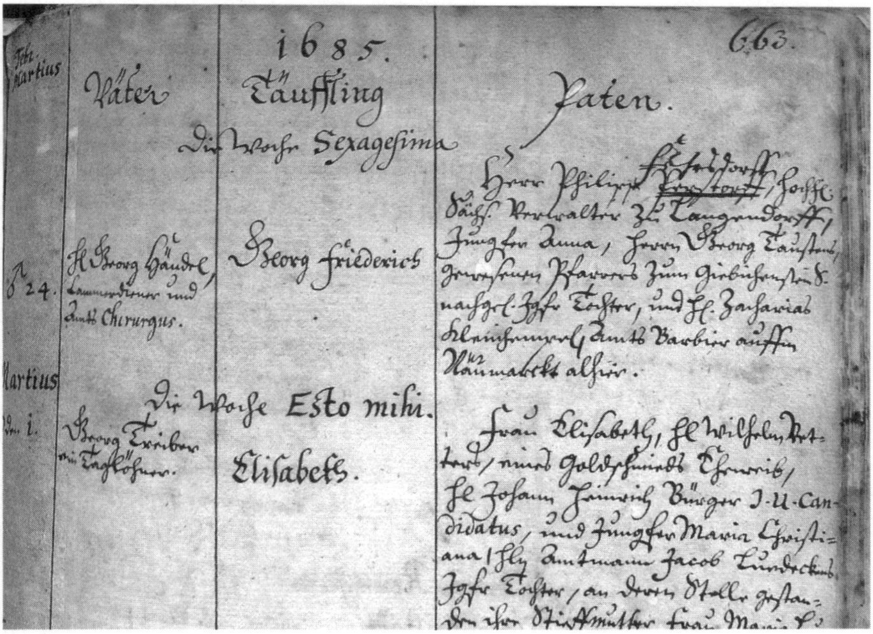

1685. 663.

Väter | Täuffling | Paten.

Die Woche Sexagesima

24. | Georg Händel, Cammerdiener und Amts Chirurgus. | Georg Friederich

Die Woche Esto mihi.

Elisabeth.

Abb. 1: Auszug aus dem Taufeintrag von Georg Friedrich Händel (24. Februar 1685)

Abb. 2: Straßenschild der Händelstraße in Halle (Saale)

gen musikalisch zu erziehen. Genaues ist jedoch nicht überliefert.[11] Georg Händel wollte seinen Sohn nicht zum Musiker, sondern zum Juristen ausbilden lassen.

> Von Kindesbeinen an hatte dieser Händel eine solche ungemeine Lust zur Musik bezeiget, daß sein Vater, der ihn sonst zum Juristen bestimmet hatte, darüber in Unruhe gerieth. Als er aber nun merkte, daß dieser Trieb sich je länger je mehr äusserte, wurden alle Mittel vorgekehret, demselben zu widerstehen. Fürs Erste verbot er ihm nachdrücklichst, sich mit keinerley Art musikalischer Instrumente abzugeben, ja, es durfte nichts dergleichen ins Haus kommen, und ihm ward auch nicht einmal zugestanden, irgendwo hinzugehen, da er so was antreffen konnte. Dem ungeachtet vermehrten alle diese Fürsorge und Mühe nur des Knabens Liebe zur Tonkunst, anstatt solche zu dämpfen.[12]

Doch der Vater war es schließlich, der seinem Sohn den Lebensweg als Musiker ebnete. Es begann damit, dass er den sechsjährigen Georg Friedrich zu einer Visite ins Weißenfelser Schloss mitnahm. Dort lernte Georg Friedrich, während der Vater seine Patienten empfing, auf eigene Faust das Weißenfelser Schloss kennen. Der Entdeckungsdrang des Jungen galt vor allem den historischen Musikinstrumenten. Bald entwickelte er den Wunsch, das Orgelspiel zu lernen. Das Kind zeigte sich darin so begabt, dass es schon sehr rasch die Orgel nach dem Gottesdienst spielen durfte. Der Herzog nahm davon Kenntnis und war so begeistert von dem kleinen Genius, dass er Händels Vater Georg überzeugen konnte, seinem Sohn eine weitergehende Musikausbildung angedeihen zu lassen.

> Der Ausgang war endlich dieser, daß nicht nur die Musik geduldet, sondern auch ein Lehrer derselben gebraucht werden sollte, der, bey des Knaben Zurückkunft in Halle, demselben hierunter allen Beystand und gute Anweisung leistete: dazu denn auch bey der Abreise der Herzog dem Sohne die Taschen mit Gelde füllte, und in aller Freundlichkeit zu ihm sagte, wenn er fleißtig seyn würde, sollt es an Aufmunterung nicht fehlen.[13]

Friedrich Zachow (1663–1712), ein damals angesehener Organist, übernahm es, den jungen Händel musikalisch zu erziehen. Zachow war über die Grenzen Halles hinweg bekannt, sein Orgelspiel galt als virtuos. Da Händels Vater bereits 1697 an einer „fiebrigen Krankheit" starb,[14] war Zachow mehr als nur ein Lehrer für den jungen Händel.

> Zachau wuste sich nicht wenig mit diesem Untergebenen, der schon anfing die Aufmerksamkeit der Liebhaber um Halle herum auf sich zu ziehen, da sie mehrentheils seinetwegen hinkamen. Der gute Organist war auch froh, einen solchen Gehülfen zu haben,

11 Schröder: Georg Friedrich Händel (Anm. 9), S. 14.

12 John Mainwaring, Hedwig Müller von Asow, Erich Hermann Müller von Asow (Hg.): Georg Friedrich Händel. Biographie, Briefe und Schriften. (Nachdruck) Hildesheim (u.a.) 1977, S. 14.

13 Mainwaring, Müller von Asow, Müller von Asow: Georg Friedrich Händel (Anm. 12), S. 18.

14 Schröder: Georg Friedrich Händel (Anm. 9), S. 18.

> dessen ungemeine Gaben ihn fähig machten, des Meisters Stelle zu vertreten, wenn derselbe etwa abwesend seyn würde: denn das begab sich sehr oft, weil dieser eine gute Gesellschaft und ein volles Glas lieb hatte.[15]

Welche Schulen Händel besucht hat, ist nicht überliefert, vermutlich gehört das städtische lutherische Gymnasium dazu, das sich im ehemaligen Barfüßerkloster befand und das im 19. Jahrhundert für den Bau des Löwengebäudes der Universität abgerissen wurde. Andere Quellen gehen von wechselnden Privatlehrern aus.[16] Im Jahr 1702 immatrikulierte sich Händel an der erst wenige Jahre alten Friedrichs-Universität in Halle (Saale). Sein gewähltes Studienfach war Jura.[17] In der Studienzeit war für ihn die Freundschaft mit dem vier Jahre älteren Magdeburger Komponisten Georg Philipp Telemann (1681–1767) prägend, dem er 1701 erstmals begegnete. Händel nahm bereits im ersten Studienjahr nebenher eine Anstellung als Organist am Dom von Halle (Saale) an. Er wollte seinen Lebensunterhalt selbst bestreiten, um die verwitwete Mutter finanziell zu entlasten. Die Orgel, auf der Händel spielte, steht bis heute über dem Altar des Doms. Die Befristung der Anstellung im hallischen Dom ist auf Händels evangelisch-lutherische Konfession zurückzuführen. Da der Dom den evangelisch-reformierten Flüchtlingen aus der Pfalz als Gemeindekirche zugeteilt worden war, misstraute man dem „Andersgläubigen" und wollte sein Können und seine Loyalität ein Jahr lang prüfen. In der Bestallungsurkunde ist zu lesen:

> Bestallung vor den organisten Hendel. Demnach die nothwendigkeit erfo[r]dert, daß bey der alhiesigen Königl. Schloß- und Domkirchen zum Organisten, an des ohnlängst abgegangenen Johann Christoph Leporins stelle, ein geschicktes Subjectum hinwiederumb bestellet werden, undt dann vor andern der Studiosus Georg Friedrich Hendel, welcher vorher bereits verschiedentl. unter abwesenheit ged. Leporins dessen vices vertretten, seiner geschickligkeit halber darzu angerühmet und recommandiret worden; Alß haben wir zur hiesigen Königl. Schloß und Domkirche auch der Reformirten Gemeinde verordnete Prediger, undt Eltiste denselben, auff Ein Jahr zur probe, zum Organisten bey gemelter Kirche dato dergestalt angenommen, daß Er solch Ihm anvertrautes Ambt mit aller Treue undt fleissigen auffwartsamkeit wohl und wie es Einem Rechtschaffenen Organisten eignet undt gebühret, versehen, so wohl zu Sonn- Bett- undt andern Festtagen, alß auch wann es ausser diesen künfftig extraordinarie erfordert wird, bey dem Gottesdienst die Orgel gebührend schlagen (...). Dahingegen Ihme vor sein mühe undt Verrichtung zum gehalt dieses Jahrs nemlich von reminiscere c. a. biß dahin 1703 fünffzig Rthlr, welche auß der Königl. Renthei alhier Er gegen seine quittung quartaliter mit 12 thlr. 12 gr. nächstkünfftigen Trinitatis damit anfahende, zu heben nebst dem auff der Moritzburg von I. K. M. den Oranisten allergndst. assignirten freyen Logiament, versprochen undt

15 Mainwaring, Müller von Asow, Müller von Asow: Georg Friedrich Händel (Anm. 12), S. 19.
16 Schröder: Georg Friedrich Händel (Anm. 9), S. 18.
17 Christopher Hogwood: Georg Friedrich Händel. Frankfurt/Main, Leipzig 2000, S. 31.

> zugesaget worden, Uhrkundlich ist demselben diese Bestallung unter unserer der Prediger, Vorsteher undt Eltisten eigenhändigen unterschrifft außgestellet. So geben Halle den 13.ten Martii Ao. 1702. V. Achenbach.[18]

Während der ersten Jahre als Berufsmusiker lernte Händel den Weißenfelser Orgelmeister Samuel Scheidt (1587–1654) kennen, der ihn für die Oper begeisterte. Als Opernkomponist war Händel erst später erfolgreich. Frühe Werke, die in die hallische Schaffensperiode fallen, sind eine Trio-Sonate (Opus 2 Nr. 2 für zwei Violinen oder Oboen und Basso continuo), sieben verschollene Kirchenkantaten und eine Osterkantate (*Triumph ihr Christen, seid erfreut*).[19] Die drei *Hallenser Sonaten* wurden vom Herausgeber der Werke Händels, dem Musikwissenschaftler Friedrich Chrysander (1826–1901), als frühe Werke des jungen Händel bezeichnet, die vor 1703 in Halle (Saale) entstanden seien. Einige Wissenschaftler gehen davon aus, dass diese Sonaten für Flöte und Basso continuo nicht hier entstanden sind, andere bestreiten gar die Autorenschaft Händels.[20]

Als seine befristete Anstellung am Dom zu Halle (Saale) ablief, entschied sich Händel im Sommer 1703, sein Glück in Hamburg zu versuchen.[21] Er traf dort auf den nur wenige Jahre älteren Johann Mattheson (1681–1764), der ihn in sein Elternhaus aufnahm und in die für eine Musikerkarriere förderlichen Kreise Hamburgs einführte. Händel nahm die Chance wahr, in das Opernorchester von Reinhard Keiser (1674–1739) als Cembalist einzutreten. Das Angebot einer Anstellung in Lübeck als Nachfolger des Organisten der Marienkirche lehnte er ab.[22] Wesentlich für die Beurteilung der Hamburger Zeit war die Konkurrenz Händels zu seinem einstigen Hamburger Förderer Johann Mattheson. Händel hatte vergleichsweise viel Erfolg – und das erweckte Neid. Dann passierte ein Zwischenfall: Händel gab nicht, wie verabredet, während einer Aufführung der *Cleopatra* die Leitung an Mattheson ab. Wütend ohrfeigte Mattheson seinen jüngeren Kollegen vor dem Publikum und forderte ihn zum Duell.[23] Im Gegensatz zu Händel war Mattheson im Fechtsport erfahren. Mit einem gut platzierten Fechtstoß hätte er Händel fast getötet. Die Wucht des Stichs wurde nur durch einen Metallknopf abgebremst. Beide waren schockiert und beendeten vorzeitig das Duell. Mattheson und Händel versöhnten sich wenig später sogar bei einem gemeinsamen Abendessen. Die

---

18 Archiv Händel-Haus Halle: Händels Bestallung als Domorganist in Halle 1702.

19 Brigitte Esser, Jürgen Hotz, Christian Möller, Klaus Stübler, Alfred Beaujean: Kammermusik. Gütersloh 2008, S. 305f.

20 Terence Best: Handel's Chamber Music. Sources, Chronology and Authenticity. In: Early Music 13 (1985), S. 476–499, hier: S. 484.

21 Schröder: Georg Friedrich Händel (Anm. 9), S. 20.

22 Schröder: Georg Friedrich Händel (Anm. 9), S. 21.

23 Schröder: Georg Friedrich Händel (Anm. 9), S. 27.

Freundschaft blieb aber, auch wenn einzelne Quellen das Gegenteil behaupten, beschädigt. Belegt ist, dass Händel späteren Angeboten zur Zusammenarbeit meistens auswich.[24]

Händel verließ Hamburg im Jahr 1706, um nach Italien zu gehen. Noch vor Jahresende kam er in Rom an, durfte im Palazzo Ruspoli al Campidoglio wohnen und erhielt eigenes Dienstpersonal. Eine weitere Palastbewohnerin war die Sopranistin Margerithe Durastanti (um 1680 bis nach 1734). Zwischen beiden entwickelte sich eine Freundschaft, die zur Grundlage einer erfolgreichen Zusammenarbeit wurde. In Rom gab Händel zahlreiche Konzerte. Zum ersten Mal machte er 1707 in der Basilika San Giovanni zu Laterano mit seinem Orgelspiel auf sich aufmerksam.[25] Es folgten weitere Auftritte in Rom, Florenz, Neapel und Venedig. Zur Sensation wurde eine Aufführung der von ihm komponierten Oper *Rodrigo* in Rom, die 1707 in Florenz uraufgeführt worden war.[26] Händel befand sich auf dem ersten Höhepunkt seiner Karriere. Zu diesem Zeitpunkt kannte wohl bereits die gesamte Musikwelt Europas seinen Namen.

Im Frühjahr 1710 machte sich Händel auf den Weg zurück in die Heimat. Er hatte ein Angebot des in Hannover regierenden Kurfürsten Georg Ludwig von Braunschweig-Lüneburg (1660–1727) erhalten, der außerdem englischer Thronfolger war. Auf einem Umweg, mit Zwischenaufenthalten in Innsbruck und Halle (Saale), reiste Händel an den braunschweigischen Hof. Dort blieb er nicht lange. Als der Hofstaat ins Jagdschloss umzog, nutzte er die Gelegenheit, zu einem Arbeitsurlaub nach England aufzubrechen. In London wollte er selbstständig arbeiten. Dort war es zu dieser Zeit bereits möglich, unabhängig von aristokratischen oder klerikalen Zwängen als Komponist seine eigenen Aufführungen zu organisieren.[27] Dennoch stellte sich Händel kurz nach seiner Ankunft dem Königshaus vor, das ihn begeistert empfing. Schon im Februar 1711 durfte er anlässlich des Geburtstags der Königin Anne (1665–1714) vorspielen. In London wuchs Händels Ruhm sehr schnell. Bereits Ende Februar wurde seine Oper *Rinaldo* im Queens Theatre uraufgeführt.[28] Die Oper war ein voller Erfolg, der jedoch nicht allein musikalisch begründet war. Auch echte Spatzen, die während der Inszenierung durch den Opernsaal flogen, und auf der Bühne aufgestellte Orangenbäume sorgten für Aufmerksamkeit. Die Oper *Rinaldo* wurde in ganz Europa populär und

---

24 Schröder: Georg Friedrich Händel (Anm. 9), S. 27.
25 Musketa, Rieche: Händel – der Europäer (Anm. 7), S. 44.
26 Musketa, Rieche: Händel – der Europäer (Anm. 7), S. 44.
27 Schröder: Georg Friedrich Händel (Anm. 9), S. 53.
28 Musketa, Rieche: Händel – der Europäer (Anm. 7), S. 94.

steigerte Händels Bedeutung und Bekanntheitsgrad zusätzlich.[29] Trotzdem ging Händel, nach weit überschrittener Urlaubszeit, im Sommer 1711 an seinen eigentlichen „Dienstort" Hannover zurück. Der Kurfürst war hocherfreut, da er von Händels Ansehen durchaus profitierte. Im darauffolgenden Sommer durfte Händel erneut nach London reisen. Kurze Zeit später trennte er sich vom braunschweigischen Hof in Hannover, nachdem ihm vom englischen Königshaus eine Pension zugesichert worden war. Die Stellung eines Hofkapellmeisters erlangte er in London jedoch nicht, weil er nach einem vorliegenden Gesetz dazu als Ausländer nicht berufen werden konnte. Im Jahr 1719 reiste Händel über Halle (Saale) nach Dresden. Johann Sebastian Bach (1685–1750) erfuhr davon und eilte ihm entgegen. Als Bach in Halle (Saale) ankam, war Händel ohne Verzögerung bereits auf dem Weg weiter in Richtung Osten, weil er von Bachs Vorhaben nichts wusste, sodass eine Begegnung der beiden Musiker ausblieb.[30] Bald darauf kehrte Händel nach London zurück. Er bezog 1723 ein neu gebautes Haus in der Brook Street, das ihm selbst gehörte und in dem er bis an sein Lebensende wohnte.[31] Die 1720er Jahre waren für Händel von vielen Misserfolgen geprägt. Die extrem teuren Opernaufführungen zogen immer weniger Publikum an. Es gab auch neu eröffnete Opernhäuser, die in Konkurrenz zu Händel traten. Händel suchte immer stärker die Nähe zum Königshaus und wurde 1723 englischer Hofkomponist.[32] Er komponierte dort Festmusiken für die britische Krone und erhielt 1727 als Dank sogar die englische Staatsbürgerschaft. Damit wurde er zugleich Mitglied der anglikanischen Kirche. Georg I. starb kurz darauf und Händel erhielt den Auftrag, die Musik für die Krönung Georgs II. (1683–1760) zu komponieren.

1729 reiste Händel noch einmal nach Italien. Er nahm seinen Weg über Halle (Saale), um seine inzwischen erblindete Mutter zu besuchen. Zunehmend stellten sich auch bei ihm selbst gesundheitliche Probleme ein. Eine retrospektive Diagnose ist schon allein mit den überlieferten Quellen kaum möglich, so eine solche überhaupt sinnvoll ist.[33] Für die Zeit um 1737 ist das Auftreten von wiederkehrenden Lähmungen der rechten Körperhälfte belegt, die Händel vom Musizieren und Komponieren abhielten. Diese Lähmungen waren möglicherweise die Folge einer zerebrovaskulären Erkrankung, die sich durch Funktionsstörungen des Gehirns im Zusammenhang mit Krankheiten der Blutgefäße des Gehirns äußern. So könnte ein

29 Schröder: Georg Friedrich Händel (Anm. 9), S. 56.
30 Schröder: Georg Friedrich Händel (Anm. 9), S. 70.
31 Musketa, Rieche: Händel – der Europäer (Anm. 7), S. 88.
32 Musketa, Rieche: Händel – der Europäer (Anm. 7), S. 44 und S. 95.
33 Hansjörg Bäzner, Michael G. Hennerici: Georg Friedrich Händel's Strokes. In: Julien Bogousslavsky, François Boller (Hg.): Neurological disorders in famous artists. Vol. 19: Frontiers of neurology and neuroscience. Basel, New York 2005, S. 150–159, hier: S. 150.

Abb. 3: Händeldenkmal auf dem Marktplatz in Halle (Saale) mit Messias-Oratorium

erhöhter Blutdruck, bedingt durch Rauchen und eventuelle Hyperlipidämie (erhöhte Konzentration des Cholesterins), zu einem Schlaganfall geführt haben. Wahrscheinlich erlitt Händel 1743 und 1745 zwei weitere Schlaganfälle.[34] Im Jahr 1737 fuhr er für mehrere Monate zur Kur nach Aachen.[35] Der berufliche Erfolg ließ in diesen Jahren ebenfalls nach, 1740/41 fielen die Opern *Imeneo* und *Deidamia* beim Publikum durch. Es sollten seine letzten Opern gewesen sein.

In seiner weiteren Arbeit konzentrierte sich Händel auf englischsprachige Oratorien, die – wie eingangs erwähnt – eine neue Variante dieser Musikgattung bildeten und damit zur größten Innovation Händels wurden. Es gelangen ihm noch zwei Durchbrüche: Zum einen 1742 mit dem *Messiah*, der in Dublin uraufgeführt wurde und einen kleinen Skandal bewirkte, da die Darstellung des Leidenwegs Christi bislang ein Tabu gewesen war.[36] Händels Oratorien bestanden aus drei Akten und waren thematisch meist im Alten Testament angesiedelt.[37] Dennoch ging es ihm in seinen Oratorien nicht um eine Vermittlung biblischer Bilder, sondern um emotionale Inhalte, die durch „großbesetzte und würdevolle Musik" unterstrichen werden sollten.[38] Die dazu verwendeten Texte fußten auf dem Alten Testament oder waren literarischen Werken nachempfunden, die sich wiederum mit Szenen des Alten Testaments beschäftigen. Händel musste stets darauf achten, dass er dabei keine Inhalte der anglikanischen Liturgie nutzte, was unter Strafe verboten war. Ferner durfte er keine blasphemisch interpretierbaren Aussagen heranziehen oder Personen des Königshauses beschreiben, denn sonst wäre er mit der Zensur in Konflikt geraten. Tatsächlich gab es bei all seinen Oratorien weder Probleme mit der Justiz noch mit der Zensur. Händel ließ die Texte von Schriftstellern verfassen, die „mit den ungeschriebenen Gesetzen der Poetik vertraut" waren und „sich in der musikalischen Metrik und Rhythmik auskennen" mussten.[39] Er selbst wirkte wohl an keiner seiner Oratorien literarisch mit, allenfalls fügte er aus kompositorischen Gründen einzelne Sätze hinzu oder strich kleinere Passagen. Trotz drohender Zensur trugen die Texte manchmal politische Züge oder ließen eine leichte Kritik gegenüber dem Hof durchblicken. Das aber dürfte Händel – falls er es überhaupt bemerkte – wenig gestört haben, denn über Abänderungen ist nichts bekannt.[40] Generell war für Händel „weniger die dramatische Wirksamkeit einer Handlung ausschlaggebend, als vielmehr der Inhalt und die Bedeutung eines Stof-

34 Bäzner, Hennerici: Georg Friedrich Händel's Strokes (Anm. 33), S. 158.
35 Schröder: Georg Friedrich Händel (Anm. 9), S. 96f.
36 Musketa, Rieche: Händel – der Europäer (Anm. 7), S. 100.
37 Günther Massenkeil: Oratorium und Passion. Laaber 1998.
38 Marx: Händels Oratorien (Anm. 1), S. VIII.
39 Marx: Händels Oratorien (Anm. 1), S. VIII.
40 Marx: Händels Oratorien (Anm. 1), S. XIX.

Abb. 4: Händelhaus in der Großen Nikolaistraße 5 in Halle (Saale)

Abb. 5: Händel-Denkmal auf dem Marktplatz in Halle (Saale)

fes, die ihn zu großer Musik inspirierten".[41] Seinen zweiten großen Erfolg feierte Händel 1749 mit der *Feuerwerksmusik*. Für eine Feier zum Jahrestag des Friedens von Aachen im Londoner Green Park komponierte er eine Musik passend zum geplanten Feuerwerk. Auf Wunsch des Königs sollte das Stück hauptsächlich mit Militärmusikinstrumenten gespielt werden. Das Feuerwerk selbst war ein großes Fiasko, da es zu einem Brand führte. Doch die Feuerwerksmusik begeisterte das Publikum und zählt bis heute zu den bekanntesten Werken Händels.[42]

Im Jahr 1750 besuchte er ein letztes Mal seine Heimatstadt Halle (Saale). Sein gesundheitlicher Zustand verbesserte sich zwar, doch ab 1751 wird von Sehstörungen auf dem linken Auge berichtet, welche vermutlich durch eine hochgradige Stenose (Verengung) der linken Arteria carotis (Halsschlagader) mit wiederkehrenden Embolien (Verschlüssen) verursacht wurden.[43] Händel wohnte dennoch den Aufführungen seiner Werke weiterhin bei und musizierte teilweise selbst. Das Oratorium *Jephtha* (1751) wurde seine letzte Inszenierung. In den folgenden Jahren zog sich Händel aus der Öffentlichkeit zurück. Einen geplanten Kuraufenthalt in Bath 1759 konnte er nicht mehr antreten.[44] Am 14. April 1759 starb Händel in London. Er erhielt ein Ehrenbegräbnis, das zu dieser Zeit für Musiker noch nicht üblich war. Die Trauerfeier besuchten – entgegen seinem Wunsch nach einer stillen Zeremonie – 3.000 Personen. Händel wurde in der Westminster Abbey in London beigesetzt.[45]

Das Geburtshaus Händels kann man heute als „Händel-Haus" besichtigen.[46] Mit der Absicht, hier ein Musikmuseum einzurichten, wurde es 1937 von der Stadt Halle (Saale) gekauft. Der Zweite Weltkrieg behinderte die Aufbauarbeiten, sodass erst 1948 ein Musik- und Händelmuseum eröffnet werden konnte. Erste Pläne, hier ein Museum für Händel einzurichten, gab es bereits 1771. Sie ließen sich wegen des frühen Todes des damaligen Hausherren nicht verwirklichen. Im Jahr 1985 wurde der Ausstellungskomplex erheblich erweitert und 2009 erfolgte abermals ein großzügiger Umbau. Seitdem ist in Händels Geburtshaus eine Dauerausstellung über das Leben und Werk des großen Komponisten zu sehen.[47] Dort wird regelmäßig zu Konzerten und Vorträgen eingeladen. Außerdem empfängt Halle (Saale) seit 1952 alljährlich Musikfreunde aus der ganzen Welt zu den Händelfestspielen. Darüber hinaus wurde auf dem Marktplatz ein Denkmal für Händel errichtet, wel-

41 Ruth Smith: Handel's Oratorios and Eighteenth-Century Thought. Cambridge 1995, S. 36f.
42 Schröder: Georg Friedrich Händel (Anm. 9), S. 85.
43 Bäzner, Hennerici: Georg Friedrich Händel's Strokes (Anm. 33), S. 158.
44 Schröder: Georg Friedrich Händel (Anm. 9), S. 111.
45 Musketa, Rieche: Händel – der Europäer (Anm. 7), S. 46.
46 Schröder: Georg Friedrich Händel (Anm. 9), S. 13.
47 Musketa, Rieche: Händel – der Europäer (Anm. 7), S. 134.

ches der Berliner Bildhauer Hermann Heidel (1811–1865) erschuf. Es ist die heute noch bekannte Händelstatue, die allein durch Spendengelder aus Deutschland und England finanziert werden konnte. Bei der feierlichen Eröffnung waren u.a. Robert Franz (1815–1892) und Franz Liszt (1811–1886) zu Gast.[48]

Georg Friedrich Händel ist auch als gesamteuropäische Figur zu betrachten. Zeit seines Lebens war er in Europa zu Hause, neben Deutsch sprach er fließend Französisch, Englisch und Italienisch.[49] Heute wird sein Werk in Deutschland sowie in England besonders hoch geschätzt, bekannt wurde seine Musik auf der ganzen Welt. Händel galt als eine selbstbewusste und Achtung gebietende Persönlichkeit, wurde von seinen Zeitgenossen aber auch als freundlich, heiter gelassen und klug bezeichnet. Georg Friedrich Händel komponierte insgesamt über 600 musikalische Werke und vermachte der Nachwelt insgesamt 250 Stunden Musik.[50] Er ist nicht nur als großartiger Komponist und Musiker anzusehen. Insbesondere mit seinen englischen Oratorien trat ein wichtiger gesellschaftlicher Wandel ein, denn erstmals konnten einfache Bürger aktiv bei Musikaufführungen mitwirken. Außerdem ging der Erlös der Aufführungen nicht nur an den Theaterhaushalt, sondern kam auch wohltätigen Zwecken zugute. Damit stellen die englischen Oratorien von Händel einen Meilenstein in der Ausrichtung der Musik- und Theaterwelt dar.

48 Musketa, Rieche: Händel – der Europäer (Anm. 7), S. 37.
49 Musketa, Rieche: Händel – der Europäer (Anm. 7), S. 44.
50 Musketa, Rieche: Händel – der Europäer (Anm. 7), S. 6.

Lehren, Forschen, Staunen – die anatomischen Sammlungen der Martin-Luther-Universität Halle-Wittenberg und ihre Gründerväter

Die Meckelschen Sammlungen und die Sammlung für Entwicklungsmechanik von Wilhelm Roux (1850–1924) der Medizinischen Fakultät der Martin-Luther-Universität Halle-Wittenberg haben eine abwechslungsreiche Entstehungsgeschichte und sind europaweit als Lehr- und Forschungssammlungen bekannt. Noch heute beherbergt das Institut für Anatomie und Zellbiologie in der Großen Steinstraße 52 in Halle (Saale) diese beiden bedeutenden anatomischen Sammlungen.[1] Die Meckelschen Sammlungen, als deren Gründervater Johann Friedrich Meckel der Ältere (1724–1774) gilt, bestehen aus einem humananatomischen und einem vergleichend anatomischen Teil.[2] Heute umfassen sie ca. 8.000 Trocken-, Feucht-, Injektions- und Korrosionspräparate. Die Anatomie kann das Bild der Medizin in der Öffentlichkeit stark prägen.[3] Die Zerteilung des toten menschlichen Körpers führt innerhalb von Gesellschaft und Wissenschaft sowohl zu rechtlichen, ethischen als auch zu anthropologischen Fragen – etwa der Differenz zwischen der rein biologischen und einer philosophischen Betrachtung des Menschen als Wesen mit personaler Identität und Selbstbestimmung.[4] Gleichzeitig ist die Anatomie für den medizinischen Behandlungsalltag von Nutzen. Deshalb beherbergen zahlreiche Universitäten anatomische Sammlungen, deren Ursprung zumeist im 18. Jahrhundert anzusetzen ist.[5] Sie sind nicht nur wichtiger Bestandteil von Forschung und Lehre, sondern dienen auch der optischen und vor allem praktischen Vermittlung

---

1 Florian Steger, Maximilian Schochow: Medizin in Halle. Ein medizinhistorischer Stadtführer. Halle 2013, S. 128.

2 Rüdiger Schultka, Luminita Göbbel: Die Hallesche Anatomie und ihre Sammlungen. Ein Instituts- und Sammlungsführer. Reinbeck 2011, S. 30.

3 Josef N. Neumann: „…davon künfftig auch andere in Curen Nutzen haben könten" – Körperkonzept, anatomisches Wissen, medizinische Praxis in der Frühneuzeit bis Ende des 18. Jahrhunderts. In: Rüdiger Schultka, Josef N. Neumann (Hg.) unter Mitarbeit von Susanne Weidemann: Anatomie und Anatomische Sammlungen im 18. Jahrhundert anlässlich der 250. Wiederkehr des Geburtstages von Philipp Friedrich Theodor Meckel (1755–1803). Berlin 2007, S. 73–95, hier: S. 73.

4 Neumann: Körperkonzept, anatomisches Wissen, medizinische Praxis (Anm. 3), S. 73.

5 Cornelia Weber: Universitäre Sammlungen – ihre Bedeutung in Vergangenheit und Gegenwart. In: Rüdiger Schultka, Josef N. Neumann (Hg.) unter Mitarbeit von Susanne Weidemann: Anatomie und Anatomische Sammlungen im 18. Jahrhundert anlässlich der 250. Wiederkehr des Geburtstages von Philipp Friedrich Theodor Meckel (1755–1803). Berlin 2007, S. 397–404, hier: S. 397.

von medizinischem Wissen.[6] Außerdem dienen sie als Schausammlungen zur Unterweisung der Öffentlichkeit.[7] Allerdings sind viele deutsche Universitäten kaum auskunftsfähig, was die Geschichte und die genauen Bestände ihrer Sammlungen betrifft. Hier bilden gerade die Meckelschen Sammlungen und die Wilhelm-Roux-Sammlung für Entwicklungsmechanik der Martin-Luther-Universität Halle-Wittenberg eine Ausnahme. Ihre Entstehungsgeschichten sind sehr gut rekonstruiert und ihre erhaltenen, zum größten Teil historischen Bestände unterliegen einer stetigen Erforschung durch den Leiter der Meckelschen Sammlungen und Vorsitzenden des Fördervereins Meckelsche Sammlungen der Martin-Luther-Universität Halle-Wittenberg e.V., Rüdiger Schultka.[8] Im Gegensatz dazu sind viele Sammlungsbestände anderer Universitäten, wie beispielsweise die anatomische Sammlung der 1790 in Berlin gegründeten Königlichen Tierarzneischule, im Laufe der Zeit durch einen unachtsamen Umgang mit den Exponaten und infolge von Umstrukturierungen und Sparmaßnahmen verloren gegangen. Oder es kam durch Kriege und andere Katastrophen zu vollständiger Zerstörung einer anatomischen Sammlung.[9] Waren anatomische Sammlungen in universitäre Forschung und Lehre eingebunden, wurden sie entsprechend gefördert. Als reine Schausammlungen liefen sie Gefahr, ganz aufgegeben zu werden.[10] Auch die Meckelschen Sammlungen blieben davon nicht vollständig verschont. Durch mehrfache Umzüge innerhalb der Stadt Halle (Saale) kamen viele Präparate abhanden; durch mangelnde Zuwendung mussten in der Nach-Meckel-Zeit zahlreiche beschädigte Exponate entsorgt werden.[11] Von ursprünglich 12.000 Präparaten, welche die Sammlungen Ende des 18. Jahrhunderts fassten, blieben etwa 7.000 erhalten. Trotzdem sind die Meckelschen Sammlungen, seit 1920 ergänzt um die Wilhelm-Roux-Sammlung für Entwicklungsmechanik, bis heute sehr gut erhalten, da ihre Entstehung zum einen auf das Interesse an Lehre und Forschung zurückgeht und sie zum anderen nicht die ursprüngliche Funktion einer Schausammlung innehatten, deren Besichtigung der breiten Öffentlichkeit möglich war. Wie entstanden die Meckelschen Sammlungen und die Wilhelm-Roux-Sammlung für Entwicklungsmechanik und wie gelangten sie in den Besitz der Universität Halle-Wittenberg?

6 Weber: Universitäre Sammlungen (Anm. 5), S. 397.
7 Weber: Universitäre Sammlungen (Anm. 5), S. 399.
8 Vgl. u.a. Schultka, Göbbel: Die Hallesche Anatomie und ihre Sammlungen (Anm. 2); Rüdiger Schultka: Das vorzüglichste Cabinett. Die Meckelschen Sammlungen zu Halle (Saale). Wettin-Löbejün OT Dößel 2012, S. 12.
9 Weber: Universitäre Sammlungen (Anm. 5), S. 397–398.
10 Weber: Universitäre Sammlungen (Anm. 5), S. 397–399.
11 Schultka, Göbbel: Die Hallesche Anatomie und ihre Sammlungen (Anm. 2), S. 38f.

Abb. 1: Das sogenannte Riesenhaus in der Großen Brauhausstraße 16 in Halle (Saale)

Der Ursprung der Meckelschen Sammlungen liegt nicht in Halle (Saale) oder Wittenberg, sondern ist in Berlin zu suchen.[12] Johann Friedrich Meckel der Ältere (1724–1774), Professor für Anatomie, Botanik und Geburtshilfe am Collegium medico-chirurgicum Berolinense und Schüler des Arztes Albrecht von Haller (1708–1777), stellte im Laufe seiner Lehrtätigkeit Präparate für Unterricht und Forschung her.[13] Er hatte in Göttingen und Berlin Medizin studiert, wo er anatomische Kurse bei Albrecht von Haller und August Buddeus (1696–1753) belegte. 1748 wurde er an der Universität in Göttingen mit der Arbeit *Tractatus anatomico-physiologicus de quinto pare nervorum cerebri*[14] promoviert und ließ sich danach in Berlin als praktischer Arzt nieder.[15] Zwei Jahre später erhielt er einen Ruf auf den zweiten Lehrstuhl für Anatomie am Berliner Collegium medico-chirurgicum, der obersten Gesundheitsbehörde Preußens, welche der theoretischen und praktischen Unterweisung von Ärzten und Wundärzten sowie als städtische Aufsichtsbehörde für medizinische und pharmazeutische Berufe diente. Im Laufe seiner eigenen Studien, vor allem auf dem Gebiet der Neuroanatomie, wuchs seine anatomische Privatsammlung.[16] Das Berliner Collegium medico-chirurgicum bot dem älteren Meckel dafür ausgezeichnete Bedingungen. Es standen Leichen zur Verfügung, an denen die Studierenden der Medizin in der *anatomia practica* unterrichtet werden sollten.[17] Ihm reichte es nicht, mithilfe von Zeichnungen zu forschen, die andere Anatomen angefertigt hatten und seiner Meinung nach nicht am Original verglichen worden seien. Er wollte direkt an menschlichen Leichnamen arbeiten, um möglichst genaue Informationen über die Anatomie des Körpers und seiner Bestandteile zu erhalten. Dies führte von den seit dem Mittelalter üblichen anatomischen Schauvorlesungen weg hin zu einem regelmäßigen und ganzjährigen Unterricht in Anatomie. Auf Johann Friedrich Meckel den Älteren gehen die Entdeckungen wichtiger Nervenzellanhäufungen des vegetativen Nervensystems zurück, die er präparierte. Nach seinem Tod – er starb an einer Hirnblutung – gingen die Präparate an seinen Sohn Philipp Friedrich Theodor Meckel (1755–1803) über, der bereits durch seinen Vater in Anatomie und im Präparieren unterrichtet

12 Schultka: Das vorzüglichste Cabinett (Anm. 8), S. 12.
13 Schultka: Das vorzüglichste Cabinett (Anm. 8), S. 12.
14 Johann Friedrich Meckel der Ältere: Tractatus anatomico-physiologicus de quinto pare nervorum cerebri. Göttingen 1748.
15 Helmke Schierhorn: Johann Friedrich Meckel (1724–1774). In: Anatomischer Anzeiger 37 (1975), S. 221–256.
16 Schultka: Das vorzüglichste Cabinett (Anm. 8), S. 12.
17 Sabine Schwarz: Die anatomische Privatsammlung der Anatomenfamilie Meckel unter besonderer Berücksichtigung ihres präparationstechnischen Profils. Halle Univ. Med. Fak. Diss. 1999, S. 5.

worden war.[18] Durch ihn gelangte die Sammlung schließlich von Berlin nach Halle (Saale), da Philipp Friedrich Theodor Meckel 1777 an der Friedrichs-Universität die Professur für Anatomie, Chirurgie und Geburtshilfe antrat.[19] Er hatte zunächst wie sein Vater in Göttingen, dann aber in Straßburg Medizin studiert, wo er 1777 auch mit der Dissertation *De labyrinthi auris contentis*[20] promoviert wurde. Zum Zeitpunkt seiner Berufung war Philipp Friedrich Theodor Meckel gerade im Ausland auf Studienreisen – er wirkte u.a. in London bei den Brüdern William (1718–1783) und John Hunter (1728–1793), die bedeutende Anatomen ihrer Zeit waren. Diese boten ihm sogar eine Stelle als Geburtshelfer an, doch der Ruf an die Medizinische Fakultät der Friedrichs-Universität kam dem zuvor. In London konnte Meckel allerdings wertvolle Erfahrungen sammeln, die er in Halle (Saale) beim Anfertigen neuer Präparate für den Unterricht und die Sammlung seines Vaters anwenden konnte. Unter ihm entstanden daher viele wertvolle Exponate. Um 1800 fasste die Sammlung ca. 3.500 Stücke, die in den anatomischen Unterricht der Studierenden der Medizin integriert waren.[21] Zudem betrieb er ein Accouchier-Haus (Geburtshaus) und übte dort mit den männlichen Kursteilnehmern die praktische Untersuchung von Schwangeren. Seine Dienste als Geburtshelfer nahm auch der russische Zar Paul I. (1754–1801) in Anspruch; Meckel sollte dessen Frau Zarin Maria Feodorowna (1759–1826) bei der Geburt ihres Kindes beistehen.[22] Der Umstand, dass die Sammlungen in die Forschung und Lehre Meckels eingebunden waren, half dabei, sie instandzuhalten, denn andere anatomische Sammlungen an den deutschen Universitäten gingen verloren, weil sie nicht für Lehre und Forschung genutzt und somit Opfer von Sparmaßnahmen wurden.[23] Laut eines Gutachtens von Justus Christian Loder (1753–1832), dem Nachfolger von Philipp Friedrich Theodor Meckel, bestand die Sammlung aus 17 Zinnkisten mit Präparaten von Nerven, Bändern, Gebärmüttern mit ausgebildeten Embryonen, 1.431 Gläsern mit physiologischen und pathologischen Exponaten, 704 Trockenpräparaten von Eingeweiden, Gefäßen und Steinen. Außerdem befanden sich 1.324 Knochenpräparate von gesunden und kranken Menschen und Tieren und sogar ganze Skelette im Bestand. Entwicklungsreihen von Embryonen fanden sich ebenfalls in der umfangreichen Sammlung.[24]

18 Schwarz: Die anatomische Privatsammlung der Anatomenfamilie Meckel (Anm. 17), S. 24.
19 Schultka: Das vorzüglichste Cabinett (Anm. 8), S. 12.
20 Philipp Friedrich Theodor Meckel: De labyrinthi auris contentis (…). Straßburg 1777.
21 Schultka: Das vorzüglichste Cabinett (Anm. 8), S. 12.
22 Steger, Schochow: Medizin in Halle (Anm. 1), S. 131.
23 Weber: Universitäre Sammlungen (Anm. 5), S. 398.
24 Schwarz: Die anatomische Privatsammlung der Anatomenfamilie Meckel (Anm. 17), S. 41.

Abb. 2: Präparat eines Situs inversus

Aus der Privatsammlung des älteren Meckel war durch die Arbeit Philipp Friedrich Theodor Meckels eine nahezu vollständige und vollkommene Sammlung geworden, so der Gutachter Loder. Diese war im privaten Wohnhaus der Familie Meckel, im sogenannten Riesenhaus, in der heutigen Großen Brauhausstraße 16 untergebracht.[25] Dort hielt Philipp Friedrich Theodor Meckel auch Vorlesungen über Anatomie und gab Sezierkurse.[26] Das Ansehen Meckels und seiner anatomischen Sammlung war so groß, dass sogar Napoleon (1769–1821) am 19. und 20. Oktober 1806 im Riesenhaus Quartier bezog.[27] Im anatomischen Theater der Universität, zunächst im Keller der damaligen Universitätsbibliothek am Paradeplatz, ab 1791 in der Neuen Residenz untergebracht, befanden sich keine Präparate. Schon Meckels Vorgänger, Philipp Adolph Boehmer (1717–1789), bewahrte angefertigte Stücke in seinen Privaträumen auf und behielt sie nach seinem Weggang für sich.[28] Philipp Friedrich Theodor Meckel benötigte für seine Präparierkurse menschliche Leichname, die nur schwer zu beschaffen waren. In einem Brief vom 29. Oktober 1779 äußerte Meckel sich folgendermaßen:

> Unsere Quellen sind zum Erstaunen schlecht bestellt. Das Lazaret, unser einziges sicheres Haus, besteht aus 4 Patienten, wovon alle leider einer baldigen Genesung entgegen sehn, und uns von da auch in diesem Winter nichts zu hoffen bleibt. Das Allmosenamt, wovon ich die Herren Directores selbst gesprochen, verspricht mir gar keine Unterstützung indem dort niemals erfahren wird wenn Allmosen-Arme sterben, daher beständige Unterschleife aus Furcht für die Anatomie geschehn.[29]

Trotz dieser Schwierigkeiten in der Leichenbeschaffung wuchs die Sammlung unter Philipp Friedrich Theodor Meckel auf eine solch beachtliche Größe an, nicht zuletzt weil er durch wiederholende Eingaben und Beschwerden dafür sorgte, dass der hallischen Anatomie durch ein königliches Reskript mehr Leichen zur Verfügung gestellt wurden. Dieses Reskript besagte, dass dem anatomischen Theater auch die Leichen von Bettlern zur Sektion gebracht werden sollten.[30] Philipp Friedrich Theodor Meckels anatomische Leidenschaft ging sogar so weit, dass er zwei seiner früh verstorbenen Kinder sezierte, skelettierte und in der Sammlung aufge-

---

25 Schultka, Göbbel: Die Hallesche Anatomie und ihre Sammlungen (Anm. 2), S. 29.

26 Schwarz: Die anatomische Privatsammlung der Anatomenfamilie Meckel (Anm. 17), S. 28.

27 Steger, Schochow: Medizin in Halle (Anm. 1), S. 63.

28 Schwarz: Die anatomische Privatsammlung der Anatomenfamilie Meckel (Anm. 17), S. 25.

29 DZA Merseburg: Rep. 52, Nr. 159 N 4, Acta Wegen der dem Halleschen Theatro Anatomico zu verschaffenden Cadaverum.

30 Werner Piechocki: Zur Leichenversorgung der halleschen Anatomie im 18. und 19. Jahrhundert. In: Rudolph Zaunick (Hg.): Beiträge zur Geschichte des Gesundheitswesens der Stadt Halle und der Medizinischen Fakultät der Universität Halle (= Acta Historica Leopoldina, 2). Leipzig 1965, S. 67–105, hier: S. 75.

stellte.[31] Nach seinem Tod am 17. März 1803 wurde sogar er selbst Bestandteil der Meckelschen Sammlungen. Bis heute kann sein Skelett in den Sammlungen besichtigt werden.[32] Philipp Meckel hielt in seinem letzten Willen fest:

> Ich will durchaus nicht begraben werden, sondern mache es den Meinigen zur unverbrüchlichen Pflicht, mich seciren zu lassen. Mein Knochengerippe soll künstlich zusammengesetzt werden, und einen eigenen Schrank zur Aufbewahrung erhalten. – Sollte sich irgend etwas in meinen Eingeweiden merkwürdiges finden, so wird es nach meiner gewöhnlichen Methode aufbewahrt, so wie ich meine beiden Kinder – ach Gott! – aufbewahrt habe.[33]

Seinem letzten Willen wurde entsprochen. Außerdem verfügte er, dass seine Sammlungen, seine Bibliothek und seine chirurgischen und zootomischen Instrumente weiterhin in seinem Wohnhaus in der heutigen Großen Brauhausstraße untergebracht werden sollten. Das Sammlungsgut wurde durch Meckels Vermögen instandgehalten und durch einen Studierenden der Medizin verwaltet. Die Oberaufsicht übertrug er der Medizinischen Fakultät der hallischen Universität. Seinen Nachfolgern, u.a. Johann Christian Reil (1759–1813), ordentlicher Professor für Therapie an der hallischen Universität[34] und Schüler Philipp Friedrich Theodor Meckels, fiel die Umsetzung des Testaments schwer.[35] Sie waren schlichtweg mit der Pflege der umfangreichen Sammlung überfordert, da es keinen Katalog der in ihr befindlichen Präparate zur Orientierung gab und sie sich, im Gegensatz zu Philipp Meckel, nicht den ganzen Tag unermüdlich den Sammlungen widmen konnten. Trotzdem befinden sich noch etliche Präparate aus der Schaffenszeit Philipp Friedrich Theodor Meckels in der heutigen Sammlung.[36]

Johann Friedrich Meckel der Jüngere (1781–1833) war es, der den umfangreichen Sammlungen seines toten Vaters nach jahrelanger Vernachlässigung zu neuem Ansehen verhelfen sollte. Er hatte bereits bis zu seinem 14. Lebensjahr durch seinen Vater häuslichen Unterricht genossen, sodass seine berufliche Lauf-

---

31 Schwarz: Die anatomische Privatsammlung der Anatomenfamilie Meckel (Anm. 17), S. 34.

32 Schwarz: Die anatomische Privatsammlung der Anatomenfamilie Meckel (Anm. 17), S. 29.

33 Johann Christian Reil: Erinnerung an Verstorbene. Philipp Friedrich Theodor Meckel. In: Hallesche Patriotische Wochenschrift 5. Halle 24.3.1804, S. 193–197.

34 Florian Steger: Johann Christian Reil (1759–1813). Auf dem Weg zwischen Tollhaus und wissenschaftlicher „Psychiaterie". In: Achim Lipp, Jürgen Lasch (Hg.): Hallesche Helden der Heilkunst. Bedeutende Ärzte und Wissenschaftler der medizinischen Fakultät. Halle 2013, S. 97–113.

35 Rüdiger Schultka, Luminita Göbbel: Philipp Friedrich Theodor Meckel (1755–1803) – Lebensdaten und Lebenswerk. In: Rüdiger Schultka, Josef N. Neumann (Hg.) unter Mitarbeit von Susanne Weidemann: Anatomie und Anatomische Sammlungen im 18. Jahrhundert anlässlich der 250. Wiederkehr des Geburtstages von Philipp Friedrich Theodor Meckel (1755–1803). Berlin 2007, S. 23–71, hier: S. 62.

36 Schultka, Göbbel: Die Hallesche Anatomie und ihre Sammlungen (Anm. 2), S. 23.

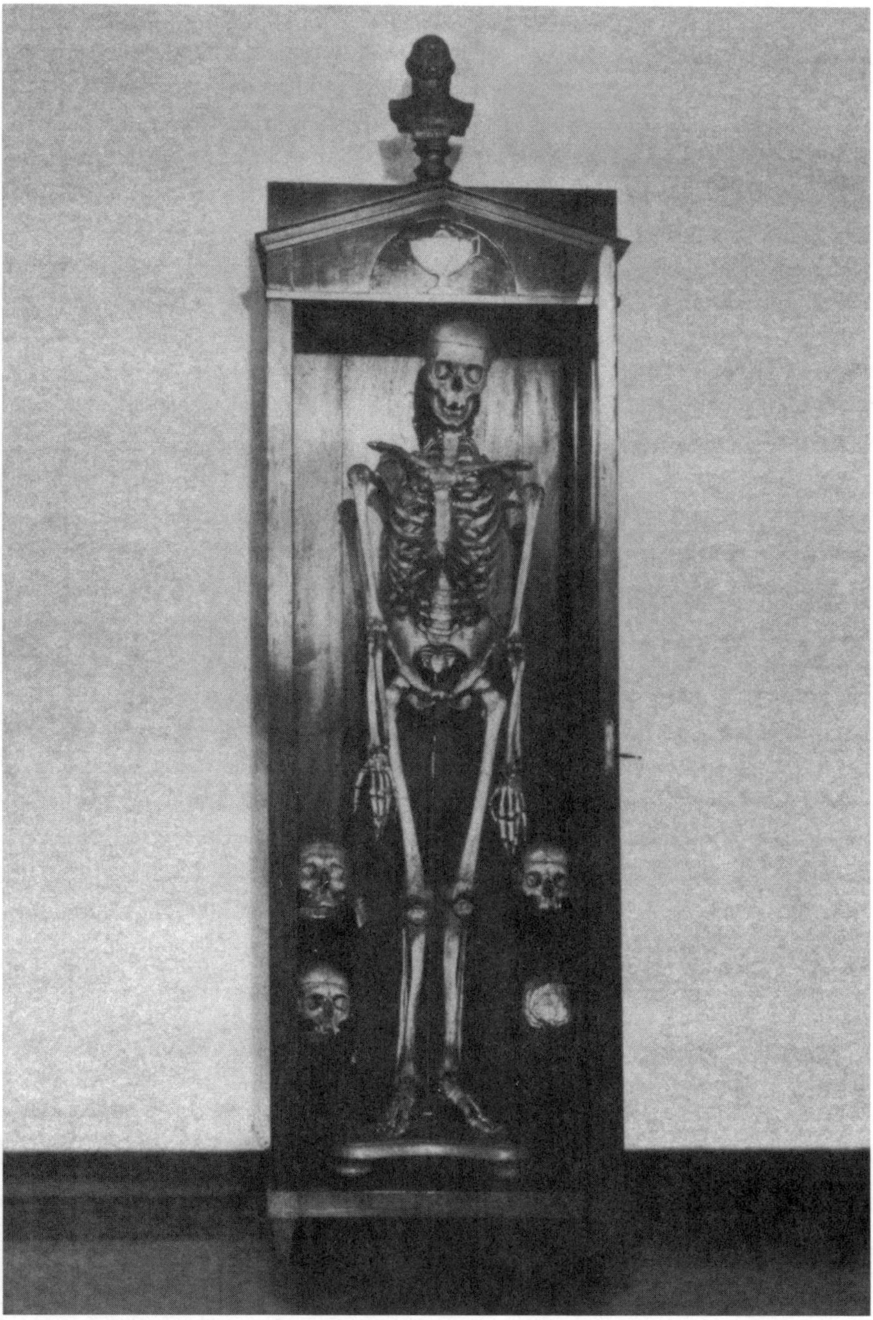

Abb. 3: Skelett von Philipp Friedrich Theodor Meckel (1755–1803)

bahn durch den starken Einfluss Philipp Friedrich Theodor Meckels vorgezeichnet war. Er wuchs im Riesenhaus umgeben von der Sammlung auf.[37] Im Jahr 1808 wurde Meckel der Jüngere an der Medizinischen Fakultät der Friedrichs-Universität zum ordentlichen Professor für Anatomie, Chirurgie und Geburtshilfe berufen.[38] Zuvor hatte er sowohl unter seinem Vater als auch unter Johann Christian Reil Medizin in Halle (Saale), später auch in Göttingen, studiert und war 1802 mit einer Arbeit über Herzmissbildungen promoviert worden.[39] Seine Studienreisen, u.a. nach Paris, fallen in die Zeit der französischen Besatzung Deutschlands und der Schließung der hallischen Friedrichs-Universität durch Napoleon. In Paris traf er auf den bekannten Naturforscher Georges Cuvier (1769–1832), dem die Etablierung der vergleichenden Anatomie als eigenständige medizinische Forschungsdisziplin zu verdanken ist.[40] Die Forschungsschwerpunkte Meckels des Jüngeren lagen bereits während des Studiums im Bereich Anatomie und Physiologie, sodass er die Professuren für Geburtshilfe und Chirurgie zwei Jahre nach seiner Berufung abgab. Er gilt als Begründer der Teratologie, der Lehre von den Fehlbildungen.[41] Zahlreiche Entdeckungen lassen sich ihm zuschreiben: Das Meckelsche Divertikel, eine Ausstülpung des Darms bzw. ein Rest des embryonalen Dottergangs, der Meckelsche Knorpel, der embryonale Vorläufer des Unterkieferknochens, und das Meckel-Syndrom.[42]

Letzteres beschreibt eine angeborene Fehlbildung, die durch einen Gendefekt hervorgerufen wird.[43] Material für seine zahlreichen pathologisch-anatomischen Studien bekam er aus der Chirurgischen Klinik; dort gestorbene Patienten gingen an die Anatomie.[44] Bei der Ergänzung der Sammlungen mit seinen eigens angefertigten Präparaten kam es ihm aber nicht auf das Sammeln an sich an, sondern auf das Erforschen. So versuchte er erstmals eine wissenschaftliche Erklärung über die Ursachen von Fehlbildungen. Zudem nutzte er Präparate seines Vaters und Großvaters im Rahmen seiner Studien, so beispielsweise für das Werk *De duplicitate*

37 Schwarz: Die anatomische Privatsammlung der Anatomenfamilie Meckel (Anm. 17), S. 62.
38 Schultka: Das vorzüglichste Cabinett (Anm. 8), S. 13.
39 Schwarz: Die anatomische Privatsammlung der Anatomenfamilie Meckel (Anm. 17), S. 62.
40 Luminita Göbbel, Rüdiger Schultka: Vielfalt der Lebensformen, reflektiert in Werk und Sammlungen von J. F. Meckel d. J. (1781–1833). In: Rüdiger Schultka, Josef N. Neumann (Hg.) unter Mitarbeit von Susanne Weidemann: Anatomie und Anatomische Sammlungen im 18. Jahrhundert anlässlich der 250. Wiederkehr des Geburtstages von Philipp Friedrich Theodor Meckel (1755–1803). Berlin 2007, S. 143–173, hier: S. 158.
41 Schultka: Das vorzüglichste Cabinett (Anm. 8), S. 13.
42 Ulf Rudyard Klunker: Bestand und Identität der human-teratologischen Präparate in den Meckel'schen Sammlungen unter besonderer Berücksichtigung des wissenschaftlichen Werkes von Johann Friedrich Meckel dem Jüngeren (1781–1833). Halle 2003.
43 Schultka, Göbbel: Die Hallesche Anatomie und ihre Sammlungen (Anm. 2), S. 31.
44 Schwarz: Die anatomische Privatsammlung der Anatomenfamilie Meckel (Anm. 17), S. 64.

monstrosa commentarius[45], in dem er sich mit Doppelbildungen auseinandersetzte.[46] Um die Sammlungen zu bereichern, suchte er auf Reisen – zum Beispiel nach Italien, Holland, England und Frankreich – nach geeignetem Material. Sein Ziel war, eine Sammlung zur vergleichenden Anatomie zusammenzustellen; Erwerbungen von Tierkadavern bildeten dafür die Grundlage. Resultat der vielen Studienreisen war neben der Erweiterung der Sammlungen auch die Veröffentlichung von mehreren Handbüchern zur menschlichen, pathologischen und vergleichenden Anatomie.[47] Am 31. Oktober 1833 starb Johann Friedrich Meckel der Jüngere. Im Jahr 1967 wurden seine sterblichen Überreste exhumiert und der hallischen Anatomie übergeben.[48] Somit wurde auch er selbst Bestandteil der Meckelschen Sammlungen – seine Skelettreste sind dort bis heute ausgestellt.[49] Drei Jahre nach dem Tod Meckels des Jüngeren veräußerte seine Witwe die Sammlungen für 25.000 Taler an die Vereinigte Friedrichs-Universität Halle-Wittenberg, weil sie sich damit eine Instandhaltung und Pflege der Sammlung erhoffte, die sie selbst nicht leisten konnte. Auf diese Weise zog die Sammlung aus dem Privathaus der Familie Meckel in die Neue Residenz, da dort bis ins Jahr 1880 das Anatomische Institut der Universität beherbergt war. Resultat der neuen Unterbringung in den viel zu kleinen Räumlichkeiten der Neuen Residenz waren Lagerungsschäden, Schimmelbefall und der Verlust vieler Präparate.[50] Schenkungen und Auslagerungen in andere Institute hatten ebenfalls einen erheblichen Schwund zur Folge, obwohl sich die Direktoren der Anatomie nach Johann Friedrich Meckel dem Jüngeren um die Erhaltung der Meckelschen Sammlungen bemühten. Neue Präparate mussten hergestellt werden, da alte beschädigt und nicht mehr für Forschung und Lehre geeignet waren. Etwa 500 neue Exponate gehen auf den hallischen Arzt Alfred Wilhelm Volkmann (1801–1877)[51] zurück. Dieser schilderte den desolaten Zustand der Sammlungen:

> Als gehorsamst Unterzeichneter sein Amt antrat, standen in vielen Schränken und Repositorien die Gläser bis auf acht Reihen hinter einander, ja es waren sogar derartige Gläser säulenartig doppelt und dreifach über einander aufgebaut. Zerbrechliche Präparate, deren Anfertigung außerordentliche Mühe und Zeit erfordert, Injectionspräparate,

45 Johann Friedrich Meckel: De duplicitate monstrosa commentarius. Halle, Berlin 1815.
46 Klunker: Bestand und Identität der human-teratologischen Präparate (Anm. 42).
47 Schultka: Das vorzüglichste Cabinett (Anm. 8), S. 14.
48 Schwarz: Die anatomische Privatsammlung der Anatomenfamilie Meckel (Anm. 17), S. 67.
49 Schultka: Das vorzüglichste Cabinett (Anm. 8), S. 14.
50 Schultka: Das vorzüglichste Cabinett (Anm. 8), S. 14.
51 Florian Steger, Maximilian Schochow: Volkmanns scharfer Löffel und die Märchen von Leander. In: Achim Lipp, Jürgen Lasch (Hg.): Hallesche Helden der Heilkunst. Bedeutende Ärzte und Wissenschaftler der medizinischen Fakultät, Halle 2013, S. 115–135, hier: S. 117.

> waren in einigen Schränken als Haufen über einander geschichtet, und hatten in Folge dessen dermaßen gelitten, daß sehr Vieles als verdorben hat weggeworfen werden müssen.[52]

Hinzu kamen 192 menschliche Schädel, gesammelt durch den Anatomen Hermann Welcker (1822–1897), die sogenannte „Collectio Welcker", denn seine Forschungsschwerpunkte lagen vor allem im Bereich der Anthropologie.[53] Welcker war ab 1859 als Extraordinarius für Anatomie und als Prosektor in der hallischen Anatomie tätig und vergrößerte in seiner Amtszeit die Sammlungen um viele Lehrpräparate.[54] Er war gleichzeitig der erste Direktor des neuen Anatomiegebäudes in der heutigen Großen Steinstraße 52, in dem ab 1880 auch die Meckelschen Sammlungen ihren Platz erhielten. Auf Hermann Welcker gehen zudem die Neuordnung der menschlich-anatomischen und der vergleichend-anatomischen Sammlungsbestände zurück.[55] Im neugebauten Institut für Anatomie wurden eigens für die Meckelschen Sammlungen passende Räumlichkeiten geschaffen; 50 gläserne Schränke beherbergen bis heute den Sammlungsbestand, der unter den jeweiligen Direktoren um weitere Präparate ergänzt wurde.[56] Deshalb wurde auch der Bestand der Wilhelm-Roux-Sammlung für Entwicklungsmechanik Teil der Meckelschen Sammlungen.

Die Wilhelm-Roux-Sammlung für Entwicklungsmechanik entstand anlässlich des 70. Geburtstages des Anatomen und Entwicklungsbiologen Wilhelm Roux (1850–1924).[57] Er hatte in Jena, Berlin und Straßburg zunächst Philosophie und Naturwissenschaften, dann Medizin studiert, wobei er durch Gustav Schwalbe (1844–1916) zu kausal-morphologischen Untersuchungen angeregt worden war.[58] Dabei hatte sein Vater Friedrich Wilhelm August Ludwig Roux (1817–1897), der ein bekannter Fechtmeister der Universität Jena war, für seinen Sohn eine andere Laufbahn vorgesehen.[59] Gemäß der Familientradition sollte auch Wilhelm Roux zum Fechtmeister der Universität ausgebildet werden. Dieser widersetzte sich dem Einfluss des Vaters, indem er sich bereits in jungen Jahren durch Selbststudium wissenschaftliche Themen eröffnete und sein Interesse am experimentellen Arbei-

52 Zitiert nach: Schultka: Das vorzüglichste Cabinett (Anm. 8), S. 16.
53 Rüdiger Schultka: Wilhelm Roux (1850–1924) und seine Sammlung für Entwicklungsmechanik. In: Annals of the History and Philosophy of Biology 15 (2010), S. 295–321, hier: S. 297.
54 Schultka, Göbbel: Die Hallesche Anatomie und ihre Sammlungen (Anm. 2), S. 41.
55 Schultka, Göbbel: Die Hallesche Anatomie und ihre Sammlungen (Anm. 2), S. 42.
56 Schultka: Das vorzüglichste Cabinett (Anm. 8), S. 16.
57 Schultka: Das vorzüglichste Cabinett (Anm. 8), S. 282.
58 Schulka: Wilhelm Roux (1850–1924) (Anm. 53), S. 297.
59 Ulrike Feicht: Wilhelm Roux (1850–1924) – seine hallesche Zeit. Halle 2008, S. 3.

Abb. 4: Blick auf das heutige Institut für Anatomie und Zellbiologie in Halle (Saale)

Abb. 5: Blick in die Meckelschen Sammlungen in Halle (Saale)

ten entwickelte.[60] Aber sein Vater ließ nicht von dem Gedanken ab, seinen Sohn doch noch als Fechtmeister zu etablieren und versuchte dies zum Beispiel an der neugegründeten Universität in Straßburg, an der Roux sein letztes Semester seines Studiums der Medizin absolvierte. Die Bewerbung, die sein Vater in seinem Namen verfasst und eingeschickt hatte, landete fälschlicherweise in der Universitätsbibliothek in einer Sendung neuer Bücher, sodass Roux es schließlich dem Zufall zu verdanken hatte, dass er sein Studium am 24. März 1877 mit dem medizinischen Staatsexamen beenden konnte.[61] Promoviert wurde er 1878 über *Die Verzweigungen der Blutgefäße*[62] in Jena. Anschließend studierte er ein Jahr Philosophie und kam mit den Ideen des deutschen Idealismus, besonders der Philosophie Immanuel Kants (1724–1804), in Berührung.[63]

Wilhelm Roux folgte 1895 einem Ruf auf die Professur für Anatomie an die Vereinigte Friedrichs-Universität Halle-Wittenberg.[64] Vorher wirkte er u.a. von 1878 bis 1879 am Hygienischen Institut der Universität Leipzig und am Anatomischen Institut in Breslau, wo er sich am 31. Juli 1880 habilitierte, am 24. Juni 1886 zum außerordentlichen Professor ernannt wurde und schließlich am 27. Juni 1888 Direktor des eigens für ihn eingerichteten Instituts für Entwicklungsgeschichte und Entwicklungsmechanik wurde.[65] Seine Forschungsschwerpunkte bildeten die Aufdeckung von Gestaltungsvorgängen sowie Wirkungsgrößen und -weisen in der frühen Embryonalentwicklung. Roux gilt als Begründer der Entwicklungsmechanik und ebnete einer bis dahin vollkommen neuen biologischen Wissenschaft den Weg. In seine Zeit in Halle (Saale) fallen auch bedeutende Fortschritte auf diesem Gebiet, zum Beispiel hinsichtlich kausal-anatomischer Fragestellungen und zur funktionellen Anpassung.[66] Roux erhielt am 9. Juni 1920 von seinen Kollegen und Studierenden zahlreiche Geburtstagsgeschenke in Form von Präparaten, Schautafeln, Büchern und Diapositiven.[67] Die nach dem Beschenkten benannte Sammlung sollte sowohl Originale als auch Nachahmungen, Apparaturen und Literatur enthalten, die sich mit Themen, Experimenten und deren Ergebnissen aus dem Bereich der Entwicklungsmechanik befassen.[68] Neben den persönlichen Schenkungen aus dem Kollegen- und Freundeskreis von Roux wur-

60 Feicht: Wilhelm Roux (Anm. 59), S. 4.
61 Feicht: Wilhelm Roux (Anm. 59), S. 5.
62 Wilhelm Roux: Die Verzweigungen der Blutgefäße. Jena 1878.
63 Feicht: Wilhelm Roux (Anm. 59), S. 6.
64 Schulka: Wilhelm Roux (1850–1924) (Anm. 53), S. 297.
65 Feicht: Wilhelm Roux (Anm. 59), S. 6.
66 Schultka, Göbbel: Die Hallesche Anatomie und ihre Sammlungen (Anm. 2), S. 20.
67 Feicht: Wilhelm Roux (Anm. 59), S. 77.
68 Feicht: Wilhelm Roux (Anm. 59), S. 78.

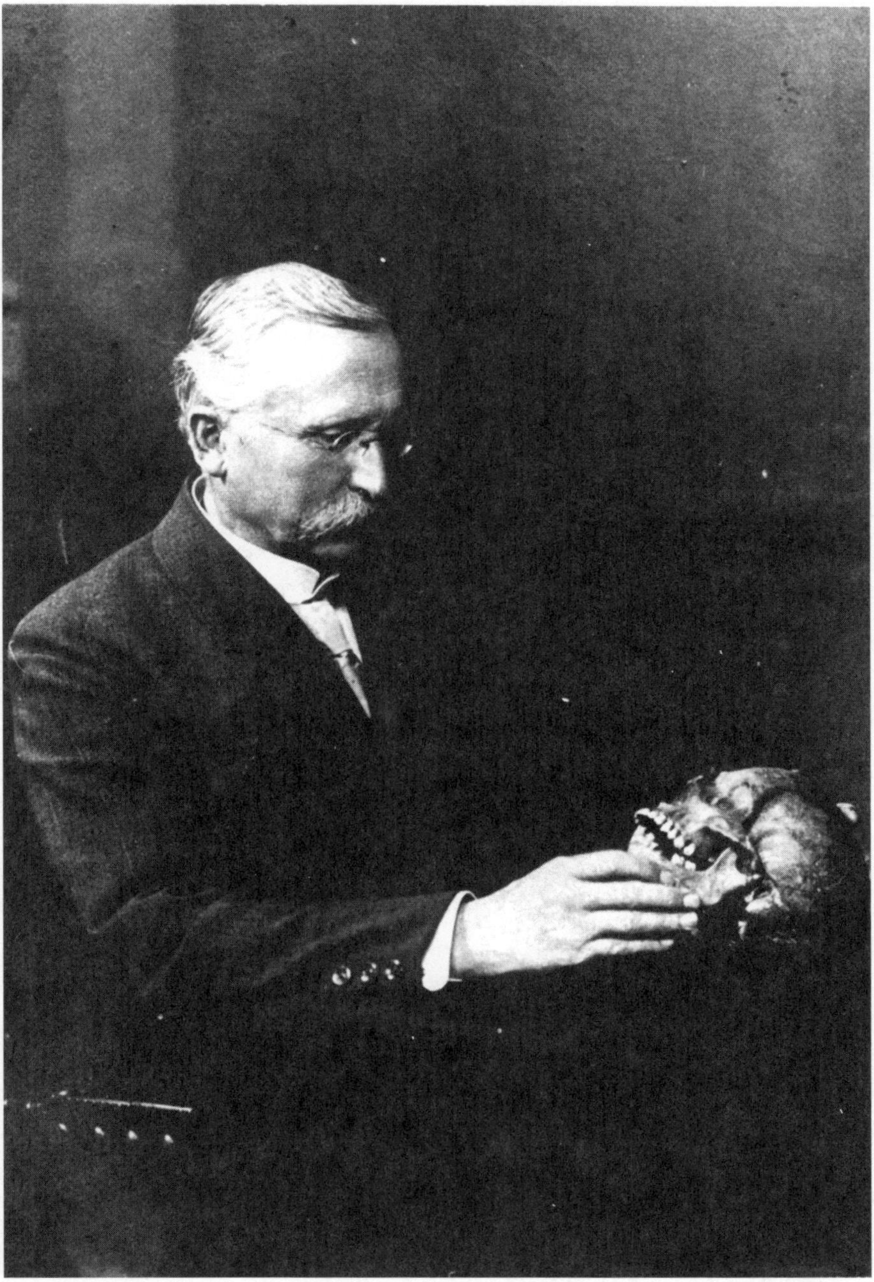

Abb. 6: Wilhelm Roux (1850–1924) mit einem Schädel

den zur Vervollständigung der Sammlung auch Forscher anderer Universitäten gebeten, Präparate einzusenden. Zeitgleich wurde die *Wilhelm-Roux-Stiftung für Entwicklungsmechanik* ins Leben gerufen, die durch Spenden besonders innovative wissenschaftliche Projekte und Forscher fördern sollte.[69] Noch heute existiert Wilhelm Roux zu Ehren ein Programm zur Förderung von innovativer Forschung, ganz unabhängig vom Forschungsfeld. Prämiert wird mit dem Wilhelm Roux Preis die reine Leistung in der Forschung.[70] Die Initiative zur Gründung der Wilhelm-Roux-Sammlung für Entwicklungsmechanik ging ursprünglich von Emil Abderhalden (1877–1950) und Georg Wetzel (1871–1951) aus,[71] die durch Geldspenden von ca. 31.000 Mark die Sammlung ins Leben rufen konnten. Auch der Magistrat der Stadt Halle (Saale) beteiligte sich an den Spenden, um Wilhelm Roux und seine Forschungsleistungen zu würdigen. Weitere Gelder kamen vom Ministerium der Wissenschaft, Kunst und Volksbildung.[72] Die Stiftung konnte, gemessen an den damaligen schwierigen wirtschaftlichen Verhältnissen in Deutschland, beachtliche Summen einwerben. Dies half nicht nur, die Sammlung aufzubauen, sondern auch über die Jahre hinweg instandzuhalten. Da Wilhelm Roux die Sammlung der Universität überließ, sahen sich deren Vertreter in der Verantwortung, die Exponate zu pflegen.[73] Aufgestellt war sie im ehemaligen Raum 88 des Anatomischen Instituts in der heutigen Großen Steinstraße 52, weitere Räumlichkeiten standen Roux für seine Studien zur Verfügung. So fand auch die Wilhelm-Roux-Sammlung für Entwicklungsmechanik, wie die Meckelschen Sammlungen, Platz im Anatomiegebäude.

Die Blütezeit der hallischen anatomischen Sammlungen lag also im ausgehenden 18. und im 19. Jahrhundert. Durch das Werk der Meckels und ihrer Nachfolger auf der Professur für Anatomie wurden die Meckelschen Sammlungen so umfassend, wie sie bis heute zu besichtigen sind. Auch im 20. Jahrhundert fügten die Prosektoren der hallischen Anatomie Präparate hinzu. Die Basis und das umfangreichste Material stammen allerdings aus der Meckel-Zeit.[74] Jetzt nehmen die Meckelschen Sammlungen und die Wilhelm-Roux-Sammlung für Entwicklungsmechanik ihren Platz im Dachgeschoss des Anatomischen Instituts ein. Die humananatomische Sammlung befindet sich auf der westlichen und die vergleichend anatomische Sammlung auf der östlichen Seite.[75] Die Sammlungen vermit-

69 Feicht: Wilhelm Roux (Anm. 59), S. 78.
70 Steger, Schochow: Medizin in Halle (Anm. 1), S. 141.
71 Schulka: Wilhelm Roux (1850–1924) (Anm. 53), S. 297f.
72 Feicht: Wilhelm Roux (Anm. 59), S. 78.
73 Feicht: Wilhelm Roux (Anm. 59), S. 78.
74 Schultka, Göbbel: Die Hallesche Anatomie und ihre Sammlungen (Anm. 2), S. 43.
75 Schultka, Göbbel: Die Hallesche Anatomie und ihre Sammlungen (Anm. 2), S. 43.

teln Studierenden der Medizin, Wissenschaftlern und interessierten Besuchern bis heute anatomisches Wissen und bieten als Beispiel einer historischen anatomischen Sammlung Einblicke in die Medizingeschichte. Auf der Internetpräsentation der Meckelschen Sammlungen kann ein virtueller Rundgang aufgerufen werden.[76] Seit 2007 wird die Sammlung vom Förderverein Meckelsche Sammlungen der Martin-Luther-Universität Halle-Wittenberg e.V. unter Vorsitz von Rüdiger Schultka gepflegt und erhalten.

76 Meckelsche Sammlungen, http://www.meckelschesammlungen.uni-halle.de/virtueller-rundgang/ (Stand: 23.9.2013).

Die Anfänge der deutschen Psychiatrie – Johann Christian Reil (1759–1813)

Der Professor für Therapie der hallischen Friedrichs-Universität und Stadtphysikus von Halle (Saale) Johann Christian Reil (1759–1813) gilt als „Urheber der psychischen Medizin in Deutschland überhaupt"[1]. Der Begriff „Psychiatrie", der seit Beginn des 19. Jahrhundert die sich zunehmend ausbildende medizinische Disziplin bezeichnet, geht auf Reil zurück. Daneben beschäftigte sich Reil auch mit anatomischen Forschungen, die zur Entdeckung der „Reilschen Insel" im Gehirn führten. Darüber hinaus gründete er 1796 das *Archiv für Physiologie*, eine der ersten Zeitschriften, die sich mit Physiologie beschäftigte. Den Begriff „Psychiaterie" verwendete Reil zum ersten Mal in seinem 1808 veröffentlichten Werk *Beyträge zur Beförderung einer Kurmethode auf psychischem Wege besonders in Beziehung auf die Berichtigung der Topik der Psychiaterie.* In dieser Publikation erschien der Artikel *Ueber den Begriff der Medicin und ihre Verzweigungen, besonders in Beziehung auf die Berichtigung der Topik der Psychiaterie.*[2] Ebenso beschäftigte sich Reil intensiv mit theoretischen und praktischen Aspekten der Psychiatrie und entwickelte eine innovative Behandlung für „Verrückte" und „Wahnsinnige": die „psychische Curmethode".[3] Diese Methode führte er in seinen zum Klassiker gewordenen *Rhapsodieen über die Anwendung der psychischen Curmethode auf Geisteszerrüttung* aus dem Jahr 1803 aus. Darin plädiert er nachdrücklich dafür, dass sogenannte „Verrückte" und „Tolle" durch die „Curmethode" heilbar seien.[4] Reil stellt in den *Rhapsodieen* fest:

> Die direkte Cur des Wahnsinns, oder das ärztliche Einwirken unmittelbar auf den Theil des Organismus, in welchem die Phänomene der Verrücktheit zunächst und zureichend

---

1 Andreas Marneros, Frank Pillmann: Das Wort Psychiatrie ... wurde in Halle geboren. Von den Anfängen der deutschen Psychiatrie. Stuttgart 2005, S. 66.

2 Johann Christian Reil: Ueber den Begriff der Medicin und ihre Verzweigungen, besonders in Beziehung auf die Berichtigung der Topik der Psychiaterie. In: Johann Christian Reil, Johann Christoph Hoffbauer (Hg.): Beyträge zur Beförderung einer Kurmethode Beyträge auf psychischem Wege besonders in Beziehung auf die Berichtigung der Topik der Psychiaterie. Halle 1808, S. 161–279.

3 Johann Christian Reil: Rhapsodieen über die Anwendung der psychischen Curmethode auf Geisteszerrüttungen. Halle 1803.

4 Johann Christian Reil: Rhapsodieen (Anm. 3), S. 384ff.

gegründet sind, muss höchst wahrscheinlich bloss durch die psychische Curmethode geschehen.[5]

Reil entwarf in den *Rhapsodieen* ein Konzept für eine Behandlung psychisch Kranker und forderte, den Ideen der Aufklärung nahestehend, eine Reform der bestehenden Unterbringung und Behandlung von psychisch Kranken. Entsprechend können die *Rhapsodieen* auch als eine „Anklageschrift eines Mediziners gegenüber Staat und Gesellschaft, aber auch gegenüber der Ärzteschaft, die sich bislang vor dieser dringlichen Frage einer menschenwürdigen Behandlung der Geisteskranken regelrecht vorbeigedrückt hatte[n]“[6] verstanden werden. Eine sinnvolle Behandlung von Geisteskrankheiten könne, so Reil, nur in eigenen Anstalten geschehen, da nur hier therapeutische Hilfsmittel im Rahmen seiner von ihm propagierten „psychischen Curmethode“ zu Verfügung stünden. Reils große wissenschaftliche Leistungen auf dem Gebiet der Psychiatrie und der Anatomie sowie seine Tätigkeit als Professor für Therapie an der hallischen Friedrichs-Universität konzentrierten sich auf die Jahre 1787 bis 1810. Während dieser Zeit war er außerdem seit 1789 als Stadtphysikus tätig, förderte die öffentliche Hygiene der Stadt Halle (Saale) und richtete 1809 hier eine Kurbadeanstalt ein. Zudem betrieb Reil eine florierende private Praxis in seinem Wohnhaus in der heutigen Großen Ulrichstraße 36. Wie kam es dazu, dass sich Johann Christian Reil so intensiv mit den „Geistesverwirrten“ beschäftigte? Was war an seiner „Curmethode“ der innovative Schritt in der Behandlung von psychisch Kranken Menschen? Und wie konnte er den Namen einer neuen wissenschaftlichen Disziplin prägen?

Noch im 18. Jahrhundert war es üblich, Menschen mit psychischen Krankheiten in Anstalten unterzubringen, die nicht für die Therapie dieser Krankheiten eingerichtet waren. Menschen mit ungewöhnlichem oder „verrücktem“ Verhalten, das gegen die bürgerliche etablierte Norm der Ordnung verstieß, wurden vielfach als „Wahnsinnige“ oder „Verrückte“ in Anstalten eingewiesen, die oft durch eine inhumane Behandlung gekennzeichnet waren.[7] Diese Anstalten zeichneten sich dadurch aus, dass hier Menschen aus verschiedenen Anlässen untergebracht waren. Unabhängig davon, ob Menschen ein „auffälliges“ Verhalten hatten, sich eines Verbrechens schuldig gemacht hatten oder einen „liederlichen“ Lebenswan-

5 Johann Christian Reil: Rhapsodieen (Anm. 3), S. 45.

6 Reinhard Mocek: Johann Christian Reil (1759–1813). Das Problem des Übergangs von der Spätaufklärung zur Romantik in Biologie und Medizin in Deutschland. Frankfurt/Main 1995, S. 141.

7 Heinz Schott, Rainer Tölle: Geschichte der Psychiatrie. Krankheitslehren. Irrwege. Behandlungsformen. München 2006, S. 239.

Abb. 1: Gedenktafel am ehemaligen Wohnhaus von Johann Christian Reil (1759–1813) in Halle (Saale)

del pflegten – sie alle konnten in eine Anstalt gebracht werden.[8] Hierzu zählten neben sogenannten Verbrechern und Zuchthäuslern auch „Vagabunden", „Dirnen" oder Waisenkinder.[9] Die Namen der Anstalten aus dieser Zeit zeugen von der Vielfalt der Aufgabenstellung: In Pforzheim gab es seit 1714 ein „Waisen-, Toll-, Kranken-, Zucht- und Arbeitshaus", Mannheim hatte ein „Toll-, Zucht-, Waisen- und Findelhaus" und in Celle wurde 1710 ein „Zucht-, Werk- und Tollhaus" errichtet.[10] Da es bis zum 18. Jahrhundert vorherrschende Meinung war, dass „Verrücktsein" eine Gottesstrafe für moralisches Fehlverhalten war oder zumindest von einem schwachen Geist zeugte, wurden diese Menschen selten im Sinne einer Krankheit therapiert, sondern häufig in Straf- oder Krankenanstalten verwahrt.[11] Dort blieben die „Verrückten", sofern sie ein ruhiges und angepasstes Verhalten zeigten, oftmals in Gesellschaft der übrigen Insassen. Für die Versorgung und die Aufsicht innerhalb der Anstalt war selten das Personal, sondern waren häufiger die Mitinsassen zuständig.

Heinrich Balthasar Wagnitz (1755–1838), Prediger am Zuchthaus in Halle (Saale), schildert die Lage der „Wahnsinnigen", für die es kaum medizinische und therapeutische Versorgung gab:

> Die gewöhnlich mit Zuchthaus und Armenversorgung verbundenen Irrenhäuser sind im Allgemeinen so eingerichtet, dass diese Elenden nur ernährt, und überdies nur in einer solchen oft schauderhaften Verwahrung erhalten werden, dass sie sich und andern kein Leid thun – und weiter nichts. Gemeinlich werden sie durch Nebenumstände, durch rohe und verkehrte Behandlung von den Wärtern noch wahnsinniger und unheilbarer.[12]

Am Ende des 18. Jahrhunderts geriet diese Behandlung der Menschen mit psychischen Krankheiten immer mehr in den Fokus von Ärzten, Pfarrern und Philanthropen. Die wirkmächtige „Befreiung der Irren von den Ketten", die der französische Arzt Philippe Pinel (1745–1826) in den Anstalten Bicêtre und Salpêtriére initiiert hatte, wirkte vorbildgebend auch auf andere Ärzte. Im Sinne eines *traite-*

---

8 Carlos Watzka: Vom Hospital zum Krankenhaus. Zum Umgang mit psychisch und somatisch Kranken im frühneuzeitlichen Europa. Köln 2005, S. 79f.

9 Bernhard Stier: Fürsorge und Disziplinierung im Zeitalter des Absolutismus. Das Pforzheimer Zucht- und Waisenhaus und die badische Sozialpolitik im 18. Jahrhundert. Sigmaringen 1988.

10 Schott, Tölle: Geschichte der Psychiatrie (Anm. 7), S. 549.

11 Christoph Sachße, Florian Tennstedt: Geschichte der Armenfürsorge in Deutschland. Bd. 1: Vom Spätmittelalter bis zum 1. Weltkrieg. Stuttgart 1998.

12 Heinrich Balthasar Wagnitz: Ueber die zweckmässigste Einrichtung der Gefängnisse und Irrenanstalten, die mit Zuchthäusern verbunden sind. Ein Anhang zu den Nachrichten und Bemerkungen über die Zuchthäuser in Deutschland. In: Heinrich Balthasar Wagnitz: Historische Nachrichten und Bemerkungen über die merkwürdigsten Zuchthäuser in Deutschland nebst einem Anhange über die zweckmässigste Einrichtung der Gefängnisse und Irrenanstalten. Bd. 2. Teil 2. Halle 1794, S. 225–266, hier: S. 242.

Abb. 2: Johann Christian Reil (1759–1813)

ment moral verzichtete Pinel darauf, die Menschen in den Anstalten in Ketten zu legen.[13] Auch in anderen Ländern veränderte sich der Umgang mit den Geisteskranken: Erste therapeutische Maßnahmen wurden angewendet, erste eigene Anstalten entstanden, die sich explizit diesen „Geistesverwirrten" widmeten.[14] In Halle (Saale), in der einige „Irre" im Zuchthaus am Sandberg untergebracht waren, war es Johann Christian Reil, der sich intensiv um eine Verbesserung der „Irrenfürsorge" bemühte und so auch Akzente für andere Ärzte setzte.

Johann Christian Reil wurde 1759 im ostfriesischen Rhaude als Sohn eines Pfarrers geboren. Er studierte ab 1779 Medizin in Göttingen und von 1780 an in Halle (Saale).[15] 1782 schloss er das Studium der Medizin ab und wurde mit einer Arbeit über Gallenerkrankungen *Tractatus de polycholia*[16] promoviert. Danach war er für ein Jahr in Berlin, um hier sein Ausbildungsjahr am *Collegium Physico-Chirurgicum* zu absolvieren. Während dieser Zeit lebte er bei Henriette (1764–1847) und Marcus Herz (1747–1803), dem damals bekannten Arzt am Jüdischen Krankenhaus in Berlin. Herz, der selbst 1774 mit der Arbeit *De varia naturae energia in morbis acutis atque chronicis*[17] in an der hallischen Friedrichs-Universität zum Doktor der Medizin promoviert worden war, galt als „beliebter und weithin bekannter Arzt".[18] Im Jahr 1787 kehrte Reil, nachdem er drei Jahre als Arzt in Norddeutschland verbracht hatte, nach Halle (Saale) zurück und wurde dort außerplanmäßiger Professor der Medizin. Bereits 1788, ein Jahr später, trat Reil die Nachfolge seines Doktorvaters Johann Friedrich Gottlieb Goldhagen (1742–1788) als ordentlicher Professor der Therapie an. Zugleich übernahm er die Leitung des städtischen Spitals in Glaucha, dem ehemaligen Krankenhaus der Franckeschen Stiftungen; ebenfalls in der Nachfolge von Goldhagen.[19] Intensive und erfolgreiche Jahre folgten: Reil heiratete 1787 Johanna Elisabeth Wilhelmine Leveaux (1770–1813), die aus einer angesehenen und reichen hallischen Familie stammte. In ihrem Wohnhaus in Halle (Saale) richtete Reil eine florierende Privatpraxis ein und bemühte sich, neben seiner Tätigkeit als Professor an der Universität

13 Christian Müller: Wer hat die Geisteskranken von den Ketten befreit? Skizzen zur Psychiatriegeschichte. Bonn 1998.

14 Eric Engstrom, Volker Roelcke (Hg.): Psychiatrie im 19. Jahrhundert. Forschungen zur Geschichte von psychiatrischen Institutionen, Debatten und Praktiken im deutschen Sprachraum. Mainz 2003.

15 Florian Steger: Johann Christian Reil (1759–1813). Auf dem Weg zwischen Tollhaus und wissenschaftlicher „Psychiaterie". In: Achim Lipp, Jürgen Lasch (Hg.): Hallesche Helden der Heilkunst. Bedeutende Ärzte und Wissenschaftler der medizinischen Fakultät. Halle 2013, S. 97–113, hier: S. 99.

16 Johann Christian Reil: Tractatus De Polycholia. Halle 1782.

17 Marcus Herz: De varia naturae energia in morbis acutis atque chronicis. Halle 1774.

18 Mocek: Johann Christian Reil (Anm. 6), S. 32.

19 Siehe hierzu auch den Beitrag zu den Franckeschen Stiftungen in diesem Band.

Abb. 3: Straßenschild der Reilstraße in Halle (Saale)

und als Stadtphysikus, um die städtische Hygiene. Daneben betrieb er wegweisende anatomische Forschungen (Entdeckung der „Reilschen Insel“ im Gehirn) und gründete 1796 das *Archiv für Physiologie*. Seit 1793 war er Mitglied der Deutschen Akademie für Naturkunde Leopoldina. Reil war auch am Aufbau der Berliner Universität beteiligt: von 1810 bis 1813 war er dort Professor für Anatomie und Therapie.[20] 1811 war Reil der erste Dekan der Medizinischen Fakultät und übernahm darüber hinaus die „Wissenschaftliche Deputation für das Medizinalwesen“, angesiedelt beim Ministerium des Innern.[21] 1813 erlebte er die Völkerschlacht bei Leipzig, in deren Folge er an Typhus erkrankte. Am 22. November 1813, mit 54 Jahren, starb Johann Christian Reil. Seine Frau Johanna starb kurz nach ihrem Mann im Dezember 1813.

In Halle (Saale) um 1800 war es noch übliche Praxis, Menschen mit psychischen Problemen oder „sonderbarem“ Verhalten in einem Zucht- oder Arbeitshaus oder einem Krankenhaus unterzubringen.[22] Hier wurden neben Straftätern auch Melancholiker und sogenannte Blödsinnige im Zuchthaus auf dem Sandberg festgesetzt. Das Bewusstsein, dass es sich bei psychischen Problemen um Krankheiten handeln könnte, die auch therapierbar waren, war noch nicht gegeben. In Halle (Saale) schienen die Bedingungen für die psychisch Kranken im Zuchthaus milder als in anderen Städten gewesen zu sein. Heinrich Balthasar Wagnitz, Pastor an der Marienkirche und auch zuständiger Zuchthausprediger, berichtete, dass „man der Halleschen Anstalt ziemlich allgemeinen Beyfall gegeben“[23] habe.

Als Stadtphysikus für Halle (Saale) war Johann Christian Reil auch für die medizinische Versorgung der Zuchthausinsassen zuständig. In seiner Bestallung aus dem Jahr 1789 ist zu lesen:

> Muß der Herr Stadt-Physicus wöchentlich, wo nicht täglich in dem Hospital, Lazareth, wie auch Zucht- und Arbeits-Hause, Nachfrage halten, ob und wer des Orts krank, damit den Armen im Hospital, ebensowohl als denen Reichen, so die Arzeney benöthiget, guter Rath und heilsame Mittel zur Gesundheit mitgetheilet werden mögen, gestallt er denn verbunden seyn soll, ihnen auf benöthigten Fall Medicamente so fort zu verschreiben und sie fleißig zu euriren, auch die das Hospital, Lazareth-Zucht- und Arbeits-Haus betreffenden Apothecker-Liquidationes nach der Tax-Ordnung und Billigkeit vor der Bazahlung (sic) zu moderiren und dieselben zu unterschreiben.[24]

20 Steger: Johann Christian Reil (Anm. 15), S. 109.
21 Marneros, Pillmann: Das Wort Psychiatrie (Anm. 1), S. 14.
22 Marneros, Pillmann: Das Wort Psychiatrie (Anm. 1), S. 39.
23 Heidi Ritter, Eva Scherf: Habe unbändig viel zu tun … Johann Christian Reil. Halle 2011, S. 52.
24 Werner Piechocki: Johann Christian Reil 1759–1813. In: Rudolf Zaunick (Hg.): Vier auf der Reil-Feier in Halle am 25. Februar 1959 gehaltene Vorträge (= Nova Acta Leopoldina, 144). Leipzig 1960, S. 103–125, hier: S. 115.

Durch den Kontakt mit den dort untergebrachten „Blödsinnigen“ und inspiriert durch die Ideen seines Freundes Wagnitz veröffentlichte Reil ein Werk, mit dem er zum Wegbereiter der wissenschaftlichen Beschäftigung mit „Geisteskrankheit“ wurde – *Rhapsodieen über die Anwendung der psychischen Curmethode auf Geisteszerrüttung.*[25] In den *Rhapsodieen* konstatierte Reil eine Widersprüchlichkeit zwischen dem Anspruch des Bürgertums an Humanität im Umgang mit Kranken bzw. Hilfebedürftigen und den tatsächlichen Bedingungen, unter denen die psychisch Kranken versorgt wurden. Reil kritisierte, dass die Kranken durch die Unterbringung im Gefängnis – oftmals in Ketten gelegt – nicht genesen könnten, sondern sich in ihrem Gesundheitszustand noch verschlechtern würden.

> Die Zuchtknechte, Stockmeister und Diebeswärter sind meistens rohe Menschen, bey denen Barbarey an der Tagesordnung steht, und welche obendrein diese Unglücklichen als eine lästige Bürde ihrer Amtspflichten betrachten, die sie, um sie auf die kürzeste Art zu besorgen, in feuchte Gewölbe, Gefängnisse und in die Kellergeschosse ihrer Anstalten einsperren.[26]

Seine Ausführungen, die in einem appellativen Ton gehalten sind, kommen einer Anklage gegen die Gesellschaft gleich. Reil kritisiert scharf die Lage, in der sich die Kranken befinden, und sieht im Nicht-Handeln der Gesellschaft ihre „Schande“:

> Wir sperren diese unglücklichen Geschöpfe gleich Verbrechern in Tollkoben, ausgestorbene Gefängnisse; neben den Schlupflöchern der Eulen in öde Klüfte über den Stadtthoren, oder in die feuchten Kellergeschosse der Zuchthäuser ein, wohin nie ein mitleidiger Blick des Menschenfreundes dringt, und lassen sie daselbst, angeschmiedet an Ketten, in ihrem eigenen Unrath verfaulen. Ihre Fesseln haben ihr Fleisch bis auf die Knochen abgerieben, und ihre hohlen und bleichen Gesichter harren des nahen Grabes, das ihren Jammer und unsere Schande zudeckt.[27]

Obwohl Reil nur unregelmäßig Erfahrung im Umgang und in der Therapie mit Geisteskranken sammeln konnte, schilderte er in seinen *Rhapsodieen* in düsteren und durchweg kritisch geprägten Worten, wie die Irrenhäuser um die Jahrhundertwende geführt wurden und welche negativen Folgen dies hatte.

> Die Erhaltung der Ruhe und Ordnung beruht auf terroristische Principien. Peitschen, Ketten und Gefängnisse sind an der Tagesordnung. Die Officianten sind meistens gefühllose, pflichtvergessene, oder barbarische Menschen, die selten in der Kunst, Irrende zu lenken, über den Zirkel hinausgetreten sind, den sie mit ihrem Prügel beschreiben.[28]

---

25 Reil: Rhapsodieen (Anm. 3).
26 Reil: Rhapsodieen (Anm. 3), S. 455.
27 Reil: Rhapsodieen (Anm. 3), S. 10.
28 Reil: Rhapsodieen (Anm. 3), S. 15.

Vor allem ihre institutionelle Abhängigkeit von anderen Einrichtungen wie Gefängnissen war in seinen Augen verhängnisvoll. Hauptursachen für die schlechten Heilungschancen waren für Reil die fehlenden „physischen und moralischen Mittel"[29] sowie die medizinisch notwendige, aber nicht erfolgte Separierung der „Irren", die „noch einige Besonnenheit haben"[30]. Entsprechend dem Diskurs seiner Zeit, der den Aspekten Luft, Licht und regelmäßige Arbeit bei der Genesung eine wichtige Rolle zusprach, war für Reil eine Verbesserung der Unterbringungsmöglichkeiten für „Irre" dringend notwendig. „Allein ausserdem ist die Arbeit noch ein treffliches Mittel den Irrsinn selbst zu heilen. Sie muss gesund, wo möglich in freier Luft und mit Bewegung und Abwechselung verbunden seyn."[31]

Die seit der Antike bekannten Vorstellungen der Diätetik[32] – ein ausgleichendes Mittelmaß an Licht, Luft, Ruhe und angemessener körperlicher und geistiger Betätigung – werden hier deutlich:

> Einige derselben sind den Krankenhäusern, andere den Armenhäusern, andere gar den Gefängnissen und Zuchthäusern angehängt. In allen diesen Fällen fehlt es an frischer Luft, an Bewegung, an Zerstreuung, kurz an allen physischen und moralischen Mitteln, die zur Heilung der Kranken erfordert werden. Welcher Kopf ist im Stande, ein Krankenhaus und zugleich ein Narrenhaus mit nöthiger Schärfe zu beachten! Irrende, die noch einige Besonnenheit haben, müssen vollends rasend werden über die Unvernunft ihrer Nebenmenschen, die so mit Dieben und Mördern in eine Klasse zusammenstellen. (...) Das nächtliche Gebrüll der Rasenden und das Geklirre der Ketten hallt Tag und Nacht in den langen Gassen wieder, in welchen Käfig an Käfig stösst, und bringt jeden neuen Ankömmling bald um das Bischen Verstand, das ihm etwa noch übrig ist.[33]

Nicht nur die Unterbringung wurde von Reil mit scharfen Worten kritisiert, die er in deutliche Bilder fasste, sondern auch der Umgang der Wärter bzw. Officianten mit den „Irren". In ihrem gewalttätigen Verhalten und ihrer fehlenden medizinischen oder pädagogischen Vorbildung sah er weitere Gründe für den desolaten Zustand mancher Kranker. Klar wies Reil hier den Wärtern ihre Rolle als Handlungsausführende des Arztes zu, ließ jedoch die Frage nach der Ursache der schlechten Arbeitsverhältnisse bzw. nach der Verantwortung der Hospitalleitung und des Arztes offen. Den Aspekt der offensichtlichen Bestechung führte er daher auch nicht auf die zu geringe Bezahlung der Wärter zurück, sondern auf einen Charak-

29 Reil: Rhapsodieen (Anm. 3), S. 455.

30 Reil: Rhapsodieen (Anm. 3), S. 455.

31 Reil: Rhapsodieen (Anm. 3), S. 241.

32 Florian Steger: Antike Diätetik – Lebensweise und Medizin. In: N.T.M. Internationale Zeitschrift für Geschichte und Ethik der Naturwissenschaften, Technik und Medizin 12 (2004), S. 146–160.

33 Reil: Rhapsodieen (Anm. 3), S. 455.

terzug, den er in einer Art generalisierten Anklage in beinahe allen Beschäftigten sah:

> Sie [die Officianten] können die Plane des Arztes nicht ausführen, weil sie zu dumm, oder sie wollen es nicht, weil sie niederträchtig genug sind, ihren Wucher der Genesung ihrer fetten Pensionaire vorzuziehen. Der gescheuteste Arzt ist gelähmt, wie der Handwerker ohne Werkzeug.[34]

Als Alternativen zu den von ihm geschilderten Zuständen forderte Reil eine Reformierung der bestehenden Verhältnisse, die auch andere Behandlungsweisen für psychisch Kranke beinhaltete – die „psychische Curmethode".

Reils Ziel war es, durch seine „psychischen Curmethoden" die „Seelenstörungen"[35] heilen zu können. Er sah in chirurgischen Heilmittel („physisch-mechanischen" Mitteln) und in „chemischen Heilmitteln" (Arzneien) nicht die einzigen Möglichkeiten, Menschen zu helfen. Auch „psychische Kräfte" können eine Krankheit heilen helfen:

> Denn es giebt noch andere Dinge, die Heilmittel sind, weil sie Krankheiten heben; aber weder chemisch, noch mechanisch, sondern psychisch wirken. Diese Kräfte, die psychisch wirken, liegen auch, wenn sie auf den bestimmten Zweck der Heilung der Krankheiten hinwirken, innerhalb der Grenze der Heilmittellehre.[36]

Reil setzte sich in den *Rhapsodieen* dafür ein, dass sich die medizinische Disziplin erweitert und neben den chirurgischen und (allgemein-)medizinischen Therapieansätzen noch eine weitere Variante – in Form der psychischen Therapie – in ihr Repertoire aufnimmt.

> Wenn demnach die allgemeine Heilkunde, der diese Untersuchung angehört, zwey Curmethoden, die chirurgische und die medicinische, festsetzt; so muss sie, wenn sie consequent verfahren will, denselben noch eine dritte, die psychische, zufügen.[37]

Weiter erläuterte Reil in seinen *Rhapsodieen*, was er sich unter „psychischen Curmethoden" vorstellt. Er fasste sie als „methodische Anwendungen solcher Mittel" zusammen, welche „zunächst auf die Seele derselben" wirken würden.[38] So könne die psychische Krankheit geheilt werden. Reil betonte auch, dass es hier keine Rolle spielen würde, ob sich die psychische Krankheit seelisch oder körperlich ausdrückt. Bis heute erkennt man in seinen Ausführungen die Idee, dass eine Therapie mit

34 Reil: Rhapsodieen (Anm. 3), S. 15.
35 Reil: Rhapsodieen (Anm. 3), S. 50.
36 Reil: Rhapsodieen (Anm. 3), S. 30.
37 Reil: Rhapsodieen (Anm. 3), S. 27.
38 Reil: Rhapsodieen (Anm. 3), S. 27.

Rhapſodieen
über die
Anwendung
der
pſychiſchen Curmethode
auf
Geiſteszerrüttungen

Dem
Herrn Prediger Wagnitz
zugeeignet.

Halle
in der Curtſchen Buchhandlung
1803

Abb. 4: Titelblatt der „Rhapsodieen“ (1803)

psychischen Mittel helfen kann, unabhängig davon, ob sich die Krankheit im Körper oder in der Psyche ausdrückt.

> Es ist daher in Rücksicht ihres Begriffes gleichgültig, ob sie eine Krankheit der Seele oder des Körpers heilen; ob das erregte Spiel der Seelenkräfte, zum Behuf der Heilung, durch mitgetheilte Vorstellungen und Begriffe, oder durch körperliche Mittel, z.B. Ruthen, Douchen und Kanonendonner erregt worden ist.[39]

Reil reflektierte auch die personellen Voraussetzungen für das Praktizieren der „Curmethode". Man benötige Ärzte, die ein „vorzügliches Talent, grossen Scharfblick, mehr Kenntnisse und Fertigkeiten nöthig (...) haben als jeder andere Heilkünstler".[40] Aber was sollte der Arzt nun machen, um den Patienten zu helfen? Die Mittel und Methoden für die „Curmethode" wurden von Reil in „positive" und „negative" Heilmethoden unterteilt. Unter einer negativen Methode verstand er die Entfernung solcher Reize, die krank machen.[41] Dann könne, so Reil, eine Heilung erfolgen. Die Voraussetzung für diese Anwendung sei, dass der Arzt mit allen „normalen und abnormen Reizen bekannt seyn müsse, die die Seele specifisch erregen".[42] Einen großen Stellenwert in Reils Therapie nahm das „Seelenorgan" ein, dem er eine Wirkkraft auf den gesamten Körper zusprach:

> Das Gehirn oder dessen Theil, wo die Veränderungen der Sinnorgane sich in Empfindungen verwandeln, wo die freywilligen Anordnungen der Seele, mit dem Körper vereinigt, die ersten Veränderungen des Körpers, zu den Bewegungsorganen fortgepflanzt, hervorbringen, wo endlich gleichmäßige Actionen zu derselben Zeit vorgehen, da die Seele denkt, urtheilt, oder andere ihr eigene Verrichtungen, die man weder den Sinnen, noch der Bewegung zuschreiben kann, vollbringt, nenne ich Seelenorgan. (...) Dieses Organ, da es auf den ganzen Körper einwirkt, und der ganze Körper auf dasselbe zurückwirkt, kann gleichsam als das Band der Seele und des Körpers, als der Mittelpunkt aller Lebenskraft und der ganzen thierischen Oekonomie betrachtet werden.[43]

Damit das „Seelenorgan" sich beruhige, müssten starke Reize wie „Licht, Gemälde, Spiegel, Geräusche, viele Besuche" entfernt werden und stattdessen „finstere und geräuschleere Zimmer" und „stille Einsamkeit" bevorzugt werden.[44] Die positive Methode wiederum wirke gegenteilig. Hier stand die Anwendung von Reizen zur Erregung im Mittelpunkt der Therapie. An dieser Stelle zeigt sich der Einfluss

39 Reil: Rhapsodieen (Anm. 3), S. 28.

40 Reil: Rhapsodieen (Anm. 3), S. 32.

41 Reil: Rhapsodieen (Anm. 3), S. 165f.

42 Reil: Rhapsodieen (Anm. 3), S. 165.

43 Johann Christian Reil: Ueber die eigenthümlichen Verrichtungen des Seelenorgans. In: Gesellschaft angehender Ärzte (Hg.): Johann Christian Reil's gesammelte kleine physiologische Schriften. Größtenteils aus dem Lateinischen übersetzt. Bd. 2. Wien 1811, S. 1–158, hier: S. 8.

44 Marneros, Pillmann: Das Wort Psychiatrie (Anm. 1), S. 49.

Abb. 5: Johann Christian Reil in Halle (Saale)

der Erregungslehre des schottischen Arztes John Brown (1735–1788). Browns Werk *Elementae medicinae*[45], das seit den 1790er Jahren eine breite Rezeption erfuhr, propagierte den Begriff der Reizbarkeit oder Irritabilität. Dieses Krankheitskonzept war um 1800 überaus populär, weil es versuchte, Krankheit auf ein Missverhältnis von Reizstärke und Erregbarkeit des Körpers zurückzuführen: Der Mensch könne krank werden, weil er entweder übermäßig erregt sei (Sthenie) oder aber an mangelhafter Erregbarkeit (Asthenie) leide.[46]

Reil ging nicht nur auf die verschiedenen Arten der Therapien ein, sondern entwarf ein Konzept für Heilanstalten, da seine Curmethoden nur in einer Heilanstalt angewendet werden können. Reils Beschreibung erinnert an eine Idylle: Diese Heilanstalt solle in einer „anmutigen Gegend" liegen, in der Nähe von Seen, Flüssen und Wasserfällen.[47] Berge, Felder sowie Städte und Dörfer sollen auch nicht weit entfernt liegen. Es solle möglich sein, in der Anstalt Ackerbau, Viehzucht und Gärtnerei zu betreiben. Reil, für den die „Verrücktheit" durch eine Entfremdung vom Naturzustand des Menschen herrührte, stellte sich hier in die Nähe der zivilisationskritischen Gedanken Jean-Jacques Rousseaus (1712–1778).[48] Die Umsetzung seiner Ideen erlebte Johann Christian Reil nicht mehr. Erst 1816 wurde das Zuchthaus in Halle (Saale), in dem Reil noch die „Wahnsinnigen" behandelt hatte, in das „Königliche Irren-Institut Halle" umgewandelt.[49] Hier wurden bis in die Mitte des 19. Jahrhunderts Patienten behandelt, bevor der Arzt Heinrich Damerow (1798–1866) seine Pläne für eine Anstalt im Grünen durchsetzen konnte: die „Irren-Provinzial-Anstalt Halle-Nietleben" wurde 1844 eröffnet.

Die *Rhapsodieen* wirkten fort. Reil war einer der einflussreichsten Ärzte seiner Zeit; seine Schriften wurden vielfach gelesen und in einem „Irrendiskurs" ausführlich diskutiert und rezipiert. Die Publikation seiner Werke und die Rezeption der von ihm initiierten Diskussion über die Heilungsmethoden waren maßgeblich daran beteiligt, dass ein Reflexions- und Reformprozess über die Behandlung und Versorgung von psychisch kranken Menschen einsetzte. Einhergehend mit der Anerkennung, dass „Irre" heilbare Kranke seien, legte Reil die theoretischen

45 John Brown: The Elements of Medicine. Translated from the Latin with comments and illustrations by the Author. Edinburgh 1795.

46 Vgl. u.a. Heinz Schott: Brownianismus. „Sthenie" und „Asthenie" als globales Heilsystem: In: Heinz Schott (Hg.): Der sympathetische Arzt. Texte zur Medizin im 18. Jahrhundert. München 1998, S. 142–247.

47 Reil: Rhapsodieen (Anm. 3), S. 460.

48 Volker Roelcke: „Wir rücken Schritt vor Schritt dem Tollhause näher …" Das moderne Leben und die Nervenkrankheiten bei Johann Christian Reil (1759–1913). In: Sudhoffs Archiv 80 (1996), S. 56–67, hier: S. 65.

49 Hans-Heinz Eulner: Entwicklung der medizinischen Spezialfächer. Stuttgart 1970, S. 268.

Grundlagen für die psychiatrische Wissenschaft, auch für ihre Institutionalisierung auf akademischer Ebene. In Halle (Saale) lassen sich bis heute Spuren von Reil finden. An der Mozartstraße, Ecke Reilstraße wurde im Andenken an einen der wohl bekanntesten hallischen Ärzte eine Büste aufgestellt. Das Denkmal entstand 1913 zum 100. Todestag Reils. Während des Zweiten Weltkrieges wurde das Original eingeschmolzen. 1947 wurde nach den Entwürfen des Architekten Max Lange (1868–1949) ein Nachguss angefertigt und am heutigen Standort aufgestellt. Auch die Benennung eines Straßenzuges und einer in der unmittelbaren Nähe gelegenen Poliklinik nach dem Arzt und Psychiater Reil trägt seinem hohen Ansehen und seinen Verdiensten rund um die Krankenpflege und Armenfürsorge in der Stadt Rechnung.[50]

50 Florian Steger, Maximilian Schochow: Medizin in Halle. Ein medizinhistorischer Stadtführer. Halle 2013, S. 113.

Die antiseptische Wundbehandlung. Etablierung und Weiterentwicklung in Deutschland durch den Chirurgen Richard von Volkmann (1830–1889)

Im Verlauf des 19. Jahrhunderts kam es zu einer rasanten Entwicklung der Naturwissenschaften und der Medizin. Durch ein dynamisches Zusammenspiel von theoretischer Wissenschaft und praktischer Medizin wurden neue Erkenntnisse und Innovationen in der Therapie und der Pflege von Kranken gewonnen. Beispielhaft für diese Entwicklung ist die antiseptische Wundbehandlung von Baron Joseph Lister (1827–1912), Professor für Chirurgie an der Universität Edinburgh.[1] Ausgehend von der Beobachtung, dass Knochenbrüche ohne Hautverletzung gut heilten, solche mit Hautverletzung jedoch fast immer zu schwerem Wundfieber führten, vermutete Lister die Ursache in organischen Keimen in der Luft. Um die Wunden vor den Keimen zu schützen, verband Lister sie mit antiseptischer Gaze, die in Karbolflüssigkeit getränkt war. Im folgenden Abschnitt wird nicht nur davon berichtet, was man genau unter der antiseptischen Wundbehandlung des englischen Chirurgen Joseph Lister verstand, sondern es werden vielmehr der medizinische Kontext und die naturwissenschaftlichen Einflüsse der Wundbehandlung dargestellt. Dabei gilt es vor allem zu fragen, warum gerade der hallische Professor für Chirurgie und Direktor der Klinik am Domplatz, Richard von Volkmann (1830–1889), die Etablierung dieser Methode in Deutschland und später auch in Europa vorantrieb.[2]

Es wurden zwei Arten der Wundheilung unterschieden: die Heilung durch primäre Vereinigung und die durch Eiterung und Granulationsbildung.[3] Bei der ersten Methode wurde die Wunde vor der Vereinigung mit einem in Essig oder Wein getauchten Schwamm gereinigt und die Blutung gestillt. Die zweite Methode wurde bei größeren gequetschten Wunden oder komplizierten Frakturen eingesetzt. Diese Verletzungen galten als von der Natur zur Heilung durch Eiterung bestimmt. In

---

1 Huldrych M. Koebling: Joseph Lister (1827–1912). In: Dietrich von Engelhardt, Fritz Hartmann (Hg.): Klassiker der Medizin. Bd. 2. München 1991, S. 234–246.

2 Florian Steger, Maximilian Schochow: Volkmanns scharfer Löffel und die Märchen von Leander. In: Achim Lipp, Jürgen Lasch (Hg.): Hallesche Helden der Heilkunst. Halle 2013, S. 115–135.

3 Friedrich Trendelenburg: Einleitung. In: Ders. (Hg.): Joseph Lister's Erste Veröffentlichungen über die antiseptische Wundbehandlung (1867. 1868. 1869). Leipzig 1912, S. 3–18, hier: S. 8.

solchen Fällen war das Bestreben des Arztes nur darauf gerichtet, die Eiterung zu fördern und gleichzeitig die Entzündung in Schranken zu halten. Diese bereits in der Antike bekannte und von Galen von Pergamon (129– ca. 210) beschriebene Methode wurde von Ambroise Paré (um 1510–1590), Lorenz Heister (1683–1758), August Gottlieb Richter (1742–1812) oder Louis Stromeyer (1804–1876) immer wieder aufgegriffen. Sie wiederholten im Wesentlichen die Lehrauffassung, gequetschte Wunden könnten nicht ohne Eiterung geheilt werden.[4] Um die Wirkung des Eiters als einen nützlichen „Balsam" zu stärken, warnte beispielsweise Anfang des 18. Jahrhunderts Lorenz Heister vor der Berührung der frischen Wunde mit Luft.[5] Die mit Miasmen (krankheitserregenden Ausdünstungen) gesättigte und verdorbene Luft würde die Wirkung des Eiters schmälern und Faulfieber herbeiführen. Daher riet Heister, die amputierten Knochenstümpfe mit trockenen Leinenläppchen zu belegen und darauf ein Stück Bovist (großer Pilz) oder einen großen Bausch Flachs zu legen. Darüber wurde eine feuchte Kalbs- oder Schweinsblase gebunden. Der Verband musste drei bis vier Tage liegen und wurde dann täglich ausgestopft.[6] Ende des 18. Jahrhunderts wurde dieses Verfahren von August Gottlieb Richter modifiziert. Er lokalisierte alle blutenden Gefäße sorgfältig und unterband sie, damit die Wunde durch „geschwinde Vereinigung" zur Heilung gelangen würde.[7] Anschließend zog er die Haut- oder Hautmuskellappen über dem Stumpf zusammen und fixierte sie mit Heftpflasterstreifen. Die Ligaturfäden, die aus Gold-, Silber- oder Bleidraht bestanden oder Fäden aus tierischem Gewebe wie Lederstreifen waren, hingen zu einer offen gelassenen Wundspalte heraus. Darüber kam ein komprimierender Verband. Nach 8 bis 10 Tagen wurde der übelriechende erste Verband entfernt und der eiternde Stumpf täglich verbunden. Durch Zupfen an den Ligaturfäden überzeugte man sich davon, dass die Enden der abgebundenen Gefäße schon verklebt und von den Ligaturfäden „durchgeschnitten" waren.[8] Diese Modifikation der Wundbehandlung durch Gefäßligatur konnte allerdings die Mortalität nicht senken. Laut einer Statistik von Christian Albert Theodor Billroth (1829–1894), die er in seiner *Chirurgischen Klinik. Zürich 1860–1867*[9] publi-

4 Trendelenburg: Einleitung (Anm. 3), S. 8.

5 Lorenz Heister: Chirurgie. In welcher alles, was zur Wund-Artzney gehöret, (...) gründlich abgehandelt, und In vielen Kupffertafeln die neuerfundene und dienlichste Instrumenten (...) vorgestellet werden. Theil 2: Von den chirurgischen Operationen. Nürnberg 1719.

6 Trendelenburg: Einleitung (Anm. 3), S. 9.

7 August Gottlieb Richter: Von den Krankheiten der Brüste. In: Ders: Anfangsgründe der Wundarzneykunst. Bd. 4. Göttingen 1797, S. 386–428, hier S. 410f.

8 Trendelenburg: Einleitung (Anm. 3), S. 11.

9 Theodor Billroth: Chirurgische Klinik. Zürich 1860–1867. Erfahrungen auf dem Gebiete der praktischen Chirurgie. Berlin 1869.

zierte, lag die Mortalität bei offenen Frakturen bei über 38 Prozent, während sie bei Amputationen ca. 70 Prozent betrug.[10] Der Nachfolger Billroths am Universitätsspital Zürich, Edmund Rose (1836–1914), konzentrierte sich auf eine andere Methode. Er wandte die offene Wundbehandlung an, die eine Reaktion gegen das Ausstopfen und Zusammenpressen der Wunden mit Verbandmaterial darstellte. Bei der Technik wurde jede Art der Vereinigung und jede Bedeckung der Wunde unterlassen. Hierdurch erzielte Rose besonders bei den Amputationswunden einen Fortschritt, da Pyämie (Sepsis) und Erysipel (Wundrose) kaum noch zu beobachten waren.[11]

Die Heilung durch Eiter oder die offene Wundbehandlung waren Verfahren zur Behandlung schwerer Frakturen und Amputationen. Vor diesem medizinischen Horizont entwickelte Lister seine antiseptische Methode, die durch mehrere naturwissenschaftliche Entdeckungen ermöglicht wurde. Einen wesentlichen Meilenstein auf dem Weg zur antiseptischen Wundbehandlung stellten die Arbeiten des französischen Chemikers Louis Pasteur (1822–1895) dar. Pasteur hatte sich mit dem Problem der Fäulnis und der Gärung beschäftigt und auf den mikrobakteriellen Ursprung der Gärung hingewiesen. 1857 war es ihm gelungen, durch künstliche Züchtung spezifische Gärungserreger herzustellen. Anschließend entwickelte er auf dieser Grundlage das Verfahren der Sterilisation. Aus Pasteurs Studien konnte Lister entnehmen, dass die Zersetzung eine durch Mikroorganismen erzeugte Gärung sei und dass es durch Sterilisationsverfahren möglich war, den Fäulniserreger zu bekämpfen. Ein weiterer Meilenstein war die Entdeckung antiseptisch wirkender Mittel: Bereits Mitte des 19. Jahrhunderts waren verschiedene antiseptisch wirkende Mittel bekannt. So wurden u.a. Alkohol, Glyzerin, Chlor oder Jod in unterschiedlichen Zusammensetzungen erprobt. Obwohl ihre antiseptische Wirkung unbestritten war, eigneten sie sich aufgrund ihrer ätzenden Wirkung nicht für die Behandlung offener Wunden. Wesentlich Erfolg versprechender waren diverse experimentelle Beobachtungen über die keimtötende Wirkung des Steinkohlenteers und der Karbolsäure, die aus dem Steinkohlenteer hergestellt wurde. Lister beschreibt in seinem Vortrag *Über eine neue Methode der Behandlung von komplizierten Knochenbrüche, Abszessen usw.*[12] die für ihn entscheidende Beobachtung:

10 Billroth: Chirurgische Klinik (Anm. 9), S. 478.

11 Rudolf U. Krönlein: Die offene Wundbehandlung nach Erfahrungen aus der chirurgischen Klinik zu Zürich. Zürich 1872, S. 20f.

12 Joseph Lister: Über eine neue Methode der Behandlung von komplizierten Knochenbrüchen, Abszessen usw. mit Beobachtungen über die Bedingungen der Eiterung. In: Friedrich Trendelenburg (Hg.): Joseph Lister's Erste Veröffentlichungen über die antiseptische Wundbehandlung (1867. 1868. 1869). Leipzig 1912, S. 19–65.

Abb. 1: Joseph Lister (1827–1912)

> Im Laufe des Jahres 1864 wurde ich sehr überrascht durch einen Bericht über die bemerkenswerte Wirkung, die die Anwendung der Karbolsäure auf die Abwässer der Stadt Carliste ausübte, indem eine ganz geringe Menge davon, dem Unrat beigemischt, nicht nur jeden üblen Geruch auf den Feldern, die damit bewässert wurden, beseitigte, sondern auch, wie festgestellt wurde, die Entozoen vernichtete, die gewöhnlich das auf solchen Wiesen weidende Rindvieh heimsuchten.[13]

Listers Entdeckung, dass die Karbolsäure, welche dem Abwasser beigemengt wurde, den Parasitenbefall der Rinder verhinderte, sowie die Gärungsexperimente bzw. Sterilisationsverfahren von Pasteur bildeten den naturwissenschaftlichen Hintergrund zu jener Zeit, in der Joseph Lister mit ersten Versuchen zur antiseptischen Wundbehandlung begann.

Lister stammte aus einer Quäkerfamilie und wurde am 5. April 1827 in Upton Park (Essex) unweit Londons geboren. Sein Vater Joseph Jackson Lister war Kaufmann. Joseph studierte am University College in London, wo er 1847 zum Bachelor of Arts promoviert wurde. 1852 zum Bachelor of Medicine graduiert, wurde er im selben Jahr Fellow des Royal College of Surgeons. 1856 wurde er Assistant Surgeon an der Royal Infirmary in Edinburgh und begann, mit Erlaubnis der Universität, Privatvorlesungen über Chirurgie zu halten. Seine ersten speziell chirurgischen Arbeiten erschienen 1862 in Timothy Holmes Handbuch *A System of surgery*, für das er die Artikel *Anaesthetics* und *Amputation* schrieb.[14] 1860 folgte Lister dem Ruf an die Universität Glasgow, wo er seine Untersuchungen und Beobachtungen über Wundheilung begann. Das relativ neu errichtete Hospital bot ihm dazu gute Voraussetzungen, da dort schlechte gesundheitliche Verhältnisse herrschten: Pyämie (Sepsis) und Erysipel (Wundrose) waren stark verbreitet. So konnte er sein theoretisch erdachtes System der Antisepsis praktisch auf seine Richtigkeit erproben.[15] Anfänglich schlugen seine Versuche fehl: Der erste Einsatz seiner Methode lieferte keine genauen Erkenntnisse, da die Heilung auch ohne die Anwendung der Methode günstig verlaufen war. Der zweite Einsatz blieb wegen mangelhaften Vorgehens erfolglos. Erst der dritte Einsatz der Behandlungsmethode brachte den Durchbruch. Am 19. Mai 1866 operierte Lister einen schwerverletzten Eisengießer, der infolge unzureichender Arbeitsbedingungen von einer zwölf Zent-

---

13 Lister: Über eine neue Methode (Anm. 12), S. 22.

14 Joseph Lister: Anaesthetics. In: Timothy Holmes (Hg.): A System of surgery. Theoretical and practical, in treatises by various authors. Vol. 3: Operative surgery; diseases of the organs of special sense, respiration, circulation, locomotion, and innervation. London 1862, S. 51–90; Joseph Lister: Amputation. In: Timothy Holmes (Hg.): A System of surgery. Theoretical and practical, in treatises by various authors. Vol. 3: Operative surgery; diseases of the organs of special sense, respiration, circulation, locomotion, and innervation. London 1862, S. 91–107.

15 Koebling: Joseph Lister (Anm. 1), S. 234–246.

ner schweren Last getroffen worden war. Das zerschmetterte linke Bein des 21-jährigen Arbeiters wurde wie folgt behandelt:

> Um die Luft wieder herauszutreiben, quetsche ich von dem geronnenen und flüssigen Blut, das sich unter der Haut angesammelt hatte, soviel als möglich heraus und legte ein Stück in Karbol betauchtes Lint auf, das etwas größer war, als die Wunde (...). Um 8 Uhr abends wurde noch ein Stück in Karbol getauchtes Lint aufgelegt, so daß die Kruste von geronnenem Blut, Karbolsäure und Lint ungefähr 1/3 Zoll dick war (...). Am nächsten Tag war der Patient ziemlich wohl und hatte eine ruhige Nacht verbracht, nur hie und da durch stechende Schmerzen gestört (...). Die Oberfläche der Kruste wurde wieder mit Karbolsäure befeuchtet (...). Am 4. Tag – dem kritischen Zeitpunkt in bezug auf die Eiterung – war das Glied frei von Schmerzen, die Wade weniger gespannt und die Schwellung entschieden geringer.[16]

Nach weiteren erfolgreich verlaufenen Behandlungen war Lister überzeugt, dass er das Verfahren auch bei anderen Indikationen anwenden könne. Zunächst bezog er die Psoasabszesse (Abszesse des Lendenmuskels) in die antiseptische Wundbehandlung ein. Mit Genugtuung konnte er feststellen: „[S]pätere Versuche haben meine kühnsten Erwartungen noch übertroffen. Die Karbolsäure erwies sich in verschiedener Weise als sehr zweckmäßig."[17]

Bis 1867 behandelte er elf Patienten, die er in seinem Vortag *Über eine neue Methode der Behandlung von komplizierten Knochenbrüche, Abszessen usw.*[18] anhand einer detaillierten Kasuistik beschrieb. Dabei ging er differenziert auf Erfolge und Misserfolge ein, veranschaulichte schrittweise die Genese seiner Methode und stellte verschiedene Behandlungsmethoden und Modifikationen der Wundbehandlung vor. Beispielsweise führte die unverdünnte Säure als unerwünschte Nebenwirkung zu Verätzungen. Um die Reizungen zu verhindern, setzte Lister anstelle des rohen ungereinigten Karbols nun reines Karbol auch in kristallisierter Form ein, das in einem Mischungsverhältnis von eins zu zwanzig mit Öl verdünnt wurde:

> Nachdem man eine Lösung von einem Teil kristallisierter Karbolsäure in vier Teilen gekochtem Leinöl gemacht hat, taucht man einen 4 bis 6 Zoll Quadrat großen Lappen in diese ölige Mischung und legt ihn auf die Stelle der Haut, wo der Einschnitt gemacht werden soll. Dann hebt man das untere Ende des Lappens auf, während ein Assistent den oberen Teil festhält, damit er nicht abrutscht, stößt ein in das Öl getauchtes Skalpell oder Bistouri in die Höhlung des Abszesses ein und macht eine Öffnung von ungefähr ¾ Zoll Länge. Im selben Moment, in dem man das Messer herauszieht, läßt man den Öllappen

16 Lister: Über eine neue Methode (Anm. 12), S. 29.
17 Lister: Über eine neue Methode (Anm. 12), S. 22.
18 Lister: Über eine neue Methode (Anm. 12), S. 19–65.

als einen antiseptischen Vorhang auf die Haut fallen, unter dem nun der Eiter in das untergehaltene Gefäß läuft.[19]

Sobald keine Infektionsgefahr mehr bestand, wurde ein einfacher Wasserverband angelegt und die Heilung verlief normal. Doch auch dieser Ölverband wies Nachteile auf, sodass Lister eine neue Variante entwickelte. Diese bestand aus einem Gemisch von kohlensaurem Kalk und einer Lösung von Karbolsäure und Leinöl im Verhältnis bis zu eins zu sechs. Dieser Kitt wurde etwa einen halben Zentimeter dick auf Zinkfolie aufgetragen.[20]

Die Methoden Listers stießen zunächst fast ausschließlich auf Zweifel, Unglauben und direkten Widerstand, sodass sowohl die schottischen und englischen Kollegen als auch die Ärzte in anderen europäischen Ländern in offene Gegnerschaft traten. Entsprechend wurde in Standardwerken der Chirurgie die antiseptische Wundbehandlung mit keinem Wort erwähnt oder als ein nicht zufriedenstellendes Verfahren beschrieben.[21] Hierfür gab es vor allem zwei Gründe: Zum einen war es der Umstand, dass Lister sich auf die Pasteursche Fäulnistheorie berief und diese untrennbar mit seiner Methode verbunden hatte. Damit hatte er sich auch Gelehrte wie Justus von Liebig (1803–1873) und Hermann Ludwig Ferdinand von Helmholtz (1821–1894) zum Gegner gemacht, die Pasteurs Theorie nicht anerkannten. Zum anderen modifizierte Lister fortwährend seine Methode und versuchte sie zu verbessern. Dieses Bestreben rief bei vielen Kollegen den Eindruck einer gewissen Unsicherheit hervor.[22] Der Modifikationsprozess fand vorerst im Jahr 1871 einen Abschluss, u.a. in der zweiten Auflage von Timothy Holmes Handbuch *A System of surgery.*[23] In dem überarbeiteten Artikel *Amputation* empfahl Lister folgende Aspekte der antiseptischen Wundbehandlung: als Verband die antiseptische Gaze in einer achtfachen Lage mit einer Einlage von Mackintoshstoff (wasserdichter Stoff), zur direkten Bedeckung der Wunde das Protektiv, ein Stückchen feiner Wachstaffet (Seidenstoff), sowie das Karbolspray zur Desinfektion der Luft.[24] In

19 Lister: Über eine neue Methode (Anm. 12), S. 60.

20 Lister: Über eine neue Methode (Anm. 12), S. 64.

21 Trendelenburg: Einleitung (Anm. 3), S. 13.

22 Trendelenburg: Einleitung (Anm. 3), S. 13.

23 Joseph Lister: Amputation. In: Timothy Holmes (Hg.): A System of surgery. Theoretical and practical, in treatises by various authors. Vol. 5: Contents. I. General pathology. II. Local injuries. Diseases of the eye. III. Operative surgery; diseases of the organs of special sense, respiration, circulation, locomotion and innervation. IV. Diseases of the organs of digestion, of the genito-urinary system, of the breast, thyroid gland and skin; appendix of miscellaneous subjects, with a general alphabetical index and list of authors. 2 ed. London 1870, S. 592–653.

24 Lister: Amputation (Anm. 23), S. 617ff.

Abb. 2: Richard von Volkmann (1830–1989)

dieser Form verbreitete sich die Listersche Methode weltweit und wurde auch vom hallischen Chirurgen Richard von Volkmann rezipiert.

Zu diesem Zeitpunkt war Richard von Volkmann, der am 17. August 1830 in Leipzig geboren wurde, Professor für Chirurgie und Direktor der Universitätsklinik von Halle (Saale) eine angesehene Persönlichkeit. Sein Vater, Alfred Wilhelm Volkmann (1801–1877), war bereits am selben Ort Professor für Physiologie und Anatomie gewesen.[25] Richard studierte Medizin in Halle (Saale) und Gießen und legte im Mai 1855 sein Staatsexamen in Berlin ab. Hier lernte er den Leiter der chirurgischen Abteilung der Charité, Bernhard von Langenbeck (1810–1887), kennen und wurde dessen Schüler. Am 26. August 1854 wurde er mit der Arbeit *De pulmonum gangraena* promoviert.[26] 1855 kehrte Volkmann nach Halle (Saale) zurück, um unter Ernst Blasius eine Assistentenstelle an der Chirurgischen Klinik am Domplatz anzutreten. Parallel zum Klinikalltag arbeitete er an seiner Habilitation *Observationes anatomicae et chirurgicae quatuor*, in der er Untersuchungen zum Neurosarkom diskutierte.[27] Diese verteidigte er am 26. Juni 1857 öffentlich und war anschließend als Privatdozent tätig. Im Januar 1863 berief ihn die Medizinische Fakultät in Halle (Saale) zum außerordentlichen Professor. In diese Zeit fiel auch die Anfrage von seinem Studienfreund Theodor Billroth, einen Beitrag für das erste deutsche *Handbuch der allgemeinen und speciellen Chirurgie* zu schreiben. Volkmanns Beitrag *Verletzungen und Krankheiten der Bewegungsorgane* begründete nicht zuletzt seinen Ruhm.[28] Während des preußisch-österreichischen Krieges 1866 war er als Leiter der Kriegslazarette in Trautenau tätig und lernte die Methode der offenen Wundbehandlung zu schätzen. Nach seiner Rückkehr 1867 wurde Volkmann zum ordentlichen Professor und Direktor der Klinik am Domplatz ernannt. Mit Ausbruch des Deutsch-Französischen Krieges 1870/71 ernannte man ihn zum Chefarzt aller Lazarette in Mannheim und zum konsultierenden Chirurgen und Generalarzt. In dieser Zeit schrieb Volkmann Briefe mit Märchen an seine Kinder, die er später zu einer Sammlung aus 22 Texten zusammenfügte und unter dem Titel *Träumereien an französischen Kaminen*[29] veröffentlichte. Die unter dem Pseudonym Richard Leander veröffentlichte Märchensammlung wurde

25 Steger, Schochow: Volkmanns scharfer Löffel (Anm. 2), S. 119.

26 Richard Volkmann: De pulmonum gangraena. Dissertatio inauguralis medica. Berlin 1854.

27 Richard Volkmann: Observationes anatomicae et chirurgicae quatuor. Commentatio quam ad veniam docendi in Academia Fridericia Halensi cum Vitebergensi sociata rite impetrandam gratiosi medicorum ordinis consensu et auctoritate die 26. mensis Junii a. D. 1857 defend. Leipzig 1857.

28 Richard Volkmann: Verletzungen und Krankheiten der Bewegungsorgane. In: Franz von Pitha, Theodor Billroth (Hg.): Handbuch der allgemeinen und speciellen Chirurgie. Mit Einschluß der topographischen Anatomie, Operations- und Verbandlehre. Erlangen 1882.

29 Richard Volkmann-Leander: Träumereien an französischen Kaminen. Leipzig 1871.

Abb. 3: Buchtitel der Feldausgabe „Träumereien an französischen Kaminen“ (1916)

in Hunderten Auflagen immer wieder neu verlegt und in viele Sprachen übersetzt. Eine 1878 verfasste Prachtausgabe mit Illustrationen von Olga von Fialka (1848–1930) sandte er an Kaiserin Augusta (1811–1890), der Frau von Wilhelm I. (1797–1888), als Weihnachtsgeschenk. Während des Ersten Weltkrieges (1914–1918) wurde eine Feldausgabe für die deutschen Soldaten gedruckt.

Als er im März 1871 aus dem Krieg zurückkam, erwarteten ihn in seiner Klinik gravierende räumliche und hygienische Probleme. In der zweiten Hälfte des 19. Jahrhunderts wurde Halle (Saale) von den Auswirkungen der industriellen Revolution erfasst. Der Wandel der industriellen Verhältnisse zog neue Bevölkerungsteile in die Stadt und ließ die Einwohnerzahl stark wachsen. Dies stellte auch die medizinische Versorgung vor neue Herausforderungen. Das zwischen 1839 und 1840 errichtete hallische Klinikum am heutigen Domplatz 4 musste schon unter seinem ersten Klinikdirektor und Professor für Chirurgie, Ernst Blasius (1802–1875), erweitert werden.[30] Ursprünglich unter der Aufsicht des hallischen Bauinspektors Johann Justus Peter Schulze (1785–1855)[31] errichtet, verfügte das Klinikgebäude im Erdgeschoss über eine chirurgische Abteilung, während die Allgemeinmedizin im Obergeschoss untergebracht war. Die Erweiterung der Klinik von 30 auf 50 Betten pro Abteilung wurde dem Architekten Ernst Steudener (1839–1880) übertragen, der die Ausführung des Projekts im Jahr 1858 abschloss.[32] Doch auch diese Erweiterung entsprach Anfang der 1870er Jahre in keiner Weise den Anforderungen an ein zeitgemäßes Institut, so Volkmann, der nach Blasius Chef der Klinik am Domplatz wurde: Die Klinik,

> in einer Zeit erbaut, wo die jetzt so industrielle und bevölkerte Stadt sich noch in sehr stillen und bescheidenen Verhältnissen bewegte (...), ist (...) ursprünglich nur auf einige dreissig Betten berechnet und die Vermehrung der Lagerstellen bis zu der erwähnten Zahl von 50 – im Notfall selbst gegen 60 – Betten ohne räumliche Erweiterungen fast nur dadurch zu Stande gebracht, dass einfach mehr Betten in die Zimmer gestellt wurden.[33]

30 Florian Steger, Maximilian Schochow: Medizin in Halle. Ein medizinhistorischer Stadtführer. Halle 2013, S. 70.

31 Angela Dolgner: Johann Justus Peter Schulze – Protagonist des Klassizismus in Halle. Zum 150. Todestag des halleschen Stadtbaumeisters und Universitätsarchitekten. In: Ralf Jacob (Hg.): Jahrbuch für hallische Stadtgeschichte 2005. Halle 2005, S. 163–167.

32 Steger, Schochow: Medizin in Halle (Anm. 30), S. 72.

33 Richard Volkmann: Ueber den antiseptischen Occlusivverband und seinen Einfluss auf den Heilungsprocess der Wunden. In: Richard von Volkmann (Hg.): Sammlung Klinischer Vorträge in Verbindung mit deutschen Klinikern. Chirurgie. Nr. 29–53. Leipzig 1875, S. 759–812, hier: S. 765.

Infolge der „industriellen Verhältnisse“ und der räumlichen „Insuffizienz der Klinik“ entwickelten sich „völlig abnorme Zustände“.[34] Mehr und mehr konnten nur die schwersten Fälle aufgenommen werden, während die leichter Verletzten zurückgewiesen werden mussten. Die ca. 50 Betten der chirurgischen Station waren mit bis zu 45 Schwerverletzten belegt, die große Operationen überstanden hatten. Neben den räumlichen Problemen kämpfte Volkmann, ähnlich wie Lister im Royal Infirmary, mit den hygienischen Zuständen:

> Der Platz, auf dem die Klinik steht – geradezu unter dem hohen Dach der Domkirche – ist so ungünstig wie denkbar. Besondere Ventilationsvorrichtungen fehlen ganz. Zwischen je zwei der glücklicherweise kleinen, nur 2–6 Betten umfassenden Zimmer ist je ein Closet eingefügt, welches in die beiden betreffenden Zimmer hineinmündet. Ueber den parterre gelegenen Räumen der chirurgischen Station befindet sich im ersten Stock die medicinische (innere) Abtheilung. Ein Leichenhaus fehlte bis vor einem halben Jahre, seit welcher Zeit erst die Gestorbenen in das pathologische Institut geschafft werden können, ganz, vielmehr blieben die Leichen auch im Sommer bis zu ihrer Beerdigung im Souterrain unmittelbar unter den Krankenzimmern der chirurgischen Klinik liegen.[35]

Unter diesen Verhältnissen starben zwei von vier, manchmal zwei von drei Patienten mit schweren Verletzungen an Pyämie und Erysipelen, und die im Feld erlernte Methode der offenen Wundbehandlung stieß an ihre Grenzen.[36] Während des Krieges 1870/71 spitzte sich die Situation noch einmal dramatisch zu, da in der Klinik Kriegsverwundete behandelt wurden. Die Zahl der Opfer, die der Pyämie oder den Erysipelen erlagen, war so hoch, dass Richard von Volkmann die Schließung der Klinik erwog.[37] In dieser Situation las Volkmann eine Arbeit seines Kollegen Emil August Wilhelm Schultze (1840–1924), der an der Charité wirkte. Darin wurde die antiseptische Wundbehandlung von Lister beschrieben, die in Berlin, Leipzig und Magdeburg bereits zu Beginn der 1870er Jahre erfolgreich angewandt wurde. Zunächst blieb Volkmann skeptisch, doch als das Sterben in der Klinik nicht aufhörte, begann er im Dezember 1872 ein 15 Monate andauerndes Experiment zur antiseptischen Wundbehandlung: Unter diesen Umständen ging Volkmann

> Ende November 1872, in der bestimmten Überzeugung, dass es sich um ein nur wenige Wochen dauerndes vergebliches Experiment handeln werde, und lediglich von dem Gesichtspunkte einer lästigen, aber unabweislichen Pflichterfüllung aus an die Prüfung der neuesten Lister'schen Methode.[38]

34 Volkmann: Ueber den antiseptischen Occlusivverband (Anm. 33), S. 764.
35 Volkmann: Ueber den antiseptischen Occlusivverband (Anm. 33), S. 765
36 Steger, Schochow: Volkmanns scharfer Löffel (Anm. 2), S. 122.
37 Steger, Schochow: Volkmanns scharfer Löffel (Anm. 2), S. 122.
38 Volkmann: Ueber den antiseptischen Occlusivverband (Anm. 33), S. 765.

Abb. 4: Klinik am Domplatz in Halle (Saale) um 1870

Abb. 5: Wohnhaus von Richard von Volkmann

Die ersten Versuche mit der Methode stimmten Volkmann zuversichtlich: Krankheitsverläufe mit hohem Fieber sowie verjauchende und übelriechende Wunden wurden nicht mehr beobachtet und die Mortalitätsziffern sanken. Von diesem Erfolg vollkommen überrascht und durch das Experiment zur Listerschen antiseptischen Wundbehandlung überzeugt, wurde Volkmann zum Verfechter dieser Methode in Deutschland.[39]

Die Listersche Methode begann schon mit der Operation, denn die Haut des Patienten, die Hände der Operateure, alle Instrumente, Schwämme und Verbandsstoffe wurden mit fünfprozentiger Karbolsäurelösung desinfiziert. Die Operationswunde wurde kontinuierlich mit zweiprozentiger Lösung besprüht und die „Luftkeime“ im Operationssaal sollten mit einer vierprozentigen Lösung bei Verwendung von Wasserdampf vernichtet werden.[40] Lister fügte zwischen große Hautlappen oder in Wundhöhlen „carbolosirte Schwämme, Ballen in Karbolsäurelösung getauchter Wundwatte oder endlich aus zusammengefalteter Listerscher Gaze gefertigter Compressen“ ein und legte dann einen „Compressivverband“ an.[41] Volkmann aber hatte die Methode modifiziert. Er führte zur Drainage der Wunde zahlreiche drei bis vier Zentimeter lange Röhrchen aus Kautschuk ein, die im Niveau der Haut abgeschnitten wurden. Auf die Wundnaht verzichtete er in der Regel. „Frische Wunden wurden vor dem ersten Verbande reichlich mit 3–5procentiger Carbolsäurelösung ausgespült und die Flüssigkeit mit den Fingern in die Wundrecessus und Gewebsinterstitien hineingerieben.“[42] Der Verbandswechsel erfolgte unter dem Schutz von einem oder zwei Karbol-Zerstäubungsapparaten.

Unter unveränderten räumlichen Umständen trat ein Wandel ein. Eine Statistik, die Volkmann parallel zur Langzeitstudie geführt hatte, belegte deutlich den Erfolg: 31 hintereinander behandelte, offene Knochenbrüche, davon 19 komplizierte Unterschenkelbrüche, heilten ohne Schwierigkeiten. Zwar wies seine Statistik auch Todesfälle auf. Doch die Vorzüge der Methode waren unübersehbar: schnelle und schmerzarme Heilung bei komplizierten Frakturen und Amputationen. Dennoch sah Volkmann auch die Nachteile, etwa erstarrte und anästhetische Hände bei stärkeren Karbolsäurelösungen die Gefahr der Karbolsäureintoxikation für den Kranken durch die Nebelbildung der Zerstäubungsapparate.[43] Gleichwohl sich die Unfälle mit Karbolsäurevergiftungen häuften, konnten selbst hartnäckige Kritiker

39 Steger, Schochow: Volkmanns scharfer Löffel (Anm. 2).
40 Volkmann: Ueber den antiseptischen Occlusivverband (Anm. 33), S. 780.
41 Volkmann: Ueber den antiseptischen Occlusivverband (Anm. 33), S. 780.
42 Volkmann: Ueber den antiseptischen Occlusivverband (Anm. 33), S. 781.
43 Volkmann: Ueber den antiseptischen Occlusivverband (Anm. 33), S. 781.

Abb. 6: Volkmann-Denkmal in der Magdeburger Straße 16 in Halle (Saale)

wie der Schweizer Chirurg Rudolf Ulrich Krönlein (1847–1910), der Schüler von Edmund Rose war und mit einer Dissertation zur offenen Wundbehandlung promoviert wurde, den Siegeszug der Methode nicht aufhalten.[44]

Volkmann war nicht nur von der neuen Methode angetan, sondern konnte durch seine Begeisterungsfähigkeit auch andere von den Erfolgen überzeugen. Seine besonders lebendige und überzeugende Darstellung des Verfahrens trug viel dazu bei, dass die neue Methode bald in ganz Deutschland Aufnahme fand und das allgemeine Interesse wachrief bzw. die Widerstände beseitigte. Entsprechend zogen seine Erfolge in den folgenden Jahren viele Kollegen nach Halle (Saale), die nun die Methode und Volkmanns Modifikationen kennenlernen wollten. Hierdurch wurde die hallische Klinik am Domplatz Mitte der 1870er Jahre weltberühmt. Richard von Volkmann selbst fuhr zu Kongressen und internationalen Tagungen, um die Listersche Methode bekanntzumachen. So sprach er beispielsweise auf dem dritten Kongress der Deutschen Gesellschaft für Chirurgie am 19. April 1874, auf dem Chirurgenkongress 1881 in London oder auf dem Internationalen medizinischen Kongress in London 1881.[45] Darüber hinaus publizierte er in nationalen und internationalen Journalen. Auf Volkmanns Veranlassung wurden die Aufsätze Listers, die auf die antiseptische Wundbehandlung Bezug nahmen, von Oscar Thamhayn (*1829) ins Deutsche übersetzt. Das 1875 erschienene Buch umfasste alle bis dahin veröffentlichten Journalartikel und Vorträge, die Lister gehalten hatte.[46] Im selben Jahr wurde Volkmanns Erfahrungsbericht mit der Listerschen Methode in England veröffentlicht und mit einem Vorwort von Joseph Lister versehen. Als Mitherausgeber medizinischer Schriften, beispielsweise der *Sammlung klinischer Vorträge*, setzte er sich für den Gedankenaustausch unter Kollegen und die antiseptische Methode ein. Gerade bei seiner Publikationstätigkeit half ihm die familiäre Anbindung mütterlicherseits an das Leipziger Verlagshaus Breitkopf & Härtel, bei dem er auch das *Centralblatt für Chirurgie* herausgab. Im Nachruf dieses Blattes auf Richard von Volkmann fassten Franz König (1832–1910) und Emil Richter (1837–1916) die Verdienste Volkmanns um die Listersche Methode wie folgt:

---

44 Rudolf U. Krönlein: Offene und antiseptische Wundbehandlung. Eine vergleichende Zusammenstellung der mit diesen Methoden der Wundbehandlung an den Universitätskliniken Zürich, Leipzig und Halle erzielten Resultaten. In: Langenbecks Archiv für Klinische Chirurgie 19 (1876), S. 1–58.

45 Fedor Krause: Zur Erinnerung an Richard von Volkmann (Richard Leander). Berlin 1890, S. 24.

46 Joseph Lister: Der Listersche Verband. Mit Bewilligung des Verfassers in's Deutsche übertragen von Oscar Thamhayn. Leipzig 1875.

> Das geistige Eigenthumsrecht an der Methode gehört Joseph Lister, aber ihre rasche Verbreitung zunächst in Deutschland und darauf in allen civilisierten Ländern, mit mannigfachen originellen Veränderungen und offenbaren Verbesserungen verdankt sie Richard Volkmann.[47]

Somit ist es vor allem dem Einfluss von Richard von Volkmann zu verdanken, dass sich die Antisepsis schnell in den Operationssälen der deutschen Krankenhäuser durchsetzte und die Welle der Begeisterung nach England zurücklief. Als Anhänger und Verfechter der Methode schrieb er, die antiseptische Wundbehandlung habe die Chirurgie zum Range der jüngsten Experimentalwissenschaft emporgehoben und Wandlungen ohnegleichen in der Geschichte der Medizin herbeigeführt. Richard von Volkmann starb am 28. November 1889. Einen Tag später schrieb der ehemalige Patient F. W. Schütte einen Brief an Halles Bürgermeister Gustav Staude (1843–1909). Darin bat er ein Denkmal für Volkmann zu errichten und legte dem Brief einen Spendenscheck von 5.000 Mark bei.[48] Daraufhin beschloss ein Komitee aus Honoratioren der Stadt die Errichtung eines Denkmals, beauftragte mit dem Entwurf dazu den Vetter von Richard, Artur Hoffmann (1851–1941), und rief im „Halleschen Tageblatt" zu einer Spende für „ein Denkmal aus Marmor oder Erz" auf.[49] Am 1. August 1894, zum 200. Jubiläum der Vereinigten Friedrichs-Universität Halle-Wittenberg, wurde das Denkmal aus italienischem Marmor eingeweiht.[50]

47 Franz König, Emil Richter: Richard von Volkmann. Nachruf. In: Centralblatt für Chirurgie 51 (1889), S. 1–6.

48 Simone Trieder: Richard von Volkmann-Leander. Chirurg und Literat. Halle 2006, S. 143f.

49 Stadtarchiv Halle (StAH): Hallesches Tageblatt, 10. April 1890.

50 Steger, Schochow: Volkmanns scharfer Löffel (Anm. 2), S. 129.

Wie groß ist die Unendlichkeit? Georg Cantor (1845–1918) und die Mengenlehre

Der Mathematiker Georg Cantor (1845–1918) nimmt in der Wissenschaftsgeschichte einen bedeutenden Platz ein. Seine Definition und damit die Begründung der Mengenlehre ist so bekannt und wichtig für die Mathematik, dass sie bis heute in kaum einem mathematischen Handbuch fehlt. Da sich die meisten Objekte in der Mathematik als Menge definieren lassen, ist die Mengenlehre ein grundlegender Begriff innerhalb der Mathematik. Cantor beschreibt die „Menge" im letzten Drittel des 20. Jahrhunderts wie folgt:

> Unter einer „Menge" verstehen wir jede Zusammenfassung M von bestimmten wohlunterschiedenen Objekten m unserer Anschauung oder unseres Denkens (welche die „Elemente" von M genannt werden) zu einem Ganzen.[1]

Diese Beschreibung einer Menge, die zwar nicht im eigentlichen Sinn eine mathematische Definition war,[2] führte dazu, dass sich ein neues Teilgebiet der Mathematik entwickeln konnte. Was war das Neue und Besondere an der Mengenlehre? Cantor konnte zeigen, dass es unterschiedlich „große" Unendlichkeiten gibt und dass sie sich mithilfe von „transfiniten Zahlen", also Zahlen jenseits des Endlichen, klassifizieren lassen.[3]

Georg Cantor war von 1869 bis zu seinem Tod 1918 an der Friedrichs-Universität Halle-Wittenberg tätig. In dieser Zeit beschäftigte er sich vor allem mit der Frage, ob es eine Unendlichkeit gebe und wie sie mathematisch fassbar sei. Dazu stellte er die These auf, dass unendliche Mengen, wie beispielsweise die „Menge aller natürlichen Zahlen", als wirkliche mathematische Objekte existieren und somit für die Mathematik zugänglich sind. Seit Mitte der 1870er Jahre publizierte Georg Cantor seine Überlegungen zum Phänomen der „Menge" und über viele Jahre hinweg sollte der Versuch, sich der Berechnung der Unendlichkeit zu nähern, sein Leben bestimmen. Das Leben von Georg Cantor war von privaten und wis-

1 Georg Cantor: Beiträge zur Begründung der transfiniten Mengenlehre. In: Mathematische Annalen 46 (1895), S. 481–512, hier: S. 481.

2 Oliver Dieser: Einführung in die Mengenlehre. Die Mengenlehre Georg Cantors und ihre Axiomatisierung durch Ernst Zermelo. Heidelberg 2010, S. 15.

3 Cantor: Beiträge zur Begründung (Anm. 1), S. 492.

Abb. 1: Georg Cantor (1845–1918)

senschaftlichen Höhen und Tiefen geprägt. Auf der einen Seite war er der hervorragende Mathematiker, der sich jahrzehntelang intensiv mit mathematischen Fragestellungen beschäftigte und oft zu überraschenden und innovativen Lösungsansätzen kam, um so neue Teilgebiete der Mathematik zu erschließen.[4] Auf der anderen Seite stand ein Georg Cantor, der sich auch von seinem akademischen Umfeld unverstanden fühlte[5] und schließlich 1918 in der „Psychiatrischen und Nervenklinik“ in Halle (Saale) starb. Hier sollen Georg Cantors wissenschaftliche Leistungen auf dem Gebiet der Mathematik im Zusammenhang mit den Stationen seines Lebens vorgestellt werden.

Georg Ferdinand Ludwig Philipp Cantor wurde am 3. März 1845 in Sankt Petersburg, der damaligen Hauptstaat Russlands, geboren.[6] Seine Eltern waren der Börsenmakler und Händler Georg Woldemar Cantor (1813–1863) und Marie Cantor (1819–1896), geborene Boehm. Georg Woldemar Cantor, in Kopenhagen geboren, zog als Kind mit seiner Mutter nach Sankt Petersburg. Marie Cantor kam aus einer Künstlerfamilie, in der die Musik eine bedeutende Rolle spielte. Ihre Großeltern waren beide Berufsmusiker und spielten Violine.[7] Das musikalische Erbe der Familie seiner Mutter hinterließ tiefe Spuren bei Georg Cantor und schon früh wurde der junge Georg an die Violine herangeführt. Noch viele Jahre später erinnert er sich in Halle (Saale) an die musikalische Begeisterung seiner Kindheit:

> Au fond bin ich eine sehr leichte Künstlernatur und bedaure stets, dass mein Vater mich nicht hat „Violinist“ werden lassen, wodurch ich jedenfalls am glücklichsten geworden wäre. Ich gehöre ja mütterlicherseits einer Familie von Violinvirtuosen an. Mein Grossvater und meine Grossmutter Franz und Marie Böhm (geb. Morawek) (aus der Schule des Franzosen Rode) haben in den 20er und 30er Jahren dieses Jahrhunderts in St. Petersburg als kaiserliche Violinvirtuosen die dortigen musikalischen Kreise entzückt.[8]

Aufgrund des schlechten Gesundheitszustandes des Vaters zog die Familie Cantor 1856 von Sankt Petersburg in die Kurstadt Wiesbaden. Dort hoffte der Vater auf Linderung seiner Erkrankung durch das mildere Klima. Bereits ein Jahr später siedelten sie nach Frankfurt am Main über. Der Vater Georg Woldemar Cantor war fromm und instruierte seinen Sohn in religiösen Dingen. Zeit seines Lebens blieb Georg Cantor ein religiöser Mensch. Der Vater war es auch, der zunächst darauf

4 Anne-Marie Décaillot: Cantor und die Franzosen. Mathematik, Philosophie und das Unendliche. Berlin, Heidelberg 2011, S. 97.

5 Décaillot: Cantor und die Franzosen (Anm. 4), S. 32.

6 Herbert Meschkowski: Probleme des Unendlichen. Werk und Leben Georg Cantors. Wiesbaden 1967, S. 1.

7 Meschkowski: Probleme des Unendlichen (Anm. 6), S. 2.

8 Brief Nr. 36, Georg Cantor an É. Lemoine, 17.3.1896. In: Décaillot: Cantor und die Franzosen (Anm. 4), S. 188.

Abb. 2: Straßenschild der Georg-Cantor-Straße in Halle (Saale)

Abb. 3: Gedenktafel am ehemaligen Wohnhaus von Georg Cantor (1845–1918) in Halle (Saale)

bestand, dass sein Sohn Georg Ingenieur werden sollte.[9] Seine Erwartungen an den Sohn schrieb Georg Woldemar Cantor in einem Brief nieder. Hier war von allgemeiner und umfassender Bildung die Rede. Verknüpft wurden die Formulierungen der Bildungsanforderungen mit der Mahnung an Georg, in jungen Jahren zu lernen:

> Zur Erlangung vielfacher gründlicher wissenschaftlicher und praktischer Kenntnisse, zur *vollkommenen* Aneignung fremder Sprachen und Literaturen, zur vielseitigen Bildung des Geistes, auch in machen humanistischen Wissenschaften (...), *dazu* ist die eben angetretene *zweite Periode* Deines Lebenslaufes, *das Jünglingsalter*, bestimmt. Was der Mensch aber in *dieser Periode* versäumt (...), das ist unwiederbringlich und *unersetzlich* für ewig verloren (...).[10]

Erst nach einiger Zeit konnte Georg Cantor seinen Vater von einem Studium der Mathematik überzeugen. Zunächst studierte er in Zürich, später in Göttingen und Berlin Mathematik.[11] Hier besuchte er Kurse und Vorlesungen bei bedeutenden Mathematikern wie Karl Weierstraß (1815–1897), Leopold Kronecker (1823–1891) und Ernst Eduard Kummer (1810–1893). Kummer betreute Cantors Dissertation zur „Zahlentheorie“, mit der er 1867 promoviert wurde. Sie war, entsprechend den wissenschaftlichen Standards seiner Zeit, in Latein verfasst und trug den Titel *De aequationibus secondi gradus indeterminatis* (dt.: „Über unbestimmte Gleichungen zweiten Grades“).[12] Eine der Thesen, die Georg Cantor in seiner Promotion verteidigte, war der Satz: „In re mathematica ars propenendi quaestionem pluris facienda est quam solvendi.“ (dt.: „In der Mathematik ist die Kunst der Fragestellung wichtiger als die der Lösung.“).[13] Diesem Motto blieb Cantor verpflichtet. Nach seiner Promotion trat er 1868 für kurze Zeit eine Stelle als Lehrer für Mathematik in einem Mädchen-Gymnasium in Berlin an. Doch bereits im Frühjahr 1869 gab Cantor diese Stelle auf, um sich ganz der Mathematik und ihrer Erforschung zu verschreiben.

Wohl empfohlen durch seinen Berliner Freund Hermann Schwarz (1843–1921), der von 1867 bis 1869 an der Vereinigten Friedrichs-Universität Halle-Wittenberg lehrte, kam Cantor nach Halle (Saale). Im Jahr 1869 habilitierte sich der erst 24 Jahre alte Cantor an der Vereinigten Friedrichs-Universität Halle-Wittenberg. In seiner Habilitationsschrift mit dem Titel *De transformatione formarum ternariarum quadraticarum* (dt.: „Transformationen von terniären quadratischen

9 Meschkowski: Probleme des Unendlichen (Anm. 6), S. 5.
10 Walter Purkert, Hans Joachim Ilgauds: Georg Cantor. Leipzig 1985, S. 11.
11 Meschkowski: Probleme des Unendlichen (Anm. 6), S. 10.
12 Georg Cantor: De aequationibus secondi gradus indeterminatis. Diss. phil. Berlin 1867.
13 Cantor: De aequationibus (Anm. 12), S. 18.

Formen")[14] beschäftigte er sich mit einem Problem der Zahlentheorie. Die Stadt Halle (Saale) und die Vereinigte Friedrichs-Universität Halle-Wittenberg wurden für fast 50 Jahre, von 1869 bis zu seinem Tod 1918, die neue Heimat von Georg Cantor. In einem Brief an seine Schwester Sophie Nobiling (geb. Cantor) äußerte er sich optimistisch über seine Zukunft, die er voll und ganz in der Mathematik sah:

> Ich sehe doch immer mehr ein, wie sehr mir meine Mathematik ans Herz gewachsen ist oder vielmehr, daß ich eigentlich dazu geschaffen bin, um in dem Denken und Trachten in dieser Sphäre Glück, Befriedigung und wahrhaften Genuß zu finden. (...) Du wirst dir denken können, daß sich diese Hoffnungen zunächst an Halle knüpfen; dort werde ich eine Wirksamkeit haben, welche sich ganz und gar auf meinen Beruf erstreckt, und ich werde dort vielleicht von selbst Anerkennung und Verständnis meiner Bestrebungen finden.[15]

Seit seiner Habilitation war Cantor als Privatdozent für Mathematik an der Vereinigten Friedrichs-Universität Halle-Wittenberg angestellt. Intensiv beschäftigte er sich hier mit der Zahlentheorie. Mit seinem akademischen Lehrer Eduard Heine (1821–1881), Professor für Mathematik an der Vereinigten Friedrichs-Universität Halle-Wittenberg, wandte er sich verstärkt der Problematik der Fourierreihen (periodische Funktion, die abschnittsweise stetig ist) zu. Eduard Heine erkannte früh das Talent des jungen Cantor und sah für ihn Großes voraus: Cantor werde einmal etwas Bedeutendes leisten, denn mit ungewöhnlichem Scharfsinn verbinde er eine ganz außerordentliche Phantasie.[16]

1872 lernte Cantor den Braunschweiger Mathematiker Richard Dedekind (1831–1916) kennen, mit dem ihn eine lebenslange Freundschaft verband. Aus dieser Freundschaft resultierte ein intensiver Briefwechsel, in dem man die Entstehung und Entwicklung der Mengenlehre ablesen kann.[17] 1874 heiratete Cantor die Musikerin Vally Guttmann (1849–1923), die er bereits aus seiner Berliner Zeit kannte. Mit seiner Frau bekam er sechs Kinder.[18]

Zu dieser Zeit begann Georg Cantor, sich mit dem Problem zu beschäftigen, wie man „Unendlichkeit" mathematisch fassen kann. Seit mehreren Jahrhunderten war diese Fragestellung in der Mathematik bekannt – schon Aristoteles hatte sich mit dem Phänomen der Unendlichkeit auseinandergesetzt.[19] Aristoteles unterschied zwischen zwei Auffassungen von Unendlichkeit: potentielle Unendlichkeit

14 Georg Cantor: De transformatione formarum ternariarum quadraticarum. Halle 1869.

15 Meschkowski: Probleme des Unendlichen (Anm. 6), S. 7.

16 Purkert, Ilgauds: Georg Cantor (Anm. 10), S. 21.

17 Meschkowski: Probleme des Unendlichen (Anm. 6), S. 26.

18 Else (1875–1954), Gertrud (1877–1956), Erich (1879–1962), Anne-Marie (1882–1920), Margarethe (1885–1956) und Rudolf (1887–1899).

19 Thomas Bedürftig, Roman Murawski: Philosophie der Mathematik. Berlin 2010, S. 38.

und aktuale Unendlichkeit. Damit beschrieb er zwei Möglichkeiten, wie der Begriff der Unendlichkeit gedacht werden kann. Bei der potentiellen Unendlichkeit bestand die Möglichkeit, über die Grenze jedes Endlichen hinauszugehen. Im Gegensatz dazu existiere die aktuale Unendlichkeit zu einem bestimmten Zeitpunkt vollständig und abgeschlossen. Für die Mathematik ließ Aristoteles nur das potentiell Unendliche zu, da er ein von vornherein gedachtes Ganzes und folglich Abgeschlossenes ausschloss. Aristoteles' Entscheidung gegen die Möglichkeit, die Unendlichkeit aktual zu denken, prägte das mathematische Denken bis ins 19. Jahrhundert.[20] Zwar war seit der Erfindung der Infinitesimalrechnung das Rechnen mit dem Unendlichen üblich geworden. Doch die Beschäftigung mit aktual unendlichen Größen galt als ein Bereich, der nur Gott zukomme.[21] Eine Äußerung des Mathematikers Carl Friedrich Gauß (1777–1855) verdeutlicht die Zurückhaltung vieler Mathematiker, mit der Unendlichkeit zu rechnen:

> So protestire ich (...) gegen den Gebrauch einer unendlichen Größe als einer Vollendeten, welcher in der Mathematik niemals erlaubt ist. Das Unendliche ist nur eine façon de parler, indem man eigentlich von Grenzen spricht, denen gewisse Verhältnisse so nahe kommen, als man will, während andern ohne Einschränkung zu wachsen verstattet ist.[22]

Cantor übernahm zwar die aristotelische Unterscheidung, bezog aber als einer der ersten das aktual Unendliche in die Mathematik mit ein.[23] Unter aktualer Unendlichkeit verstand er „eine Größe, die als Ganzes gegeben, in allen ihren Teilen bestimmt und eine Konstante ist und die zugleich jede endliche Größe desselben Typs überschreitet".[24] Das aktual Unendliche unterschied Cantor in drei Beziehungen:

> Erstens sofern es in der höchsten Vollkommenheit, im völlig unabhängigen, außerweltlichen ein, in Deo realisiert ist, wo ich es Absolut-unendliches oder kurzweg Absolutes nenne; zweitens sofern es in der abhängigen, kreatürlichen Welt vertreten ist; drittens sofern es als mathematische Größe, Zahl oder Ordnungstypus vom Denken in abstracto aufgefaßt werden kann.[25]

---

20 Bedürftig, Murawski: Philosophie der Mathematik (Anm. 19), S. 39.

21 Ludwig Neidhart: Unendlichkeit im Schnittpunkt von Mathematik und Theologie. 2. historischer und theologischer Teil. Göttingen 2007, S. 569.

22 Edgar Forschbach: Unendlichkeit und Ewigkeit. In: Otfried Reinke (Hg.): Klärungsversuche aus Natur- und Geisteswissenschaften. Göttingen 2004, S. 52–64, hier: S. 52.

23 Forschbach: Unendlichkeit und Ewigkeit (Anm. 22), S. 52.

24 Bedürftig, Murawski: Philosophie der Mathematik (Anm. 19), S. 71.

25 Georg Cantor: Mitteilungen zur Lehre vom Transfiniten. In: Zeitschrift für Philosophie und philosophische Kritik 91 (1887), S. 81–125.

Während die erste Beziehung für Cantor das Absolute, das nicht mehr Vermehrbare darstellte, waren die beiden anderen Beziehungen des aktual Unendlichen prinzipiell vermehrbar:

> In den beiden letzten Beziehungen, wo es offenbar als beschränktes, noch weiterer Vermehrung fähiges und insofern dem Endlichen verwandtes A.-U. sich darstellt, nenne ich es Transfinitum und setze es dem Absoluten strengstens entgegen.[26]

Damit stellte Cantor der absoluten Unendlichkeit zwei prinzipiell vermehrbare Unendlichkeiten gegenüber und bezeichnete sie als „Transfinitum". Cantor ging in seinen Überlegungen zur Mengenlehre davon aus, dass das aktual Unendliche als eine geschlossene Menge aufgefasst werden kann, eine „unendliche Gesamtheit".[27] Und das potentiell Unendliche war ohne das aktual Unendliche für ihn weder denkbar noch berechenbar:

> Unterliegt es nämlich keinem Zweifel, daß wir die veränderlichen Größen im Sinne des potentiellen Unendlichen nicht missen können, so läßt sich daraus auch die Notwendigkeit des Aktual-Unendlichen folgendermaßen beweisen: Damit eine solche veränderliche Größe in einer mathematischen Betrachtung verwertbar sei, muß strenggenommen das „Gebiet" ihrer Veränderlichkeit durch eine Definition vorher bekannt sein; dieses „Gebiet" kann aber nicht selbst wieder etwas Veränderliches sein, da sonst jede feste Unterlage der Betrachtung fehlen würde; also ist dieses „Gebiet" eine bestimmte aktual-unendliche Wertemenge. So setzt jedes potentiale Unendliche, soll es streng mathematisch verwendbar sein, ein Aktual-Unendliches voraus.[28]

Mit diesen Überlegungen stellte er sich nicht nur gegen den Mainstream der mathematischen Wissenschaft, sondern auch gegen seinen ehemaligen Berliner Lehrer, den bereits erwähnten Leopold Kronecker.[29] Dieser war als ein Vertreter der Theorie des potentiell Unendlichen zwar bereit zu akzeptieren, dass man natürliche Zahlen n immer weiter zählen könne, ohne damit aufhören zu müssen.[30] Also galt für ihn, dass man die Grundzahlen 1, 2, 3, ... immer weiter zählen konnte, ohne zu einem Ende zu gelangen. Zu jeder Zahl n könne eine Zahl n+1 gefunden werden. Dass unendliche Mengen, beispielsweise die Menge aller natürlichen Zahlen, als eigenständig existierende mathematische Objekte anzuerkennen waren, lehnte er jedoch strikt ab. Cantor hingegen hielt die Theorie einer unendlichen Gesamtheit, wie die Menge aller natürlichen Zahlen, für denkbar und damit berechenbar. Um

---

26 Bedürftig, Murawski: Philosophie der Mathematik (Anm. 19), S. 70.
27 Deiser: Einführung in die Mengenlehre (Anm. 2), S. 23.
28 Cantor: Mitteilungen zur Lehre vom Transfiniten (Anm. 25), S. 252–270.
29 Ernst Zermelo: Georg Cantor. Gesammelte Abhandlungen mathematischen und philosophischen Inhalts. Berlin 1932, S. 465.
30 Forschbach: Unendlichkeit und Ewigkeit (Anm. 22), S. 58.

sich diesen natürlichen Zahlen zu nähern, entwickelte Cantor die Berechnung mit „transfiniten Cardinalzahlen" und schuf damit einen weiteren Meilenstein in der Geschichte der Mathematik. Er definierte die von ihm als „finite Cardinalzahl" bezeichnete Größe im Jahr 1885 wie folgt:

> § 6. Die kleinste transfinite Cardinalzahl Alef-null. Die Menge mit endlicher Cardinalzahl heissen „endliche Mengen", alle anderen wollen wir „transfinite Mengen" und die ihnen zukommenden Cardinalzahlen „transfinite Cardinalzahlen" nennen. Die Gesamtheit aller endlichen Cardinalzahlen v bietet uns das nächstliegende Beispiel einer transfiniten Menge; wir nennen die ihr zukommende Cardinalzahl (§ 1), „Alef-null", in Zeichen $_0$à definiren also $à_0 = \{v\}$.[31]

Mit der Einführung der transfiniten Kardinalzahlen, von Cantor als „aktual unendliche Realität"[32] definiert, galt die aristotelische Lehrmeinung als überwunden. Hatte sich Aristoteles gegen die aktuale Undendlichkeit gestellt, so konnte Cantor zeigen, dass sie denk- und mathematisch beschreibbar war. Die mathematische Fachwelt hatte große Schwierigkeiten, Cantors neue Theorien anzuerkennen.

Seit 1884 litt Cantor immer wieder unter psychischen Problemen. Mehrmals war es erforderlich, dass er sich in psychiatrische Behandlung begab.[33] Stetig begleiteten ihn auch Sorgen um seinen finanziellen Rückhalt. Mehrfach beklagte er sein geringes Gehalt, welches ihm nicht erlaubte, ausgedehntere Reisen zu unternehmen. Dabei standen aber nicht seine eigenen Bedürfnisse im Vordergrund, sondern die Sorge um die Ausbildung seiner sechs Kinder:

> Ich habe schon seit Jahren den grossen Wunsch, sowohl nach Rom, wie auch auf dem Rückwege nach Paris zu kommen; allein es fehlt mir dazu am Nöthigsten. Das Gehalt, welches ich von der Regierung bekomme, ist ein verhältnismässig geringes, und meine 6 heranwachsenden Kinder, von denen das älteste im 21ten Jahre steht, brauchen mit jedem Jahre mehr zu ihrer Ausbildung.[34]

Weil er sich um die Zukunft seiner Kinder sorgte, sparte Cantor nicht mit Kritik an der Vergütung, die durch die Vereinigte Friedrichs-Universität Halle-Wittenberg gezahlt wurde. Während seine Kollegen wesentlich mehr verdienten, musste Cantor immer wieder auf das Erbe seines Vaters zurückgreifen:

---

31 Cantor: Beiträge zur Begründung (Anm. 1), S. 492.

32 Bedürftig, Murawski: Philosophie der Mathematik (Anm. 19), S. 73.

33 Purkert, Ilgauds. Georg Cantor (Anm. 10), S. 105.

34 Brief Nr. 19, Georg Cantor an Charles Hermite, 30.11.1895. In: Décaillot: Cantor und die Franzosen (Anm. 4), S. 161.

Abb. 4: Der Wissenschaftswürfel in Halle-Neustadt

Abb. 5: Wissenschaftswürfel (Ausschnitt)

> Dafür bin ich gestraft mit dem schlechten Gehalt von 4800 Mk, mit dem ich mich als Professor zu begnügen habe, da ich nicht zu den *auserwählten mathematischen Ordinarien* und Korÿphäen der Wissenschaft gehöre, die wie F. Klein, H. Amandus Schwarz und Lazarus Fuchs *mehr als das Doppelte* vom preussischen Unterrichtsministerium erhalten. Da ich andrerseits das grosse Glück habe, 6 Kinder im Alter von 10–20 Jahren zu besitzen und wir nur mässiges eigenes Vermögen besitzen, werden Sie begreifen, wie aus mir der *Tiger* hat werden können, den Sie *so treffend gezeichnet haben.*[35]

Cantors Bestreben, an die Universität Berlin (1883) oder an die Universität nach Göttingen (1885) berufen zu werden, scheitert. So scheint es fast ein Eingeständnis, dass sich Georg und Vally Cantor 1885 ein Haus in Halle (Saale) bauten. Sie zogen in die damals noch am Rande der Stadt gelegene Händelstraße. Hier ließ sich Cantor eine große Bibliothek einrichten, in der er als disziplinierter und konzentrierter Denker viele Stunden verbrachte. Dennoch war Georg Cantor kein zurückgezogen lebender Gelehrter, sondern ein Mann, der musikalische Gesellschaften gab und zahlreiche Gäste empfing, darunter Persönlichkeiten der Stadt wie den Chirurgen und Literaten Richard von Volkmann (1830–1889).[36] Der Mathematiker Abraham Fraenkel (1891–1965) schilderte die Persönlichkeit Cantors mit lebhaften Worten:

> Was die Persönlichkeit C.'s im allgemeinen betrifft, so berichten alle, die ihn kannten, von seinem sprühenden, witzigen, originellen Naturell, das leicht zur Explosion neigte und stets von heller Freude über die eigenen Einfälle war; von niemals ermüdendem Temperament, das die Teilnahme seiner auch äußerlich imponierenden, großen Gestalt an seiner Mathematikerversammlung zu einem ihrer lockendsten Reize mache, das bis in die späte Nacht wie auch in früher Morgenstunde seine Gedanken förmlich überquellen ließ.[37]

In diese Zeit fällt auch Cantors Beschäftigung mit der Frage nach dem „wahren" Autor der shakespeareschen Werke.[38] Er sprach sich in mehreren Veröffentlichungen für Francis Bacon (1561–1626) als Verfasser aus.[39] Ähnliche Erörterungen stellte Cantor auch im Hinblick auf die Werke von Jakob Böhme (1575–1624) und John Dee (1527–1608) an. Dieses literaturgeschichtliche Engagement entsprach den bürgerlichen Interessen jener Zeit. Die Beteiligung am Rätselraten

---

35 Brief Nr. 36, Georg Cantor an É. Lemoine, 17.3.1896, In: Décaillot: Cantor und die Franzosen (Anm. 4), S. 189.

36 Florian Steger, Maximilian Schochow: Volkmanns scharfer Löffel und die Märchen von Leander. In: Achim Lipp, Jürgen Lasch (Hg.): Hallesche Helden der Heilkunst. Bedeutende Ärzte und Wissenschaftler der medizinischen Fakultät. Halle 2013, S. 115–135.

37 Purkert, Ilgauds: Georg Cantor (Anm. 10), S. 61.

38 Purkert, Ilgauds: Georg Cantor (Anm. 10), S. 52f.

39 Vgl. u.a.: Georg Cantor (Hg.): Die Rawley'sche Sammlung von zweiunddreißig Trauergedichten auf Francis Bacon. Ein Zeugnis zu gunsten der Bacon-Shakespeare-Theorie. Halle 1897.

um Shakespeare war allgemein sehr verbreitet, und Cantor zeigte an Fragen außerhalb seines Fachgebietes stets großes Interesse.[40]

1901 wurde er Ehrenmitglied der London Mathematical Society und der Charkower Mathematischen Gesellschaft. 1902 bekam er die Ehrendoktorwürde der Universität Christiana (Oslo). Ein Jahr später erfolgte ein Aufenthalt in einem Sanatorium. 1911 wurde ein besonderes Jahr für Georg Cantor. Die schottische Universität St. Andrews, eine der bekanntesten Universitäten der Welt, aus der eine Reihe von berühmten Gelehrten hervorgegangen ist und die als Eliteuniversität galt, lud Cantor zu ihrer 500. Jahresfeier ein. Cantor, der hoffte, bei dieser Jahresfeier auf den Philosophen und Mathematiker Bertrand Russell (1872–1970) zu treffen, nahm die Einladung an. Russell, der sich in seinem Werk *Principia Mathematica*[41] regelmäßig auf mathematische Forschungsarbeiten von Cantor bezogen hatte, konnte aber nicht nach St. Andrews kommen. So blieb Cantor eine Begegnung mit Russell versagt. Die Universität St. Andrews verlieh Cantor in Anerkennung seiner außergewöhnlichen Forschungsergebnisse 1912 die Ehrendoktorwürde. Georg Cantor starb am 6. Januar 1918 in der „Psychiatrischen und Nervenklinik" Halle (Saale). In einem Kondolenzbrief des Berliner Mathematikers Edmund Landau (1877–1938) an die Witwe Vally Cantor kommt die Wertschätzung zum Ausdruck, die Cantor zu Lebzeiten vermisst hatte: „Mit tiefem Schmerz erfahre ich, daß ihr Mann gestorben ist. Ihre Trauer teilt die ganze mathematische Welt. Er gehörte zu den größten und genialsten Mathematikern aller Länder und aller Zeiten."[42]

Bis heute ist sein Grab auf dem Friedhof Giebichenstein in Halle (Saale) zu sehen. Die Stadt, in der Georg Cantor über 50 Jahre seines Lebens verbracht hatte, benannte ein Gymnasium und eine Straße nach diesem großen Mathematiker. Auch die Martin-Luther-Universität Halle-Wittenberg würdigt ihn bis heute: Hier hat sich eine Georg-Cantor-Vereinigung der Freunde und Förderer von Mathematik und Informatik an der Martin-Luther-Universität Halle-Wittenberg e. V. im Jahr 1999 gebildet, die seither einmal jährlich ein Heft zu neueren Themen der Mathematik herausgibt. Die Deutsche Mathematiker-Vereinigung (DMV) stiftet seit 1990 zum Gedächtnis an Georg Cantor, ihrem ersten Vorsitzenden, die Georg Cantor-Medaille. Verliehen wird die Medaille jedes zweite Jahr für herausragende wissenschaftliche Leistungen im Bereich der Mathematik.

---

40 Meschkowski: Probleme des Unendlichen (Anm. 6), S. 172.
41 Alfred North Whitehead, Bertrand Russell: Principia mathematica. Cambridge 1910.
42 Purkert, Ilgauds: Georg Cantor (Anm. 10), S. 105.

Halle (Saale) als Patient – die Bekämpfung der Säuglings- und Kindersterblichkeit durch Wilhelm von Drigalski (1871–1950)

Die öffentliche Gesundheitsfürsorge des 19. Jahrhunderts hing wesentlich von wirtschaftlichen Interessen und sozialen Beziehungen ab.[1] Nur körperlich gesunde und leistungsfähige Menschen konnten arbeiten, den industriellen Aufschwung vorantreiben oder im Krieg als Soldaten dienen. Mit dem Fortschreiten des industriellen Zeitalters und den daraus resultierenden Entwicklungen von Produktionsweisen und Produktionsverhältnissen bildeten sich die modernen Strukturen der Krankenversorgung heraus. In diesem Zusammenhang entwickelte sich die politisch motivierte Bewegung der „sozialen Medizin" von 1848/49, der Ärzte wie Rudolf Virchow (1821–1902) angehörten.[2] Viele Ärzte leisteten ihren Beitrag zur „sozialen Frage", welche für die Industrialisierung eigentümlich war. Da das schnelle Wachstum der Städte neue Ballungsräume schuf, nahm die Gefahr von Infektionskrankheiten zu.[3] Gleichzeitig stieg die Lebenserwartung der Menschen; die Sterblichkeit in Deutschland hatte sich während des späten 18. und des frühen 19. Jahrhunderts verringert.[4] Die Gesundheitssicherung durch den Staat äußerte sich daher zunehmend durch den Erlass von Gesetzen. So wurde beispielsweise am 8. April 1874 das Impfgesetz mit Wirksamkeit für die Reichsebene erlassen.[5] Infolge einer Choleraepidemie in Hamburg wurde 1892/93 der Entwurf für ein Reichsseuchengesetz vorgelegt.[6] Zahlreiche bis dahin als gefährlich eingestufte Krankheiten gingen erheblich zurück, wie beispielsweise Typhus, andere traten mit

1 Alfons Labisch: Die „hygienische Revolution" im medizinischen Denken. Medizinisches Wissen und ärztliches Handeln. In: Angelika Ebbinghaus, Klaus Dörner (Hg.): Vernichten und Heilen. Der Nürnberger Ärzteprozeß und seine Folgen. Berlin 2002, S. 68–92, hier: S. 74.

2 Labisch: Die „hygienische Revolution" (Anm. 1), S. 74f.

3 Florian Steger, Nadine Meyer, Wolfgang Locher: Max von Pettenkofers (1818–1901) Beziehungen zu russischen Hygienikern. In: Ortrun Riha, Marta Fischer (Hg.): Naturwissenschaft als Kommunikationsraum. Aachen 2011, S. 287–298, hier: S. 287.

4 Jörg Vögele: Der Auf- und Ausbau städtischer Gesundheitsverwaltungen während der Urbanisierung – zur Entwicklung der Gesundheitsverhältnisse im 19. und 20. Jahrhundert. In: Karin Stukenbrock, Jürgen Helm (Hg.): Stadt und Gesundheit. Soziale Fürsorge in Halle vom 18. bis zum 20. Jahrhundert. Halle 2006, S. 64–80, hier: S. 64f.

5 Alfons Labisch: Homo Hygienicus. Gesundheit und Medizin in der Neuzeit. Frankfurt/Main, New York 1992, S. 150.

6 Labisch: Die „hygienische Revolution" (Anm. 1), S. 150.

einer größeren Intensität hervor, etwa die Tuberkulose.[7] Wohlbefinden wurde mit stetiger Leistungsfähigkeit gleichgesetzt, der große Bedeutung als allgemein anerkannte Lebens- und Verhaltensrichtlinie beigemessen wurde. Max von Pettenkofer (1818–1901) war es, der das aufkommende Interesse an Hygiene systematisch mit den Naturwissenschaften verband.[8] Die Hygiene als neue Wissenschaft befasste sich mit unspezifischen Krankheitsursachen in der unbelebten mittelbaren Umgebung (Grundwasser und Boden) oder unmittelbaren Umgebung (Wohnung, Kleidung und Lebensmittel) des Menschen.[9] Mit der Zeit differenzierte sich die Hygiene in verschiedene Spezialgebiete aus. Die Vertreter der Sozialhygiene stellten die Pathogenität der sozialen Umwelt des Menschen ins Blickfeld. Die Anhänger der Konstitutionshygiene wiederum konzentrierten sich auf die unterschiedlichen Wirkungsweisen von Krankheitserregern und die verschiedenen Anfälligkeiten der Menschen für diverse Krankheiten. Die Rassenhygieniker befassten sich ihrerseits mehrheitlich mit der Erhaltung von „Art“ und „Rasse“.[10] Administrativ äußerte sich das öffentliche Gesundheitsinteresse des ausgehenden 19. und beginnenden 20. Jahrhunderts in der Implementierung von medizinischen Einrichtungen, beispielsweise indem hygienische Institute an Universitäten eröffnet und Stellen wie die des Kreis- oder Stadtarztes geschaffen wurden.[11] In Halle (Saale) wurde dieses Amt im April 1907 ins Leben gerufen und mit Karl Rudolf Arnold Artur Wilhelm von Drigalski (1871–1950) besetzt.[12]

Das Amt des Stadtarztes löste das Amt des Stadtphysikus ab. Die Aufgabenfelder blieben weiterhin die Sicherung der Gesundheitsfürsorge der Bevölkerung und die Verbesserung der hygienischen Zustände der Stadt. Nur die Aufsicht über die ortsansässigen Apotheker und Bader entfiel schrittweise und wich einer kooperativen Zusammenarbeit mit praktischen Ärzten. Jedoch wurde die Stelle nach wie vor durch den Magistrat der jeweiligen Stadt vergeben. Stadtärzte nahmen die Medizinal- und Sanitätsaufsicht wahr, beaufsichtigten die gesundheitlichen Verhältnisse, das Impfgeschäft und die Gewerbehygiene und erfüllten sozialhygienische Pflichten. Dazu gehörte beispielsweise die Schulhygiene, Säuglings- und Kleinkindfürsorge, aber auch Fürsorge für Geisteskranke. Wer war der erste hal-

---

7 Labisch: Homo Hygienicus (Anm. 5), S. 143.

8 Steger, Meyer, Locher: Max von Pettenkofers (Anm. 3), S. 287; Martin Weyer von Schoultz: Max von Pettenkofer (1818–1901). Die Entstehung der modernen Hygiene aus den empirischen Studien menschlicher Lebensgrundlagen. Frankfurt/Main u.a. 2006, S. 117ff.

9 Labisch: Die „hygienische Revolution“ (Anm. 1), S. 75.

10 Labisch: Homo Hygienicus (Anm. 5), S. 146f.

11 Labisch: Homo Hygienicus (Anm. 5), S. 151.

12 Henrik Eberle: Die Martin-Luther-Universität in der Zeit des Nationalsozialismus 1933–1945. Halle 2002, S. 316.

lische Stadtarzt Wilhelm von Drigalski und auf welchen Gebieten der Gesundheitsfürsorge engagierte er sich? Welche Verdienste hatte er bei der Bekämpfung der Säuglings- und Kindersterblichkeit?

Wilhelm von Drigalski, geboren am 21. Juni 1871 in Dresden, hatte sein Studium der Medizin in Berlin an der militärärztlichen Kaiser-Wilhelm-Akademie absolviert.[13] Am 22. Januar 1895 wurde er mit seiner Arbeit *Über Verletzungen durch Luftdruckschwankungen* an der Medizinischen Fakultät der Berliner Friedrich-Wilhelms-Universität promoviert.[14] Von 1895 bis 1907 diente von Drigalski als Sanitätsoffizier und als Assistent von Robert Koch (1843–1910) an der Charité Berlin. Schon während seiner Zeit als Sanitätsoffizier war er an das Institut für Infektionskrankheiten abkommandiert worden, wo er als Assistent bei Robert Koch nachhaltig in seiner ärztlichen Tätigkeit geprägt werden sollte.[15] Koch setzte ihn auf eine leitende Position bei der staatlichen Typhusbekämpfung, da von Drigalski zuvor bereits Erfahrungen als Armeebakteriologe gesammelt hatte. In seiner 1948 veröffentlichen Autobiographie betonte von Drigalski seine Wertschätzung gegenüber seinem ehemaligen Mentor und widmete Koch den Titel seiner Lebensgeschichte *Im Wirkungsfelde Robert Kochs*[16]. Dort schildert Wilhelm von Drigalski ausführlich seine Zeit bei Robert Koch und beschreibt mehrfach den Eindruck, den Koch auf ihn gemacht hat:

> Von Kochs Persönlichkeit war ich noch nicht so stark betroffen. Das Bild, das sich damals einprägte, war das eines sehr fleißigen, klinisch wohlerfahrenen Forschers; fasziniert hat er mich nicht sogleich. (...) Ausgesprochen angenehm fand ich seine Stimme und seine dialektfreie, sehr reine Sprache. Am Krankenbett konnte er sehr kritisch sein. Einseitigkeiten, auch solche zugunsten der doch erst von ihm geschaffenen bakteriologischen Methoden, vertrug er gar nicht. Das fiel mir schon zu jener Zeit auf. Einen wirklichen Eindruck von seiner Größe hatte ich noch nicht. Es ist mir erst nach Jahren aufgegangen, daß alles wahrhaft Große einfach ist. Die eingehende Kenntnis von den bereits überragenden Werken des großen Mannes fehlte dem kleinen Unterarzt noch durchaus.[17]

Wilhelm von Drigalski war voller Anerkennung und Respekt für seinen Lehrer und pflegte mit ihm ein gutes Verhältnis. 1905 ernannte die Technische Hochschule in Hannover von Drigalski zum Titularprofessor; ein Jahr später habilitierte er sich dort für wissenschaftliche Technik und Hygiene und nahm einen Lehrauftrag zum

13 Eberle: Die Martin-Luther-Universität in der Zeit des Nationalsozialismus (Anm. 12), S. 316.

14 Wilhelm von Drigalski: Über Verletzungen durch Luftdruckschwankungen. Berlin 1895.

15 Heinrich Weder: Sozialhygiene und pragmatische Gesundheitspolitik in der Weimarer Republik am Beispiel des Sozial- und Gewebehygienikers Benno Chajes (1880–1938). Husum 2000, S. 402–403.

16 Wilhelm von Drigalski: Im Wirkungsfelde Robert Kochs. Hamburg 1948.

17 Drigalski: Im Wirkungsfelde Robert Kochs (Anm. 16), S. 25.

Abb. 1: Städtisches Gesundheitsamt in Halle (Saale) um 1900

Thema Geschlechtskrankheiten an.[18] Seine Forschungsschwerpunkte lagen hauptsächlich auf dem Gebiet der Bekämpfung von Seuchen und Infektionskrankheiten. Neben seiner Tätigkeit als hallischer Stadtarzt war er ab 1908 als Honorarprofessor an der Vereinigten Friedrichs-Universität Halle-Wittenberg tätig und habilitierte sich schließlich für Hygiene an die Alma Mater um.[19] Wilhelm von Drigalski schrieb im Vorfeld seiner Anstellung als Stadtarzt:

> Gerade bereitete ich eine andere Versuchsreihe vor, da fand ich im Lesezimmer des Lazaretts eine Nummer der Münchener Medizinischen Wochenschrift. In dieser (...) die neu geschaffene Stelle eines Stadtarztes von Halle a. d. Saale ausgeschrieben, mit einem für damalige Verhältnisse ungewöhnlich hohen Gehalt bei lebenslänglicher Anstellung (...). Also ich fragte erst einmal unverbindlich an und nahm die Sache noch keineswegs ernst.[20]

Für die Stelle fehlte von Drigalski das nötige Kreisarztexamen, welches er schließlich nachholte. Zuvor hatte ihm diese Stelle ein Kollege so schmackhaft gemacht, dass er eine Bewerbung einreichte. Die Kreisarztprüfung fiel von Drigalski schwer, da er sich „eine Unzahl gesetzlicher Bestimmungen, Chemie und Apothekerwissenschaft, gerichtliche Medizin, Pathologie – eine Menge Merkstoff"[21] aneignen musste. Diese Mühen zahlten sich aus und von Drigalski bekam die Zusage für die Stadtarztstelle, nachdem er sich zuvor dem Magistrat der Stadt Halle (Saale) vorgestellt hatte. Auch von Drigalski betonte die Neuartigkeit der Stelle und hob deren Einrichtung positiv hervor:

> Im Jahre 1907 hatten nur wenige Gemeinden eigene hauptamtliche Stadtärzte. (...) Es war ein ausgezeichneter Gedanke des Oberbürgermeisters Rive, nicht nur das stadtärztliche Amt, sondern auch zum erstenmal eine grundsätzlich vollständige schulärztliche Versorgung aller städtischen Schulen einzurichten.[22]

Seine ersten Eindrücke von der Stadt beschrieb der aus Frankfurt am Main zugezogene Drigalski folgendermaßen:

> An einem schönen Septembertage fuhr ich nach Halle. (...) Die Stadt ist in vielen Teilen von kleinlicher Häßlichkeit, in anderen anständig und selbst reizvoll. Der berühmte Markt mit den fünf Türmen wirkt gut. Die Wege an der Saale sind hübsch. Zuweilen fast romantisch, es gab nette Gartenwirtschaften, wo man offenen Wein erhielt; das machte einen behaglichen Eindruck.[23]

---

18 Eberle: Die Martin-Luther-Universität in der Zeit des Nationalsozialismus (Anm. 12), S. 316.
19 Eberle: Die Martin-Luther-Universität in der Zeit des Nationalsozialismus (Anm. 12), S. 316.
20 Drigalski: Im Wirkungsfelde Robert Kochs (Anm. 16), S. 341.
21 Drigalski: Im Wirkungsfelde Robert Kochs (Anm. 16), S. 343.
22 Drigalski: Im Wirkungsfelde Robert Kochs (Anm. 16), S. 347.
23 Drigalski: Im Wirkungsfelde Robert Kochs (Anm. 16), S. 344f.

Mit der Anstellung als Stadtarzt waren für Wilhelm von Drigalski zahlreiche Aufgaben und Pflichten verbunden und „ziemlich plötzlich“ war er „von einer rund 180.000 Einwohner zählenden Großstadt mit stürmischer Industrieentwicklung vor die Aufgabe gestellt, sie gesund zu erhalten und noch gesünder zu machen“.[24] Dazu gehörte die Leitung des schulärztlichen Dienstes, das Impfwesen, die Überwachung des ärztlichen Dienstes im Bereich der Verwaltung und Zuständigkeiten im Desinfektionswesen.[25] Er wirkte sozusagen als Berater des Magistrats der Stadt in allen Angelegenheiten der öffentlichen Gesundheitspflege. Scharlach und Diphtherie waren weit verbreitet und auch die Tuberkulose gab ihm Anlass zur Besorgnis.[26] Als Ursache identifizierte er vor allem die große Wohnungsnot und die dadurch entstehende Enge, in der sich Infektionskrankheiten schnell ausbreiteten. Eine dringliche Aufgabe sah von Drigalski in der Bekämpfung der hohen Säuglings- und Kindersterblichkeitsrate:

> Hier kam ich an mir neue Aufgaben; und die dringendste schien mir die Sorge für die kleinsten Kinder zu sein. Es war nicht mit anzusehen, daß alljährlich viele Hunderte – nicht viel weniger als tausend! – sehr überflüssigerweise in ihrem ersten Lebensjahr elend zugrunde gingen. Und die, die glücklich leben blieben, wurden von Rachitis und schweren Infektionen bedroht.[27]

Die hohe Kindersterblichkeit führte er zunehmend auf unvorsichtiges Verhalten im Umgang mit Säuglingen und Kleinkindern zurück, vor allem im Bereich des Stillens. Denn wenn die Neugeborenen nicht gestillt werden konnten, bekämen sie mit Keimen verseuchte Milch in Flaschen; für von Drigalski der erste Schritt zur fahrlässigen Tötung.[28] Überhaupt würde im Umgang mit Säuglingen und Kleinkindern zu wenig auf Sauberkeit und Hygiene geachtet, denn sie würden „geküßt von fremden Leuten, es war auch nicht schlimm, wenn man ihm einmal ins Gesicht nieste – und dann gingen die Erkrankungen los“.[29] Aus diesen Beobachtungen leitete er ab, dass Kinder in erster Linie von ihren Müttern gestillt oder, wenn das nicht möglich war, mit keimfreier Milch gefüttert werden sollten.

Zudem müsse man den Müttern beibringen, wie sie ihre Kinder richtig zu pflegen hätten, um Infektionen zu vermeiden.[30] Die praktische Durchführung dieser einfach wirkenden Maßnahmen beurteilte von Drigalski als schwierig, da eine

24 Drigalski: Im Wirkungsfelde Robert Kochs (Anm. 16), S. 347.
25 StAH, Kap. I Abt. A Nr. 1 Bd. 1 – Abt. Dr. von der Esch Nr. 19.
26 Drigalski: Im Wirkungsfelde Robert Kochs (Anm. 16), S. 348.
27 Drigalski: Im Wirkungsfelde Robert Kochs (Anm. 16), S. 348.
28 Drigalski: Im Wirkungsfelde Robert Kochs (Anm. 16), S. 350.
29 Drigalski: Im Wirkungsfelde Robert Kochs (Anm. 16), S. 350.
30 Drigalski: Im Wirkungsfelde Robert Kochs (Anm. 16), S. 351.

Abb. 2: Wilhelm von Drigalski (1871–1950)

eigens eingerichtete Säuglingsfürsorgestelle in der Poliklinik für Kinderkrankheiten nur selten durch Mütter in Anspruch genommen wurde. Eine der ersten Initiativen von Drigalski, der im Herbst 1907 in Halle (Saale) eintraf, war die Gründung der *Gesellschaft zur Bekämpfung der Säuglingssterblichkeit und Verbreitung der Milch als Volksnahrungsmittel*. Im Frühjahr 1908 war die Gesellschaft mit notwendigen Einrichtungen ausgestattet.[31] Milchküchen waren eingerichtet, und Frauen machten Hausbesuche bei Neugeborenen zur Nachsorge. Zusätzlich wurden regelmäßige Sprechstunden angeboten, eine besondere Sprechstunde wurde zur Ausgabe von Stillhilfen in den Amtsräumen des Stadtarztes eingerichtet. Durch günstige Beiträge nahm die Zahl der Mitglieder schnell zu und die Stadt unterstützte von Drigalskis Vorhaben durch finanzielle Zuwendungen. Mit Benefizveranstaltungen konnte er weitere Gelder sammeln und die Aufmerksamkeit der Öffentlichkeit auf das Problem der Säuglings- und Kindersterblichkeit lenken. 1908 gab von Drigalski die *Denkschrift über die Bildung einer Vereinigung zur Bekämpfung der Säuglingssterblichkeit und zur Verbreitung der Milch als Volksnahrungsmittel*[32] heraus und setzte sich für die strukturelle Veränderung in der öffentlichen Gesundheitsfürsorge ein, um die Kindersterblichkeit zu reduzieren.

Auf Initiative Wilhelm von Drigalskis wurde 1910 die Stadtarztstelle von Halle in ein öffentliches Stadtgesundheitsamt umgewandelt.[33] Er legte klare Zuständigkeiten und Aufgabenbereiche fest, die sich u.a. auf die „Leitung der öffentlichen Säuglingsfürsorge nach Bedarf in Verbindung mit privaten Organisationen (Vereinen usw.) einschließlich der Hygiene der künstlichen Ernährung, der gesundheitlichen Fürsorge für Zieh- und Pflegekinder" sowie die „Leitung des schulärztlichen Dienstes"[34] erstreckten. Bereits zwei Jahre zuvor äußerte sich von Drigalski über den großen Raum, den die schulärztlichen Untersuchungen einnahmen:

> Außer den Reihenuntersuchungen in den Schulen gab es die schulärztlichen Sprechstunden, in denen die Kinder nur untersucht und begutachtet; auch beraten, aber nicht behandelt wurden, eine Einrichtung, für die die Bevölkerung bald lebhaftes Interesse zeigte. (...) Der Kliniker sieht ja nur einen kleinen Ausschnitt; wir sahen die ganze Bevölkerung. Schon 1908 wuchs der Zustrom zu den Sprechstunden derart, daß man uns nolens volens räumlich besser unterbringen musste.[35]

31 Drigalski: Im Wirkungsfelde Robert Kochs (Anm. 16), S. 354.

32 Wilhelm von Drigalski: Denkschrift über die Bildung einer Vereinigung zur Bekämpfung der Säuglingssterblichkeit und zur Verbreitung der Milch als Volksnahrungsmittel. Halle 1908.

33 StAH, Kap. I Abt. A Nr. 1 Bd. 1 (Anm. 25).

34 StAH, Kap. I Abt. A Nr. 1 Bd. 1 (Anm. 25).

35 Drigalski: Im Wirkungsfelde Robert Kochs (Anm. 16), S. 369f.

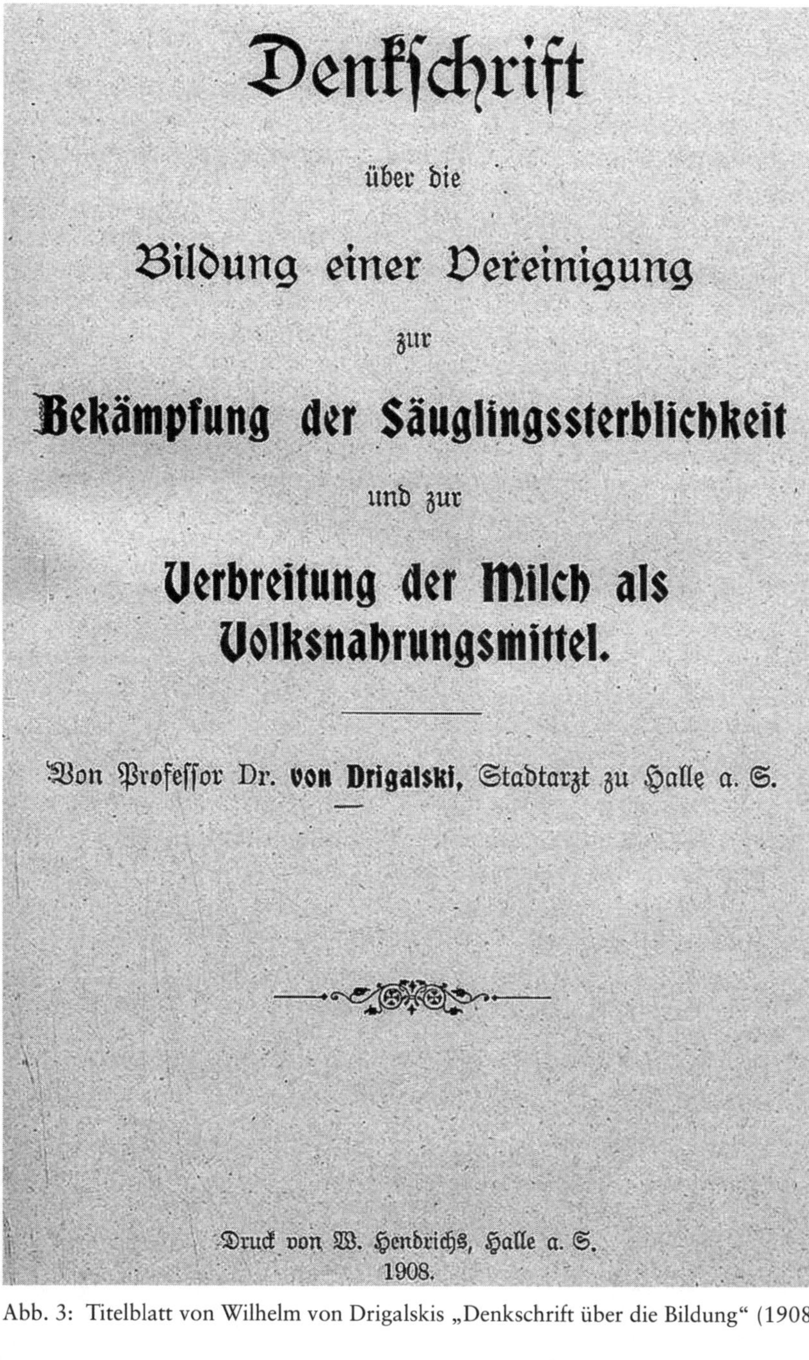

Denkschrift

über die

Bildung einer Vereinigung

zur

Bekämpfung der Säuglingssterblichkeit

und zur

Verbreitung der Milch als
Volksnahrungsmittel.

Von Professor Dr. **von Drigalski**, Stadtarzt zu Halle a. S.

Druck von W. Hendrichs, Halle a. S.
1908.

Abb. 3: Titelblatt von Wilhelm von Drigalskis „Denkschrift über die Bildung" (1908)

Die Sprechstunden für Schüler und ihre Eltern fanden vier Mal in der Woche statt und waren gut besucht.[36] Zu weiterführenden Behandlungen überwies er die Kinder an praktische Ärzte, da er nur untersuchte, aber nicht behandelte. Für die besorgten Eltern, so von Drigalski, sei es bereits eine große Entlastung, zu erfahren, ob ihre Kinder überhaupt krank seien.[37] Häufig auftretende Krankheiten waren Hals-, Nasen- und Ohrenleiden, aber auch Probleme mit den Augen oder Blinddarmentzündungen. Für Schüler mit ansteckenden Krankheiten wie Masern, Pocken, Scharlach und Diphtherie führte er Meldeformulare ein und untersagte den Eltern, ihre erkrankten Kinder zur Schule zu schicken, bis sie wieder gesund waren.[38] Kranke Kinder wurden isoliert, solange sie ansteckend waren, und alles, was mit ihnen in Berührung gekommen war – Kleider, Bettzeug, der Krankenraum – wurde sorgfältig desinfiziert. Bei Scharlach kam dafür Formalin zum Einsatz und „die gut ausgerüstete Desinfektionsanstalt bekam tüchtig zu tun".[39] Von 1910 bis 1912 gingen Erkrankungen wie Diphtherie, Masern und Scharlach bei Kindern langsam zurück. Dies dokumentierte Wilhelm von Drigalski in seinem Buch *Ueber Ergebnisse und Erfolge bei der Bekämpfung der Säuglingssterblichkeit im Jahre 1911*.[40] Er arbeitete eng mit ortsansässigen Ärzten zusammen, die oftmals Desinfektionswünsche oder den Bedarf nach Behandlungen direkt in den Kliniken äußerten, und lobte deren Kooperationsbereitschaft: „Trotz alledem muß man anerkennen, daß die praktischen Ärzte bei dieser wichtigen Aufgabe überwiegend ausgezeichnet und uneigennützig mitarbeiteten."[41]

Unterbrochen wurde Wilhelm von Drigalskis Arbeit zur Bekämpfung von Infektionskrankheiten bei Säuglingen und Kindern durch den Ersten Weltkrieg (1914–1918), als er zur Bekämpfung der Cholera auf dem Balkan (Serbien) und von 1916 bis 1918 als beratender Hygieniker an der Westfront eingesetzt wurde.[42] Nach seinem Einsatz im Krieg kam von Drigalski aufgrund einiger Fleckfieberfälle wieder nach Halle (Saale) zurück und nahm seine Tätigkeiten als Honorarprofessor und Leiter des Stadtgesundheitsamtes wieder auf. In dieser Funktion geriet er mit dem Professor für Kinderheilkunde, Friedrich Lehnerdt (1881–1944), aneinander, da sich am Stadtkrankenhaus Fälle von Infektionskrankheiten häuften. Kinder, die von dort ins Emilienheim, dem städtischen Säuglingsheim, überwiesen wur-

36 Drigalski: Im Wirkungsfelde Robert Kochs (Anm. 16), S. 370.
37 Drigalski: Im Wirkungsfelde Robert Kochs (Anm. 16), S. 371.
38 Drigalski: Im Wirkungsfelde Robert Kochs (Anm. 16), S. 374.
39 Drigalski: Im Wirkungsfelde Robert Kochs (Anm. 16), S. 375.
40 Wilhelm von Drigalski: Ueber Ergebnisse und Erfolge bei der Bekämpfung der Säuglingssterblichkeit im Jahre 1911. Leipzig 1912.
41 Drigalski: Im Wirkungsfelde Robert Kochs (Anm. 16), S. 376.
42 Eberle: Die Martin-Luther-Universität in der Zeit des Nationalsozialismus (Anm. 12), S. 316.

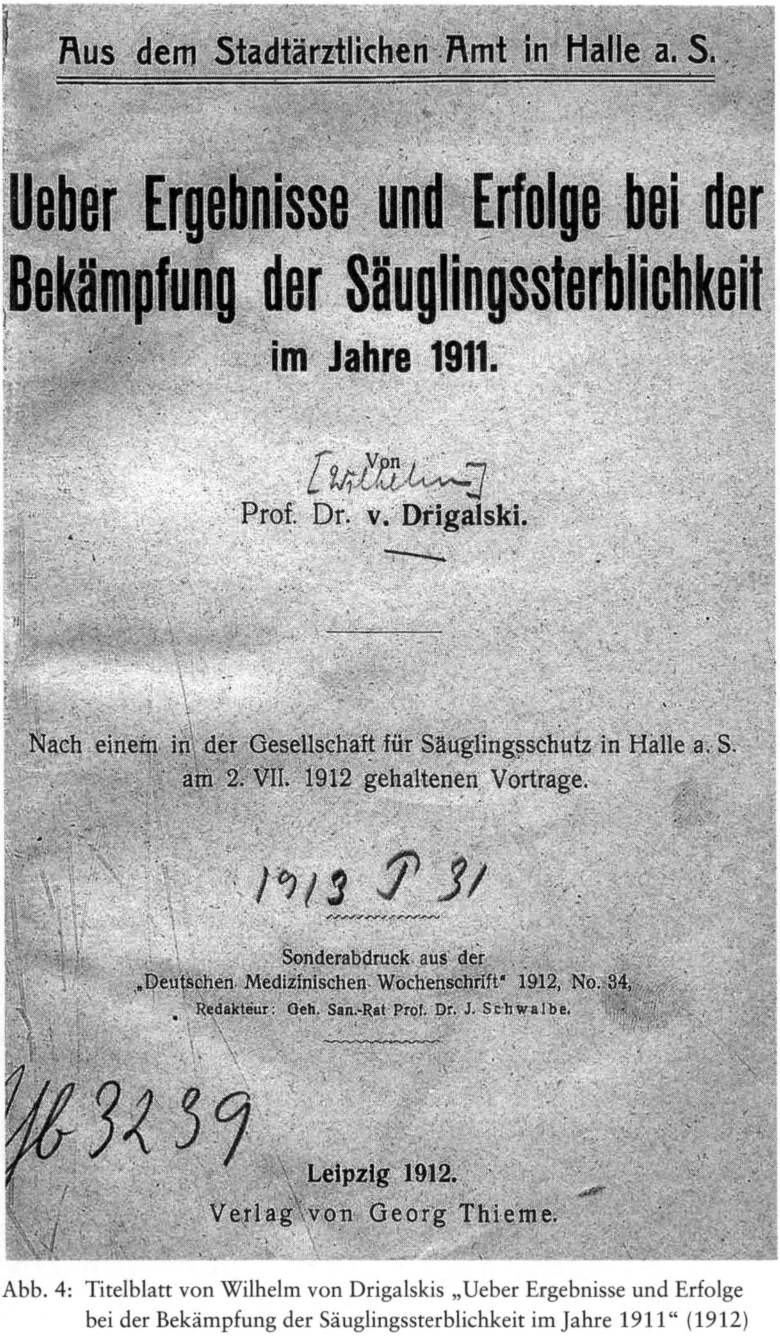
Aus dem Stadtärztlichen Amt in Halle a. S.

Ueber Ergebnisse und Erfolge bei der Bekämpfung der Säuglingssterblichkeit im Jahre 1911.

Von
[Wilhelm]
Prof. Dr. **v. Drigalski.**

Nach einem in der Gesellschaft für Säuglingsschutz in Halle a. S. am 2. VII. 1912 gehaltenen Vortrage.

Sonderabdruck aus der „Deutschen Medizinischen Wochenschrift" 1912, No. 34,
Redakteur: Geh. San.-Rat Prof. Dr. J. Schwalbe.

Leipzig 1912.
Verlag von Georg Thieme.

Abb. 4: Titelblatt von Wilhelm von Drigalskis „Ueber Ergebnisse und Erfolge bei der Bekämpfung der Säuglingssterblichkeit im Jahre 1911" (1912)

den, hätten Anzeichen von Diphtherie und Tuberkulose II. Grades erkennen lassen.[43] In seiner Position als Leiter des städtischen Gesundheitsamts schrieb von Drigalski am 18. April 1923 an Lehnerdt:

> Am 11. d. Mts. ist aus dem Stadtkrankenhaus ein Kind ins Emilienheim überwiesen worden, das während der Beobachtung dort am 17.4. bereits verdächtig aussah, am 18.4. Varicellen erkennen ließ. (...) Es erscheint demnach notwendig, die Besuchsordnung schärfer als bisher zu regeln, und insbesondere auch der Abteilung für Säuglinge und Kleinkinder Besuche nur unter der Bedingung zuzulassen, daß die Kinder den Besuchern von der Schwester gezeigt werden. (...) Ich ersuche daher, die Besuchsordnung schärfer zu gestalten und dafür Sorge zu tragen, daß keine unkontrollierten Besuche stattfinden, und daß insbesondere alles geschieht, um Verschleppungen in andere Anstalten, wie in diesem Falle ins Emilienheim vorzubeugen.[44]

Lehnerdt, der als Kinderarzt im Stadtkrankenhaus tätig war, nahm dieses Schreiben zum Anlass, ein ehrengerichtliches Verfahren gegen Wilhelm von Drigalski zu eröffnen, da er sich zu Unrecht beschuldigt fühlte. Daraufhin beantragte von Drigalski am 21. Juni 1923 die Kündigung Friedrich Lehnerdts, da dieser eine „völlig sachliche und nicht etwa bes. gegen seine Person gerichtete Zuschrift (...) zum Gegenstand ausgiebiger persönlicher Erörterungen und ehrengerichtlicher Behandlung"[45] gemacht habe. Außerdem war von Drigalski der Ansicht, dass Lehnerdt als Leiter „eines für die praktische Seuchenbekämpfung hochwichtigen Instituts"[46] Anschauungen vertrat, welche die häufigen Schwierigkeiten – die Übertragung von Infektionskrankheiten – mit dem Emilienheim zur Folge hätten. Aus diesen angebrachten Gründen sei es dem Stadtgesundheitsamt nicht mehr möglich, mit Lehnerdt zusammenzuarbeiten. Zur Entlassung Lehnerdts auf von Drigalskis Initiative kam es zu diesem Zeitpunkt allerdings nicht.

Etwa zur gleichen Zeit hielt Wilhelm von Drigalski an der Vereinigten Friedrichs-Universität Halle-Wittenberg in seiner Funktion als Professor für Hygiene Vorlesungen zu rassenhygienischen Themen.[47] Er selbst schrieb dazu, dass „das Interesse für Rassenhygiene stark zunahm und mein Kolleg über diese Probleme gut besucht war".[48] Nach dem Ersten Weltkrieg wuchs das Interesse an Eugenik und Rassenhygiene an der Vereinigten Friedrichs-Universität.[49] In den Vorlesungs-

43 StAH: Personalakten des Magistrats zu Halle über Lehnerdt, Nummer 1254.
44 StAH: Personalakten des Magistrats (Anm. 43).
45 StAH: Personalakten des Magistrats (Anm. 43).
46 StAH: Personalakten des Magistrats (Anm. 43).
47 Frank Hirschinger: „Zur Ausmerzung freigegeben". Halle und die Landesheilanstalt Altscherbitz 1933–1945. Köln 2001, S. 46–47.
48 Drigalski: Im Wirkungsfelde Robert Kochs (Anm. 16), S. 457.
49 Hirschinger: „Zur Ausmerzung freigegeben" (Anm. 47), S. 42.

verzeichnissen häuften sich Anfang der 1920er Jahre Themen der Rassen- und Sozialhygiene. So las auch von Drigalski über *Rassenhygiene, ihre Möglichkeiten und Ziele*[50] oder hielt *Sozialhygienische Übungen*[51] ab. Er selbst berichtet von der Einrichtung einer Eheberatungsstelle, mit der versucht werden sollte, „das Eingehen von Ehen, die wegen starker Krankheitsbelastung von vornherein brüchig werden mußten, zu verhindern".[52] Wilhelm von Drigalski grenzte sich selbst von *Beratungsstellen völkischen Selbstmordes*[53] ab, die Nachwuchs von potenziellen Eltern mit angeblichen körperlichen Mängeln vermeiden wollten. Er versprach, mit „dem Unfug einer späteren Rassenhygiene" hätten seine Initiativen „nichts zu tun" gehabt.[54] Im Gegenteil sei es immer darum gegangen, Paaren Abhilfe für ihre bisherige Kinderlosigkeit zu schaffen. Allerdings baute das Stadtgesundheitsamt unter seiner Leitung eine „Kartothek" zur Erfassung von „Schwachsinnsfamilien" auf.[55] Die von ihm benannte Eheberatungsstelle wurde 1922 vom Sozialhygieniker Walter Schnell (1891–1960) gegründet und verfolgte noch vor der Rassenhygiene des Nationalsozialismus erbbiologisch-eugenische Ziele. Nirgends im Deutschen Reich gab es zu diesem Zeitpunkt eine vergleichbare Beratungsstelle.[56] Jedoch wurde nur wenigen Paaren von einer Heirat abgeraten; Begründungen beriefen sich auf akute Erkrankungen, nicht ausgeheilte Geschlechtskrankheiten oder angeblich geistige Minderwertigkeiten bei der potenziellen Ehepartnerin.[57]

1925 stellte Wilhelm von Drigalski seine Vorlesungstätigkeit an der hallischen Universität und die Leitung des Stadtgesundheitsamtes ein, da er zum Medizinalrat ernannt und Leiter des öffentlichen Gesundheitswesens in Berlin wurde.[58] In dieser Funktion war er bis 1933 tätig. Der noch im selben Jahr von den Nationalsozialisten entlassene von Drigalski wirkte nach seiner Pensionierung von 1937 bis 1939 als Schiffsarzt, dann als Betriebsarzt und praktischer Arzt. Erst 1937 wurde ihm von der Martin-Luther-Universität Halle-Wittenberg die Lehrbefugnis wegen Ortsabwesenheit entzogen.[59] Wilhelm von Drigalski zog 1942 nach Wiesbaden. Nach dem Ende des Zweiten Weltkrieges (1939–1945) erhielt er eine Stelle als Medizinalrat und war somit Leiter des öffentlichen Gesundheitswesens im hessischen

50 Hirschinger: „Zur Ausmerzung freigegeben" (Anm. 47), S. 46f.
51 Hirschinger: „Zur Ausmerzung freigegeben" (Anm. 47), S. 46f.
52 Drigalski: Im Wirkungsfelde Robert Kochs (Anm. 16), S. 457.
53 Drigalski: Im Wirkungsfelde Robert Kochs (Anm. 16), S. 458.
54 Drigalski: Im Wirkungsfelde Robert Kochs (Anm. 16), S. 458.
55 Hirschinger: „Zur Ausmerzung freigegeben" (Anm. 47), S. 49.
56 Hirschinger: „Zur Ausmerzung freigegeben" (Anm. 47), S. 49.
57 Hirschinger: „Zur Ausmerzung freigegeben" (Anm. 47), S. 49.
58 Eberle: Die Martin-Luther-Universität in der Zeit des Nationalsozialismus (Anm. 12), S. 316.
59 Eberle: Die Martin-Luther-Universität in der Zeit des Nationalsozialismus (Anm. 12), S. 316.

Abb. 5: Blick auf das Emilienheim am Riveufer in Halle (Saale)

Innenministerium.[60] Am 12. Mai 1950 starb von Drigalski in Wiesbaden. Sein kurzes, aber intensives Wirken in Halle (Saale) bescherte der Stadt die Verbesserung der hygienischen Zustände in den Kliniken und die deutliche Minderung von Infektionskrankheiten sowie eine gesunkene Säuglings- und Kindersterblichkeit. Auch seine Verdienste in der Typhusbekämpfung, im Kontext derer er eine bis heute gebräuchliche Nährbodenplatte entwickelte (Drigalski-Platte), sind über Halle und Berlin hinaus anerkannt.

60 Eberle: Die Martin-Luther-Universität in der Zeit des Nationalsozialismus (Anm. 12), S. 316.

Die frühe Gründung der *Zahnärztlichen Klinik* durch Ludwig Hollaender (1833–1897) an der Vereinigten Friedrichs-Universität Halle-Wittenberg

Die Vereinigte Friedrichs-Universität Halle-Wittenberg nahm mit ihrer 1883 konstituierten *Zahnärztlichen Klinik* eine Vorreiterrolle ein, denn die Klinik, angesiedelt an der Universität, war eine der ersten ihrer Art im Deutschen Reich. Über Jahrhunderte hinweg hatte es nicht nur in Halle (Saale) an einer universitären Ausbildung in Zahnmedizin gefehlt, die an akademische Prüfungen und einheitlich staatliche Vorgaben gebunden war. Dem lag die besondere Stellung der Zahnmedizin zugrunde: Sie war bis weit in das 19. Jahrhundert keine eigenständige Fachdisziplin; ein separates Studium der Zahnmedizin gab es im Deutschen Reich des 19. Jahrhunderts nicht. Zahnbehandlungen wie das Ziehen von Zähnen wurden an chirurgischen Polikliniken von Ärzten vorgenommen, die ein Studium der Humanmedizin absolviert hatten.[1] Wer sich für zahnärztliche Themen interessierte bzw. sich auf die zahnärztliche Chirurgie spezialisiert hatte und in diesem Bereich Vorlesungen für Studierende anbot, war der jeweiligen Medizinischen Fakultät zugeordnet. Studierende, welche die Vorlesungen besuchen wollten, jedoch kein Abitur, sondern lediglich den Nachweis der Primarreife des Gymnasiums hatten, wurden nicht der Medizinischen, sondern der Philosophischen Fakultät zugeordnet.[2] Dadurch entstand die Situation, dass die Medizinische Fakultät auch für Studierende verantwortlich war – die Vorlesungen in zahnärztlichen Themen hielten Professoren der jeweiligen Medizinischen Fakultät – die als sogenannte „Immature" (Studierende ohne Abitur) der Philosophischen Fakultät angehörten. Hinzu kam der gesellschaftlich schlechte Stand der Zahnärzte.[3] In der Bevölkerung herrschte im 19. Jahrhundert ein geringes zahnhygienisches Bewusstsein. Therapeutische Maßnahmen bei Erkrankungen der Zähne beschränkten sich zumeist auf chirurgische Eingriffe. Der Weg zu einer vom Studium der Medizin unabhängigen zahnärztlichen Ausbildung an einer Medizinischen Fakultät war dementsprechend

1 Hans-Heinz Eulner: Die Entwicklung der medizinischen Spezialfächer an den Universitäten des deutschen Sprachgebietes. Stuttgart 1970, S. 397.

2 Dominik Groß: Beiträge zur Geschichte und Ethik der Zahnheilkunde. Würzburg 2006, S. 78.

3 Groß: Beiträge zur Geschichte und Ethik (Anm. 2), S. 66.

lang und beschwerlich. 1883 entstand in Halle (Saale) schließlich eine der ersten Zahnärztlichen Kliniken des Deutschen Reiches.[4] Wie kam es zur Gründung der Klinik an der Vereinigten Friedrichs-Universität Halle-Wittenberg und welche Persönlichkeiten hatten Einfluss auf diese Entwicklung?

Die ideellen Grundlagen für die zahnärztliche Ausbildung legte u.a. der preußische Hofarzt Philipp Pfaff (1713–1766), der 1756 seine *Abhandlungen von den Zähnen des menschlichen Körpers und deren Krankheiten*[5] veröffentlichte. In dieser Schrift beschrieb er, wie wichtig gesunde Zähne für den Gebrauch der Sprache seien und schilderte Verfahren, die es ermöglichen sollten, Abdrücke vom Kiefer zu erhalten. Pfaff empfahl, die Abdrücke des Kiefers mit heißem Siegelwachs anzufertigen.[6] Zehn Jahre später veröffentlichte der Hamburger Zahnarzt Carl August Graebner eine Schrift zu Fragen des Zahnwechsels, der Zahngesundheit bei Erwachsenen sowie zur Prothetik.[7] Weitere wissenschaftliche Publikationen zur Behandlung von Zähnen folgten im deutschsprachigen Raum. Beispielsweise veröffentlichte Johann Jacob Heinrich Bückings (1749–1883) eine Schrift über die *Vollständige Anweisung zum Zahnausziehen* (1782).[8]

Trotz des Vorstoßes von Pfaff und weiterer Vordenker wie Graebner und Bücking, wurde die Zahnmedizin kein anerkanntes eigenständiges Fach neben der Humanmedizin. Die Ausbildung zum Zahnarzt war bis zum Ende des 19. Jahrhunderts nicht klar geregelt. Nur Ärzte, die ein Studium der Medizin an einer Universität absolviert hatten, konnten, wenn sie sich die entsprechenden Fertigkeiten angeeignet hatten, als Zahnarzt tätig werden.[9] In der Preußischen Medizinalordnung von 1825 wurde festgelegt, dass für die Ausübung als Zahnarzt eine zusätzliche Prüfung notwendig sei.[10] Darin war festgeschrieben, dass neben der ärztlichen Approbation Nachweise über den Besuch von Vorlesungen medizinischen Inhalts und das Erlernen technischer und mechanischer Fähigkeiten bei einem nieder-

4 Eulner: Die Entwicklung der medizinischen Spezialfächer (Anm. 1), S. 406.

5 Philipp Pfaff: Abhandlung von den Zähnen des menschlichen Körpers und deren Krankheiten. Berlin 1756.

6 Rolf Will: Philipp Pfaff (1713–1766): Begründer der Deutschen Zahnmedizin. Langenweißbach 2002, S. 32.

7 Carl August Graebner: Carl August Gräbners Gedanken über das Hervorkommen und Wechseln der Zähne bey Kindern; nebst Anweisung für Erwachsene, die Zähne gesund zu erhalten, nebst einem Zahncalender und vier Kupfertafeln. Langensaltza 1768.

8 Johann Jacob Heinrich Bücking: Vollständige Anweisung zum Zahnausziehen. Stendal 1782.

9 Dominik Groß: Die schwierige Professionalisierung der deutschen Zahnärzteschaft (1867–1919). Frankfurt/Main 1994, S. 31.

10 Hans-Heinz Eulner: Die akademische Frühzeit der Zahnheilkunde in Deutschland. In: Medizinhistorisches Journal 1 (1966), S. 3–74, hier: S. 4; Eulner: Die Entwicklung der medizinischen Spezialfächer (Anm. 1).

gelassenen Zahnarzt vorhanden sein müssen, bevor man zur Prüfung als Zahnarzt zugelassen werde:

> Ebenso darf zur Prüfung als Zahnarzt niemand mehr zugelassen werden, der nicht entweder schon Arzt oder Wundarzt ist, und zugleich den nöthigen Nachweis über die erlangten, einem Zahnarzt insbesondere nöthigen technischen und mechanischen Fertigkeiten beizubringen vermag, oder der, wenn er nicht Arzt oder Wundarzt ist, außer diesem Nachweis nicht wenigstens noch Zeugnisse über den fleißigen Besuch der Vorlesungen über Anatomie, allgemeine und spezielle Chirurgie, Operationslehre, Arzneimittelehre und chirurgische Klinik beibringen kann.[11]

Ähnlich wie in Preußen wurden auch in anderen deutschen Staaten, beispielsweise in Hannover (1835), Bayern (1853) und Sachsen (1862), Bestimmungen erlassen, die sowohl auf Zugangsvoraussetzungen als auch auf die gesetzliche Stellung des zahnärztlichen Berufs eingingen.[12] Für die Ausbildung als Wundarzt mussten weitaus weniger Zugangskriterien erfüllt werden als für ein Studium der Medizin. Für die angehenden Wundärzte genügte die „Sekundarreife“ (Abgang vom Gymnasium nach der Sekunda, der 11. Klasse), während die zukünftigen Ärzte das Abitur nachweisen mussten. Wenn die Studierenden kein Abitur hatten, wurden sie nicht der Medizinischen Fakultät zugeordnet, sondern als „Immature“ bei der Philosophischen Fakultät geführt.[13] Es war ihnen folglich nicht möglich, einen medizinischen Doktortitel zu erwerben. Im Gegensatz zu den Studierenden der Medizin, die beispielsweise in Halle (Saale) Mitte des 19. Jahrhunderts ihre praktischen Erfahrungen mit Patienten an der privaten ambulatorischen Klinik des hallischen Arztes Peter David Krukenberg (1787–1865) oder bei Sprechstunden praktischer Ärzte sammeln konnten, fehlte es für angehende Zahnärzte an ähnlichen Strukturen nicht nur in Halle (Saale). Es gab im gesamten Deutschen Reich keinen definierten Standard, was in den Vorlesungen mit zahnärztlichen Themen unterrichtet werden sollte. Die zukünftigen Zahnärzte – Frauen wurden erst um 1900 zum Studium der Zahnmedizin zugelassen[14] – wurden folglich nach unterschiedlichen Kriterien ausgebildet. Zudem existierten bis zum Ende des 19. Jahrhunderts auch keine zahnärztlichen Institute oder Kliniken. Teilweise lag die praktische Unterweisung bei einem anderen bereits niedergelassenen Zahnarzt – im Gebiet des Deutschen Reiches praktizierten Mitte des 19. Jahrhunderts ca. 250 Zahnärzte[15] –, teil-

11 § 51e der Preußischen Medizinalordnung, Instruktionen für Staatsprüfungen. In: Carl Friedrich Koch (Hg.): Vollständige systematische Sammlung der Preußischen Medicinalgesetze und Verordnungen. Magdeburg 1833, S. 11.
12 Groß: Die schwierige Professionalisierung (Anm. 9), S. 42.
13 Groß: Beiträge zur Geschichte und Ethik (Anm. 2), S. 69.
14 Groß: Die schwierige Professionalisierung (Anm. 9), S. 341.
15 Groß: Die schwierige Professionalisierung (Anm. 9), S. 50.

weise erwarben Chirurgen in ihrer täglichen Arbeitspraxis zusätzliche zahnärztliche Kenntnisse und Fähigkeiten.[16] Ärzte, die sich als Zahnarzt betätigten, konnten nur in der Medizin, nicht in Zahnmedizin promoviert werden. Die Diskussion, ob die Voraussetzungen für ein Studium der Zahnmedizin verschärft werden sollten oder nicht und ob eine von der Humanmedizin getrennte akademische Ausbildung in der Zahnmedizin eingeführt werden sollte, zog sich über viele Jahrzehnte hin. Dabei waren inzwischen erste private zahnärztliche Institute in Berlin (1855) und Breslau (1871) entstanden, die jeweils einige wenige Studierende aufnahmen.[17] Eine Besonderheit war hierbei die private Praxis von Henriette Hirschfeld-Tiberius (1834–1911). Nach einem Studium der Zahnmedizin in den USA eröffnete sie 1869 als erste Zahnärztin im Deutschen Reich mit großem Erfolg eine private zahnärztliche Praxis in Berlin.[18] Aus einer Vielzahl dieser privaten zahnärztlichen Institute entstanden in den 80er und 90er Jahren des 19. Jahrhunderts letztlich die universitären Kliniken.

Die Zahnärztliche Klinik der Vereinigten Friedrichs-Universität Halle-Wittenberg entstand ebenfalls aus einer privaten Initiative.[19] Die Gründung eines privaten zahnärztlichen Instituts ging vom hallischen Arzt und Zahnarzt Anton Rudolf Hohl (1838–1872) aus. Hohl bot bereits seit 1868 zahnärztliche Vorlesungen an der Vereinigten Friedrichs-Universität Halle-Wittenberg an. Im Deutschen Reich gab es bereits seit 1797 Vorlesungen über zahnärztliche Themen. Vorreiter waren die Universitäten in Tübingen (1797), Würzburg (1802) und Berlin (1827/28).[20] Hohl hatte Medizin an der Vereinigten Friedrichs-Universität Halle-Wittenberg studiert und sein Studium 1863 mit dem Staatsexamen abgeschlossen. Im selben Jahr wurde er mit der Arbeit *De atropini effectu*[21] zum „Dr. med.“ promoviert. Seine praktische Ausbildung zum Zahnarzt erhielt er 1865 bei Heinrich Eduard Albrecht (1823–1883), der in Berlin bereits 1855 das erste private zahnärztliche Institut im Deutschen Reich gegründet hatte.[22] Bei Carl Sauer (1835–1892), der 1884 erster Professor für zahnärztliche Prothetik am Berliner zahnärztlichen Institut der Universität werden sollte, lernte Anton Rudolf Hohl wichtige Methoden

16 Eulner: Die Entwicklung der medizinischen Spezialfächer (Anm. 1), S. 397.
17 Eulner: Die akademische Frühzeit der Zahnheilkunde (Anm. 10), S. 6.
18 Vgl. Cecile Mack: Henriette Hirschfeld-Tiburtius (1834–1911): Das Leben der ersten selbständigen Zahnärztin Deutschlands. Frankfurt/Main 1999.
19 Eulner: Die Entwicklung der medizinischen Spezialfächer (Anm. 1), S. 406.
20 Groß: Die schwierige Professionalisierung (Anm. 9), S. 44.
21 Rudolf Hohl: De atropini effectu. Berlin 1863.
22 Jürgen Reuter: Die Frühzeit der akademischen Zahnheilkunde in Halle. In: Wolfram Kaiser, Hans Hübner (Hg.): Beiträge zur Wissenschaftsgeschichte. Naturwissenschaften und Medizin im ausgehenden 19. Jahrhundert. Halle 1980, S. 26–32, hier: S. 26.

und Fertigkeiten kennen. Zum Beispiel machte er sich dort mit der Herstellung von Zahnersatz, Füllungen und Schienungen bei dentoalveolären Verletzungen und Kieferfrakturen vertraut.[23] Die Habilitation *De novis pulpae dentis formationibus*, die Rudolf Hohl 1868 an der Vereinigten Friedrichs-Universität Halle-Wittenberg einreichte, beschäftigte sich folglich mit einem zahnmedizinischen Thema.[24] In seiner Habilitationsschrift klassifizierte er die Gewebeneubildungen der Pulpa. Damit erlangte er die Venia legendi und war der erste Privatdozent für Zahnmedizin an der Vereinigten Friedrichs-Universität Halle-Wittenberg. Im Deutschen Reich war diese Entwicklung nicht selbstverständlich. 1891 beriet beispielsweise die Medizinische Fakultät der Universität in Freiburg i.Br. über die Habilitation eines Zahnarztes. Man kam zu dem Schluss, dass die Zahnmedizin an der Universität repräsentiert sein sollte, ihr Vertreter aber nach wie vor ein Studium der Humanmedizin absolviert haben musste.[25]

An der Vereinigten Friedrichs-Universität Halle-Wittenberg bot der habilitierte Anton Rudolf Hohl Unterricht für Studierende der Medizin an, die an zahnärztlichen Themen Interesse zeigten. Zu seiner Zeit waren im Durchschnitt 100 Studierende im Fach Medizin immatrikuliert.[26] Hohl hielt seine Vorlesungen und Übungen unentgeltlich dreimal pro Woche von 8 bis 9 Uhr in seiner privaten Wohnung in der Scharngasse 7 in Halle (Saale).[27] Ein Unterricht in den privaten Räumen eines Dozenten war durchaus üblich, wenn die Universität keine eigenen Räume zur Verfügung stellte. In Berlin übernahm beispielsweise Carl Wilhelm Ludwig Schmedicke (1822–1863) zahnmedizinische Vorlesungen. Er las um 1850 u.a. über die *Mechanik der Zahnarzneikunst* und bot Übungen in Vorbereitung des zahnärztlichen Examens an.[28] Die Themen, über die Hohl in Halle (Saale) las, umfassten Gebiete wie *Physiologie und Pathologie der Mundorgane*, *Ausgewählte Abschnitte der Operationslehre und Technik der Zahnheilkunde* oder *Klinik der Mundkrankheiten*.[29] Die Vorlesungen der Semester von 1868 bis 1869 beschrieb Hohl in einem Bericht an die Vereinigte Friedrichs-Universität Halle-Wittenberg:

23 Felix Schneider: Die Entwicklung der Kiefertraumatologie an der Martin-Luther-Universität Halle-Wittenberg. Dissertation. Halle 2012, S. 7.

24 Anton Rudolf Hohl: De novis pulpae dentis formationibus. Halle 1868.

25 Eulner: Die Entwicklung der medizinischen Spezialfächer (Anm. 1), S. 402.

26 Jürgen Reuter: Die Frühzeit der akademischen Zahnheilkunde in Halle (Anm. 22), S. 27.

27 Ursula Hettwer: Leben und Wirken des ersten Lehrers der Zahnheilkunde in Halle Anton Rudolf Hohl. Diplomarbeit. Halle 1950, S. 24.

28 Groß: Die schwierige Professionalisierung (Anm. 9), S. 45.

29 Reuter: Die Frühzeit der akademischen Zahnheilkunde (Anm. 22), S. 27.

> Die Klinik besuchten im ersten Semester 3, im zweiten 5 Studirende der Medizin und führten fast sämmtliche Operationen selbständig aus. Ueber die bemerkenswerthesten Fälle wurden von mir Vorträge gehalten und in jedem einzelnen so dem Studirenden die Diagnose und einzuschlagende Therapie bestimmt und auch praktisch ausgeführt.[30]

Anton Rudolf Hohl setzte sich an der hallischen Universität nachdrücklich für eine akademische Ausbildung angehender Zahnärzte ein. Die Studierenden konnten in seinen Vorlesungen verschiedene Verbandtechniken und Möglichkeiten der Schienung bei Kieferfrakturen lernen. Dabei griff er auch auf vulkanisierte Kautschukschienen und Prothesen als Mittel der Wahl zurück und war damit einer der ersten Zahnärzte im Deutschen Reich, die vulkanisierten Kautschuk als Material für Schienungen von Kieferfrakturen einsetze.[31] Die Anwendungen und Ergebnisse dieser neuen Techniken vermittelte Hohl auch in den Vorlesungen des Wintersemesters 1868/69. Die *Ausgewählten Kapitel der Technik der Operationslehre mit praktischen Demonstrationen* las er unentgeltlich. Dazu kamen Vorlesungen zur *Pathologie und Therapie der Mundorgane* sowie *Klinik für Mundkrankheiten*.[32] Neben der Arbeit in seiner privaten Praxis und den unentgeltlichen Vorlesungen für Studierende bot Hohl zusätzlich eine *Übung im Gebrauch des Mikroskops und im Anfertigen von Präparaten aus der normalen und pathologischen Anatomie der Mundorgane* an.[33] Trotz dieses Engagements schritt die Entwicklung hin zu einer etablierten zahnmedizinischen Ausbildung an der Vereinigten Friedrichs-Universität nur schleppend voran. Hohl forderte separate Räumlichkeiten im Klinikum am Domplatz in Halle (Saale) an, um dort den praktischen zahnmedizinischen Unterricht abhalten zu können, bekam jedoch keine Räume von der hallischen Universität zugeteilt.[34]

Mit dem (frühen) Tod Hohls im Jahr 1872 kam die Etablierung der zahnmedizinischen Ausbildung und Lehre an der Vereinigten Friedrichs-Universität Halle-Wittenberg zusätzlich ins Stocken. Gab es überhaupt Vorlesungen mit zahnmedizinischen Inhalten, wurden diese meist von einzelnen engagierten Ärzten und Professoren der hallischen Universität gehalten und gehörten nicht zur damaligen curricularen Lehre der Medizinischen Fakultät. Es herrschte zwar ein Bewusstsein dafür, dass die Zähne als Bestandteil des menschlichen Körpers in den Zuständigkeitsbereich der Medizin und somit der Medizinischen Fakultät gehörten, Konse-

30 Anton Rudolf Hohl: Erster Bericht über die Klinik für Mundkrankheiten an der Universität Halle. In: Deutsche Vierteljahresschrift für Zahnheilkunde 10 (1870), S. 27–30, hier: S. 28.

31 Anton Rudolf Hohl: Zweiter Bericht über die Klinik für Mundkranke an der Universität. In: Deutsche Vierteljahresschrift für Zahnheilkunde 11 (1871), S. 175–178.

32 Hettwer: Leben und Wirken des ersten Lehrers (Anm. 27), S. 27.

33 Hettwer: Leben und Wirken des ersten Lehrers (Anm. 27), S. 28.

34 Hettwer: Leben und Wirken des ersten Lehrers (Anm. 27), S. 28.

Programm
für
das zahnärztliche Studium
auf der
Universität Halle a/S.

---

1. Semester.

8—12½. täglich Uebungen im zahntechnischen Laboratorium.

2—3½. 5mal wöchentlich Anatomie.
4—5. 4mal wöchentlich Anorgan. Chemie u. Metallurgie.
5—6. 3mal wöchentlich Theoretische Zahnheilkunde, i. e. Anatomie, Physiologie und Pathologie des Mundes und der Zähne.

2. Semester.

7—8. 5mal wöchentlich Physiologie.
8—9. 3mal wöchentlich zahnärztliche Klinik.
9—12½. Uebungen in der Zahntechnik.

2—3½. Anatomie.
5—6. 1mal wöchentlich Physiologie der Verdauung.
4—5. 5mal wöchentlich Histologie nebst mikroscop. Cursus.

3. Semester.

8—9. 3mal zahnärztliche Klinik.
9—12½. Uebungen in der Technik.
3—4. 4mal wöchentlich Allgemeine Pathologie und patholog. Anatomie.
4—5. 3mal wöchentlich Theoretische Zahnheilkunde.
5—6. 4mal wöchentlich Allgemeine Chirurgie.

4. Semester.

8—9. Zahnärztliche Klinik.
9½-12½. Operationskursus täglich. Nachmittag Vorlesung über das Füllen der Zähne, Abdrucknahmen etc.
5—6. 3mal wöchentlich spezielle Chirurgie des Kopfes und des Rumpfes.
6—7. 1mal wöchentlich die Physiologie der Kau- und Geschmacksorgane, des N. Trigeminus und des N. Facialis.

Je nachdem das Studium im Sommer- oder Wintersemester beginnt, wird eine kleine Aenderung in der Reihenfolge der Studien eintreten.

Diejenigen, welche bereits einen technischen Cursus durchgemacht haben, füllen das erste und zweite Semester mit mikroskopischen Uebungen aus und beginnen bereits im 3. Semester, nachdem sie 2 Semester die Klinik gehört haben, mit dem Operations-Cursus.

Jedes Semester finden Uebungen statt in der Darstellung des Stickstoffoxyduls, sowie Demonstrationen über dessen Anwendung.

Das Colleg über „Allgemeine Chirurgie" so wie das über „Chirurgie des Kopfes" und des Rumpfes wird von den betreffenden Docenten speciell für Studirende der Zahnheilkunde gelesen.

Ausser den bekannten Werken über Anatomie und Chemie werden zum Studium der Zahnheilkunde empfohlen:

Ranke, Das Blut.
Baume, Lehrbuch der Zahnheilkunde. Leipzig. Arthur Felix.
Tomes-Hollaender, Die Anatomie der Zähne. Leipzig. Arthur Felix.
Hollaender, Das Füllen der Zähne. Leipzig. Arthur Felix.
Hollaender, Beiträge zur Zahnheilkunde. Leipzig. Arthur Felix.
Kingsley-Hollaender, Die Anomalieen der Zahnstellung etc. Leipzig. Arthur Felix.
Wedl, Pathologie der Zähne. Leipzig. Arthur Felix.

Ausserdem ist Prof. Hollaender, Halle a/S., Königstr. 7, gern zu jeder gewünschten Auskunft erbötig.

Abb. 1: Programm für das zahnärztliche Studium von 1880/81

quenzen für die akademische Ausbildung angehender Zahnärzte hatte dies jedoch nicht. Vorlesungen zu zahnmedizinischen Themen blieben nicht nur in Halle (Saale) außercurriculare Phänomene.[35]

Ludwig Heinrich Hollaender (1833–1897) setzte sich ein für die Entwicklung eines Programms für das Studium der Zahnmedizin sowie die Etablierung und Professionalisierung der Zahnmedizin in Halle (Saale). Er war es auch, der die Eröffnung der Zahnärztlichen Klinik zur praktischen Ausbildung angehender Zahnärzte initiierte. Hollaender hatte sich 1873 mit einen Thema aus der zahnärztlichen Chirurgie, *De dentium ex ordine rodentium structura penitiori* (dt.: *Über den Bau der Zähne der Nagetiere*) an der Medizinischen Fakultät der Vereinigten Friedrichs-Universität Halle-Wittenberg habilitiert.[36] Sein Studium der Medizin hatte er an den Universitäten in Würzburg und Breslau absolviert. Hollaender hatte, wie Anton Rudolf Hohl, einen Teil seiner praktischen zahnärztlichen Ausbildung bei Heinrich Eduard Albrecht (1823–1883) in Berlin erhalten. Es war auch Albrecht, der Hollaender als Nachfolger für Anton Rudolf Hohl in Halle (Saale) vorgeschlagen hatte.[37] Ludwig Hollaender las wie Hohl in seinen eigenen privaten Räumen. Gleichzeitig entwickelte Hollaender einen Lehrplan für ein zweijähriges zahnärztliches Studium: *Das Programm für das zahnärztliche Studium auf der Universität Halle.*[38] Damit konnte erstmals ein strukturiertes zweijähriges Studium an der Vereinigten Friedrichs-Universität Halle-Wittenberg stattfinden. Im gesamten Deutschen Reich waren zu dieser Zeit Programme für das Studium der Zahnmedizin durch engagierte Zahnärzte und Universitätsprofessoren entwickelt worden. Innerhalb des hallischen Programms waren täglich zahntechnische Übungen vorgesehen, die durch Vorlesungen in Anatomie, Physiologie, Anorganischer Chemie und Metallurgie, Allgemeiner Pathologie sowie Pathologischer Anatomie ergänzt wurden. Im Mittelpunkt dieses Ausbildungskonzepts stand der Unterricht in theoretischer Zahnheilkunde und Chirurgie. Im vierten Semester sollte zusätzlich ein Operationskurs stattfinden. Wie vertraut Hollaender mit der internationalen Forschungsliteratur war, zeigen die Lektüreempfehlungen für die (zukünftigen) Studierenden der Zahnmedizin. Neben seinem eigenen Lehrbuch *Das Füllen der Zähne*[39] empfahl er Charles Sissmore Tomes (1846–1928) *Manual of dental anatomy human and comparative* (dt.: *Die Anatomie der Zähne des Menschen und*

35 Eulner: Die Entwicklung der medizinischen Spezialfächer (Anm. 1), S. 400.

36 Ludwig Heinrich Hollaender: De dentium ex ordine rodentium structura penitiori. Halle 1873.

37 Erwin Reichenbach: Die Anfänge und die Entwicklung des zahnärztlichen Unterrichts an den drei mitteldeutschen Universitäten Halle, Jena, Leipzig. In: Deutsche Zahnärztliche Zeitschrift 14/17 (1959), S. 1185–1196, hier: S. 1187.

38 UA Halle Rep. 6, Nr. 734.

39 Ludwig Hollaender: Das Füllen der Zähne und deren Extraktion. Leipzig 1878.

der Wirbelthiere sowie deren Histologie und Entwickelung)[40] sowie Norman W. Kingsleys (1829–1913) *A Treatise on oral deformities as a branch of mechanical surgery* (dt.: *Die Anomalien der Zahnstellung und die Defecte des Gaumens*).[41] Beide Lehrbücher waren von Hollaender bearbeitet und übersetzt worden. Erstmals fand dieser von Hollaender konzipierte Unterricht im Wintersemester 1880/81 statt.[42] Zwei Jahre später, am 12. November 1883, wurden Hollaender von der Vereinigen Friedrichs-Universität Halle-Wittenberg zwei Räume in der Neuen Residenz für die Lehre und den praktischen Unterricht zur Verfügung gestellt. Dieses Entgegenkommen der hallischen Universität markierte den Anfang der Einrichtung der ersten Zahnärztlichen Klinik in Halle (Saale) bzw. im Deutschen Reich.[43]

In ihrer Gründungszeit hatte die Zahnärztliche Klinik noch mit erheblichen strukturellen Schwierigkeiten zu kämpfen, denn ihre materielle und finanzielle Situation war von der Haltung der Vereinigten Friedrichs-Universität in Halle (Saale) abhängig. Die Universität genehmigte nur wenig Arbeitsmaterial und Instrumente, was für die praktische Ausbildung angehender Zahnärzte sehr wichtig gewesen wäre.[44] Hinzu kam, dass die Zahnärztliche Klinik durch die Persönlichkeit Hollaenders geprägt war. Seine Personalakte ist voll von Beschwerden, die ihn als unangepassten und teilweise gewalttätigen Menschen beschrieben.[45]

Dennoch entwickelte sich die Klinik stetig weiter. Ihre Räumlichkeiten befanden sich im Untergeschoss der Neuen Residenz und waren mit „20 Rohrstühlen, 4 Tischen und 1 Katheder“[46] ausgestattet. Die wachsende Popularität des Faches Zahnmedizin zeigte sich in der weiter zunehmenden Zahl der lernwilligen Studierenden und der Anzahl der Patienten. Dies war nicht zuletzt dem Enthusiasmus Hollaenders zu verdanken, der in Anzeigeblättern Werbung für das von ihm entwickelte Programm zum Studium der Zahnmedizin drucken ließ.

40 Charles Sissmore Tomes: Manual of dental anatomy human and comparative. London 1876; Charles Sissmore Tomes: Die Anatomie der Zähne des Menschen und der Wirbelthiere sowie deren Histologie und Entwickelung. Berlin 1877.

41 Norman W. Kingsley: A Treatise on oral deformities as a branch of mechanical surgery. New York 1880; Norman W. Kingsley: Die Anomalien der Zahnstellung und die Defecte des Gaumens. Leipzig 1881.

42 Jürgen Helm: 125 Jahre Studium der Zahnmedizin in Halle. In: Zahnärztliche Nachrichten Sachsen-Anhalt 7 (2005), S. 31–34, hier: S. 32.

43 Sonia Mansour: Die Ausbildung in zahnärztlicher Prothetik an der Universitätszahnklinik Halle in den Jahren von 1948 bis 1998 unter Berücksichtigung der wissenschaftlichen und technischen Entwicklung. Dissertation. Halle 2009, S. 7.

44 Reuter: Die Frühzeit der akademischen Zahnheilkunde (Anm. 22), S. 28.

45 Eulner: Die Entwicklung der medizinischen Spezialfächer (Anm. 1), S. 406.

46 Reichenbach: Die Anfänge und die Entwicklung (Anm. 37), S. 1187.

Die zahnärztliche Schule

an der

Universität **Halle** a. S. [50]

beginnt ihren Sommercursus am 27. April 1886. **Technischer** und **operativer Cursus.** Beide unter Leitung tüchtiger Assistenten.

Vorlesungen:

1) **Klinik** mit Demonstrationen täglich 8—9 Uhr. Professor Hollaender.
2) Anatomie und Physiologie **speciell für Zahnärzte.** 4 bis 5 Uhr. 3 Mal wöchentlich. Dr. Schneidemühl.
3) Allgemeine Pathologie **speciell für Zahnärzte.** 5—6 Uhr. 2 Mal wöchentlich. Dr. Schneidemühl.

Prof. Dr. med. **L. Hollaender,**
Halle a. S.

Besondere Ausbildung für **praktische Aerzte** in zahntechnischer und operativer Beziehung.

Das zahnärztliche Institut an der Universität Breslau

beginnt das Sommersemester 1886 am 1. April a. c. [51]

Nur Studenten der Zahnheilkunde haben Zutritt.

Dr. med. **Bruck,** prakt. Arzt und Zahnarzt,
Docent an der Königl. Universität zu Breslau.

*

Abb. 2: Plakat für „Die zahnärztliche Schule an der Universität Halle a. S.“ (1886)

Die Patienten warteten – aus Mangel an Sitzgelegenheiten und Räumlichkeiten – oft vor dem Behandlungszimmer oder vor der Zahnärztlichen Klinik. Das veranlasste Hollaender zur Forderung an den Kurator der Universität: Er beanspruchte größere Zimmer, um die interessierten Studierenden – im Durchschnitt zehn bis zwölf – unterrichten zu können.[47]

Die Zahnärztliche Klinik bekam im Jahr 1890 zusätzliche Räume im Seminargebäude in der Jägergasse 2, dem ehemaligen Physikalischen Institut, zugewiesen.[48] Hier fand für drei Jahre der praktische zahnärztliche Unterricht statt. Die neuen Patienten wurden ebenfalls hier untersucht sowie Zahnextraktionen vorgenommen.[49] Aber die Räumlichkeiten erwiesen sich bald als zu klein, um alle Patienten behandeln zu können, denn die Anzahl der zahnärztlichen Behandlungen stieg. Nach einem Umzug im Jahr 1893 in die Räume des alten Gebäudes des Oberbergamtsgebäudes am Domplatz 1 fand der Klinikbetrieb für einige Jahrzehnte (bis 1936) einen festen Standort. Nach dem Tod Hollaenders wurde die Zahnärztliche Klinik ab 1896 von Hans Körner (1862–1929) geleitet, der zuvor Mitarbeiter bei Hollaender war.

Körner hatte in Leipzig und Jena Medizin studiert. Er war zunächst als niedergelassener praktischer Arzt in Thüringen tätig, bevor er 1890 nach Berlin ging, um sich am dortigen zahnärztlichen Institut der Friedrich-Wilhelms-Universität in Zahnmedizin ausbilden zu lassen. Anschließend war er in Halle (Saale) als Zahnarzt niedergelassen und gleichzeitig als Assistent bei Hollaender tätig. 1897 habilitierte sich Körner mit dem Thema *Über die Beziehungen der Erkrankungen der Zähne zu den chronischen Schwellungen der regionären Lymphdrüsen*[50] und erhielt die Venia legendi.[51] Zunächst versuchte Körner, die Zahnmedizin am Standort Halle (Saale) zu festigen, denn nach wie vor stand die Zahnärztliche Klinik vor finanziellen Schwierigkeiten.[52] Körner unternahm mehrere Versuche, diese Missstände zu ändern. Ein Brief aus dem Jahr 1910, den er an die Medizinische Fakultät der Vereinigten Friedrichs-Universität Halle-Wittenberg richtete, gibt einen Eindruck von der damaligen Lage. Körner schrieb von „unzureichendsten Verhältnissen" in der Zahnärztlichen Klinik:

---

47 Reichenbach: Die Anfänge und die Entwicklung (Anm. 37), S. 1187.
48 Reichenbach: Die Anfänge und die Entwicklung (Anm. 37), S. 1187.
49 Reichenbach: Die Anfänge und die Entwicklung (Anm. 37), S. 1188.
50 Hans Körner: Über die Beziehungen der Erkrankungen der Zähne zu den chronischen Schwellungen der regionären Lymphdrüsen. Berlin 1897.
51 UA Halle, Rep. 29, Nr. 223.
52 Reuter: Die Frühzeit der akademischen Zahnheilkunde (Anm. 22), S. 30.

> In den vom Staat zur Verfügung gestellten Räumen im Grundstück Domplatz Nr. 1 findet sich überhaupt nur Platz für eine Abteilung für operative Zahnheilkunde (Poliklinik) und ferner für die Abhaltung des Kursus in der konservierenden Zahnheilkunde. Was den Raum für die Poliklinik anlangt, so haben wir hier bis zum Jahre 1909 unter den unzureichendsten Verhältnissen arbeiten müssen in einem kleinen Raume, der für 4-5 Personen genügte, in dem sich oft aber 20 Personen zu gleicher Zeit aufhielten! (...) Die Kurse in dieser Abteilung müssen in von mir gemieteten und bezahlten Räumen abgehalten werden, die sich im Hinterhause meiner Wohnung befinden.[53]

Die finanziellen und strukturellen Schwierigkeiten in der Zahnärztlichen Klinik mussten auch deshalb geklärt werden, weil die Zahl der Patienten und der Studierenden stetig wuchs. 1909 griff eine neue Studienordnung für das Deutsche Reich in die sich bis dahin etablierende Ausbildung der angehenden Zahnärzte ein. Die Zugangsberechtigung für das Studium der Zahnmedizin änderte sich. Nun war ein vollständiger Gymnasialabschluss notwendig, um sich zu immatrikulieren. Die Semesterzahl lag bei mindestens sieben Semestern.[54] Durch die Anhebung des Bildungsabschlusses als Voraussetzung für das Studium änderte sich auch die institutionelle Zugehörigkeit. Die Studierenden der Zahnmedizin gehörten zur Medizinischen und nicht länger zur Philosophischen Fakultät der Vereinigten Friedrichs-Universität Halle-Wittenberg. Da die Studierenden nun keinen Doktortitel mehr an der Philosophischen Fakultät erwerben konnten oder lediglich der „Dr. med." nach einem vollständigen Studium der Medizin erlangt werden konnte, lag es nicht nur für Körner nahe, für einen berechtigten Ersatz zu sorgen. Im gesamten Deutschen Reich wurde die Forderung nach einem „Dr. med. dent." immer lauter. Hans Körner war es, der sich 1908 in Halle (Saale) gegenüber der Medizinischen Fakultät der hallischen Universität für einen Doktor der Zahnheilkunde einsetzte:

> Daß aber der zahnärztliche Stand auf einen solchen Titel Wert legt, ist zunächst in seiner Tätigkeit beim Publikum gegenüber begründet, welches der Zahnarzt auf seinem Gebiet ebenso berät, wie der Arzt oder ärztliche Spezialist auf dem der anderen wissenschaftlichen Sonderdisziplinen. (...) (D)er zahnärztliche Stand (...) erlaubt sich daher an die hohe Medizinische Fakultät die ergebene Frage zu richten, ob sie grundsätzlich der Einrichtung eines ‚Doctors der Zahnheilkunde' zustimmen und an welche Bedingungen sie ihre Zustimmung knüpfen würde.[55]

Körner wurde wiederholt in der Medizinischen Fakultät der Vereinigten Friedrichs-Universität Halle-Wittenberg aktiv und sprach sich für die Einführung des Titels

53 UA Halle, Rep. 29, Nr. 252.
54 Groß: Beiträge zur Geschichte und Ethik (Anm. 2), S. 79.
55 Angelika Schmidt: Leben und Werk des Hallenser Zahnmediziners Hans Körner. Würzburg 2001, S. 35. Vgl. dazu UA Halle, Rep. 29, Nr. 249.

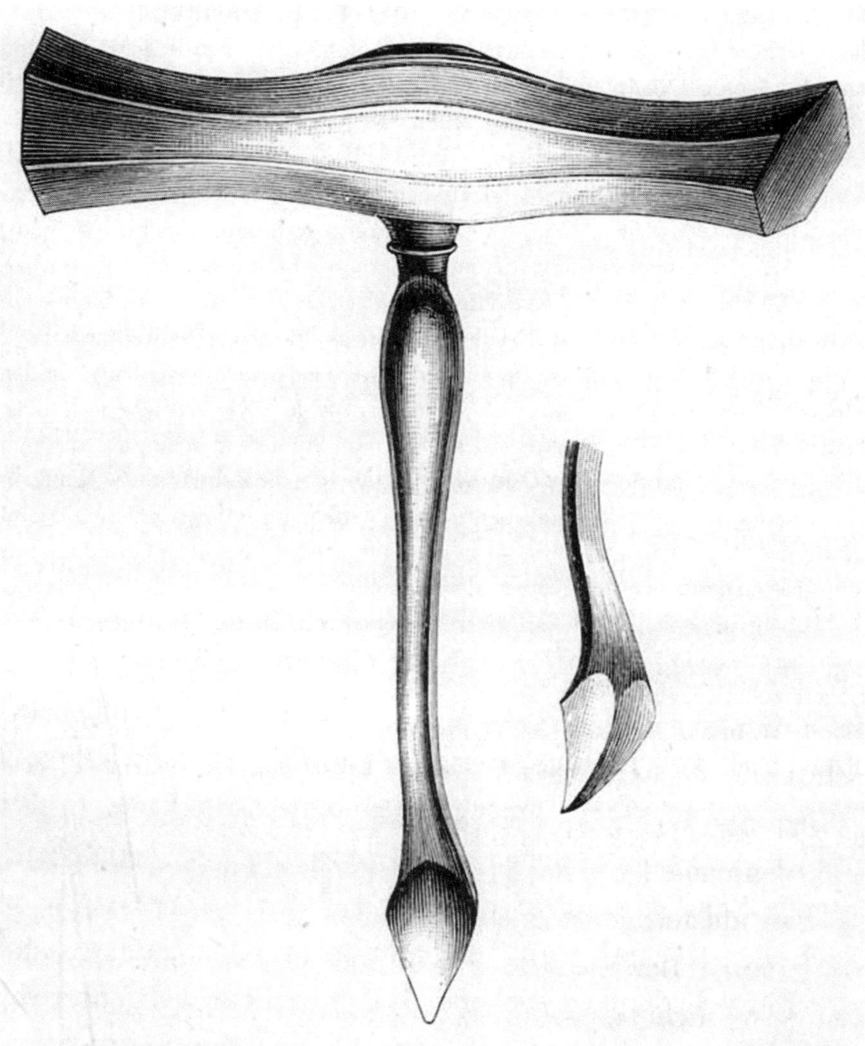

Abb. 3: Hebel nach Hollaender (1878)

für Zahnärzte aus.[56] Der Ausbruch des Ersten Weltkrieges (1914–1918) verhinderte weitere Entwicklungen. Nach dem Ende des Krieges wurde die Diskussion um den „Dr. med. dent." wieder aufgenommen. Inzwischen hatten sich der 1859 gegründete *Central-Verein Deutscher Zahnärzte*, vor allem ihr langjähriger Vorsitzender Otto Walkhoff (1860–1934), reichsweit für die Einführung des „Dr. med. dent." eingesetzt. Auf dem 3. Medizinischen Fakultätentag, der 1917 an der Vereinigten Friedrichs-Universität Halle-Wittenberg stattfand, brachte Walkhoff dieses Anliegen erneut zur Sprache und forderte die Einführung des zahnmedizinischen Doktortitels. Er plädierte dafür, dass der „Dr. med. dent." auch ohne ein Vollstudium der Medizin an der Medizinischen Fakultät erworben werden kann.[57]

Im Jahr 1919 wurde das Recht auf den Erwerb eines „Dr. med. dent." an den Medizinischen Fakultäten gesetzlich verankert. An der Zahnärztlichen Klinik in Halle (Saale) gingen Dutzende von Anfragen von Studierenden ein, die alle zum „Dr. med. dent." promoviert werden wollten. Obwohl die Zahnärztliche Klinik an der Vereinigten Friedrichs-Universität Halle-Wittenberg die erste dieser Art im Deutschen Reich war, schaffte sie es in den Jahrzehnten nach ihrer Gründung nur mit Anstrengung, sich im Rahmen der Vereinigten Friedrichs-Universität Halle-Wittenberg zu behaupten. Volle Anerkennung sowohl für die Leistungen der hallischen Ärzte und Zahnärzte, die sich für die Etablierung der Zahnärztlichen Klinik eingesetzt hatten, als auch für die Arbeit der Zahnärztlichen Klinik erfolgte erst im Jahr 1921. In diesem Jahr erhielt Hans Körner das Extraordinariat für Zahnmedizin.[58] Damit hatte die Vereinigte Friedrichs-Universität Halle-Wittenberg nicht nur die erste Zahnärztliche Klinik, sondern auch eines der ersten Extraordinariate für Zahnmedizin im Deutschen Reich etabliert.

---

56 Schmidt: Leben und Werk des Hallenser Zahnmediziners (Anm. 55), S. 36.

57 Florian Steger, Maximilian Schochow: Der Medizinische Fakultätentag 1913–2013. In: Michael Gekle, Florian Steger (Hg.): 100 Jahre Medizinischer Fakultätentag – von Halle nach Halle. Halle 2013, S. 13–131, hier: S. 51.

58 UA Halle, PA Hans Körner, Nr. 9215.

1926 – die Geburt der Bioethik in Halle (Saale) durch den evangelischen Pastor Fritz Jahr (1895–1953)

Im Jahr 1926 prägte der aus Halle (Saale) stammende, protestantische Theologe Fritz Jahr (1895–1953) in seinem Artikel *Wissenschaft vom Leben und Sittenlehre*[1] den Begriff der Bioethik. Er schlug in diesem Beitrag die Brücke zwischen Ethik und Naturwissenschaft, indem er für die Vermittlung von ethischen Werten in den naturwissenschaftlichen Fächern des Schulunterrichts eintrat. Ein Jahr später erschien sein Aufsatz *Bio-Ethik. Eine Umschau über die ethischen Beziehungen des Menschen zu Tier und Pflanze*,[2] in welchem Fritz Jahr beschrieb, was er unter dem Begriff Bioethik inhaltlich verstand. Hier schilderte Jahr, wie der Mensch mit der belebten Umwelt umging und welche Missstände damit verbunden waren. Beiden Arbeiten ist die Feststellung Jahrs gemeinsam, dass es angesichts des naturwissenschaftlich-technischen Fortschritts an einem Begriff fehlt, durch den menschliches Verhalten innerhalb dieser neuen Rahmenbedingungen bewertet werden kann. Mit seiner Prägung des Begriffs „Bioethik" zielte Fritz Jahr auf einen Paradigmenwechsel nicht nur im naturwissenschaftlichen Forschen, sondern auch im alltäglichen Denken und Handeln der Menschen ab. Fritz Jahrs Konzeption der Bioethik griff u.a. die Ideen des britischen Naturforschers Charles Darwin (1809–1882) auf. Darwin hatte die starre Grenzziehung zwischen menschlichem und tierischem Leben aufgehoben.[3] Er relativierte die Ansicht, dass allein der Mensch mit seinem hochentwickelten Gehirn und Verstand die Krönung der Schöpfung darstelle. Vielmehr wurde deutlich, dass spezielle Arten von Tieren ebenfalls zu komplexen Denkleistungen fähig seien.[4] Infolgedessen konzentrierten sich die Medizin und Psychologie nicht mehr ausschließlich auf den Menschen, sondern beschäftigten sich zunehmend auch mit Tieren. Neben den Werken von Darwin wurde Fritz Jahr

---

1 Fritz Jahr: Wissenschaft vom Leben und Sittenlehre. (Alte Erkenntnis in neuem Gewande). In: Die Mittelschule. Zeitschrift für das gesamte mittlere Schulwesen 40 (1926), S. 604–605.

2 Fritz Jahr: Bio-Ethik. Eine Umschau über die ethischen Beziehungen des Menschen zu Tier und Pflanze. In: Kosmos. Handweiser für Naturfreunde 24 (1927), S. 2–4.

3 Eve-Marie Engels: The importance of Charles Darwin's Theory for Fritz Jahr's conception of Bioethics. In: Amir Muzur, Hans-Martin Sass (Hg.): Fritz Jahr and the Foundations of Global Bioethics. The Future of Integrative Bioethics. Münster 2012, S. 97–129, hier: S. 100.

4 Engels: The importance of Charles Darwin's Theory for Fritz Jahr's (Anm. 3), S. 100.

auch durch die Pflichten- und Tugendlehre von Immanuel Kant (1724–1804) beeinflusst. Kants Formulierung des Kategorischen Imperativs wurde strukturelles Vorbild für Jahrs Bioethischen Imperativ. Was verstand Fritz Jahr unter Bioethik? Wie bestimmte er den Begriff „Bioethik" inhaltlich und vor allem, welche Folgen hatte diese Entwicklung für die Etablierung der Bioethik als Wissenschaft?

Vor allem in der amerikanischen Forschungsliteratur wird der Begriff „Bioethik" mit dem Biochemiker Van Rensselaer Potter (1911–2001) assoziiert. Er definierte die Bioethik als eine *Wissenschaft des Überlebens* und bezog sich damit ausschließlich auf die Humanmedizin. Ohne Kenntnis von Fritz Jahr zu haben, veröffentlichte Potter 1970 den Aufsatz *Bioethics – the Science of Survival*,[5] in dem er ähnlich wie Fritz Jahr die zunehmende Technisierung in den Naturwissenschaften kritisierte. Ein Jahr später wurde das *Kennedy Institute of Ethics* an der Georgetown Universität in den USA gegründet, das sich zunächst *Kennedy Institute of Bioethics* nannte. Mit dieser Institution ist bis heute der Begriff „Bioethik" verbunden, obwohl sich die Wissenschaftler des Instituts ausschließlich mit medizinethischen Fragen befassen. Bio- und Medizinethik werden oft synonym gebraucht, obwohl sich die Bioethik auf vollkommen andere, interdisziplinäre Themen und Fragestellungen stützt.[6]

Demgegenüber vertrat Fritz Jahr einen wesentlich weiteren Begriff der Bioethik. Diesen beschrieb er bereits 1926 in seiner Schrift *Wissenschaft vom Leben und Sittenlehre*.[7] Darin betonte er, dass es einen Zusammenhang zwischen Biologie und Anthropologie gebe, der in der Medizin und der Psychologie praktischen Ausdruck finde.[8] Experimente an Tieren, Blutversuche und Serumforschung seien Anzeichen für diesen Zusammenhang. Zunehmend würden auch Tiere in die empirische Forschung eingebunden:

> (...) und wie es eine vergleichende anatomisch-zootomische Forschung gibt, so werden auch höchst lehrreiche Vergleiche zwischen Menschen- und Tierseele angestellt. Ja, sogar die Anfänge einer Pflanzenpsychologie machen sich bemerkbar.[9]

Diese Feststellung Jahrs bezog sich deutlich auf die von Charles Darwin postulierten Gemeinsamkeiten zwischen Menschen und speziellen Arten von höherentwickelten Tieren, beispielsweise Primaten. Darwins 1859 veröffentlichte Arbeit *On*

5 Van Rensselaer Potter: Bioethics – the Science of Survival. In: Perspectives in Biology and Medicine 14 (1970), S. 127–153.

6 Hans-Martin Sass: Für präzise und differenzierte Begriffe. In: Mitteilungen des Hochschulverbandes 10 (1991), S. 233–236.

7 Jahr: Wissenschaft vom Leben und Sittenlehre (Anm. 1).

8 Jahr: Wissenschaft vom Leben und Sittenlehre (Anm. 1), S. 604.

9 Jahr: Wissenschaft vom Leben und Sittenlehre (Anm. 1), S. 604.

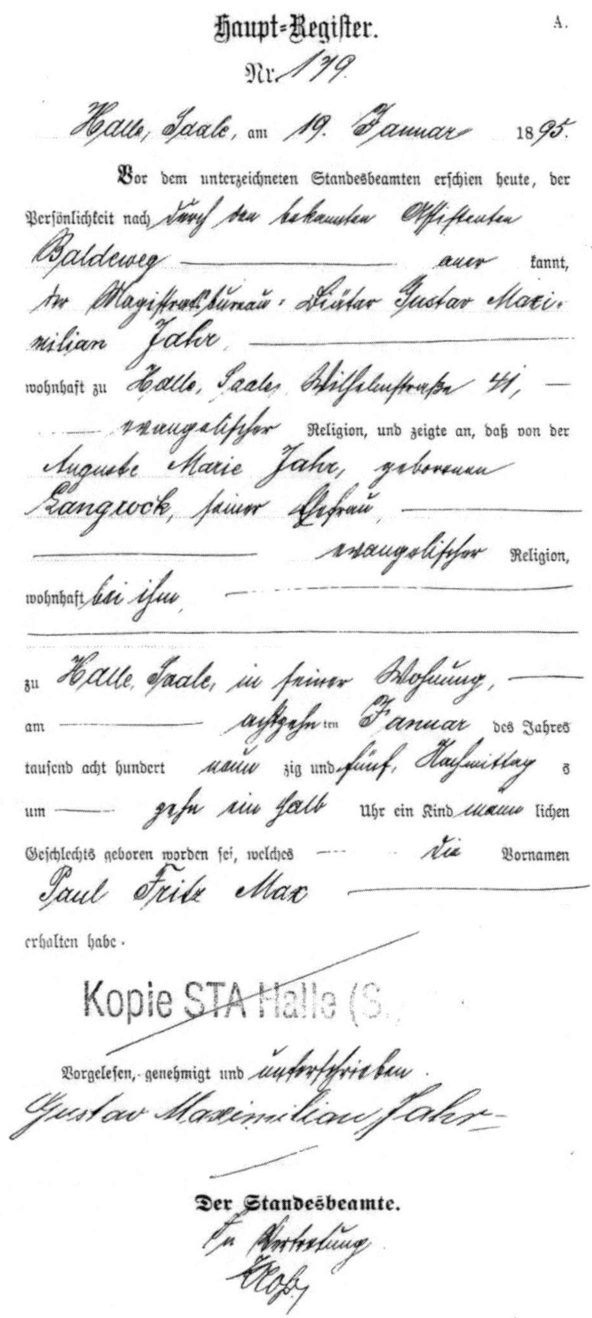
Haupt-Register. A.

Nr. 179

Halle, Saale, am 19. Januar 1895.

Vor dem unterzeichneten Standesbeamten erschien heute, der Persönlichkeit nach durch den bekannten Assistenten Baldeweg anerkannt,

der Magistratsbureau-Diätar Gustav Maximilian Jahr,

wohnhaft zu Halle, Saale, Wilhelmstraße 41,

evangelischer Religion, und zeigte an, daß von der Auguste Marie Jahr, geborene Langrock, seiner Ehefrau, evangelischer Religion,

wohnhaft bei ihm,

zu Halle, Saale, in seiner Wohnung,

am achtzehnten Januar des Jahres tausend acht hundert neunzig und fünf, Nachmittags um zehn ein halb Uhr ein Kind männlichen Geschlechts geboren worden sei, welches die Vornamen Paul Fritz Max erhalten habe.

Kopie STA Halle (S.

Vorgelesen, genehmigt und unterschrieben.

Gustav Maximilian Jahr

Der Standesbeamte.

In Vertretung

[illegible]

Abb. 1: Geburtsurkunde Fritz Jahrs

the Origin of Species[10] war auch ins Deutsche übersetzt worden und ebnete den Weg für zahlreiche Literatur, die sich mit der Mensch-Tier-Beziehung auseinandersetzte. Das Bewusstsein dafür, dass mit einem wachsenden wissenschaftlichen Wissen von der Natur und der in ihr befindlichen Lebewesen auch deren Schutz einhergehen müsse, bildete sich aus.[11] Auf dieser geistes- und wissenschaftsgeschichtlichen Grundlage formulierte Fritz Jahr 1926 erstmals seinen Bioethischen Imperativ als Grundsatz für das praktische Handeln: „Achte jedes Lebewesen grundsätzlich als einen Selbstzweck und behandle es nach Möglichkeit als solchen."[12] Damit prägte er den Begriff der Bioethik.

Der am 18. Januar 1895 in Halle (Saale) geborene Fritz Jahr griff mit seiner Formulierung eines Bioethischen Imperativs den Kategorischen Imperativ von Immanuel Kant aus der *Grundlegung zur Metaphysik der Sitten*[13] auf, der bis dahin als grundlegendes Prinzip der Ethik galt.[14] Kant und Jahr stützten ihre Überlegungen auf einen ähnlichen religiösen und kulturellen Hintergrund, denn beide waren als protestantische Pfarrer tätig. Halle (Saale) und Königsberg galten bereits zu Kants Lebzeiten als stark vom Protestantismus geprägte Städte; Immanuel Kant selbst wuchs unter dem Einfluss des Pietismus auf.[15] Daher lag es nahe, dass Fritz Jahr den Kategorischen Imperativ Immanuel Kants kannte und ihn zum Vorbild für seine Konzeption der Bioethik nahm. Besonders die dritte Formulierung des Kategorischen Imperativs, die sogenannte Selbstzweck- oder Menschheitsformel „Handle so, daß du die Menschheit sowohl in deiner Person, als auch in der Person eines jeden anderen jederzeit zugleich als Zweck, niemals bloß als Mittel brauchest"[16], gewann im 19. und 20. Jahrhundert an kultureller und politischer

---

10 Charles Darwin: On the Origin of Species by Means of Natural Selection, or the Preservation of Favoured Races in the Struggle of Life. London 1859.

11 Engels: The importance of Charles Darwin's Theory for Fritz Jahr's (Anm. 3), S. 102.

12 Jahr: Wissenschaft vom Leben und Sittenlehre (Anm. 1), S. 605.

13 Immanuel Kant: Grundlegung zur Metaphysik der Sitten. Riga 1785.

14 Vgl. hierzu auch: Florian Steger: Fritz Jahr (1895–1953). Eine biographische Skizze. In: Florian Steger, Jan C. Joerden, Maximilian Schochow (Hg.): 1926 – Die Geburt der Bioethik in Halle (Saale) durch den protestantischen Theologen Fritz Jahr (1895–1953). Frankfurt/Main 2014 [im Druck]. Diese Arbeit verdankt viel dem Rektor der Martin-Luther-Universität Halle-Wittenberg, Prof. Dr. Udo Sträter, der mir kurz nach Antritt meines Lehrstuhls in großzügiger Weise die Aufzeichnungen zu seinen biographischen Rekonstruktionsbemühungen zu Fritz Jahr zur weiteren Verwendung überlassen hat. Auch danke ich meinem ehemaligen Mitarbeiter Matthias Zaft, der mich bei dieser biographischen Arbeit v.a. durch die Erschließung der Archivalien tatkräftig unterstützt hat.

15 Igor Eterovic: Kant's Categorial Imperative and Jahr's Bioethical Imperative. In: Amir Muzur, Hans-Martin Sass (Hg.): Fritz Jahr and the Foundations of Global Bioethics. The Future of Integrative Bioethics. Münster 2012, S. 82–95, hier: S. 83.

16 Immanuel Kant: Grundlegung zur Metaphysik der Sitten. Stuttgart 2008, S. 65.

Bedeutung. Immanuel Kant entwarf mit dieser Formulierung den Begriff der Menschenwürde, der zentrales Element moderner Gesetzgebungen wurde.[17]

Fritz Jahr erweiterte den Geltungsbereich der Selbstzweckformel Anfang des 20. Jahrhunderts über den Menschen hinaus auf alle in der Natur lebenden Spezies.[18] Damit stützte er seinen Begriff der Bioethik auf eine Maxime, die im praktischen Handeln eines jeden Einzelnen angewendet werden sollte. Gleichzeitig beinhaltete Fritz Jahrs Formulierung des Bioethischen Imperativs, im Gegensatz zu den Ausführungen Kants, eine Einschränkung. Der Bioethische Imperativ Jahrs beanspruchte keine universelle Geltung in jeder Handlungssituation, sondern sollte dort Anwendung finden, wo es die Situation ermögliche. Jedes Lebewesen sollte nach Möglichkeit als Selbstzweck behandelt werden und nicht, wie Immanuel Kant es für die Menschen fordert, jederzeit. Fritz Jahr schuf damit eine Richtlinie für ethische und kulturelle Einstellungen und Verantwortlichkeiten in Bezug auf die modernen Naturwissenschaften, aber auch für das Leben eines jeden Einzelnen.[19] Gleichzeitig stellte er die Ethik auf eine neue fundamentale Grundlage: auf Mitgefühl, Sympathie und Empathie.

In seinem Beitrag zur *Wissenschaft vom Leben und Sittenlehre*[20] rief Jahr zur Ehrfurcht vor dem Bios, vor allem Leben auf. Dies begründete er sowohl mit der Entdeckung diverser Ähnlichkeiten zwischen Menschen und höherentwickelten Tieren als auch mit der zunehmenden wissenschaftlichen Forschung an der „Menschen- und Tierseele".[21] Er berief sich u.a. auf den Theologen Friedrich Daniel Ernst Schleiermacher (1768–1834), der es in seiner Sittenlehre bereits für unsittlich erklärt hatte, dass „das Leben und Gestaltung, wo sie schon sind, also auch beim Tier und bei der Pflanze, zerstört werden, ohne daß ein vernünftiger Zweck damit verbunden ist".[22] Hier wird deutlich, dass Fritz Jahr in seinen Bioethischen Imperativ nicht nur Tiere, sondern auch Pflanzen einschloss:

> In bezug auf das Tier ist uns die ethische Forderung längst eine Selbstverständlichkeit geworden, wenigstens in der Form, es nicht nutzlos zu quälen. (…) Anders ist es schon mit der Pflanze: Daß wir auch gegen diese gewisse ethische Pflichten haben, dürfte manchem im ersten Augenblick etwas widersinnig erscheinen. Jedoch ist es nicht so.[23]

17 Kant: Grundlegung zur Metaphysik der Sitten (Anm. 16), S. 72.
18 Igor Eterovic: Kant's Categorial Imperative and Jahr's (Anm. 15), S. 90.
19 Igor Eterovic: Kant's Categorial Imperative and Jahr's (Anm. 15), S. 91.
20 Jahr: Wissenschaft vom Leben und Sittenlehre (Anm. 1).
21 Jahr: Wissenschaft vom Leben und Sittenlehre (Anm. 1), S. 604.
22 Jahr: Wissenschaft vom Leben und Sittenlehre (Anm. 1), S. 604.
23 Jahr: Wissenschaft vom Leben und Sittenlehre (Anm. 1), S. 604f.

Wissenschaft vom Leben und Sittenlehre.

(Alte Erkenntnisse in neuem Gewande.)

Die moderne Wissenschaft vom Leben, das ist die **Biologie,** beschäftigt sich nicht ausschließlich mit Botanik und Zoologie. Sie steht auch im Zusammenhang mit der Anthropologie. Dieser Zusammenhang findet seine praktische Verwertung in der Medizin. Tierexperimente, Blutversuche, Serumforschung sind hier zu nennen und noch manches andere, wovon vielleicht die Überpflanzung der Keimdrüsen von Affen auf den Menschen nach Steinach als ganz besonders aktuell unser Hauptinteresse erregt.

Die neuere Psychologie, die sich auf experimenteller physiologischer Grundlage aufbaut, ist heute ebenfalls nicht mehr auf ein einziges Arbeitsgebiet, den Menschen, beschränkt. Sie arbeitet mit denselben Methoden auch auf dem Gebiete des Tierischen, und wie es eine vergleichende anatomisch-zootomische Forschung gibt, so werden auch höchst lehrreiche Vergleiche zwischen Menschen- und Tierseele angestellt [0]). Ja, sogar die Anfänge einer Pflanzenpsychologie machen sich bemerkbar — die bekanntesten ihrer Vertreter sind G. Th. Fechner [1]) in der Vergangenheit, R. H. Francé [2]) und Ad. Wagner [3]) in der Gegenwart —, so daß die moderne Psychologie alle Lebewesen in den Bereich ihrer Forschungen zieht. Unter diesen Umständen ist es nur folgerichtig, wenn E. Eisler [4]) zusammenfassend von einer **Bio-Psychik** spricht.

[0]) Von neueren tierpsychologischen Arbeiten sind besonders zu empfehlen: Sommer, Tierpsychologie, Leipzig 1925. Alverdes, Tiersoziologie, Leipzig 1925.

[1]) G. Th. Fechner, Nanna oder das Seelenleben der Pflanzen. Leipzig 1848.

[2]) R. H. Francé, Pflanzenpsychologie als Arbeitshypothese der Pflanzenphysiologie. Stuttgart 1909.

[3]) Ad. Wagner. Die Vernunft der Pflanze. Dresden 1926.

[4]) R. Eisler, Das Wirken der Seele. Stuttgart 1908.

Von der Biopsychik ist nur ein Schritt bis zur **Bio-Ethik,** d. h. zur Annahme ethischer Verpflichtungen nicht nur gegen den Menschen, sondern gegen alle Lebewesen. Sachlich ist die Bioethik durchaus nicht erst eine Entdeckung der Gegenwart. Schon der Theologe Schleiermacher [5]) erklärte es für unsittlich, daß Leben und Gestaltung, wo sie schon sind, also auch beim Tier und bei der Pflanze, zerstört werden, ohne daß ein vernünftiger Zweck damit verbunden ist. Noch vor ihm erwartete der Dichter Herder [6]) vom Menschen, daß er sich nach dem Vorbild der alles mit ihrem Gefühl durchdringenden Gottheit in jedes Geschöpf versetzen und in dem Maß mit ihm empfinden könne, als das Geschöpf es bedarf. Desgleichen fordert der Philosoph Krause [7]), ein Zeitgenosse Schleiermachers, daß jedes Lebewesen als solches zu achten sei und zwecklos nicht zerstört werden dürfe. Denn sie alle, die Pflanzen und die Tiere ebenso wie der Mensch, seien gleichberechtigt; allerdings nicht zu gleichem, sondern ein jedes nur zu dem, was ein notwendiges Erfordernis zur Erreichung seiner Bestimmung ist.

In bezug auf das Tier ist uns die ethische Forderung längst eine Selbstverständlichkeit geworden [8]), wenigstens in der Form, es nicht nutzlos zu quälen. Als ein besonders anziehendes Beispiel aus der Vergangenheit dürfte uns hierbei gerade in diesem Jahre die Gestalt des heiligen Franz von Assisi mit seiner

[5]) Schleiermacher, Philosophische Sittenlehre. (Kirchmann) 1870.

[6]) Herder, Ideen zur Philosophie der Geschichte der Menschheit. Riga und Leipzig 1785.

[7]) K. Chr. Fr. Krause, Das System der Rechtsphilosophie. (Röder) Leipzig 1874.

[8]) Das beste Werk auf diesem Gebiete stellt immer noch dar: J. Bregenzer, Tierethik. Bamberg 1894.

großen Liebe auch zu den Tieren in der Erinnerung aufsteigen. — Anders ist es schon mit der Pflanze: Daß wir auch gegen diese gewisse ethische Pflichten haben, dürfte manchem im ersten Augenblick etwas widersinnig erscheinen. Jedoch dem ist nicht so. Schon ein Paulus lenkt durch seine poesievolle Äußerung über das sehnsüchtige Harren aller Kreatur (also auch der Tiere und der Pflanzen) auf Erlösung [9]) unser Mitgefühl auf diese. — Ein Gegenstück hierzu sind die verklärt stimmungsvollen Ausführungen in dem dritten Akt von Richard Wagners „Parsifal": In frommer Huld schont der Mensch wenigstens am allerheiligsten Charfreitag Halm und Blume auf der Auen mit sanftem Schritt, um sie nicht zu verletzen. — In diesen Zusammenhang gehört auch jenes Märchen Andersens von dem Engel, der nicht nur die Seele eines frühverstorbenen Kindes zum Himmel forttrug, sondern auch allerlei Blumen mitnahm, unter anderen eine arme vertrocknete Feldblume, die, als er selbst noch als das immer kranke Kind sehr armer Eltern auf Erden weilte, in düsterer Kellerwohnung, seine größte, seine einzige Freude gewesen war. Und Gott im Himmel drückte alle Blumen an sein Herz. Aber die arme verdorrte Feldblume küßte er, und sie erhielt Stimme und sang mit den Engeln, welche Gott umschweben. — Handelt es sich bei den genannten Beispielen zunächst auch nur um phantasievolle Poesie, so gilt doch auch hier das Wort, welches Richard Wagner seinem Hans Sachs in den Mund legt:

„All Dichtkunst und Poeterei
ist nichts als W a h r traumdeuterei".

Das erkennen wir, wenn wir die ernsthaften pflanzenethischen Überlegungen eines so nüchternen Philosophen, wie es der erst vor zwanzig Jahren verstorbene Ed. v. Hartmann war [10]), ins Auge fassen. In einem Aufsatze über den Blumenluxus schreibt er von einer gepflückten Blüte: „Sie ist ein zum Tode verwundeter Organismus, dessen Farben nur noch nicht beschädigt sind, ein noch lebendes und lächelndes Haupt, das von seinem Rumpfe getrennt ist. — — Wenn ich aber die Rose im Wasserglas oder auf den Draht eines Bouquets geflochten sehe, so kann ich mich des widerwärtigen Gedankens nicht erwehren, daß der Mensch ein Blumenleben gemordet hat, damit es im Sterben ein Auge erfreue, das herzlos genug ist, den unnatürlichen Tod unter dem Scheine des Lebens nicht herauszufühlen. — — Sehe ich aber gar ein Meisterwerk der Blumengärtnerei, einen großen Korb mit einer Masse der kostbarsten, auf Draht gezogenen Blüten, so ist mir zu Mut, als sollte ich einen Damenkopfputz aus lauter aufgespießten, aufs Rad geflochtenen, noch zappelnden Schmetterlingen und Käfern bewundern" [11]). Die pflanzenethischen Forderungen, die diese Anschauung enthält, sind ohne weiteres deutlich.

Was die Möglichkeit der Verwirklichung solcher ethischer Verpflichtungen gegen alle Lebewesen anbetrifft, so scheint sie eine Utopie zu sein. Da ist jedoch nicht zu übersehen, daß die ethischen Verpflichtungen gegen ein Lebewesen sich praktisch nach dessen „Bedürfnissen" (Herder), bzw. nach seiner „Bestimmung" (Krause), richten. Nun sind ja die Bedürfnisse der Tiere an Zahl weit geringer und an Inhalt weniger kompliziert, als die des Menschen. In erhöhtem Maße gilt dies für die Pflanze, so daß die ethischen Verpflichtungen, die schon gegen das Tier (wenn auch nicht grundsätzlich, so doch praktisch) geringer sind, gegen sie noch viel weniger Schwierigkeiten bereiten. Des weiteren ist hier noch das Prinzip des Kampfes ums Dasein von Einfluß, ein Prinzip, welches auch unsere ethischen Pflichten gegen die Mitmenschen in gewisser Weise modifiziert. Innerhalb dieser Grenzen bleiben immer noch zahlreiche Möglichkeiten zur bioethischen Betätigung. Eine Anleitung dazu, auf welche Weise dies auf dem Gebiete der Tierethik etwa geschehen kann, geben die Tierschutzparagraphen in den Strafgesetzbüchern der verschiedenen Kulturländer [12]). Auf dem Gebiet der Pflanzenethik weist uns unser Gefühl den Weg, wenn es uns hindert, während eines Spazierganges im Freien die Pflanzen rechts und links von unserem Wege aus Spielerei mit dem Spazierstock zu köpfen, oder Blumen zu pflücken und sie nach kurzer Zeit achtlos wieder wegzuwerfen, oder wenn es uns mit Abscheu erfüllt über den blinden Zerstörungstrieb roher Burschen, welche junge Bäume an der Landstraße abbrechen. — Nach alldem ergibt sich als Richtschnur für unser Handeln **der bio-ethische Imperativ: „Achte jedes Lebewesen grundsätzlich als einen Selbstzweck und behandle es nach Möglichkeit als solchen!"**

Für den Unterricht ergibt sich daraus die Möglichkeit, auch in den naturkundlichen Fächern auf die Gesinnung bildend einzuwirken. Dadurch erhalten diese Fächer in gewisser Weise den Rang von Gesinnungsfächern. Im Hinblick auf die sehr zeitgemäße Forderung des Naturschutzes ist diese Tatsache von der größten Bedeutung: Derselbe braucht nicht mehr rein ästhethisch begründet zu werden, etwa durch den Hinweis darauf, daß es häßlich sei, Tiere zu quälen, Pflanzen sinnlos zu zerstören und Gottes freie Natur durch hingeworfenes Papier, Eierschalen oder Glasscherben zu verunstalten, sondern er wird zu einer ernsthaften Forderung der Sittenlehre erhoben.

Halle (Saale). Fritz J a h r.

[9]) Rör… „Die Unste… …esprochen bei …bung des In-

[10]) D… Schnehen, … Tierschutz und … gart 1908.

der bio-ethische Imperativ: „Achte jedes Lebewesen grundsätzlich als einen Selbstzweck und behandle es nach Möglichkeit als solchen!"

Abb. 2: Fritz Jahrs Artikel „Wissenschaft vom Leben und Sittenlehre" (1926)

In den darauffolgenden Passagen greift Fritz Jahr sowohl christliche als auch hinduistische und buddhistische Traditionen auf, um seine Argumentation, auch Pflanzen müssten als Lebewesen geschützt werden, zu stützen. Außerdem beruft er sich auf die Beobachtung und Erfahrung eines jeden Menschen, indem er schreibt, dass es

> (...) uns hindert, während eines Spazierganges im Freien die Pflanzen rechts und links von unserem Wege aus Spielerei mit dem Spazierstock zu köpfen, oder Blumen zu pflücken und sie nach kurzer Zeit achtlos wieder wegzuwerfen, oder wenn es uns mit Abscheu erfüllt über den blinden Zerstörungstrieb roher Burschen, welche junge Bäume an der Landstraße abbrechen.[24]

Da Pflanzen und ihr Schutz bereits seit Jahrtausenden Gegenstand religiöser Tradition seien und man beobachten könne, dass es bei einem selbst negative Gefühle auslöst, wenn Pflanzen zerstört werden, müssten Pflanzen bei ethischen Erwägungen stärker berücksichtigt werden, so Fritz Jahr. Für den Tierschutz sei in der Vergangenheit schon sehr viel Gutes getan worden. Beispielsweise habe er Eingang in die Strafgesetzbücher gefunden.[25] Aufbauend auf diesen Überlegungen formuliert Fritz Jahr seinen Bioethischen Imperativ, aus welchem sich für den Unterricht in den „naturkundlichen Fächern“ die Möglichkeit ergebe, „auf die Gesinnung bildend einzuwirken“.[26] Bevor er als Lehrer tätig wurde, hatte Fritz Jahr im Zeitraum von 1914 bis 1918/1919 an der Vereinigten Friedrichs-Universität Halle-Wittenberg Theologie und Philosophie studiert und zusätzlich die Fächer Kameralwissenschaft, Geschichte und Musikwissenschaft belegt.[27] Bereits mit 22 Jahren machte er erste Erfahrungen als Lehrer. Er gab ab 1917 Vertretungsunterricht im Privatschuldienst und unterrichtete bis Juni 1918 an der Knabenmittel- und Vorschule der Franckeschen Stiftungen in Halle (Saale).[28] Außerdem übte er geistliche Amtshandlungen aus, nachdem er die dafür vorgesehenen theologischen Prüfungen abgelegt hatte. Neben seiner Tätigkeit als Lehrer war er auch als evangelischer Pastor an vielen Kirchen in Halle (Saale) und Umgebung tätig, u.a. in Kanena (Sachsen-Anhalt).

24 Jahr: Wissenschaft vom Leben und Sittenlehre (Anm. 1), S. 605.
25 Jahr: Wissenschaft vom Leben und Sittenlehre (Anm. 1), S. 605.
26 Jahr: Wissenschaft vom Leben und Sittenlehre (Anm. 1), S. 605.
27 Matrikelscheine Fritz Jahr. UA Halle; Personalakte Fritz Jahr PA 36, Bildstelle 27. StaH.
28 Bescheinigung der Lehrtätigkeit vom 15.11.1924. Bl. 156, Personalakte Fritz Jahr J126 I. AKPS; Lebenslauf Fritz Jahr vom Februar 1938, Personalakte Fritz Jahr PA 36, Bildstelle 27. StaH.

Abb. 3: Kirche in Kanena

1921 trat er in den städtischen Schuldienst ein, als er eine Stelle als Lehrer an der hallischen Wittekindschule bekam. Aufgrund von Krankheit und Unstimmigkeiten mit den städtischen Schulräten trat Jahr vier Jahre später wieder aus dem städtischen Schuldienst aus[29] und arbeitete als Aushilfslehrer an verschiedenen Schulen Halles. Als Pfarrer erhielt Fritz Jahr gelegentlich Vertretungsstellen und musste sich unaufhörlich auf vakante Stellen bewerben. Seine Bemühungen, eine feste Anstellung als Pfarrer zu erhalten, waren nicht erfolgreich. Parallel zu seinen Bewerbungen auf Pfarrstellen veröffentliche Fritz Jahr zahlreiche ethische Schriften, beispielsweise drei Beiträge in der Zeitschrift *Ethik. Sexual- und Gesellschaftsethik*, in denen er sich neben Tierethik auch mit Bereichen der Sozial- und Sexualethik befasste.[30] 1927 veröffentliche Fritz Jahr in der Zeitschrift *Kosmos* seinen Aufsatz *Bio-Ethik. Eine Umschau über die ethischen Beziehungen des Menschen zu Tier und Pflanze*.[31] In dieser Publikation formulierte Fritz Jahr den Bioethischen Imperativ erneut, weshalb in der Forschungsliteratur oft angenommen wurde, dass die Bestimmung des Begriffs der Bioethik durch Fritz Jahr hier zu verorten sei. Allerdings ist diese Schrift Jahrs als Ergänzung seines Aufsatzes *Wissenschaft vom Leben und Sittenlehre* von 1926 zu werten.

Fritz Jahr beginnt seinen Aufsatz in der *Kosmos* mit der Feststellung, dass bis zum Ende des 18. Jahrhunderts in der europäischen Kultur die Meinung herrschte, dass Menschen und Tiere voneinander zu unterscheiden seien.[32] Diese Trennung könne, so Jahr, nicht mehr aufrechterhalten werden. Aufgrund naturwissenschaftlicher Neuentdeckungen und der Weiterentwicklung der empirischen Forschung sei die Unterscheidung von Menschen und Tieren nicht mehr zeitgemäß. Die Entwicklungslinien in den Naturwissenschaften würden zu einer „Bio-Psychik" – der Seelenkunde allen Lebens – direkt zur „Bio-Ethik" führen. Terminologisch orientierte sich Fritz Jahr deutlich an Rudolf Eisler (1873–1926), der den Begriff der „Bio-Psychik" geprägt und zur Beschreibung des „Psychischen als biologischen Faktor"[33] gebraucht hatte. Es müsse, so Jahr, eine neue Ethik geben, die über den Schutz der Würde des Menschen hinausgehe und auch andere Lebewesen in ihre sittlichen Überlegungen einbeziehe. Die Argumentation deckt sich stark mit derje-

29 Briefwechsel Bl. 174ff., Personalakte Fritz Jahr J126 I. AKPS.

30 Fritz Jahr: Tierschutz und Ethik in ihren Beziehungen zueinander. In: Ethik. Sexual- und Gesellschaftsethik 4 (1928), S. 100–102; Fritz Jahr: Soziale und sexuelle Ethik in der Tageszeitung. In: Ethik. Sexual- und Gesellschaftsethik 4 (1928), S. 149–150; Fritz Jahr: Wege zum sexuellen Ethos. In: Ethik. Sexual- und Gesellschaftsethik 4 (1928), S. 161–163.

31 Jahr: Bio-Ethik (Anm. 2).

32 Jahr: Bio-Ethik (Anm. 2), S. 2.

33 Rudolf Eisler: Biopsychik. In: Rudolf Eisler (Hg.): Wörterbuch der Philosophischen Begriffe. Bd. 1: A–K. Berlin 1910, S. 190.

nigen in der *Wissenschaft vom Leben und Sittenlehre.*[34] Sowohl religiöse Traditionen des Christentums, des Buddhismus und Hinduismus als auch der wissenschaftlich-technische Fortschritt hätten die postulierten Unterschiede zwischen Menschen und Tieren aufgehoben und neben dem Menschen auch Tiere als schützenswerte Lebewesen anerkannt.[35] Daraus müssten in Zukunft Handlungsgrundsätze erwachsen, die in der naturwissenschaftlichen und ethischen Praxis Anwendung finden. Der Bioethische Imperativ, den Fritz Jahr als einen solchen Grundsatz für künftiges Handeln formulierte, griff diese Entwicklungen auf. Sittliche Verpflichtungen habe man nicht nur gegenüber Menschen, sondern gegenüber allen Lebewesen des Bios. Es gebe zwar Fälle, in denen diese sittlichen Verpflichtungen Eingang in die Gesetzbücher finden, aber dies geschehe nur, wenn von der betreffenden Art nicht mehr genug Exemplare vorhanden seien, um künftige Generationen zu erfreuen.[36]

Interessant ist in diesem Zusammenhang, dass sich Fritz Jahr zum einen erneut auf Beobachtungen und Ansichten beruft, die allgemein bekannt und anerkannt waren. Zum anderen knüpfte er an ideelle Vordenker wie den biblischen Apostel Paulus, Richard Wagner (1813–1883) oder Arthur Schopenhauer (1788–1860) an, die bereits zu Rücksicht und Respekt vor allen Lebewesen aufgerufen hatten.[37] Jahr war sich bewusst, dass seine Formulierung des Bioethischen Imperativs keine absolute Neuerung, sondern eine Konsequenz aus vorangegangenen geistesgeschichtlichen Entwicklungen darstellte. Die von Jahr geforderten Veränderungen in Handlungszielen und Motivation sind auch eine Konsequenz der wissenschaftlichen Entwicklungen seiner Zeit. Pflanzen nicht in sittliche Überlegungen einzubeziehen, wie es mit den Tieren schon geschehen sei, war für Fritz Jahr anhand der geistesgeschichtlichen Tradition nicht nur unverantwortlich, sondern moralisch verwerflich. Besonders deutlich wird diese Haltung Jahrs in den Passagen der Schrift, in denen er den gewöhnlichen Umgang des Menschen mit Pflanzen schildert. Durch direktes Zitieren ideeller Vordenker seines bioethischen Ansatzes macht er auf Missstände diesbezüglich aufmerksam. So bezieht er sich beispielsweise auf den Philosophen Karl Robert Eduard von Hartmann (1842–1906):

> Sie ist ein zum Tode verwundeter Organismus, dessen Farben nur noch nicht beschädigt sind, ein noch lebendes und lächelndes Haupt, das von einem Rumpf getrennt ist. Wenn ich aber die Rose im Wasserglas oder auf den Draht eines Buketts geflochten sehe, so kann ich mich des widerwärtigen Gedankens nicht entwehren, daß der Mensch ein Blu-

34 Jahr: Wissenschaft vom Leben und Sittenlehre (Anm. 1).
35 Jahr: Bio-Ethik (Anm. 2), S. 2.
36 Jahr: Bio-Ethik (Anm. 2), S. 4.
37 Jahr: Bio-Ethik (Anm. 2), S. 3.

Abb. 4: Titelblatt der Zeitschrift „Kosmos“ (1927)

> menleben gemordet hat, damit es im Sterben ein Auge erfreue, das herzlos genug ist, den unnatürlichen Tod unter dem Schein des Lebens nicht herauszufühlen.[38]

Die meisten Menschen seien, so Fritz Jahr, nicht so sensibel wie Hartmann gegenüber den Pflanzen. Das Bewusstsein, dass auch Pflanzen Schmerzen empfinden können, sei bei den Menschen noch nicht geweckt. Unklar bleibt an dieser Stelle, ob Fritz Jahr selbst ein Schmerzempfinden bei Pflanzen annahm. Er schreibt lediglich, dass es noch nicht allgemein anerkannt sei, dass auch Pflanzen eine Seele haben und Schmerzen empfinden können, wie Hartmann es formuliert hatte.[39] Ähnlich argumentierte Jahr, wenn es um moralisches und verantwortungsvolles Handeln gegenüber Tieren ging. Tierschutz finde seine Grenze, sobald es um Nützlichkeit für die Menschen ginge. So sei es üblich, Tiere zu schlachten, um deren Fleisch zu essen, oder schädliche Tiere, zum Beispiel Wild, zu töten.[40] Fritz Jahr schreibt, dass der Tierschutz zwar berücksichtigt werde, aber aus den falschen Gründen. Tiere würden eben nicht geschützt, weil sie Lebewesen seien, die wie Menschen (und Pflanzen) zu Schmerzempfinden fähig seien. In Ergänzung dazu machte Fritz Jahr in seiner 1928 veröffentlichten Schrift über den *Tierschutz und Ethik in ihren Beziehungen zueinander* deutlich, dass es nicht um Tiere und Pflanzen in isolierter Form gehe, sondern darum, wie die Gesellschaft mit ihnen umgehe:

> Und wenn man die absolute Geltung dieses Grundsatzes, soweit er sich eben auf die Tiere und Pflanzen bezieht, nicht anerkennen will, so möge man ihn, um schon Gesagtes zu wiederholen, mit Rücksicht auf die sittlichen Verpflichtungen gegen die gesamte menschliche Gesellschaft dennoch befolgen.[41]

Damit lieferte er erneut eine argumentative Begründung für seinen Bioethischen Imperativ. In dieser Formulierung steckt die Annäherung an Immanuel Kants Kategorischen Imperativ, da Jahr hier von der sittlichen Verpflichtung der gesamten Menschheit zur Befolgung des Bioethischen Imperativs spricht. Außerdem gehe es bei Ethik und Moral nicht bloß um Tiere oder Pflanzen, sondern auch um den Menschen an sich und seine soziale und ethische Kultur. Jahrs Imperativ stellt sich aber auch wiederholt gegen den Immanuel Kants, insofern er die Ethik nicht auf eine dem Menschen exklusiv zukommende Würde gründete. Vielmehr sprach Fritz Jahr allen Lebewesen eine Würde zu und drückte dies in seinem 1926 erstmals formulierten Bioethischen Imperativ aus, der als Maxime zur Vermeidung von Leiden verstanden werden kann. In den folgenden Schriften modifizierte Fritz Jahr weder

38 Jahr: Bio-Ethik (Anm. 2), S. 3.
39 Jahr: Bio-Ethik (Anm. 2), S. 3f.
40 Jahr: Bio-Ethik (Anm. 2), S. 4.
41 Jahr: Tierschutz und Ethik in ihren Beziehungen (Anm. 30), S. 102.

seinen Bioethischen Imperativ noch seine inhaltliche Argumentation. Jahrs Gedanken von der Ehrfurcht vor dem Bios griffen Albert Schweitzer (1875–1965) und Peter Singer (*1946) auf und postulierten die Ehrfurcht vor dem Leben bzw. die Heiligkeit des Lebens.[42]

Fritz Jahr hatte zu seinen Lebzeiten mit der begrifflichen und inhaltlichen Fundierung der Bioethik und der Formulierung seines auf Mitleid mit allen Lebewesen gegründeten Bioethischen Imperativs weder auf die Kirche noch auf die akademische Öffentlichkeit Einfluss. Erst im 21. Jahrhundert erfuhr Fritz Jahrs Werk die entsprechende Einordnung und Würdigung. Es wurde deutlich, dass Jahrs Ideen einen fundamentalen Paradigmenwechsel in den Naturwissenschaften bedeuteten und den Weg für die moderne Bioethik geebnet haben. Ihm schwebten bereits Anfang des 20. Jahrhunderts eine interdisziplinäre Wissenschaft und eine veränderte Ethik vor, die den Umgang des Menschen mit der Natur betrafen. Heute ist die Bioethik als Begriff und eigenständige Fachdisziplin etwa neben der Medizinethik weder aus den Universitäten weltweit noch aus der Politik oder der Medizin wegzudenken.

42 Siegwart-Horst Günther, Gerald Götting: Was heißt Ehrfurcht vor dem Leben? Begegnungen mit Albert Schweitzer. Berlin 2005.

Die erste selbstgebaute Herz-Lungen-Maschine der DDR und ihr Konstrukteur Karl Ludwig Schober (1912–1999)

Seit Beginn des 19. Jahrhunderts versuchten Naturwissenschaftler, einzelne Organe vom Körper zu trennen und ihre Funktionen kurzzeitig von außen durch den Einsatz künstlicher Hilfsmittel aufrechtzuerhalten. Längere Eingriffe am ruhiggestellten Herzen galten lange Zeit als unmöglich. Ende der 1930er Jahre gelang es dem US-amerikanischen Arzt John Heysham Gibbon jr. (1903–1973), einen Tierkörper mit einer künstlichen Durchblutung am Leben zu erhalten.[1] Er setzte sich als erster über die Idee des isolierten Organs hinweg und wandte das Verfahren auf den gesamten Organismus von Tieren an, was der Geburtsstunde der extrakorporalen Zirkulation – der Funktionsweise der Herz-Lungen-Maschine – gleichkam. Anfang der 1950er Jahre begannen Ärzte, weltweit mittels Herz-Lungen-Maschinen am offenen, blutleeren Herzen von Menschen zu operieren. Mithilfe der Maschinen bestand von nun an die Möglichkeit, das Blut während einer Operation über ein Schlauchsystem aus dem Körper zu leiten und mit Sauerstoff anzureichern. Der Kreislauf des Patienten konnte so für einen längeren Zeitraum stabil gehalten werden. Damit war die Voraussetzung für komplizierte Eingriffe am blutleeren Herzen geschaffen.[2]

Das Universitätsklinikum Halle (Saale) blieb von dieser medizintechnischen Entwicklung bis Anfang der 1960er Jahre ausgeschlossen, da die staatlichen Behörden der DDR die Anschaffung einer Herz-Lungen-Maschine ablehnten. Der Grund für diese Entscheidung bestand darin, dass Ende der 1950er Jahre in der gesamten DDR der Einkauf einer solchen Maschine nur im westlichen Ausland möglich und äußerst devisenintensiv war. Unter diesen Bedingungen wäre die Thorax- und Herzchirurgie in Halle (Saale) dauerhaft von den internationalen Entwicklungen abgeschnitten worden. Karl Ludwig Schober (1912–1999), ab 1958 Professor für Chirurgie an der Medizinischen Fakultät der Martin-Luther-Universität Halle-Wittenberg und wenig später Direktor der Chirurgischen Universitätsklinik in der

---

1 Günter Baust: Karl-Ludwig Schober und die hallesche Herz-Lungen-Maschine. Halle 2011, S. 79.

2 Wolfgang Böttcher: Die geschichtliche Entwicklung der extrakorporalen Zirkulation. In: Rudolf J. Tschaut (Hg): Extrakorporale Zirkulation in Theorie und Praxis. Lengerich 2005, S. 17–32, hier: S. 17.

Magdeburger Straße,[3] entwickelte mit einem interdisziplinären Team aus Ärzten, Chemikern, Ingenieuren und Pflegepersonal eine eigene Herz-Lungen-Maschine. 1959 begannen sie mit den Arbeiten an dem Projekt und bereits im April 1962 konnte die selbstentwickelte Herz-Lungen-Maschine zum ersten Mal am Uniklinikum Halle (Saale) bei einer Operation am menschlichen Herzen eingesetzt werden.[4] Im folgenden Beitrag wird sowohl die Geschichte der Entwicklung von Herz-Lungen-Maschinen und deren Funktionsweise kurz skizziert, als auch Karl Ludwig Schobers Verdienst – die Konstruktion der ersten Herz-Lungen-Maschine der DDR – dargestellt. Wer war Karl Ludwig Schober und welche Umstände führten zur Entwicklung der Herz-Lungen-Maschine am Universitätsklinikum Halle (Saale)?

Das Problem bei einem medizinischen Eingriff am offenen Herzen besteht nicht allein darin, dass das Organ kurzzeitig seine Funktion, den ganzen Körper mit Blut zu versorgen, einstellen muss. Herz und Lunge sind funktionell miteinander verbunden. Bei einem Herzstillstand wird auch der Gasaustausch in der Lunge verhindert. Der einsetzende Sauerstoffmangel führt innerhalb kurzer Zeit zur Schädigung des Gehirns, gegebenenfalls auch zum Tod des Patienten.[5] Es genügt also nicht, allein die Pumpleistung des Herzens maschinell ersetzen zu wollen, sondern auch die Atemfunktion der Lunge muss von einer Apparatur übernommen werden. Kommt eine Herz-Lungen-Maschine zum Einsatz, wird der kleine Blutkreislauf des Patienten außerhalb des Körpers geführt. Dieser Vorgang heißt extrakorporale Zirkulation.[6] Ein Meilenstein im Einsatz von Herz-Lungen-Maschinen beim Menschen stellt der Eingriff vom 6. Mai 1953 dar, den John Heysham Gibbon jr. (1903–1973) im Jefferson Medical College in Philadelphia durchführte.[7] Er verschloss den Vorhofseptumdefekt einer 18-jährigen Patientin. Ihr Blutkreislauf wurde 26 Minuten lang über eine Herz-Lungen-Maschine aufrechterhalten. Den dabei verwendeten Apparat konstruierte Gibbon jr. gemeinsam mit IBM. In der Folge kam es jedoch immer wieder zu Komplikationen, denn es bildeten sich Blutgerinnsel im Oxygenator. Alle Patienten starben nach der Operation aufgrund von Blutgerinnseln.

Schon vor 1953 bestanden Möglichkeiten, einen Vorhofseptumdefekt ohne Herz-Lungen-Maschine operativ zu beheben. In Detroit entwickelten Ärzte ein

3 Florian Steger, Maximilian Schochow: Medizin in Halle. Ein medizinhistorischer Stadtführer. Halle 2013, S. 195.

4 Baust: Karl-Ludwig Schober (Anm. 1), S. 16 und S. 32ff.

5 Baust: Karl-Ludwig Schober (Anm. 1), S. 37.

6 Klaus-Peter Wenzel: Der hallesche Chirurg Karl Ludwig Schober (1912–1999). Halle 2012, S. 53.

7 Wolfgang Böttcher, Harald Woysch: Die erste erfolgreiche herzchirurgische Operation mit Hilfe der Herz-Lungen-Maschine. In: Zeitschrift für Herz-, Thorax- und Gefäßchirurgie 20 (2006), S. 248–260, hier: S. 257.

System mit Blutpumpen ohne Oxygenator. In Minneapolis, Denver und Philadelphia wurden die Patienten auf eine Kühlmatte gelegt und die Körpertemperatur auf ca. 28 Grad Celsius künstlich gesenkt. Nach dem Eingriff kamen die Patienten in ein warmes Wasserbad. So wurde ihre Körpertemperatur wieder auf den Normalwert erhöht. Eine weitere Alternative fand ab 1954 ebenfalls in Minneapolis Anwendung: Clarence Walton Lillehei (1918–1999) ersetzte die Maschine durch einen menschlichen Spender mit der gleichen Blutgruppe.[8] Er verband den Patienten und den Spender durch Kanülen und Schläuche. Die extrakorporale Zirkulation wurde durch Blutpumpen aufrechterhalten. Die sogenannte „cross-circulation" erwies sich als sehr zuverlässig. Bei fünf Patienten verwendete Walton Lillehei eine andere Variante: Er hielt den Blutkreislauf durch vorher aus einem Reservoir arterialisiertes Blut aufrecht. Eine weitere Methode war der Gasaustausch mithilfe von vorher chirurgisch aus dem Körper entfernten Lungen von Tieren. Dieses Prinzip wurde auch in der technischen Entwicklung des Oxygenators zur Anreicherung des Blutes mit Sauerstoff in der Herz-Lungen-Maschine genutzt. Der Oxygenator der ersten Herz-Lungen-Maschine von Gibbon jr. und IBM war ein sogenannter Filmoxygenator mit Gittern. Obwohl er sich anfangs als problematisch erwies, wurde das System weiterentwickelt. In der Mayo Clinic in Rochester, USA, operierten die dortigen Ärzte 1955 acht Patienten mit einem weiterentwickelten Modell. Davon überlebten vier Personen den Eingriff.[9] Dies war die erste erfolgreiche Serie von Operationen mit einer Herz-Lungen-Maschine. Auch in Europa wurden Herz-Lungen-Maschinen entwickelt. Der Prototyp einer solchen Maschine ging zurück auf Maximilian von Frey (1852–1932), deutsch-österreichischer Physiologe, und Max von Gruber (1853–1927), Arzt und Vertreter der modernen Hygiene. Sie stellten ihre Erfindung bereits im Jahr 1885 der Öffentlichkeit vor. Die erste erfolgreiche Operation am offenen Herzen mit einer Herz-Lungen-Maschine in Europa gelang erst 1954 dem schwedischen Arzt Clarence Crafoord (1899–1984).[10] In der BRD wagte sich 1958 Rudolf Zenker (1903–1984) in Marburg an einen solchen Eingriff.[11]

8 Christof Schmid, Jan D. Schmitto, Hans H. Scheld: Herztransplantation in Deutschland. Ein geschichtlicher Überblick. Darmstadt 2003, S. 12.

9 Böttcher, Woysch: Die erste erfolgreiche herzchirurgische Operation (Anm. 7), S. 258.

10 John-Peder Kvitting, Christian Olin Clarence Crafoord: A Giant in Cardiothoracic Surgery. The First to Repair Aortic Coarctation. In: The Annals of Thoracic Surgery 87 (2009), S. 342–346.

11 Baust: Karl-Ludwig Schober (Anm. 1), S. 81; Böttcher: Die geschichtliche Entwicklung (Anm. 2), S. 17–22.

Abb. 1: Karl Ludwig Schober (1912–1999)

Die erste Herz-Lungen-Maschine der DDR wurde von Karl Ludwig Schober entwickelt. Schobers Entscheidung für das Studium der Medizin gründete sich hauptsächlich auf das Vorbild seines Vaters, der auch in Halle (Saale) als Arzt tätig war.[12] Von 1930 bis 1935 studierte er an den Universitäten Graz, Freiburg im Breisgau, Innsbruck und Halle (Saale). Besonders nachhaltig wirkten auf ihn die Vorlesungen des ab 1919 in Halle (Saale) wirkenden Chirurgen Fritz Voelcker (1872–1955) und des Innsbrucker Ordinarius für Chirurgie Burghard Breitner (1884–1956). Sie motivierten ihn dazu, selbst Chirurg zu werden. Mit Inkrafttreten der Nürnberger Rassengesetze am 16. September 1935 wurde Menschen jüdischen Glaubens, das heißt „nicht arischer Abstammung" untersagt, eine akademische Karriere zu verfolgen; Schober konnte als Sohn einer jüdischen Mutter nicht mehr als wissenschaftlicher Mitarbeiter an der Universität bleiben.[13] Nach dem 1935 bestandenen Staatsexamen arbeitete Schober deshalb zunächst ein Jahr als Praktikant an der Universitätsfrauenklinik bei Ludwig Nürnberger (1884–1959) in Halle (Saale). Zu dieser Zeit stellte er seine Dissertation *Zur Differentialdiagnose der chronischen Appendizitis und gynäkologischer Erkrankungen*[14] fertig. Ab 1936 arbeitet er als unbezahlter Volontärarzt an der Medizinischen Poliklinik der Universität in Halle (Saale), wechselte aber 1937 auf die Privatstation der Chirurgischen Universitätsklinik Halle (Saale). Zu diesem Zeitpunkt verfügte er bereits über gute Kenntnis in den Fachgebieten Innere Medizin, Urologie und Chirurgie. Sein nächster Schritt führte ihn als Privatassistent und Urlaubsvertretung von Otto Kneise (1875–1953), einem anerkannten Diagnostiker und Operateur, an die urologisch-gynäkologische Abteilung der Privatklinik „Am Weidenplan" in Halle (Saale).[15] Dort nahm Schober an der Facharztweiterbildung in der Urologie teil. Gemeinsam mit Otto Kneise entwickelte Schober ein Kontrastmittel zur radiologischen Darstellung der Harnblase.[16] Im Jahr 1941 meldete sich Karl Ludwig Schober freiwillig zum Militärdienst. Er diente als Sanitätsoffizier an der Ostfront. Anfang des Jahres 1943 bekam er den Marschbefehl in das Zentrum von Stalingrad. Er überlebte, geriet aber in russische Gefangenschaft und kam in die Gefangenenlager bei Beketowka, Russland.[17] Seine Fähigkeiten als Arzt waren an einem solchen Ort sehr gefragt. Zu seinen Patienten gehörten sowohl Gefangene wie auch Ortsansässige. Ende April 1948 wurde Karl Ludwig Schober aus der Kriegsgefan-

12 Wenzel: Der hallesche Chirurg (Anm. 6), S. 13.
13 Wenzel: Der hallesche Chirurg (Anm. 6), S. 20.
14 Karl Ludwig Schober: Zur Differentialdiagnose der chronischen Appendizitis und gynäkologischer Erkrankungen. Halle 1937.
15 Wenzel: Der hallesche Chirurg (Anm. 6), S. 22.
16 Wenzel: Der hallesche Chirurg (Anm. 6), S. 25f.
17 Wenzel: Der hallesche Chirurg (Anm. 6), S. 27.

genschaft entlassen. Beruflich musste Schober nun wieder ganz von vorn beginnen. Otto Kneise brachte seinen ehemaligen Mitarbeiter für ein paar Monate als außerplanmäßigen Assistenten in der Klinik „Am Weidenplan" unter. Nach einer kurzen Zwischenstation als Vertretungsarzt im Kreiskrankenhaus Weißenfels bekam er eine Stelle als Assistenzarzt an der Chirurgischen Universitätsklinik Halle (Saale) bei Werner Budde (1886–1960).[18] In den 1950er Jahren eignete sich Karl Ludwig Schober die notwendigen Fähigkeiten an, um den Eigenbau der Herz-Lungen-Maschine erfolgreich zu leiten. Am 20. März 1951 wurde Schober die Anerkennung als Facharzt für Chirurgie erteilt, in den darauffolgenden Jahren arbeitete er sich in viele Gebiete der Chirurgie ein, u.a. in die Herz-Thorax-Chirurgie.[19] Eine Grundausbildung in der Experimentalchirurgie erhielt er von Franz Palme (1907–1960). Gemeinsam mit Palme führte Schober Hypoxieversuche an Hunden durch, um Fragen zum möglichen Sauerstoffmangel zu klären. Mit seiner beruflichen Karriere ging es nun gut voran. 1953 habilitierte er sich mit einer Arbeit über *Untersuchungen über die Folgen experimenteller PH-Änderung im Gelenk*[20] an der Martin-Luther-Universität Halle-Wittenberg. 1959 folgte die Ernennung zum Professor mit Lehrauftrag für das Fachgebiet Chirurgie. In dieser sehr erfolgreichen Phase seines Lebens beschloss Karl Ludwig Schober, sich ganz auf die Herzchirurgie zu konzentrieren.[21]

Anfang der 1950er Jahre hatte sich in der DDR an der Charité in Berlin eine Arbeitsgruppe herausgebildet, die eine Herz-Lungen-Maschine im Eigenbau herstellen wollte. Diese in Zusammenarbeit mit dem Institut von Manfred von Ardenne (1907–1997) entwickelte Maschine war jedoch nicht für die Herzchirurgie, sondern für die Krebstherapie gedacht.[22] Das 1955 gegründete Manfred von Ardenne-Forschungsinstitut mit Sitz im Dresdner Stadtteil Loschwitz, zu dem auch eine Klinik gehörte, war die einzige private Forschungseinrichtung in der DDR und hatte seinen Schwerpunkt in der anwendungsorientierten Forschung. Hier konzentrierten sich die Arbeiten vor allem auf die Nutzung von Elektronen- und Ionenstrahlung, die Vakuumbedampfung, die Elektronenmikroskopie und die Behandlung von Krebserkrankungen.[23] Die Grundausstattung jeder Herz-Lungen-Maschine besteht aus einem Oxygenator, den entsprechenden Schläuchen, die den

18 Wenzel: Der hallesche Chirurg (Anm. 6), S. 29.
19 Wenzel: Der hallesche Chirurg (Anm. 6), S. 32.
20 Karl Ludwig Schober: Untersuchungen über die Folgen experimenteller PH-Änderung im Gelenk. Halle 1954.
21 Wenzel: Der hallesche Chirurg (Anm. 6), S. 32.
22 Baust: Karl-Ludwig Schober (Anm. 1), S. 43.
23 Gerhard Barkleit: Manfred von Ardenne. Selbstverwirklichung im Jahrhundert der Diktaturen. Berlin 2006.

Zu- und Abtransport des Blutes gewährleisten, und den Rollerpumpen. Der Oxygenator ist ein Glaszylinder, in dem sich je nach Größe des Patienten 30 bis 120 gewellte Edelstahlscheiben befinden, die sich auf einer etwa 10 mm starken Stahlwelle drehen. Sie tauchen in das Blut ein und bedecken sich damit. Die Oberfläche des Blutes wird so vergrößert. Das ist notwendig, um einen erfolgreichen Gasaustausch zu gewährleisten. Ein sogenannter Scheibenoxygenator, ebenfalls Bestandteil der Maschine, ist ungefähr 60 cm lang und 15 cm breit. In ihm besteht eine künstlich hergestellte, sauerstoffreiche Atmosphäre. Sie besteht aus 98 Prozent Sauerstoff und zwei Prozent Kohlendioxid. Vor der Operation wird der Glaszylinder mit Spenderblut oder Blutersatzlösung gefüllt. Dieser Teil der Herz-Lungen-Maschine übernimmt die Aufgabe der Lunge. Das sauerstoffarme Blut gibt Kohlenstoffdioxid ab und nimmt Sauerstoff auf.[24] An eine Herz-Lungen-Maschine können je nach Bedarf noch weitere Elemente gekoppelt werden (beispielsweise ein Wärmetauscher, über den die Temperatur des Blutes und damit des Körpers reguliert werden kann). Die Funktion des Wärmetauschers besteht nicht nur darin, die Körpertemperatur des Patienten aufrechtzuerhalten. Die behandelnden Ärzte können bei Bedarf auch eine künstliche Unterkühlung hervorrufen, die für den Patienten bei schweren Operationen große Vorteile mit sich bringt. Sie führt u.a. zur Verlangsamung des Stoffwechsels und einem geringeren Sauerstoffverbrauch. Auf diese Weise versuchen die behandelnden Ärzte, einer Mangelversorgung des Gewebes, besonders des Gehirns, vorzubeugen. Am Ende des Eingriffs wird die Körpertemperatur des Patienten wieder auf den Normalstand gebracht.

Vor Beginn der Operation muss die Herz-Lungen-Maschine gründlich desinfiziert werden, um die ungewollte Übertragung von Keimen auf die daran angeschlossene Person zu verhindern. Der Patient, bzw. dessen Blut, muss ebenfalls auf die extrakorporale Zirkulation vorbereitet werden. Er bekommt Heparin verabreicht, welches die Blutgerinnung hemmt und so der gefährlichen Bildung von Gerinnseln vorbeugt. Nach dem Ende der extrakorporalen Zirkulation wird der normale Gerinnungsfaktor durch die Gabe von Protamin, einem Medikament, das die Wirkung des Heparins aufhebt, wiederhergestellt.[25] Der Anschluss der Herz-Lungen-Maschine an den Patienten erfolgt, indem der Operateur je einen Katheter über den rechten Vorhof in die obere und untere Hohlvene schiebt. Durch die natürliche Schwerkraft fließt das kohlenstoffdioxidreiche Blut in den Oxygenator, wo es mit Sauerstoff angereichert wird. Von dort wird es dann über Schläuche, die mit einer Rollerpumpe verbunden sind, wieder in das Herz des Patienten zurück-

24 Wenzel: Der hallesche Chirurg (Anm. 6), S. 53.
25 Baust: Karl-Ludwig Schober (Anm. 1), S. 81.

Abb. 2: Herz-Lungen-Maschine nach Karl Ludwig Schober und Fritz Struss

geleitet. Wo das Blut nicht mithilfe der natürlichen Schwerkraft transportiert werden kann, wird diese Aufgabe von Rollerpumpen übernommen. Sie sorgen dafür, dass das Blut nur durch einen Silikonschlauch, der über Rollen geführt wird, also ohne den Einsatz von störenden Ventilen, zurück ins Herz kommt.[26] Die Herz-Lungen-Maschine der Charité in Berlin bestand aus pneumatisch gesteuerten Membranpumpen und einem Bubbleoxygenator. Sie wurde 1960 fertiggestellt. In der ersten Phase führten die Ärzte den Patienten in eine tiefe künstliche Unterkühlung. In der zweiten Phase wurde sein Blut gegen eine Blutersatzlösung ausgetauscht. 1962 folgte ein zweites, verbessertes Modell mit Rollerpumpe und Scheibenoxygenator, der später durch einen Bubbleoxygenator ersetzt wurde. Ende der 1960er Jahre erhielt die Charité den Auftrag vom Ministerium für Gesundheitswesen, eine Herz-Lungen-Maschine für alle fünf herzchirurgischen Zentren der DDR zu entwickeln. Dazu gehörten Bad Berka, Berlin, Halle (Saale), Leipzig und Rostock. Es entstand das Modell „HLM 70".

Zu dieser Zeit waren in der DDR nur zwei Krankenhäuser mit einer Herz-Lungen-Maschine ausgestattet. Das Universitätsklinikum Leipzig besaß eine aus den USA importierte Maschine. Die Erfurter Herz-Lungen-Maschine stammte aus Dänemark. Das Universitätsklinikum Halle (Saale) ging nach dem Willen des Ministeriums für Gesundheitswesen hingegen leer aus, da in Leipzig mehr Innovationspotenzial gesehen wurde und dort bereits ein Herzzentrum etabliert wurde.[27] Für Karl Ludwig Schober war in dieser Situation klar, dass sich die Herzchirurgie an seiner Klinik in Halle (Saale) nicht weiterentwickeln würde. Er wollte eine eigene Herz-Lungen-Maschine konstruieren. Mit dieser Entscheidung handelte er ganz bewusst gegen den Wunsch des Ministeriums. Karl Ludwig Schober wusste, dass er das Projekt nicht allein und nicht nur mit Unterstützung von anderen Ärzten bewältigen konnte. Er benötigte insbesondere für die Konstruktion und den Bau tatkräftige Unterstützung. Sein erster Weg führte ihn nach Dresden zum Forschungsinstitut von Manfred von Ardenne, da die Einrichtung bereits an einer Herz-Lungen-Maschine arbeitete und Schober von dort Hilfe erhoffte. Für Halle (Saale) hatte Manfred von Ardennes Institut jedoch zu diesem Zeitpunkt keine freien Kapazitäten. Es folgte die Kontaktaufnahme mit dem hallischen Biophysiker Fritz Struss (1912–1987). Schober begeisterte nicht nur ihn für das Vorhaben, sondern auch ein ganzes Team aus Ärzten, Physikern, Chemikern, Medizinisch-Technischen Assistenten und Pflegepersonal.[28] Für eine schnelle und gute Umsetzung

26 Rainer Kirsch: Kopien nach Originalen. 3 Porträts & 1 Reportage. Leipzig 1981, S. 26f.
27 Steger, Schochow: Medizin in Halle (Anm. 3), S. 196.
28 Baust: Karl-Ludwig Schober (Anm. 1), S. 42f.

des Vorhabens waren Hospitationen in anderen Krankenhäusern, in denen die neue Apparatur bereits verwendet wurde, unerlässlich. Die Ingenieure erhielten so wichtige Daten für die Konstruktion. Die Ärzte konnten ihre Operationsmethoden verfeinern und sich im Umgang mit der neuen Maschine üben. Karl Ludwig Schober unternahm 1961 zum Zweck der Vorbereitung auf den Bau der Maschine zwei Studienreisen: Eine führte ihn zu Ake Senning (1915–2000) nach Stockholm und die andere zu Joseph Kudácz nach Budapest.[29] Weitere Unterstützung erhielt er von seinem Kollegen Fritz Linder (1912–1994). Dieser war am Stadtkrankenhaus in Berlin-Westend tätig, das bereits seit 1958 eine Herz-Lungen-Maschine besaß. Schober fuhr mit einigen Mitgliedern seines Teams zweimal privat nach Westberlin und erhielt dort wertvolle Starthilfe für sein Vorhaben.[30] Eine weitere Gelegenheit, das Projekt voranzutreiben, bot sich, als Karl Ludwig Schober und der Anästhesiologe Günter Baust (*1929) die Genehmigung erhielten, zum Deutschen Chirurgenkongress nach München zu fahren. Das Münchner Krankenhaus verfügte ebenfalls über eine Herz-Lungen-Maschine, die von den Besuchern genau studiert wurde. Bei dieser Gelegenheit lösten sie außerdem ein äußerst drängendes Materialproblem. Die Suche nach passenden sterilisierbaren Plastikschläuchen stellte sich als großes Hindernis beim Bau der eigenen Maschine heraus. Die Schläuche mussten für den Transport von Blut geeignet, aber auch wiederverwendbar sein. Alle Versuche mit dem in der DDR verfügbaren Material scheiterten. Die in München benutzen Schläuche überstanden hingegen die Reinigungsprozedur, obwohl sie nur als Einwegschlauch gedacht waren. Das dortige Pflegepersonal bot an, in regelmäßigen Abständen die gebrauchten Schläuche nach Halle (Saale) zu schicken. Von Zeit zu Zeit befand sich auch eine sterile künstliche Herzklappe mit in dem Paket.[31] Da sich nach dem Bau der Berliner Mauer am 13. August 1961 der wissenschaftliche Austausch zwischen den Ärzten im Ostblock und denen im Westblock als äußerst schwieriges Unterfangen gestaltete, musste Schober Alternativen für den Kontakt mit westlichen Wissenschaftlern entwickeln. Bereits vor dem Mauerbau 1961 erhielten Ärzte aus der DDR nur selten die Genehmigung für Reisen ins Ausland. Sie beschränkten sich meist auf Hospitationen in der Tschechoslowakei, Ungarn und Polen. Aus diesem Grund beschloss Karl Ludwig Schober, jedes Jahr ein Herzsymposium in Halle (Saale) zu veranstalten. Er wollte den

29 Gerhard Ziemer, Axel Haverich: Herzchirurgie. Die Eingriffe am Herzen und den herznahen Gefäßen. Berlin, Heidelberg 2010, S. 19.
30 Baust: Karl-Ludwig Schober (Anm. 1), S. 46.
31 Baust: Karl-Ludwig Schober (Anm. 1), S. 47.

Abb. 3: Chirurgische Klinik in der Magdeburger Straße 16 in Halle (Saale)

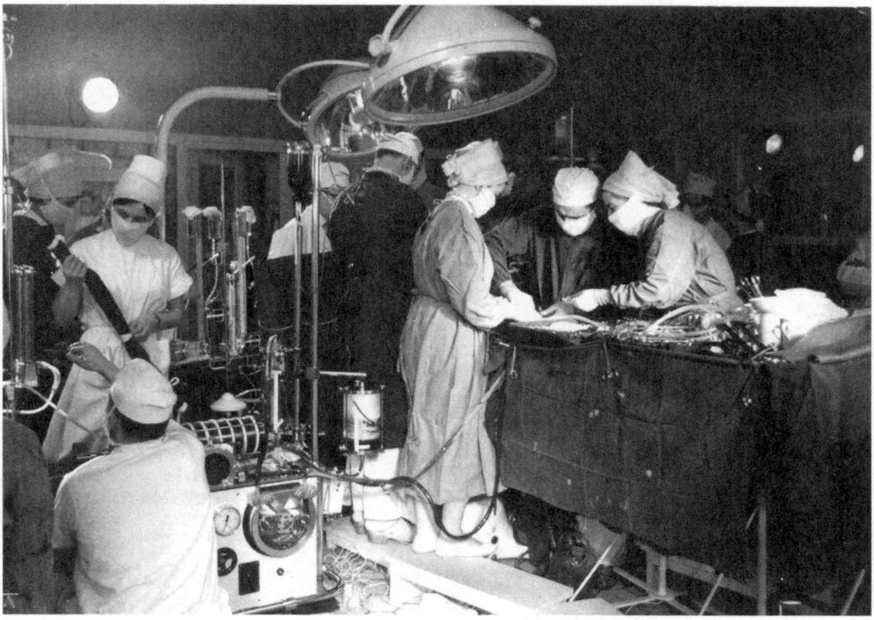

Abb. 4: Hallische Herz-Lungen-Maschine während einer Operation um 1962

internationalen Gedankenaustausch vorantreiben. Bis zu seiner Emeritierung im Jahr 1977 übernahm er die Moderation der Veranstaltung.[32]

Die Herz-Lungen-Maschine wurde in der Werkstatt des Instituts für Biophysik gebaut. Bei der Beschaffung von Geld und Material musste umsichtig vorgegangen werden, da das Projekt vom DDR-Gesundheitsministerium nicht gewollt war. Neben den Plastikschläuchen erwies sich zum Beispiel die Beschaffung von mehreren Metallblöcken mit einer bestimmten Edelstahllegierung als äußerst schwierig.[33] Nach langer Suche ließ sich der gewünschten Stahl schlussendlich auf einem Schrottplatz finden. Auch die Beschaffung der Keilriemen und der benötigten Glaszylinder war abenteuerlich und nur mit großer Kreativität möglich. Der Zusammenbau der hallischen Herz-Lungen-Maschine begann im Herbst 1960. Um schneller voranzukommen, wurden bereits die Einzelteile an Tieren getestet. 1961 fanden dann die ersten Versuche mit der fertiggestellten Maschine statt. Die dafür notwendigen Hunde wurden aus Mangel an anderen räumlichen Möglichkeiten im Herzoperationssaal untergebracht. Insgesamt waren über 60 Tierversuche nötig, bis das Team sich an den ersten Einsatz beim Menschen wagte. Das Gute an der örtlichen Improvisation war, dass alle Mitarbeiter von Beginn an ihren festen Platz kannten und mit ihren Aufgaben vertraut waren.[34]

Die für Anfang April 1962 geplante Operation mit der Herz-Lungen-Maschine an einem menschlichen Herzen sollte die erste ihrer Art in der DDR werden. Doch das Leipziger Team unter Leitung von Martin Herbst (1917–2005) war schneller. Sie verschlossen bereits am 20. Februar 1962 einen Atriumseptumdefekt unter Einsatz der aus den USA importierten Herz-Lungen-Maschine.[35] Das Team aus der Nachbarstadt hatte das „Wettrennen“ zwar verloren, die hallische Herz-Lungen-Maschine bestand ihren ersten klinischen Einsatz jedoch mit Bravur. Karl Ludwig Schober hatte für diesen Eingriff zwei Ärzte aus der IV. Chirurgischen Klinik in Budapest eingeladen. Diese hatten bereits weitreichende Erfahrungen im Umgang mit einer Herz-Lungen-Maschine und sollten ihre Kollegen im Bedarfsfall unterstützen. Der Vorhofseptumdefekt eines elfjährigen Patienten konnte am 3. April 1962 ohne Zwischenfälle erfolgreich operiert werden.[36] Im selben Monat erfolgten acht weitere erfolgreiche Eingriffe an Kindern und pro Jahr operierte man rund 300 weitere Patienten mit Schobers Herz-Lungen-Maschine.[37] Eigentlich sollten

32 Wenzel: Der hallesche Chirurg (Anm. 6), S. 57f.
33 Baust: Karl-Ludwig Schober (Anm. 1), S. 50f.
34 Baust: Karl-Ludwig Schober (Anm. 1), S. 52f.
35 Wenzel: Der hallesche Chirurg (Anm. 6), S. 54.
36 Steger, Schochow: Medizin in Halle (Anm. 3), S. 197.
37 Steger, Schochow: Medizin in Halle (Anm. 3), S. 197.

Schober und sein Team 1962 für ihre außergewöhnlichen Leistungen mit dem Virchow-Preis ausgezeichnet werden. Da ihr Einsatz jedoch ohne die Genehmigung des Ministeriums für Gesundheitswesen der DDR stattgefunden hatte, werteten einige Funktionäre diesen Einsatz als Verstoß gegen die Pläne des Ministeriums. Aus diesem Grund sprachen sie sich gegen die Ehrung aus. Karl Ludwig Schober und seine Kollegen erhielten den Preis erst 1963, nachdem die hallische Herz-Lungen-Maschine in den Wirtschaftsplan des Ministeriums aufgenommen worden war.[38]

Wie Schober vorausgesehen hatte, entwickelte sich die Herzchirurgie in der Saalestadt nach dieser Leistung positiv weiter. Die Operateure fassten immer mehr Vertrauen in die neue Technik und wagten sich an immer schwierigere Eingriffe. Bald folgte der erste operative Herzklappenersatz. Nach und nach kehrte Routine ein und Karl Ludwig Schober und seine Mitarbeiter begannen damit, ihre Erfahrungen an die anderen neuentstandenen Herzzentren der DDR weiterzugeben. Schober beeinflusste die Herzchirurgie in der DDR dadurch maßgeblich. In den ersten Jahren, in denen die hallische Herz-Lungen-Maschine zum Einsatz kam, konnten die Ärzte den Patienten problemlos eine Stunde an den extrakorporalen Kreislauf anschließen.[39] Eingriffe, die länger als drei Stunden dauerten, führten damals beim Patienten noch zu zerebralen Koordinationsstörungen. Karl Ludwig Schober verzichtete im Normalfall auf eine künstliche Unterkühlung des Patienten unter 25 Grad Celsius. Natürlich kam es hin und wieder auch zu Zwischenfällen. So rutschten zum Beispiel die unter Druck stehenden Plastikschläuche manchmal von den Verbindungsstücken ab. Dennoch kam es zu keinen ernsthaften Notsituationen. Obwohl die Herz-Lungen-Maschine immer weiter verbessert wurde, besteht sie noch heute aus den erläuterten Grundbausteinen. Ihre Nachfolger sind aus der Medizin nicht mehr wegzudenken. Mit ihrer Hilfe konnte der Südafrikaner Christian Barnard (1922–2001) im Jahr 1967 die erste erfolgreiche Herztransplantation am Menschen durchführen. Heute gibt es Herz-Lungen-Maschinen, die so klein sind, dass sie während des Transports des Patienten eingesetzt werden können.[40]

Karl Ludwig Schober ist nach seinem Ausscheiden aus dem klinischen Alltag Zeit seines Lebens ein interessierter Mensch mit vielen Hobbys und Leidenschaften

38 Ziemer, Haverich: Herzchirurgie (Anm. 29), S. 20.
39 Wenzel: Der hallesche Chirurg (Anm. 6), S. 60f.
40 Wolfgang Gündel: 40 Jahre HLM in der DDR – Ein Rückblick. In: Kardiotechnik 12 (2003), S. 62–64.

geblieben. Er betätigte sich als Musiker und Schriftsteller, war sportlich aktiv und unterstütze Künstler.[41] Die von ihm und seinem Team entwickelte Herz-Lungen-Maschine kann bis heute im Universitätsklinikum Halle (Saale) besichtigt werden.

41 Baust: Karl-Ludwig Schober (Anm. 1), S. 26f.

Die Entwicklung der Ultraschalldiagnosetechnik in der DDR – Rudolf Millner (1928–2005) und der Standort Halle (Saale)

In der zweiten Hälfte des 20. Jahrhunderts waren Europa und weite Teile der Welt vor allem durch die Konkurrenz der politischen und wirtschaftlichen Systeme geprägt. Diese Auseinandersetzungen entspannten sich Ende des 20. Jahrhunderts mit dem politischen Um- und wirtschaftlichen Zusammenbruch in den ehemaligen Ostblockstaaten. Glasnost und Perestroika, Solidarność oder die friedliche Revolution wurden zu Triebfedern des politischen Wandels und der Überwindung der sozialistischen Diktaturen. Der sich bereits Anfang der 1980er Jahre abzeichnende wirtschaftliche Niedergang war im Wesentlichen auf systemimmanente Probleme der Planwirtschaft wie zentralistische Steuerung und eine hierdurch bedingte Innovationsschwäche zurückzuführen.[1] Die Unfähigkeit des planwirtschaftlichen Systems, einen technisch-innovatorischen Wandel hervorzubringen, wirkte sich vor allem in weiten Teilen auf die Industrie- und Konsumgüterindustrie der DDR aus. Der Fahrzeug- und Maschinenbau, die Entwicklung von Haushaltsgeräten und Unterhaltungselektronik oder die Mikroelektronik waren in den 1980er Jahren häufig durch Stagnation und technologischen Rückstand gekennzeichnet.[2]

Dennoch gab es Forschungseinrichtungen in den volkseigenen Betrieben, die international konkurrenzfähige Produkte fertigten. So produzierte Carl Zeiss Jena 1968 ein Interferenzmikroskop, das eine Eigenentwicklung der Forschungsabteilung des volkseigenen Betriebes war.[3] Für solche Innovationen stehen auch die anwendungsorientierten Forschungsergebnisse im Bereich der Ultraschalltechnologie in Halle (Saale). Diese Forschungen mündeten Ende der 1960er Jahre in der Produktion von Ultraschalldiagnosegeräten. Die Entwicklung der Ultraschalltechnik war hier untrennbar mit Rudolf Millner (1928–2005) verbunden. Millner, der

---

1 Raymond G. Stokes: Von Trabbis und Acetylen – Die Technikentwicklung. In: André Steiner (Hg.): Überholen ohne einzuholen. Die DDR-Wirtschaft als Fußnote der deutschen Geschichte? Berlin 2006, S. 105–125, hier: S. 121.

2 Christian Kleinschmidt: Technik und Wirtschaft im 19. und 20. Jahrhundert. München 2006, S. 72f.

3 Manuel Schramm: Wirtschaft und Wissenschaft in DDR und BRD. Die Kategorie Vertrauen in Innovationsprozessen. Köln, Weimar, Wien 2008, S. 104.

auch als „‚Papst' der Ultraschalltechnik im Ostblock"[4] bezeichnet wurde, trieb trotz Materialknappheit und begrenzter Ressourcen die Fertigung von Ultraschalldiagnosegeräten für Kliniken in der DDR voran. Wie solche Innovationen in der DDR möglich waren, wird im Weiteren dargestellt. Dabei steht die Entwicklung und Produktion der DDR-Ultraschalldiagnosegeräte im Fokus des Beitrags. Rekonstruiert werden einerseits die wissenschaftlich-technischen Grundlagen, auf die Millner zurückgriff. Andererseits wird Millners Einbindung in nationale und internationale Forschungsnetzwerke aufgezeigt.

In der zweiten Hälfte des 19. Jahrhunderts waren Physiker bemüht, die Gesetzmäßigkeiten des Schalls zu formulieren. Vor allem die Arbeiten des Engländers John William Strutt, 3. Baron Rayleigh (1842–1919), die er 1877 und 1878 als *The Theory of Sound*[5] veröffentlichte, erlaubten, Schallwellen als mathematische Gesetzmäßigkeiten darzustellen. Hiermit war der Grundstein für weitere theoretische Arbeiten zur Akustik gelegt.[6] Wenige Jahre später konstruierte der englische Naturforscher und Anthropologe Francis Galton (1822–1911) die sogenannte Galton-Pfeife, mit der Schallwellen außerhalb des hörbaren Bereiches erzeugt werden konnten. Nach diesem Vorbild wurde seit Beginn des 20. Jahrhunderts die Erzeugung mechanischer Dichtewellen mit Frequenzen oberhalb des menschlichen Hörfrequenzbereichs (Ultraschall) unterschiedlich eingesetzt. Den Beginn der Anwendung von Schallwellen markierte der Untergang der *Titanic* am 15. April 1912. Dieses Ereignis hatte dazu geführt, dass weltweit mehrere Physiker an Ortungssystemen für Eisberge arbeiteten. Im Jahr 1913 meldete der deutsche Physiker Alexander Behm (1880–1952) sein Patent zur Messung der Meerestiefe an, das als Basis für die Entwicklung des Echolots gilt.[7] Neben der zivilen und militärischen Nutzung war ein weiteres Anwendungsgebiet des Ultraschallverfahrens die zerstörungsfreie Materialprüfung. Der sowjetische Wissenschaftler Sergej Sokolov (1897–1957), Mitarbeiter am Institut für Elektrotechnik in Leningrad, stellte 1928 ein Verfahren vor, welches die Durchschallungsmethode an festen Gegenständen umsetzte.[8] Ein drittes Feld für den Einsatz von Ultraschall war frühzeitig die Anwendung als bildgebendes Verfahren in der Medizin (Sonographie). Ende der

4 Andreas Löffler: Sonotec Ultraschallsensorik Halle GmbH. Erfolg durch Kooperation. In: Mitteldeutsche Wirtschaft. Das Magazin der IHK Halle-Dessau 3 (2013), S. 20.

5 John William Strutt Rayleigh: The Theory of Sound. London 1877.

6 Clemens-Alexander Greim: Geschichte und Entwicklung der Ultraschallverfahren. In: Thomas Grau (Hg.): Ultraschall in der Anästhesie und Intensivmedizin: Lehrbuch der Ultraschalldiagnostik. Köln 2009, S. 5–7, hier: S. 5.

7 Greim: Geschichte und Entwicklung (Anm. 6), S. 5.

8 Greim: Geschichte und Entwicklung (Anm. 6), S. 6.

1930er Jahre begann der österreichische Psychiater und Neurologe Karl Theo Dussik (1908–1968), Primararzt an der Wiener Poliklinik, den Ultraschall für diagnostische Zwecke zu verwenden. Mithilfe der Sonographie konnte er die intrazerebralen Ventrikel des Gehirns darstellen.[9]

Im Bereich der Medizin wurde die anwendungsorientierte Forschung der Ultraschalltechnik nach dem Zweiten Weltkrieg forciert. George Döring Ludwig (1922–1973), späterer Professor der Medizin an der University of Pennsylvania in Philadelphia (USA), modifizierte 1949 ein Ultraschallgerät zur Materialprüfung derart, dass man damit ein Impulsechoverfahren durchführen konnte, um Steine in der Galle zu identifizieren. Douglass Howry (1920–1969) und Joseph Holmes (1902–1982) von der University of Colorado in Denver (USA) forschten an der zweidimensionalen Darstellung von Ultraschallbildern.[10] Sie scannten Patienten in einem Wasserbad mit einem Ultraschallgerät, das sich automatisch in einem Halbkreis hin- und her bewegte. Hatten sich Howry und Holmes bei ihrem Verfahren auf die Darstellung und Untersuchung einzelner innerer Organe konzentriert, entwickelte Ian Donald (1910–1987), Professor für Geburtshilfe an der Universität Glasgow in Schottland, 1958 einen Kontakt-*Compound Scanner*, mit dem die Darstellung des ungeborenen Kindes im Mutterleib gelang. Donalds Ultraschallkopf wurde direkt auf die Haut der Patientin aufgelegt und ersparte die umständliche Prozedur, sich komplett in ein Wasserbad zu begeben.[11]

Parallel zu den Ultraschalltechniken wurden auch die Bildgebungsverfahren weiterentwickelt, um die Ergebnisse einer Ultraschalluntersuchung sichtbar zu machen. Während George Döring Ludwig die A-Bild-Methode anwandte, bei der ein eindimensionales Echogramm der Ultraschallsignale dargestellt wird, meist in Form eines einfachen Diagramms mit der Eindringtiefe auf der x-Achse und der Echostärke auf der y-Achse, setzte Ian Donald die B-Bild-Methode ein.[12] Dieses Bildgebungsverfahren basiert auf der zweidimensionalen Darstellung der Ultraschallsignale in Schallstrahlrichtung und wird daher auch Schnittbild-Methode genannt. Dabei bewegt sich der Schallkopf während des Untersuchungsvorganges und misst mehrere Echogramme, die als einzelne Punkte dann elektronisch zu einem Bild geformt werden. Das C-Bild-Verfahren liefert ebenfalls ein zweidimensionales Schnittbild, aber im Gegensatz zum B-Bild nicht in Schallstrahlrichtung,

9 Greim: Geschichte und Entwicklung (Anm. 6), S. 7.

10 Wolfgang U. Eckart: Illustrierte Geschichte der Medizin. Von der französischen Revolution bis zur Gegenwart. Berlin, Heidelberg 2011, S. 289f.

11 Eckart: Illustrierte Geschichte der Medizin (Anm. 10), S. 290.

12 Rudolf Millner (Federführender Autor): Ultraschalltechnik. Grundlagen und Anwendungen. Leipzig 1987, S. 257–262.

sondern quer dazu.[13] Das A-Bild-Verfahren ist nicht zwangsläufig den anderen Verfahren unterlegen; es kommt auf den diagnostischen Einsatzzweck an. So sind beispielsweise eindimensionale Echogramme vom Auge in der Regel völlig ausreichend. Das A-Bild- und das B-Bild-Verfahren wurden auch von Rudolf Millner bei der Entwicklung der Ultraschalldiagnosegeräte eingesetzt. Die DDR-Sonographiegeräte der Serie A 10 fußten auf der A-Bild-Methode und konnten dank ihrer modularen Bauweise für verschiedene Zwecke eingesetzt werden. Das erste Schnittbild-Gerät der DDR, das Sonographiegerät SB 30, arbeitete mit dem B-Bild-Verfahren.[14]

Rudolf Millner wurde am 31. Juli 1928 im schlesischen Gleiwitz als Sohn des Schlossers Bruno Millner (*1899) und der Hausfrau Martha (*1907) geboren.[15] Nach der Flucht im Januar 1945 mit einem Feuerwehrwagen – sein Vater war Mitglied der freiwilligen Feuerwehr – in das sächsische Conradsdorf legte er seine Mittlere Reifeprüfung im benachbarten Freiberg ab. Im April 1945 zog die sechsköpfige Familie nach Halle (Saale) um.[16] Durch das Hobby seines Vaters, Modell- und Radiobau, wurde schon frühzeitig Rudolf Millners Interesse an Physik und Technik geweckt. Das ersehnte Studium der Physik blieb ihm jedoch zunächst verwehrt, da seine Familie die Kosten hierfür nicht tragen konnte. Daher entschied er sich für eine Ausbildung zum Elektriker und Rundfunkmechaniker bei der Elektrofirma Rausch in Halle (Saale).[17] Nach Abschluss der Ausbildung holte Rudolf Millner im Sommer 1949 sein Abitur an der Arbeiter- und Bauern-Fakultät (ABF) in Halle (Saale) nach. Im September 1949 begann er ein Studium der Physik an der Martin-Luther-Universität Halle-Wittenberg. Sein erster akademischer Lehrer war Wilhelm Messerschmidt (1906–1975), Professor für experimentelle Physik an der Martin-Luther-Universität Halle-Wittenberg.[18] Bereits während seines Studiums war er als Hilfsassistent am Lehrstuhl von Messerschmidt tätig. Millner schloss seine Diplomprüfung im Februar 1955 ab, die mit „sehr gut“ bewertet wurde. Anschließend wurde er als wissenschaftlicher Assistent in der Abteilung Ultraschall angestellt. Eine seiner Hauptaufgaben war die Betreuung von Diplomanden auf

13 Millner: Ultraschalltechnik (Anm. 12), S. 263f.

14 Hans-Joachim Münch, Santer zur Horst-Meyer, Melanie Schmidt: Ultraschall in der Medizin in Sachsen-Anhalt. In: Mitteldeutsche Mitteilungen. Zeitschrift des VDI-Landesverbands 3 (2011), S. 12–13, hier: S. 12.

15 Für die Rekonstruktion des Lebenslaufs von Rudolf Millner wurden Aufzeichnungen sowie Personalbögen aus seiner Personalakte an der Universität Halle-Wittenberg genutzt. UA Halle, Rep. 11, PA Millner. Außerdem wurde am 13.6.2013 ein Interview mit der Tochter Susanne Millner geführt. Das Transkript der Tonbandaufnahme wurde für den Aufsatz verwendet.

16 UA Halle, Rep. 11, PA Millner. Personalbogen von 1988.

17 UA Halle, Rep. 11, PA Millner (Anm. 16).

18 UA Halle, Rep. 11, PA Millner (Anm. 16).

dem Gebiet der Hochfrequenztechnik.[19] Da er sich nicht ganz auf eine wissenschaftliche Karriere verlassen wollte, legte er neben seiner Tätigkeit als Assistent im Jahr 1957 noch die Prüfung zum Rundfunkmechaniker-Meister ab. Dieser Meisterbrief war ihm so wichtig, dass er eine Verzögerung der Promotion in Kauf nahm. Betreut wurde seine Dissertation mit dem Thema *Experimentelle Untersuchungen zum Debye-Effekt elektrolytischer Lösungen*[20] von Hans Falkenhagen (1895–1971), Direktor des Instituts für Theoretische Physik an der Universität Rostock. Bei seinen Untersuchungen gelang ihm der experimentelle Nachweis eines von Peter Debye (1884–1966) theoretisch vorhergesagten Ultraschall-Effektes in elektrolytischen Lösungen sowie die Aufklärung der Mechanismen dieses Effektes. Diese experimentelle Arbeit, die Millner 1960 verteidigte, fand national wie international Anerkennung.[21]

Millner galt als vielversprechendes Nachwuchstalent unter den Physikern, was ihm u.a. die Zusammenarbeit mit dem Manfred-von-Ardenne-Institut ermöglichte. Das von 1955 bis 1990 im Dresdner Stadtteil Loschwitz angesiedelte Forschungsinstitut von Manfred von Ardenne (1907–1997), zu dem auch eine Klinik gehörte, war die einzige private Forschungseinrichtung und eine der größten privatwirtschaftlichen Arbeitgeber in der DDR. Hier arbeiteten ca. 500 Mitarbeiter überwiegend an anwendungsorientierter Forschung und konzentrierten sich vor allem auf die Nutzung von Elektronen- und Ionenstrahlung für wissenschaftliche und technische Zwecke sowie auf die Elektronenmikroskopie und andere Bereiche der Biomedizintechnik.[22] Am Forschungsinstitut Manfred von Ardennes war Millner 1959 bis 1960 an der Entwicklung einer automatischen „Focoscan"-Anlage beteiligt. Mit diesem Gerät war es erstmals möglich, Schichten abzutasten, was für die weitere Entwicklung von Sonographiegeräten von großer Bedeutung war. Zwar wurde diese Anlage nie im klinischen Alltag eingesetzt, dennoch hatte sich Rudolf Millner mit dieser Innovation bereits in jungen Jahren auf dem Gebiet der Ultraschalltechnik einen Namen gemacht.

---

19 UA Halle, Rep. 11, PA Millner. Schreiben von Wilhelm Messerschmidt an die Universitätsverwaltung vom 9.2.1955.

20 Rudolf Millner: Experimentelle Untersuchungen zum Debye-Effekt in elektrolytischen Lösungen. Universität Halle-Wittenberg, Mathematisch-Naturwissenschaftliche Fakultät. Diss. Halle 1961.

21 Andreas Christ, Ute Olbertz: Dem Ultraschall auf der Spur. Erstes Ultraschall-Museum Europas im Aufbau. In: scientia halensis. Das Magazin der Martin-Luther-Universität Halle-Wittenberg 12 (1998), S. 4.

22 Gerhard Barkleit: Manfred von Ardenne. Selbstverwirklichung im Jahrhundert der Diktaturen. Berlin 2006.

Abb. 1: Focoscanner um 1960

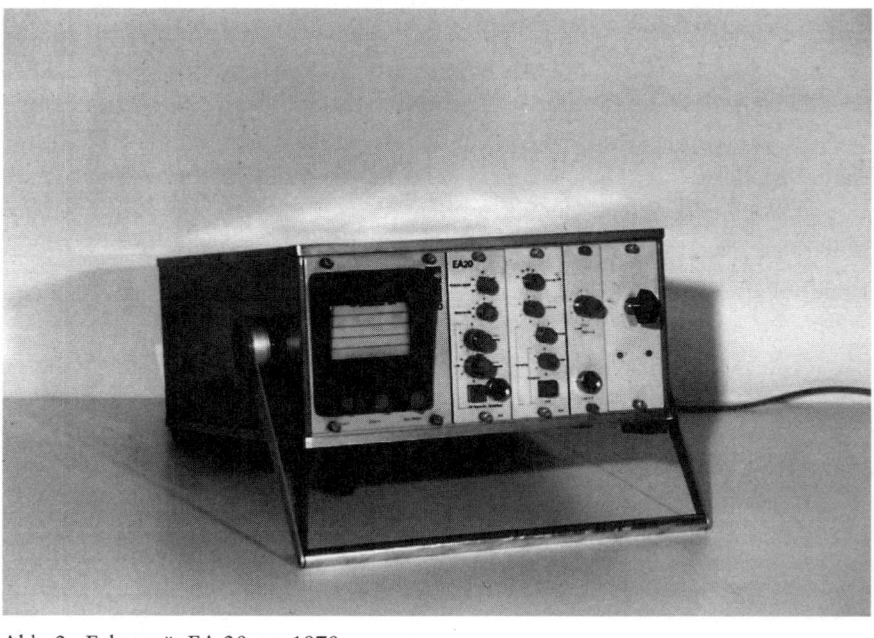

Abb. 2: Echogerät EA 20 um 1970

Kurz nach seiner Promotion am 1. Mai 1961 wurde Millner zum Oberassistenten am Institut für Experimentelle Physik der Martin-Luther-Universität Halle-Wittenberg. In der Folgezeit knüpfte er an den Forschungsschwerpunkt seiner Dissertation an und beschäftigte sich insbesondere mit Ultraschallwechselwirkungen in Flüssigkeiten, Festkörpern und biologischem Gewebe. Daneben galt sein Interesse weiteren Anwendungsmöglichkeiten der Physik in der Medizin, wie zum Beispiel der Entwicklung von Herzschrittmachern und der automatischen Isodosenregistrierung.[23] Diese Forschung mündete 1966 in seiner Habilitation. In seiner Qualifikationsarbeit zum *Debye-Effekt in Ionenlösungen*[24] hatte Millner eine neue Methode zur experimentellen Bestimmung von Ionenvolumen entwickelt. Am 1. Februar 1967 wurde er zum Dozenten ernannt und gehörte fortan dem erst kürzlich gegründeten Institut für Angewandte Biophysik der Martin-Luther-Universität Halle-Wittenberg an. Ursprünglich war das Institut in der Absicht gegründet worden, sämtliche Bereiche der angewandten Biophysik abzudecken. Doch mit Wirkung zum 1. Januar 1967 wurde es aus der Mathematisch-Naturwissenschaftlichen Fakultät herausgelöst und in die Medizinische Fakultät der Martin-Luther-Universität Halle-Wittenberg integriert. Mit der Zugehörigkeit zur Medizinischen Fakultät änderte sich zugleich der Zuständigkeitsbereich des Instituts. Damit wurde auch dem Wunsch der DDR-Führung entsprochen, die durch eine Umstrukturierung der Finanzierung im Bereich der Wissenschaft eine Konzentration auf wenige Forschungskomplexe forcierte. Diese Umstellung des Instituts rief das Missfallen des damaligen Leiters Fritz Struss (1912–1987) hervor.[25] Trotz begrenzter Ressourcen wurden am Institut für Angewandte Biophysik verschiedene Universaldiagnostikgeräte entwickelt. Die Echogeräte der Serie A 10 fußten auf der A-Bild-Methode und konnten für die Kardiologie, Geburtshilfe und Gynäkologie eingesetzt werden. Die Geräte dieser Reihe wurden zunächst bei der Firma Strobl in Berlin produziert. Parallel zu seiner Arbeit am Institut für Angewandte Biophysik arbeitete Rudolf Millner gemeinsam mit Fritz Struss und Manfred von Ardenne an weiteren Ultraschallgeräten. Die Herstellung dieser Geräte konnten die beteiligten Forschungseinrichtungen jedoch nicht realisieren. Für die Produktion wurde 1972 der VEB Ultraschalltechnik in Halle (Saale) gegründet. Hier wurden in enger Zusammenarbeit mit dem Manfred-von-Ardenne-Institut Ultraschall-

23 Christ, Olbertz: Dem Ultraschall auf der Spur (Anm. 21).

24 Rudolf Millner: Debye-Effekt in Ionenlösungen. Universität Halle-Wittenberg, Mathematisch-Naturwissenschaftliche Fakultät. Habilitationsschrift 1966.

25 UA Halle, Rep. 11, PA Millner. Gutachten von Fritz Struss zur Berufung Rudolf Millners vom 28.11.1976.

geräte mit A-Bild-Methode produziert, darunter Geräte der Serie A 10.[26] Rudolf Millner, der auch an der Gründung dieses volkseigenen Betriebs beteiligt war, leitete die Ingenieure bei der Produktion der Geräte an. Dabei gab es eine klare Arbeitsteilung: Das Institut für Angewandte Biophysik fertigte Prototypen und die Ingenieure des VEB Ultraschalltechnik waren für die Serienfertigung verantwortlich. Ab 1980 gehörte dieser VEB als Werk Ultraschalltechnik Halle dem VEB Transformatoren- und Röntgenwerk Dresden (TUR) an.[27]

Anfang der 1970er Jahre verlagerte sich Millners Forschungsschwerpunkt auf die Ultraschall-Gewebestruktur-Wechselwirkung. Erste Resultate dieser Forschung lagen im Bereich der gewebeabhängigen Frequenzverschiebung eines Ultraschallsignals und konnten 1971 auf einer Konferenz in Paris vorgestellt werden. Diese Erkenntnisse fanden unmittelbar Eingang in die am Institut betriebene Ultraschallspektroskopie, welche auch die Bildbearbeitungs- und Auswertungsmethoden umfasste.[28] Ein weiterer Arbeitsschwerpunkt Rudolf Millners war die Anwendung und Nutzung der Forschungsergebnisse zu Doppler-Blutstromuntersuchungen für die Entwicklung von Doppler-Geräten. Diese Geräte machten sich den sogenannten Doppler-Effekt zunutze, das heißt die zeitliche Stauchung bzw. Dehnung eines Signals bei Abstandsveränderungen zwischen Sender und Empfänger während der Dauer des Signals.[29] Dabei verursacht ein sich bewegendes und reflektierendes Objekt eine Frequenzverschiebung der Schallwellen nach Lage und Geschwindigkeit. Ab Mitte der 1980er Jahre wurden diese Geräte produziert. Sie wurden in der medizinischen Diagnostik zur Untersuchung von Bewegungsabläufen und sich bewegenden Strukturen eingesetzt. Häufigster Anwendungsbereich dieser neuen Technik war der Nachweis von Blutströmungen in Arterien und Venen.[30] Noch vor Anlauf der Produktion wurden 25 dieser Geräte, die am Institut für Angewandte Biophysik gebaut wurden, einigen Kliniken für Innere Medizin zur Verfügung gestellt. Mit diesen Geräten erhoffte sich Rudolf Millner sogar Exporte ins westliche Ausland, die aber nicht zustande kamen. 1982 begann die Entwicklung des ersten Schnittbild-Geräts des gesamten Ostblocks,[31] des B-Bild Systems SB 30. Von diesem Gerät wurden ca. 80 Stück produziert und an Bezirkskrankenhäuser in der DDR verkauft. Für die Weiterentwicklung des Geräts fehlten allerdings wichtige Elektronikbauteile, ohne die das System den hohen Qualitätsanforderungen nicht

26 UA Halle, Rep. 11, PA Millner. Ausführliche Begründung für die Auszeichnung mit dem Nationalpreis.
27 Stadtarchiv Halle, Bestand Stadtplankommission, Nr. 621.
28 Millner: Ultraschalltechnik (Anm. 12), S. 287–290.
29 Arnold Sommerfeld: Vorlesungen über Theoretische Physik: Optik. Leipzig 1949, S. 54.
30 Millner: Ultraschalltechnik (Anm. 12), S. 292.
31 Münch, Horst-Meyer, Schmidt: Ultraschall in der Medizin (Anm. 14), S. 12.

genügen konnte.[32] Fehlende Bauteile oder Geräte konnten häufig nur durch den Einfallsreichtum und das handwerkliche Geschick der Mitarbeiter kompensiert werden. Dies war im Bereich der Chiptechnologie aber nicht ausreichend, weshalb der in den 1970er Jahren hergestellte Anschluss an die westliche Forschung Ende der 1980er Jahre verloren wurde.

Frühzeitig hatte sich Millner auf die Ultraschalltechnik spezialisiert und Kontakte zu führenden Vertretern dieser neuen Technologie im In- und Ausland geknüpft. Bereits im September 1956 nahm er an einem Kongress zur Ultraschalltechnik in München teil. Da Millner schon als junger Assistent sehr gut Englisch sprach, war es ihm möglich, enge Kontakte zu Wissenschaftlern aus der ganzen Welt zu pflegen. Bereits als Assistent und Dozent erhielt er Reisegenehmigungen für die Teilnahme an zahlreichen Fortbildungen und Tagungen im Ausland, u.a. in Schweden, Ungarn, Tschechien, Polen und Westdeutschland.[33] Besonders enge Kooperationen bestanden mit Wissenschaftlern in Graz (Österreich), wohin er auch ohne direkten Anlass fahren konnte.[34] Wie sich seine Tochter erinnert, waren viele ausländische Wissenschaftler bei ihrer Familie zu Gast, sodass am Mittagstisch im Haus der Familie „Am Breiten Pfuhl" in Halle-Süd häufig Englisch gesprochen wurde. Später veranstaltete er mit dem Institut für Angewandte Biophysik große Tagungen in Halle (Saale), zu denen internationale Wissenschaftler anreisten. So organisierte Rudolf Millner beispielsweise im August 1973 die 10. Internationale Konferenz für Biomedizintechnik, an der mehr als 1.200 Wissenschaftler teilnahmen.[35] Zwischen 1975 und 1986 wurden vom Institut regelmäßig Jahrestagungen der Gesellschaft für Ultraschalldiagnostik der DDR-Medizin unter der Federführung Rudolf Millners durchgeführt, deren Beiträge auch regelmäßig von ihm publiziert wurden.[36]

Erste Erfahrungen in der Lehre sammelte Rudolf Millner ab 1958 als Dozent im Abend- und Fernstudiengang Chemie. Er unterrichtete in seiner Freizeit die Studierenden dieses Studiengangs in Physik. Seit 1963 hatte Rudolf Millner regelmäßig Lehraufträge am Manfred-von-Ardenne-Institut in Dresden inne. Dort unterrichtete er Medizinische Elektronik, die einzige Vorlesung in der DDR auf

---

32 Interview mit dem Geschäftsführer der Sonotec Ultraschallsensorik Halle GmbH Hans-Joachim Münch am 10.6.2013. Das Transkript der Tonbandaufnahme wurde für den Aufsatz verwendet.

33 UA Halle, Rep. 11, PA Millner (Anm. 15).

34 UA Halle, Rep. 11, PA Millner (Anm. 15).

35 UA Halle, Rep. 11, PA Millner (Anm. 15).

36 Vgl. u.a.: Rudolf Millner (Hg.): Ubiomed II 1975. Halle 1976; Rudolf Millner (Hg.): Ultraschalldiagnostik 1976. Halle 1978; Rudolf Millner (Hg.): Ultraschalldiagnostik 1977. Halle 1979; Rudolf Millner (Hg.): Ultraschalldiagnostik 1978. Halle 1979; Rudolf Millner (Hg.): Ultraschalldiagnostik 1981. Halle 1982.

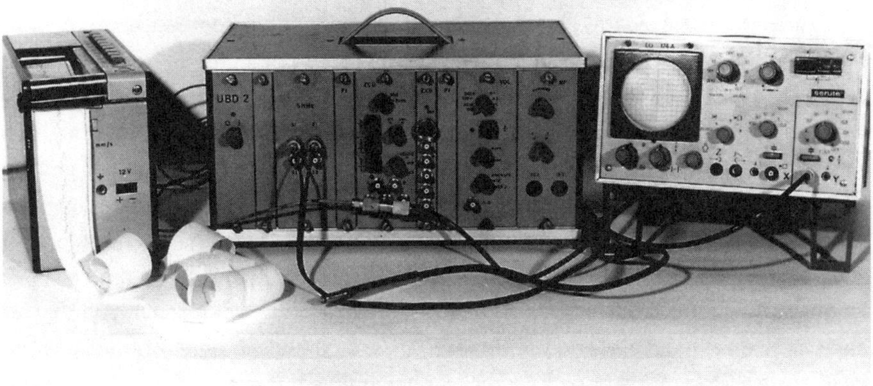

Abb. 3: Sonographiegerät SB 30 um 1985

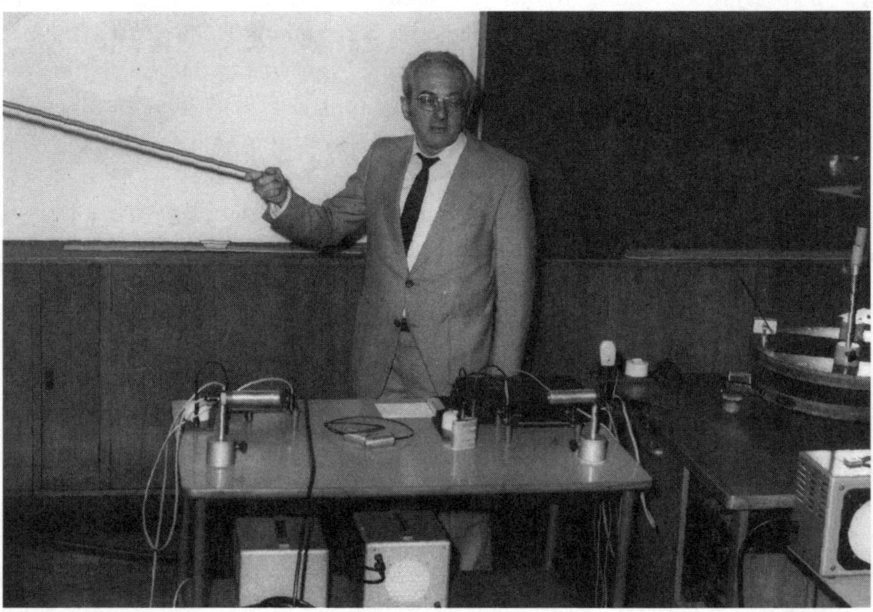

Abb. 4: Rudolf Millner (1928–2005) an einer Tafel

diesem Gebiet. Diese Vorlesung bot er ab 1965 auch an der Martin-Luther-Universität Halle-Wittenberg an.[37] Neben seiner Tätigkeit als Dozent in Dresden war Millner auch an seinem Institut in der Lehre tätig. Zwischen 1961 und 1967 organisierte er das physikalische Praktikum. 1967 wurde ihm die Grundausbildung Physik für Mediziner übertragen, die er in den folgenden Jahrzehnten ebenso wie die Ausbildung in der Biophysik prägen sollte. Schließlich wurde Millner am 1. September 1977 zum ordentlichen Professor und Direktor des Instituts für Angewandte Biophysik berufen. Als Hochschullehrer genoss Rudolf Millner hohe Anerkennung unter den Studierenden. Kollegen, Angestellte sowie zahlreiche Doktoranden und Diplomanden sagten über Rudolf Millner, dass er viel Raum für eigene Ideen gelassen habe. Er räumte seinen Mitarbeitern Freiheiten ein, verzieh auch Fehler, erwartete aber überdurchschnittliche Leistungen. Darüber hinaus verfügte er über einen ausgeprägten Gerechtigkeitssinn. Er war ein Team-Player, der auch auf gemeinsame Aktivitäten abseits des Arbeitsplatzes großen Wert legte.[38]

Im Gegensatz zu seinem Vater Bruno Millner war Rudolf Millner kein Mitglied der SED. Seit 1947 war er Mitglied des FDGB (Freier Deutscher Gewerkschaftsbund). Da die DDR-Führung auf Rudolf Millner und seine Leistungen angewiesen war, ließ sie ihn weitgehend gewähren und zeigte sich großzügig. Dies wird neben seinen freizügigen Reisemöglichkeiten ins Ausland auch an seinen zahlreichen Auszeichnungen deutlich: 1956 wurde er erstmals als Aktivist ausgezeichnet, 1967 als Verdienter Aktivist und 1972 als Verdienter Techniker des Volkes. 1976 erhielt er den Forschungspreis der Martin-Luther-Universität Halle-Wittenberg und 1985 den Nationalpreis für Wissenschaft und Technik III. Klasse, eine der höchsten Auszeichnungen in der DDR.[39] In den Begründungen für diese Preise wird wiederkehrend hervorgehoben, dass seine wissenschaftlichen Ergebnisse Weltniveau erreicht hätten. Außerdem war der unmittelbare Nutzen für die DDR ausschlaggebend: Die Entwicklungen in der Ultraschalltechnik waren für die medizinische Betreuung unverzichtbar. Weiterhin wurde aufgeführt, wie viele Devisen durch die Entwicklung und Produktion von Geräten eingespart werden konnten.

Nach der politischen Wende von 1989/90 wurde Rudolf Millner als Professor für experimentelle Biophysik an der Martin-Luther-Universität Halle-Wittenberg weiterbeschäftigt. Sein Institut wurde in *Institut für Medizinische Physik und Biophysik* umbenannt. Als Rudolf Millner in Rente ging, trat am 30. September 1993 Ulrich Cobet (1943–2000), ein langjähriger Mitarbeiter Millners, dessen Nach-

37 UA Halle, Rep. 11, PA Millner. Ausführliche Begründung (Anm. 26).
38 Interview mit dem Geschäftsführer der Sonotec Ultraschallsensorik Halle GmbH (Anm. 32).
39 Halle, Rep. 11, PA Millner. Ausführliche Begründung (Anm. 26).

folge an. Millner selbst blieb der Fakultät bis 1995 in verschiedenen Ämtern erhalten, u.a. als gewählter Prodekan. Er war maßgeblich an der Organisation und dem Aufbau der Fachbereiche Physik und Biophysik beteiligt. Dies war eine anspruchsvolle Tätigkeit, gerade angesichts der zahlreichen Berufungsverfahren an einer ostdeutschen Universität Anfang der 1990er Jahre. Rudolf Millner starb nach langer Krankheit am 17. September 2005.[40] Zwar wurde das Institut für Medizinische Physik und Biophysik nach dem unerwarteten Tod des neuen Direktors Ulrich Cobet im Jahr 2000 geschlossen – trotz der vehementen Fürsprache Rudolf Millners für „sein" Institut. Aber mit Hans-Joachim Münch und Santer zur Horst-Meyer, die in den 1980er Jahren ihre Diplomarbeiten am Institut für Angewandte Biophysik schrieben, bleibt die Ultraschalltechnologie in Halle (Saale) beheimatet. Sie haben sich mit der Firma Sonotec Ultraschallsensorik Halle GmbH selbstständig gemacht und entwickeln in der Saalestadt mit ca. 100 Mitarbeitern individuelle Produktlösungen im Bereich der Ultraschallmesstechnik, die erfolgreich in die ganze Welt verkauft werden. Sie haben nicht nur ihr technologisches Handwerkszeug am Institut für Angewandte Biophysik erlernt, sondern sie wurden darüber hinaus von Rudolf Millner darin bestärkt, ein eigenes Unternehmen auf dem Feld der Ultraschalltechnik zu gründen.[41] Die erfolgreiche Verbindung zwischen dem Ultraschall und der Stadt Halle (Saale) bleibt also weiterhin bestehen.

40 Interview mit Susanne Millner (Anm. 15).

41 Interview mit dem Geschäftsführer der Sonotec Ultraschallsensorik Halle GmbH (Anm. 32).

Mobile Prüffelder, Öldiagnosen und Retrofit: Innovationen zur Instandsetzung von Transformatoren

Es gehört für uns, die wir in einer modernen (Industrie-)Gesellschaft des 21. Jahrhunderts leben, zu den Selbstverständlichkeiten des Alltags, jederzeit auf elektrische Energie zugreifen zu können. Hierfür sind Transformatoren unerlässlich. Dabei ist uns nicht bewusst, dass sich (unerkannte) Fehlerquellen und Störfälle an Transformatoren empfindlich auf den gesamten Bereich der Energieversorgung auswirken können: Häuser und ganze Städte blieben dunkel und es käme zu drastischen Ausfällen bei der Wärmeversorgung. Bei der ABB AG (Asea Brown Boveri AG) am Standort Halle (Saale) stehen täglich Service- und Wartungsarbeiten an ganz unterschiedlichen Transformatoren im Mittelpunkt der Arbeitsprozesse.[1] Dabei verwenden die dort tätigen Ingenieure und Techniker in ihrem Arbeitsumfeld Fachtermini, bei denen man eher moderne medizinische Praxis und keinesfalls Arbeiten an Transformatoren assoziiert. So ist von Diagnose und Monitoring, vom Individuum und ganzheitlicher Betrachtung die Rede. Das mag auf den ersten Blick befremden, gehört aber zum Betriebsalltag des hallischen Standorts.[2] Hierbei werden Reparaturen von kleinen Transformatoren bis zu den großen Industrieeinheiten, das heißt der gesamtem Spannungs- und Leistungsebene vorgenommen, ganz gleich, ob es sich um Verteil-, Netz-, Industrie- oder Maschinentransformatoren handelt. Das bedeutet, dass der Reparaturbereich von Modell zu Modell variiert. ABB heute ist das Spiegelbild eines Prozesses, der sich bereits seit über neunzig Jahren kontinuierlich weiterentwickelt. Hier verbinden sich innovative Potenziale mit einer langen Werkstradition und einem über Jahrzehnte gesammelten Erfahrungsschatz.[3] Was sind Transformatoren? Worin besteht die Innovationskraft des hallischen Unternehmens? Und was macht die hiesigen Alleinstellungsmerkmale und Erneuerungen aus? Diese Fragen sollen nachfolgend an den

1 Enrico Seppelt: 90 Jahre ABB in Halle. In: Hallelife.de vom 12.5.09, http://hallelife.de/nachrichten/halle-saale/vermischtes/news/items/90-Jahre-ABB-in-Halle.html?page=300 (Stand: 30.9.13).

2 Beate Höger: 90 Jahre am Standort Halle erfolgreich. Halle, 11. Mai 2009 – ABB-Geschäftsbereich Transformatoren feiert Jubiläum. Pressemitteilung der ABB AG, http://www.abb.de/cawp/seitp202/b896860782f8ce2cc12575b3003d0767.aspx (Stand: 30.9.13).

3 Höger: 90 Jahre am Standort Halle (Anm. 2).

Abb. 1 und 2: Transport eines Transformators, gestern (Pferdegespann um 1930) und heute (Sattelschlepper)

Beispielen mobile Prüffelder, Öldiagnosen und Retrofit, die für den Service und die Wartung an Transformatoren unerlässlich sind, erläutert werden.

Ein Transformator oder Umspanner, abgeleitet vom lateinischen Wort *transformare*, das umwandeln oder umformen bedeutet, ist ein Bauelement oder eine Anlage der Elektrotechnik.[4] Der etwa aus 30.000 Bauteilen bestehende Transformator gilt als komplizierte elektrische Maschine. Hinsichtlich der Energiekonzentration auf engem Raum stellt er zudem ein anspruchsvolles elektrisches Betriebsmittel dar. Transformatoren sind für die Stromversorgung unverzichtbar, indem sie eine wichtige Schaltstellenfunktion einnehmen. Sie werden dafür benötigt, dass elektrische Energie ohne Unterbrechung und mit möglichst geringen Verlusten vom Kraftwerk zum Endverbraucher gelangt. Wirtschaftlich sinnvoll lässt sich elektrische Energie über große Distanzen jedoch nur mittels Hochspannungsleitungen übertragen. Je höher dabei die (Wechsel-)Spannung ist, desto verlustärmer kann elektrische Energie übertragen werden.[5] Die Aufgabe eines Transformators besteht darin, die Spannung aus den mit Hochspannung betriebenen Übertragungsnetzen (bis zu 1.150 Kilovolt) in mehreren Schritten umzuwandeln, so dass diese schließlich bei einer Netzspannung von zumeist 230 Volt (Europa, Afrika, Asien) für die Privatverbraucher verfügbar ist. Neben kleinen Netztransformatoren, die sich in nahezu allen elektrischen Geräten befinden, gibt es Großtransformatoren, die bis zu 500 Tonnen wiegen können.[6] Das entspricht etwa dem sieben- bis achtfachen Gewicht einer Eisenbahnlokomotive. Zudem sind Transformatoren sehr häufige Begleiter unseres von Mobilität geprägten Alltags. Zum Beispiel werden die Waggons einer S-Bahn von einer E-Lok gezogen, deren Motor und weitere elektrische Einrichtungen an Bord des Zuges (Steuerung, Beleuchtung, Zugheizung) von einem vielleicht in Halle (Saale) gebauten Transformator betrieben werden.

Die Wartung und Reparatur von Transformatoren gehört seit den Anfängen am Standort Halle-Büschdorf zum Geschäftsbereich. Die Vorgeschichte des seit 1991 in Halle (Saale) angesiedelten ABB-Geschäftsbereichs Transformatoren begann im Jahr 1919. Am 21. April 1919 wurde im Stadtteil Halle-Büschdorf die Reparaturwerkstatt der „Landeselektrizität GmbH zu Halle/S.“ gegründet.[7] Die Landeselektrizität selbst war Ende Dezember 1918 als Zusammenschluss mehrerer Elektrizitätsgenossenschaften entstanden, nachdem bereits in den ersten Jahren nach der

4 Hans-Ulrich Giersch, Hans Harthus, Norbert Vogelsang: Elektrische Maschinen. Prüfen, Normen, Leistungselektronik. Wiesbaden 2003, S. 172.

5 Wolf-Ewald Büttner: Grundlagen der Elektrotechnik. Bd. 2. München 2012, S. 276.

6 Büttner: Grundlagen der Elektrotechnik (Anm. 5), S. 277.

7 ABB AG Geschäftsbereich Transformatoren (Hg.): ABB 90 Jahre Transformatorenwerk Halle – Büschdorf 1919-2009. Halle 2009, S. 1.

Abb. 3: Reparaturwerkstatt um 1927

Abb. 4: Schlosserei um 1960

Jahrhundertwende der „bacillus electricus“[8] nicht nur die Städte, sondern die gesamte Provinz Sachsen zu erfassen begonnen hatte. Vor allem der zu jener Zeit auf dem Land herrschende Arbeitskräftemangel war eine wichtige Triebfeder für die Einführung der Elektrizität, um so menschliche Arbeitskraft durch Maschinenkraft ersetzen zu können. In der Büschdorfer Reparaturwerkstatt fanden zunächst 25 Arbeiter Beschäftigung, darunter sechs Frauen und zehn Lehrlinge, die billigere Arbeitskräfte waren als ausgebildete Männer.[9] Der Aufgabenbereich jener 25 Mitarbeiter umfasste die Instandsetzung von Elektromotoren, elektrischen Geräten für die Landwirtschaft und Transformatoren. Hinzu kam die Herstellung von Zählertafeln, Schaltern und Röhrensicherungen. Zudem bauten die Büschdorfer in den 1920er Jahren den sogenannten Land-E-Trafo, einen auf 50 Kilovoltampere ausgelegten Masttransformator (Hochspannungsmast), der für ein oder zwei Stunden sogar mit der doppelten Last (100 Kilovoltampere) gefahren werden konnte. In Erntezeiten erwies sich diese Leistung für das Betreiben der Dreschmaschinen auf dem Land im Einzugsbereich der Landelektrizität GmbH als großer Vorteil.[10]

Nach dem Zweiten Weltkrieg bestand die Produktionsanlage lediglich aus einer Werkhalle.[11] Zu diesem Zeitpunkt waren 23 Arbeiter, darunter acht Frauen, im Werk tätig. Das Werk firmierte zunächst unter der Bezeichnung „Reparaturwerk Büschdorf“, bis im Jahr 1954 die Umbenennung in „VEB Energieversorgung Halle“ erfolgte.[12] Dieser Werksname bestand über einen Zeitraum von 36 Jahren fort, bis diesem 1990/91 sozusagen als einjähriges Intermezzo die Bezeichnung „MEAG Mitteldeutsche Energieversorgungs AG“ folgte. 1991 übernahm die ABB – ABB TRW Transformatorenwerke GmbH den hallischen Standort. Abgesehen von einem kleinen Nebengebäude, in dem sich eine Schmiede und eine Schweißerei befanden, gab es bis in die 1940er Jahre auf dem Büschdorfer Betriebsgelände nur eine Werkhalle, in der die Bereiche Trafo-, Schalter- und Motorenbau untergebracht waren.[13] Im Zeitraum von 1949 bis 1984 erfolgten Neu- und Erweiterungsbauten von Werkhallen. Diese umfangreichen Baumaßnahmen waren vor allem der steigenden Zahl an Reparaturtransformatoren sowie der Wicklung und Montage

8 Vgl. hierzu: Landeselektrizität G.m.b.H.: 20 Jahre genossenschaftliche Elektrizitätswirtschaft. Denkschrift der Landeselektrizität GmbH zu Halle (Saale). Halle 1927, S. 166.
9 ABB AG Geschäftsbereich: ABB 90 Jahre Transformatorenwerk Halle (Anm. 7), S. 5.
10 ABB AG Geschäftsbereich: ABB 90 Jahre Transformatorenwerk Halle (Anm. 7), S. 5.
11 ABB AG Geschäftsbereich: ABB 90 Jahre Transformatorenwerk Halle (Anm. 7), S. 6.
12 ABB AG Geschäftsbereich: ABB 90 Jahre Transformatorenwerk Halle (Anm. 7), S. 6.
13 ABB AG Geschäftsbereich: ABB 90 Jahre Transformatorenwerk Halle (Anm. 7), S. 7.

von Großtransformatoren geschuldet.[14] Dabei ist das Prinzip der Trafowicklung mit dem einer Garnspule vergleichbar. Wickelei bezeichnet den Bereich des Transformatorenbaus, in der die Strom leitenden Wicklungen bearbeitet werden, die um einen Transformatorenkern liegen.[15] Darüber hinaus wurden 2009 und 2010 Modernisierungen im Büschdorfer Werk realisiert. Bereits in den 1950er Jahren verfügte der Betrieb über ein modernes Chemielabor, um Untersuchungen des Transformatorenöls vornehmen zu können.[16] Transformatoren- oder Isolieröl ist ein hochraffiniertes oder dünnflüssiges Mineralöl, das auch bei hohen Temperaturen stabil ist. Es wird in der Hochspannungstechnik in Transformatoren, Kondensatoren und Schaltern zur Isolation, Funkenlösung und Kühlung verwendet.[17] Mithilfe von Öluntersuchungen und der dabei ermittelten Analysewerte kann gleichzeitig eine Zustandsbewertung des Transformators vorgenommen werden. Auch entstand im Zuge der Bauvorhaben in den Jahren 1981 bis 1983 eine noch heute genutzte Schwerlasthalle, in der die Endmontage und ein sogenanntes Prüffeld für die Durchführung von Betriebstests untergebracht sind.[18]

Das Prüffeld stellt einen kompletten Faradayschen Käfig dar, in dem Stoßspannungen bis zwei Millionen Volt erzeugt werden können. Bei den dort durchzuführenden Prüfvorgängen, die sich über einen Zeitraum bis zu 14 Tagen erstrecken können, werden an Transformatoren u.a. Isolations- und Blitzspannungssicherheitsprüfungen sowie Wärmetauglichkeitstests durchgeführt.[19] Solche Tests sind ein Bestandteil der Qualitätssicherung. Mit ihnen wird sichergestellt, dass nur Transformatoren das Werk verlassen, die ohne Beanstandungen das Prüffeld passiert haben. Diese kursorischen Bemerkungen zum Prüffeld wären jedoch ohne einen Hinweis auf eine Innovation aus Halle (Saale) unvollständig. 2006 zogen die Hallenser die Aufmerksamkeit des Fachpublikums auf sich, indem sie eine Entwicklung präsentierten, die derzeit – inzwischen weiter verbessert – noch immer ein Alleinstellungsmerkmal des hallischen ABB-Standorts ist: ein in einem Container untergebrachtes mobiles Hochspannungsprüffeld auf der Basis eines Frequenzkonverters.[20] Damit sind jegliche Prüfungen an verschiedenen Orten nach internationalen Standards möglich, die bis zum Jahr 2006 nur in stationären Prüffeldern

14 ABB AG Geschäftsbereich: ABB 90 Jahre Transformatorenwerk Halle (Anm. 7), S. 14f.

15 Giersch, Harthus, Vogelsang: Elektrische Maschinen (Anm. 4), S. 165.

16 ABB AG Geschäftsbereich: ABB 90 Jahre Transformatorenwerk Halle (Anm. 7), S. 9.

17 Klaus Fuest, Peter Döring: Elektrische Maschinen und Antriebe. Lehr- und Arbeitsbuch für Gleich-, Wechsel- und Drehstrommaschinen sowie elektronische Antriebstechnik. Wiesbaden 2007, S. 8.

18 ABB AG Geschäftsbereich: ABB 90 Jahre Transformatorenwerk Halle (Anm. 7), S. 17.

19 ABB AG Transformatoren: TrafoSiteTesting. Impulsprüfung – Blitz- und Schaltstoss. Halle 2010, S. 1.

20 ABB AG Geschäftsbereich: ABB 90 Jahre Transformatorenwerk Halle (Anm. 7), S. 22.

Abb. 5 und 6: Prüffeld gestern (Prüffeld in Halle I) und heute (Hochspannungsprüffeld)

durchgeführt werden konnten. Das Prüffeld besteht in der Entwicklung eines modular aufgebauten Konverterprüffeldes.[21] Im Vergleich zu den herkömmlichen energieintensiven Prüffeldern benötigt es geringere Energiemengen. Der modulare Aufbau dieses Prüffeldes ermöglicht zudem einen schnellen und kostengünstigen Austausch defekter Bauteile.[22] Mit dem mobilen Stoßspannungsgenerator ist eine weitere Neuheit im Bereich der Hochspannungsprüfung für Transformatoren zu nennen. Bei diesem Generator handelt es sich um einen mobilen Impulsgenerator mit hohen Spannungs- und Energiewerten für mobile Einheiten. Ebenso wie beim mobilen Hochspannungsprüffeld sind auch hier alle benötigten Komponenten mobil in einem 40-Fuß-Container untergebracht. In Verbindung mit dem mobilen Prüffeld sind damit zum ersten Mal komplett normgerechte Abnahmen an Hochspannungstransformatoren vor Ort möglich.[23]

Für die Geschichte des Unternehmens waren weitere Entwicklungen von Bedeutung: 1991 erfolgte die Übernahme des hallischen Traditionsunternehmens durch den ABB-Konzern. Im Jahr 2006 fiel die Entscheidung, künftig in Halle (Saale) keine neuen Transformatoren mehr zu bauen.[24] Der letzte Neubautrafo wurde 2009 ausgeliefert. Seitdem ist der mitteldeutsche ABB-Standort ausschließlich für Service und Wartung an Transformatoren zuständig. Die nach Halle (Saale) gebrachten Transformatoren werden zunächst einer Befundaufnahme und Inspektion unterzogen, bevor über konkret auszuführende Arbeiten entschieden wird. Die Spannweite der Service- und Wartungs- bzw. Reparaturarbeiten reicht von einer gründlichen Überholung, Wicklungs(teil)erneuerungen, Arbeiten am Kessel, Fertigung und Reparatur von Eisenkernen, Trocknung des Aktivteils, dem Aufbringen eines Korrosionsschutzes bis zur Änderung der Leistungs- und Spannungsebene. Darüber hinaus besteht die Möglichkeit, Transformatoren mit einem Monitoring-System auszustatten, um Fehler zu erfassen.[25]

Teil der Wartungsarbeiten ist die Öldiagnose – eine weitere Innovation aus Halle (Saale).[26] Die bei ABB in Halle (Saale) eingeführten Laboruntersuchungen des Transformatorenöls sind den Blutuntersuchungen in der Humanmedizin sehr ähnlich. Sowohl Blut- als auch Öluntersuchungen sind grundlegende diagnostische Maßnahmen, bei denen sich in einer Zusammenschau verschiedener Parameter

21 ABB AG Geschäftsbereich Transformatoren: Durchbruch im Prüffeld. In: ABB news 12 (2012), S. 1–4, hier: S. 2.
22 ABB AG Geschäftsbereich: Durchbruch im Prüffeld (Anm. 21), S. 2.
23 ABB AG Transformatoren: TrafoSiteTesting. Mobiles AC-Hochspannungsprüffeld zur Vor-Ort-Prüfung von Transformatoren. Halle 2011, S. 1.
24 Höger: 90 Jahre am Standort Halle (Anm. 2).
25 Höger: 90 Jahre am Standort Halle (Anm. 2).
26 ABB AG Transformatoren: Lösung zur Ölaufbereitung – Mobile Ölregeneration. Halle 2011, S. 1.

Abb. 7: Mobiler Stoßspannungsgenerator für Vor-Ort-Impulsprüfung

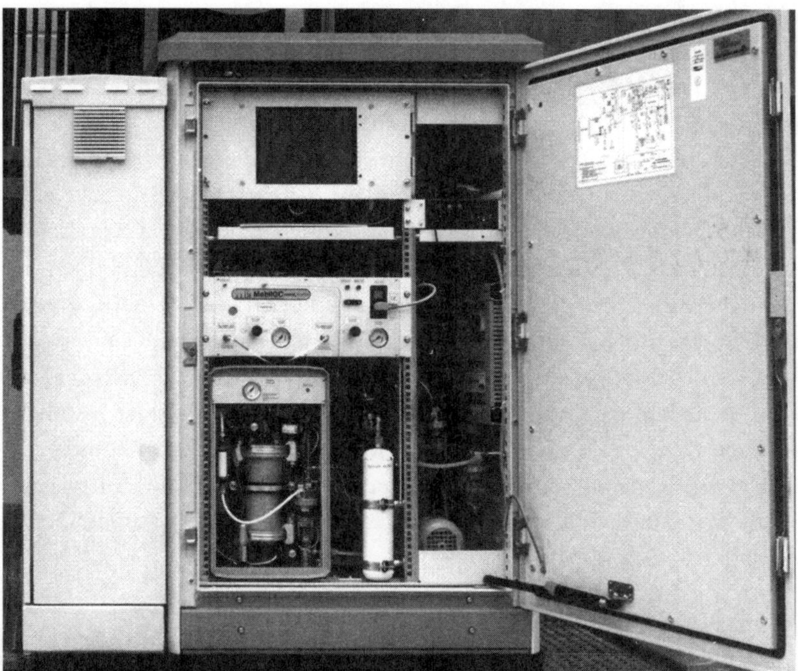

Abb. 8: Analysegerät für Gase

maßgebliche Hinweise auf mögliche Funktionsstörungen finden lassen. Ähnlich wie Blutuntersuchungen, die für die Verlaufskontrolle von Krankheiten und deren Behandlung geeignet sind, um beispielsweise frühzeitig die Verschlechterung von Organfunktionen festzustellen, verhält es sich mit Untersuchungen des Transformatorenöls.[27] Für Untersuchungszwecke im Labor ist eine in einer Aluminiumflasche angelieferte Ölprobe völlig ausreichend. Allerdings ist hierbei im Hintergrund mitzudenken, dass sich in einem durchschnittlichen Großtransformator von 100 Megavoltampere die beträchtliche Menge von etwa 30.000 Litern Öl befindet, das für Kühl- und Isolationszwecke benötigt wird. Das birgt zugleich auch immer eine hohe Brandlast.

Transformatoren sind mit einem Öl-Zellulose-Isolierungssystem ausgestattet, das bislang alternativlos ist. Im Laufe eines „Transformatorenlebens", das im Durchschnitt ca. 30 Jahre währt, ist dieses System Alterungsprozessen unterworfen, die u.a. durch Oxidation und Depolymerisation, das heißt die Abspaltung von Zellulosemolekülen, hervorgerufen werden. Bei einer klassischen Ölanalyse im Labor kann festgestellt werden, ob das im Transformator befindliche Öl noch den Anforderungen genügt. Aufschlussreich ist die mittels eines Gaschromatographen vorgenommene Gas-in-Öl-Analyse.[28] Hierbei handelt es sich um ein für die Überwachung von Transformatoren häufig eingesetztes Analyseverfahren. Das Grundprinzip dieser Untersuchung beruht auf der Fähigkeit des Isolieröls, nicht nur Luft aus der Atmosphäre, sondern auch Spaltgase (Schadgase) zu lösen, die nicht nur durch natürliche Alterung von Öl und Isoliermaterial, sondern ebenso durch elektrische Entladungen mit hoher Energie bzw. durch Teilentladungen oder auch durch örtliche Überhitzungen im Transformator entstehen. Gase wie Wasserstoff, Sauerstoff, Stickstoff, Kohlenmonoxid, Kohlendioxid, Methan, Ethan, Ethen oder Ethin sind dabei Indikatoren für Fehler in den Transformatoren.[29] Hierbei können durch engmaschige prophylaktische Kontrollen im zeitlichen Abstand von ein oder zwei Jahren Beobachtungen vorgenommen und Muster identifiziert werden, um zeitnah auf Veränderungen reagieren zu können. Je nach Intensität der jeweiligen im Öl gelösten Gase lassen sich zudem unterschiedliche Fehlertypen ausdifferenzieren, um so gegebenenfalls umgehend zustandsverbessernde Maßnahmen einzuleiten, wozu die „Ölbehandlung" bzw. Verbesserung der Eigenschaften des Trafoöls (oil reclaiming) gehört.[30]

---

27 Fuest, Döring: Elektrische Maschinen und Antriebe (Anm. 17), S. 8.

28 ABB AG Transformatoren: Online DGA. Online-System zur Analyse von gelösten Gasen. Halle 2010, S. 1.

29 ABB AG Transformatoren: Online DGA (Anm. 28), S. 1.

30 ABB AG Transformatoren: Lösung zur Ölaufbereitung (Anm. 26), S. 1.

Zudem bietet ABB mit Retrofit eine Innovation insbesondere für Transformatoren, die das Durchschnittsalter von 30 bis 35 Jahren erreicht haben.[31] Dank des Erfahrungsschatzes, den die Büschdorfer im Laufe der Jahrzehnte bei der Herstellung und Reparatur von Transformatoren gesammelt haben, sind sie dazu in der Lage, Modernisierung oder Ausbau bestehender, meist älterer und nicht mehr produktiver Anlagen und Betriebsmittel anzubieten. Das zielt auf Lebensdauerverlängerung der Betriebsmittel, Verbesserung der Produktqualität und höhere Effizienz, zum Beispiel durch Energieeinsparung. Besonders hervorzuheben ist der Nachhaltigkeitsaspekt des Retrofit-Programms, da im Vergleich zum Transformatorenneubau nur Kosten von ca. 70 Prozent des Neupreises anfallen und die elektrische Maschine nach erfolgreicher Durchführung von Retrofit nochmals etwa 30 Jahre genutzt werden kann. Eine weitere Serviceleistung von ABB verbirgt sich hinter dem Namen TrafoSiteRepair.[32] Die Werkstatt kommt sozusagen zum Transformator, wobei Qualitätsstandards wie im Transformatorenwerk garantiert werden. Damit werden der elektrischen Maschine aufwendige Transporte auf dem Wasser-, Schienen- oder Straßenweg und sich daraus ergebende mögliche Transportschäden erspart. Darüber hinaus reduziert sich der zeitliche Aufwand.

Ebenso haben die hallischen Ingenieure Erfolge vorzuweisen, wenn es um Patente bzw. Patentanmeldungen geht.[33] Sich mittels Patenten neue Ideen bzw. innovative Lösungen schützen zu lassen, ist bei ABB in Halle (Saale) noch eine „junge Tradition“. Begründet wurde sie im Jahr 2006, als sich die Ingenieure ihre Entwicklung in Verbindung mit dem mobilen Prüffeld patentieren ließen. Patente können die Hallenser nicht nur auf dem Gebiet der Prüffeldtechnik vorweisen, sondern ebenso in den Bereichen Diagnose, Monitoring und Anlagenbau. Derzeit trifft man beispielsweise in Verbindung mit Patenten auf HaPu, ein in jüngster Vergangenheit eingetragenes Warenzeichen.[34] Unter Einbeziehung der laufenden aktuellen Anmeldungen umfasst das HaPu-System mittlerweile 48 Patente.[35] Ha steht für Halle (Saale) und Pu für die ABB-Tochtergesellschaft Pucaro Elekro-Isolierstoffe GmbH im baden-württembergischen Roigheim. Gemeinsam mit den Hallensern hat sie eine komplette Systemlösung entwickelt, die Einsparpotenziale an Material

31 ABB AG Transformatoren: Service mit dem Sie rechnen können. Intelligente Lösungen für Transformatoren. Halle 2011, S. 9.

32 ABB AG Transformatoren: Service mit dem Sie rechnen können (Anm. 31), S. 7.

33 Vgl. u.a. ABB AG Transformatoren: Newsletter Halle 3 (2012), S. 3; ABB AG Geschäftsbereich: Durchbruch im Prüffeld (Anm. 21), S. 2.

34 Claudia Hillmann: Revolution aus Halle. Hallenser entwickelten System für Hochspannungsausleitungen, das bis dahin für unmöglich galt. In: Wirtschaftsjournal 12 (2011), S. 16.

35 PUCARO Elektro-Isolierstoffe GmbH: HaPusystem. Hochspannungsausleitungssystem für Transformatoren. Roigheim 2012.

birgt. Das HaPu-System setzt sich aus mehreren (System-)Bausteinen zusammen, die auf Ideen hallischer Ingenieure gründen. Zu diesem Baukastensystem gehören u.a. HaPuwell und HaPuflex.[36] Bei HaPuwell ist ein patentiertes Stecksystem für die Isolation von Kesselwänden und Jocheisen. Durch den Einsatz von HaPuwell wird es u.a. möglich, die Isolationsabstände von spannungsabführenden zu geerdeten Teilen zu verringern. HaPuflex bezeichnet ein neuartiges System für Hochspannungsausleitungen, das durch eine extreme Flexibilität der Ausleitung gekennzeichnet ist.[37] Es beruht auf biegsamen Leisten, die nach dem Wirbelsäulenprinzip konstruiert sind. Waren bisherigen Konstruktionen von Ausleitungen Grenzen gesetzt, da sie auf eine Biegung beschränkt werden mussten, können nunmehr durch das neue Verfahren komplizierte Ausleitungen mit mehreren Biegungen gefertigt werden. Das geht zudem mit einer erheblichen Verkürzung der Produktionszeiten einher.[38]

Bedingt durch die große Vielfalt an verschiedenen Transformatoren, die nach Büschdorf gebracht werden, wobei jede dieser elektrischen Maschinen als Einzelstück betrachtet wird, müssen die Ingenieure immer wieder neue Abläufe umsetzen. In Kombination mit dem zeitnahen Einfließen aktueller Forschungsergebnisse in die Arbeit kam es schließlich dazu, dass der Servicestandort Halle (Saale) mittlerweile als Impulsgeber für Entwicklungen im Transformatorenbereich fungiert.[39] Dies hat auch dazu beigetragen, dass der Bereich Service und Wartung Know-how für den Neubau von Transformatoren bereitstellt. So werden beispielsweise ABB-Mitarbeiter aus Bad Honnef, wo Leistungstransformatoren gebaut werden, in speziellen Themenbereichen in Halle (Saale) geschult. Die in Halle (Saale) entwickelten Ideen waren entscheidend dafür, dass der Standort nunmehr auf eine über 90-jährige Geschichte zurückblicken kann.[40] Für das weitere Bestehen des Standorts Halle (Saale) leisten die hallischen ABB-Mitarbeiter mit ihren diagnostischen Verfahren sowie den von ihnen erbrachten Reparatur- und Wartungsleistungen an Transformatoren einen wesentlichen Beitrag.

---

36 ABB AG Geschäftsbereich: Durchbruch im Prüffeld (Anm. 21), S. 2.
37 ABB AG Transformatoren: Newsletter Halle (Anm. 33), S. 3.
38 Hillmann: Revolution aus Halle (Anm. 34), S. 16.
39 ABB AG Transformatoren: Transformatoren von ABB. Perfekte Lösungen für die Industrie. Halle 2013, S. 8f.
40 ABB AG Geschäftsbereich: ABB 90 Jahre Transformatorenwerk Halle (Anm. 7), S. 5.

Anhang

Quellenverzeichnis

Archivalien

Archiv der Evangelischen Kirche der Kirchenprovinz Sachsen (AKPS), Bescheinigung der Lehrtätigkeit vom 15.11.1924. Bl. 156.

Archiv der Evangelischen Kirche der Kirchenprovinz Sachsen (AKPS), Briefwechsel Bl. 174.

Archiv der Evangelischen Kirche der Kirchenprovinz Sachsen (AKPS), Personalakte Fritz Jahr J126 I.

Archiv der Franckeschen Stiftungen, Wirtschafts- und Verwaltungsarchiv, 13 (AFSt/W V/-/13): Konferenzprotokoll der Verwaltungskonferenz der Franckeschen Stiftungen vom 26. August 1706.

Archiv Händel-Haus Halle: Händels Bestallung als Domorganist in Halle 1702.

Deutsches Zentralarchiv (DZA) Merseburg: Rep. 52, Nr. 159 N 4, Acta Wegen der dem Halleschen Theatro Anatomico zu verschaffenden Cadaverum.

Universitätsarchiv Halle (Saale) (UA Halle), Matrikelscheine Fritz Jahr.

Universitätsarchiv Halle (Saale) (UA Halle), PA Hans Körner, Nr. 9215.

Universitätsarchiv Halle (Saale) (UA Halle), Rep. 6, Nr. 734.

Universitätsarchiv Halle (Saale) (UA Halle), Rep. 11, PA Millner.

Universitätsarchiv Halle (Saale) (UA Halle), Rep. 11, PA Millner. Ausführliche Begründung für die Auszeichnung mit dem Nationalpreis.

Universitätsarchiv Halle (Saale) (UA Halle), Rep. 11, PA Millner. Schreiben von Wilhelm Messerschmidt an die Universitätsverwaltung vom 9.2.1955.

Universitätsarchiv Halle (Saale) (UA Halle), Rep. 11, PA Millner. Gutachten von Fritz Struss zur Berufung Rudolf Millners vom 28.11.1976.

Universitätsarchiv Halle (Saale) (UA Halle), Rep. 11, PA Millner. Personalbogen von 1988.

Universitätsarchiv Halle (Saale) (UA Halle), R 13: Untersuchungsakten des Hallenser Universitätsgerichts, S. 64–68.

Universitätsarchiv Halle (Saale) (UA Halle), Rep. 29, Nr. 223.

Universitätsarchiv Halle (Saale) (UA Halle), Rep. 29, Nr. 249.

Universitätsarchiv Halle (Saale) (UA Halle), Rep. 29, Nr. 252.

Stadtarchiv Halle (Saale) (StAH): Bestand Stadtplankommission, Nr. 621.

Stadtarchiv Halle (Saale) (StAH): Hallesches Tageblatt, 10. April 1890.

Stadtarchiv Halle (Saale) (StAH): Kap. I Abt. A Nr. 1 Bd. 1 – Abt. Dr. von der Esch Nr. 19.

Stadtarchiv Halle (Saale) (StAH), Lebenslauf Fritz Jahr vom Februar 1938.

Stadtarchiv Halle (Saale) (StAH), Personalakte Fritz Jahr PA 36, Bildstelle 27.

Stadtarchiv Halle (Saale) (StAH): Personalakten des Magistrats zu Halle über Lehnerdt, Nummer 1254.

§ 51e der Preußischen Medizinalordnung, Instruktionen für Staatsprüfungen. In: Carl Friedrich Koch (Hg.): Vollständige systematische Sammlung der Preußischen Medicinalgesetze und Verordnungen. Magdeburg 1833, S. 11.

Gedruckte Quellen

Baumgarten, Siegmund Jacob: Nachrichten von einer hallischen Bibliothek. Halle 1748–1751.
Baumgarten, Siegmund Jacob: Abris einer Geschichte der Religionsparteien, oder gottesdienstlichen Geselschaften, und derselben Streitigkeiten so wol als Spaltungen, ausser und in der Christenheit. Halle 1755.
Bethge, Heinz: Entwicklung und Bau eines Laboratorium-Elektronen-Mikroskopes und Anwendung der Elektronenmikroskopie auf Fragen zum Realbau des Steinsalzes. Halle 1954.
Bethge, Heinz: Elektronenmikroskopische Untersuchungen zur Struktur von Steinsalz-Spaltflächen. Halle 1959.
Billroth, Theodor: Chirurgische Klinik. Zürich 1860–1867. Erfahrungen auf dem Gebiete der praktischen Chirurgie. Berlin 1869.
Brief Nr. 19, Georg Cantor an Charles Hermite, 30.11.1895. In: Anne-Marie Décaillot: Cantor und die Franzosen. Mathematik, Philosophie und das Unendliche. Berlin, Heidelberg 2011, S. 161.
Brief Nr. 36, Georg Cantor an É. Lemoine, 17.3.1896, In: Anne-Marie Décaillot: Cantor und die Franzosen. Mathematik, Philosophie und das Unendliche. Berlin, Heidelberg 2011, S. 189.
Brown, John: The Elements of Medicine. Translated from the Latin with comments and illustrations by the Author. Edinburgh 1795.
Bücking, Johann Jacob Heinrich: Vollständige Anweisung zum Zahnausziehen. Stendal 1782.
Cantor, Georg: De aequationibus secondi gradus indeterminatis. Diss. phil. Berlin 1867.
Cantor, Georg: De transformatione formarum ternariarum quadraticarum. Halle 1869.
Cantor, Georg: Mitteilungen zur Lehre vom Transfiniten. In: Zeitschrift für Philosophie und philosophische Kritik 91 (1887), S. 81–125.
Cantor, Georg: Beiträge zur Begründung der transfiniten Mengenlehre. In: Mathematische Annalen 46 (1895), S. 481–512.
Cantor, Georg (Hg.): Die Rawley'sche Sammlung von zweiunddreißig Trauergedichten auf Francis Bacon. Ein Zeugnis zu gunsten der Bacon-Shakespeare-Theorie. Halle 1897.
Darwin, Charles: On the Origin of Species by Means of Natural Selection, or the Preservation of Favoured Races in the Struggle of Life. London 1859.

Dorn, Friedrich Ernst: Über eine Transformation zweiter Ordnung, welche das elliptische Integral mit imaginärem Modul auf ein ultraelliptisches mit reellen Moduln reducirt. Königsberg 1871.

Dorn, Friedrich Ernst: Form und Zahl der Repräsentanten nicht aequivalenter Klassen der Transformation der ultraelliptischen Funktionen. Greifswald 1873.

Drigalski, Wilhelm von: Über Verletzungen durch Luftdruckschwankungen. Berlin 1895.

Drigalski, Wilhelm von: Denkschrift über die Bildung einer Vereinigung zur Bekämpfung der Säuglingssterblichkeit und zur Verbreitung der Milch als Volksnahrungsmittel. Halle 1908.

Drigalski, Wilhelm von: Ueber Ergebnisse und Erfolge bei der Bekämpfung der Säuglingssterblichkeit im Jahre 1911. Leipzig 1912.

Drigalski, Wilhelm von: Im Wirkungsfelde Robert Kochs. Hamburg 1948.

Forster, Georg: A Voyage round the World in His Britannic Majesty's Sloop Resolution, Commanded by Capt. James Cook, during the Years, 1772, 3, 4, and 5. London 1777.

Forster, Georg: De plantis esculentis insularum Oceani australis commentatio botanica. Berolini 1786.

Forster, Johann Georg: Johann Reinhold Forster's Doctor der Rechte (...) Reise um die Welt: während den Jahren 1772 bis 1775 in dem (...) durch den Capitain Cook geführten Schiffe the Resolution unternommen / Beschrieben und herausgegeben von dessen Sohn und Reisegefährten George Forster (...) Vom Verfasser selbst aus dem Englischen übersetzt, mit dem Wesentlichsten aus des Capitain Cooks Tagebüchern und anderen Zusätzen für den deutschen Leser vermehrt und durch Kupfer erläutert. Berlin 1780.

Francke, August Hermann: Kurtzer und einfältiger Unterricht, Wie die Kinder zu Wahren Gottseligkeit, und Christlichen Klugheit anzuführen sind, ehemals Zu Behuf Christlicher Informatorum entworffen, und nun auff Begehren zum Druck gegeben, Halle 1702. In: Erhard Peschke (Hg.): August Hermann Francke. Werke in Auswahl. Berlin 1969, S. 124–150.

Gottsched, Johann Christoph: Versuch einer critischen Dichtkunst vor die Deutschen. Leipzig 1729.

Graebner, Carl August: Carl August Gräbners Gedanken über das Hervorkommen und Wechseln der Zähne bey Kindern; nebst Anweisung für Erwachsene, die Zähne gesund zu erhalten, nebst einem Zahncalender und vier Kupfertafeln. Langensaltza 1768.

Heister, Lorenz: Chirurgie. In welcher alles, was zur Wund-Artzney gehöret, (...) gründlich abgehandelt, und In vielen Kupffertafeln die neuerfundene und dienlichste Instrumenten (...) vorgestellet werden. Theil 2: Von den chirurgischen Operationen. Nürnberg 1719.

Herz, Marcus: De varia naturae energia in morbis acutis atque chronicis. Halle 1774.

Höpffner, O. C. C. [Ermittelt: Friedrich Ludwig Jahn]: Über die Beförderung des Patriotismus im Preußischen Reiche. Halle 1800.

Hoffmann, Friedrich: De Antheo ex artificiosissima corporis humani structura convincendo. Antrittsrede vom 3. März 1693.

Hoffmann, Friedrich: Medicina consultatoria. Worinnen unterschiedliche über einige schwere casus ausgearbeitete consilia, auch responsa facultatis medicae enthalten und in fünff Decurien eingetheilet (...). Halle 1721.

Hoffmann, Friedrich: Medicinae rationalis systematicae (...). Halle 1729.

Hoffmann, Friedrich: Vernünfftiger Unterricht von Heilsamer Vorsorge Eines zur Welt gebohrenen und Saugenden Kindes. Frankfurt, Leipzig 1741.

Hohl, Rudolf: De atropini effectu. Berlin 1863.

Hohl, Anton Rudolf: De novis pulpae dentis formationibus. Halle 1868.

Hohl, Anton Rudolf: Erster Bericht über die Klinik für Mundkrankheiten an der Universität Halle. In: Deutsche Vierteljahresschrift für Zahnheilkunde 10 (1870), S. 27–30.
Hohl, Anton Rudolf: Zweiter Bericht über die Klinik für Mundkranke an der Universität. In: Deutsche Vierteljahresschrift für Zahnheilkunde 11 (1871), S. 175–178.
Hollaender, Ludwig Heinrich: De dentium ex ordine rodentium structura penitiori. Halle 1873.
Hollaender, Ludwig: Das Füllen der Zähne und deren Extraktion. Leipzig 1878.
Jahr, Fritz: Wissenschaft vom Leben und Sittenlehre. (Alte Erkenntnis in neuem Gewande). In: Die Mittelschule. Zeitschrift für das gesamte mittlere Schulwesen 40 (1926), S. 604–605.
Jahr, Fritz: Bio-Ethik. Eine Umschau über die ethischen Beziehungen des Menschen zu Tier und Pflanze. In: Kosmos. Handweiser für Naturfreunde 24 (1927), S. 2–4.
Jahr, Fritz: Tierschutz und Ethik in ihren Beziehungen zueinander. In: Ethik. Sexual- und Gesellschaftsethik 4 (1928), S. 100–102.
Jahr, Fritz: Soziale und sexuelle Ethik in der Tageszeitung. In: Ethik. Sexual- und Gesellschaftsethik 4 (1928), S. 149–150.
Jahr, Fritz: Wege zum sexuellen Ethos. In: Ethik. Sexual- und Gesellschaftsethik 4 (1928), S. 161–163.
Kaltenbach, Rudolf: Über die kallösen Stricturen der männlichen Harnröhre. Habilitationsschrift verfaßt in Wien, vorgelegt in Freiburg 1867 (verschollen).
Kaltenbach, Rudolf: Ueber Hülfsmittel des gynäkologischen Unterrichts. Zeitschrift für Geburtshilfe und Gynäkologie 21 (1891), S. 228–296.
Kingsley, Norman W.: A Treatise on oral deformities as a branch of mechanical surgery. New York 1880.
Kingsley, Norman W.: Die Anomalien der Zahnstellung und die Defecte des Gaumens. Leipzig 1881.
Klemperer, Victor: Die Vorgänger Friedrich Spielhagens. Weimar 1913.
Klemperer, Victor: Montesquieu. Heidelberg 1914.
Klemperer, Victor: LTI – Notizbuch eines Philologen. Berlin 1947.
König, Franz und Emil Richter: Richard von Volkmann. Nachruf. In: Centralblatt für Chirurgie 51 (1889), S. 1–6.
Körner, Hans: Über die Beziehungen der Erkrankungen der Zähne zu den chronischen Schwellungen der regionären Lymphdrüsen. Berlin 1897.
Krause, Fedor: Zur Erinnerung an Richard von Volkmann (Richard Leander). Berlin 1890.
Krönlein, Rudolf U.: Die offene Wundbehandlung nach Erfahrungen aus der chirurgischen Klinik zu Zürich. Zürich 1872.
Krönlein, Rudolf U.: Offene und antiseptische Wundbehandlung. Eine vergleichende Zusammenstellung der mit diesen Methoden der Wundbehandlung an den Universitätskliniken Zürich, Leipzig und Halle erzielten Resultaten. In: Langenbecks Archiv für Klinische Chirurgie 19 (1876), S. 1–58.
Landeselektrizität G.m.b.H.: 20 Jahre genossenschaftliche Elektrizitätswirtschaft. Denkschrift der Landeselektrizität GmbH zu Halle (Saale). Halle 1927.
Lister, Joseph: Anaesthetics. In: Timothy Holmes (Hg.): A System of surgery. Theoretical and practical, in treatises by various authors. Vol. 3. London 1862, S. 51–90.
Lister, Joseph: Amputation. In: Timothy Holmes (Hg.): A System of surgery. Theoretical and practical, in treatises by various authors. Vol. 3. London 1862, S. 91–107.
Lister, Joseph: Über eine neue Methode der Behandlung von komplizierten Knochenbrüchen, Abszessen usw. mit Beobachtungen über die Bedingungen der Eiterung. In: Fried-

rich Trendelenburg (Hg.): Joseph Lister's Erste Veröffentlichungen über die antiseptische Wundbehandlung (1867. 1868. 1869). Leipzig 1912, S. 19–65.
Lister, Joseph: Amputation. In: Timothy Holmes (Hg.): A System of surgery. Theoretical and practical, in treatises by various authors. Vol. 5. 2 ed. London 1870, S. 592–653.
Lister, Joseph: Der Listersche Verband. Mit Bewilligung des Verfassers in's Deutsche übertragen von Oscar Thamhayn. Leipzig 1875.
Meckel, Johann Friedrich der Ältere: Tractatus anatomico-physiologicus de quinto pare nervorum cerebri. Göttingen 1748.
Meckel, Johann Friedrich: De duplicitate monstrosa commentarius. Halle, Berlin 1815.
Meckel, Philipp Friedrich Theodor: De labyrinthi auris contentis (...). Straßburg 1777.
Meschkowski, Herbert: Probleme des Unendlichen. Werk und Leben Georg Cantors. Wiesbaden 1967.
Millner, Rudolf: Experimentelle Untersuchungen zum Debye-Effekt in elektrolytischen Lösungen. Universität Halle-Wittenberg, Mathematisch-Naturwissenschaftliche Fakultät. Diss. Halle 1961.
Millner, Rudolf: Debye-Effekt in Ionenlösungen. Universität Halle-Wittenberg, Mathematisch-Naturwissenschaftliche Fakultät. Habilitationsschrift 1966.
Millner, Rudolf (Hg.): Ubiomed II 1975. Halle 1976.
Millner, Rudolf (Hg.): Ultraschalldiagnostik 1976. Halle 1978.
Millner, Rudolf (Hg.): Ultraschalldiagnostik 1977. Halle 1979.
Millner, Rudolf (Hg.): Ultraschalldiagnostik 1978. Halle 1979.
Millner, Rudolf (Hg.): Ultraschalldiagnostik 1981. Halle 1982.
Millner, Rudolf (Federführender Autor): Ultraschalltechnik. Grundlagen und Anwendungen. Leipzig 1987, S. 257–262.
North Whitehead, Alfred and Bertrand Russell: Principia mathematica. Cambridge 1910.
Pfaff, Philipp: Abhandlung von den Zähnen des menschlichen Körpers und deren Krankheiten. Berlin 1756.
Potter, Van Rensselaer: Bioethics – the Science of Survival. In: Perspectives in Biology and Medicine 14 (1970), S. 127–153.
Reil, Johann Christian: Tractatus De Polycholia. Halle 1782.
Reil, Johann Christian: Rhapsodieen über die Anwendung der psychischen Curmethode auf Geisteszerrüttungen. Halle 1803.
Reil, Johann Christian: Erinnerung an Verstorbene. Philipp Friedrich Theodor Meckel. In: Hallesche Patriotische Wochenschrift 5. Halle 24.3.1804, S. 193–197.
Reil, Johann Christian: Ueber den Begriff der Medicin und ihre Verzweigungen, besonders in Beziehung auf die Berichtigung der Topik der Psychiaterie. In: Johann Christian Reil, Johann Christoph Hoffbauer (Hg.): Beyträge zur Beförderung einer Kurmethode Beyträge auf psychischem Wege besonders in Beziehung auf die Berichtigung der Topik der Psychiaterie. Halle 1808, S. 161–279.
Reil, Johann Christian: Ueber die eigenthümlichen Verrichtungen des Seelenorgans. In: Gesellschaft angehender Ärzte (Hg.): Johann Christian Reil's gesammelte kleine physiologische Schriften. Größtenteils aus dem Lateinischen übersetzt. Bd. 2. Wien 1811, S. 1–158.
Reimmann, Jacob Friedrich: Versuch einer Einleitung in die Historiam literariam so wohl insgemein als auch in die Historiam literariam derer Teutschen. Dritter und letzter Theil, viertes und letztes Hauptstück (...). Die Historia Medicinae insgemein (...). Halle 1713.
Richter, August Gottlieb: Von den Krankheiten der Brüste. In: Ders: Anfangsgründe der Wundarzneykunst. Bd. 4. Göttingen 1797, S. 386–428.

Rockstroh, Heinz: Das Lebensschicksal der Einnierigen. Tierexperimentelle und klinische Untersuchungen zur Einnierigkeit. Habil., Halle (Saale) 1962.

Roux, Wilhelm: Die Verzweigungen der Blutgefäße. Jena 1878.

Schober, Karl Ludwig: Zur Differentialdiagnose der chronischen Appendizitis und gynäkologischer Erkrankungen. Halle 1937.

Schober, Karl Ludwig: Untersuchungen über die Folgen experimenteller PH-Änderung im Gelenk. Halle 1954.

Schrader, Wilhelm: Geschichte der Friedrichs-Universität zu Halle. Berlin 1894.

Schulze, Johann Heinrich: De Ellisborismis veterum. Halae 1717.

Schulze, Johann Heinrich: Dissertatio Inauguralis Medica De Athletis Veterum, Eorum Diaeta Et Habitu. Halae, Magdeburgicae 1717.

Schulze, Johann Heinrich: Historia medicinæ a rerum initio ad annum urbis Romæ DXXXV deducta studio Io. Henrici Schulzii (...) accedunt tabulæ æneæ, chronologica, et indices copiosi. Lipsiae 1728.

Schweigger, Johann Salomo Christoph: Dissertatio de Diomede Homeri. Erlangae 1800.

Sommerfeld, Arnold: Vorlesungen über Theoretische Physik: Optik. Leipzig 1949.

Sprengel, Kurt: Specimen Inaugurale Philosophico – medicum sistens rudimentorum nosologiae dynamicorum prolegomena. Halae 1787.

Sprengel, Kurt: Beiträge zur Geschichte der Medicin. Halle 1794–1796.

Stahl, Georg Ernst: Theoria medica vera. Physiologiam et Pathologiam. Halle 1737.

Strutt, Rayleigh und John William: The Theory of Sound. London 1877.

Thomasius, Christian. De crimine magiae. Halle 1701.

Thomasius, Christian: De jure circa frumentum, praecipue de fructibus et frumento in genere, deque cura rei annonariae et. prohibita frumenti exportatione etc. / Von dem Rechte, was bey denen Korn-Früchten, oder dem Getreyde, so in Halmen und Aehren schiesset, zu beobachten is. Halle 1737.

Tomes, Charles Sissmore: Manual of dental anatomy human and comparative. London 1876.

Tomes, Charles Sissmore: Die Anatomie der Zähne des Menschen und der Wirbelthiere sowie deren Histologie und Entwikkelung. Berlin 1877.

Volkmann, Richard: De pulmonum gangraena. Dissertatio inauguralis medica. Berlin 1854.

Volkmann, Richard: Observationes anatomicae et chirurgicae quatuor. Commentatio quam ad veniam docendi in Academia Fridericia Halensi cum Vitebergensi sociata rite impetrandam gratiosi medicorum ordinis consensu et auctoritate die 26. mensis Junii a.D. 1857 defend. Leipzig 1857.

Volkmann, Richard: Ueber den antiseptischen Occlusivverband und seinen Einfluss auf den Heilungsprocess der Wunden. In: Richard von Volkmann (Hg.): Sammlung Klinischer Vorträge in Verbindung mit deutschen Klinikern. Chirurgie. Nr. 29–53. Leipzig 1875, S. 759–812.

Volkmann, Richard: Verletzungen und Krankheiten der Bewegungsorgane. In: Franz von Pitha, Theodor Billroth (Hg.): Handbuch der allgemeinen und speciellen Chirurgie. Mit Einschluß der topographischen Anatomie, Operations- und Verbandlehre. Erlangen 1882.

Volkmann-Leander, Richard: Träumereien an französischen Kaminen. Leipzig 1871.

Wächter, Oskar: Hexenprozesse. Stuttgart 1892.

Wagnitz, Heinrich Balthasar: Ueber die zweckmässigste Einrichtung der Gefängnisse und Irrenanstalten, die mit Zuchthäusern verbunden sind. Ein Anhang zu den Nachrichten und Bemerkungen über die Zuchthäuser in Deutschland. In: Ders.: Historische Nachrichten und Bemerkungen über die merkwürdigsten Zuchthäuser in Deutschland nebst

einem Anhange über die zweckmässigste Einrichtung der Gefängnisse und Irrenanstalten. Bd. 2. Teil 2. Halle 1794, S. 225–266.
Wernicke, Carl: Der aphasische Symptomenkomplex. Eine psychologische Studie auf anatomischer Basis. Breslau 1874.
Wernicke, Carl: Erkrankung der inneren Kapsel. Ein Beitrag zur Diagnose der inneren Heerderkrankungen. Breslau 1875.
Wernicke, Carl: Lehrbuch für Gehirnkrankheiten: für Ärzte u. Studirende. Kassel 1881.
Wolf, Friedrich August: Prolegomena ad Homerum sive operum Homericum prisca et genuina forma variisque mutationibus et probabili ratione emendandi. Halis Saxonum 1795.
Wolff, Christian: Institutiones Jurisprudentiae Divinae (...). Halle 1688, 1709.
Wolff, Christian: Philosophia Practica Universalis Mathematica methodo conscripta. Leipzig 1703.
Wolff, Christian: Der Anfangs-Gründe Aller Mathematischen Wissenschafften Erster Theil / Und zu mehrerem Auffnehmen der Mathematick so wohl auff hohen als niedrigen Schulen auffgesetzet worden (...). Halle 1710.
Wolff, Christian: Philosophia civilis sive politica. Halle 1756.
Wolff, Christian: Ausführliche Nachricht von seinen eigenen Schriften, die er in deutscher Sprache von den verschiedenen Theilen der Welt-Weisheit heraus gegeben. Frankfurt/Main 1757.
Wolffs Rede in Marburg vom 19.1.1726. In: Christian Wolff: Rede von der Sittenlehre der Sineser. Halle 1740, neu veröffentlicht als Faksimile 1981.

Internetquellen

Bethge-Stiftung: Stiftungsgründungsveranstaltung, http://bethge-stiftung.de/stiftungsgruendung/ (Stand: 3.9.13).
Catalogus Professorum Halensis: Ernst Dorn, http://web.archive.org/web/20071017183404/http://www.catalogus-professorum-halensis.de/dornernst.html (Stand: 2.9.2013).
Fraunhofer-Institut für Werkstoffmechanik IWM: Geschichte mit Zukunft: 50 Jahre Elektronenmikroskopie in Halle, http://www.iwm.fraunhofer.de/aktuelles/details/id/117/ (Stand: 3.9.13).
Höger, Beate: 90 Jahre am Standort Halle erfolgreich. Halle, 11. Mai 2009 – ABB-Geschäftsbereich Transformatoren feiert Jubiläum. Pressemitteilung der ABB AG, http://www.abb.de/cawp/seitp202/b896860782f8ce2cc12575b3003d0767.aspx (Stand: 30.9.13).
Hofmann, Ulrich: In Memoriam Heinz Bethge (Nachruf der Leibniz-Sozietät der Wissenschaften zu Berlin), http://archiv.leibniz-sozietät.de/nekrologe/bethge.htm (Stand 3.9.13).
Huke, Sarah: Erfindungen „made in Halle“ II, http://www.magazin.uni-halle.de/14239/erfindungen-made-in-halle2/ (Stand: 9.10.2013).
Internationale Georg-Wilhelm-Steller-Gesellschaft: Der Arzt und Naturforscher Georg Wilhelm Steller (1709–1746), http://www.steller-gesellschaft.de/ (Stand: 2.9.2013).
Pflug, Jochen: Weltinnovationen aus Halle (Saale) – am Beispiel Wabentechnologie, http://www.ebn24.com/?id=27718 (Stand: 8.10.2013).
Seppelt, Enrico: 90 Jahre ABB in Halle. In: Hallelife.de vom 12.5.09, http://hallelife.de/nachrichten/halle-saale/vermischtes/news/items/90-Jahre-ABB-in-Halle.html?page=300 (Stand: 30.9.13).

Literaturverzeichnis

ABB AG Geschäftsbereich Transformatoren (Hg.): ABB 90 Jahre Transformatorenwerk Halle – Büschdorf 1919-2009. Halle 2009.

ABB AG Geschäftsbereich Transformatoren: Durchbruch im Prüffeld. In: ABB news 12 (2012), S. 1–4.

ABB AG Transformatoren: Online DGA. Online-System zur Analyse von gelösten Gasen. Halle 2010.

ABB AG Transformatoren: TrafoSiteTesting. Impulsprüfung – Blitz- und Schaltstoss. Halle 2010.

ABB AG Transformatoren: Lösung zur Ölaufbereitung – Mobile Ölregeneration. Halle 2011.

ABB AG Transformatoren: Service mit dem Sie rechnen können. Intelligente Lösungen für Transformatoren. Halle 2011.

ABB AG Transformatoren: TrafoSiteTesting. Mobiles AC-Hochspannungsprüffeld zur Vor-Ort-Prüfung von Transformatoren. Halle 2011.

ABB AG Transformatoren: Newsletter Halle 3 (2012).

ABB AG Transformatoren: Transformatoren von ABB. Perfekte Lösungen für die Industrie. Halle 2013.

Albrecht, Michael: Einleitung. In: Ders. (Hg.): Christian Wolff. Rede über die praktische Philosophie der Chinesen. Hamburg 1985, S. IX–LXXXIX.

Albrecht, Michael: Die philosophischen Grundüberzeugungen des Wolffianismus. In: Jürgen Stolzenberg, Oliver-Pierre Rudolf (Hg.): Christian Wolff: Gesammelte Werke. Bd. 105 (Wolffiana II.5. Christian Wolff und die europäische Aufklärung). Hildesheim (u.a.) 2010, S. 13–30.

Allgemeines Landrecht für die preußischen Staaten von 1794. Mit einer Einführung von Hans Hattenhauer und einer Bibliographie von Günther Bernert. Neuwied, Kriftel, Berlin 1996.

Arbeitskreis Innenstadt: Vom Schlamm zum Händlerviertel. Ein hallesches Altstadtviertel im Wandel der Zeit. Halle 2000.

Bäzner, Hansjörg and Michael G. Hennerici: Georg Friedrich Händel's Strokes. In: Julien Bogousslavsky, François Boller (Hg.): Neurological disorders in famous artists. Vol. 19: Frontiers of neurology and neuroscience. Basel, New York 2005, S. 150–159.

Barkleit, Gerhard: Manfred von Ardenne. Selbstverwirklichung im Jahrhundert der Diktaturen. Berlin 2006.

Bauer, Markus: Passage Marburg. Ausschnitte aus vierundzwanzig Lebenswegen. Marburg 1994.

Baumeister, August: Wolf, Friedrich August. In: Allgemeine Deutsche Biografie. Bd. 43. Leipzig 1898, S. 737–748.

Baumgärtel, Hans und Erich Rammler: Pioniere der Brikettierung: Carl Exter, Ferdinand August Schulz, Robert Jacobi. In: Brennstofftechnische Gesellschaft in der Deutschen Demokratischen Republik (Hg.): 100 Jahre Braunkohlenbrikettierung. Halle 1958, S. 21–33.

Baust, Günter: Karl-Ludwig Schober und die hallesche Herz-Lungen-Maschine. Halle 2011.

Bedürftig, Thomas und Roman Murawski: Philosophie der Mathematik. Berlin 2010.

Benecke, Rudolf: Friedrich Hoffmann. In: Historische Kommission für die Provinz Sachsen und für Anhalt (Hg.): Mitteldeutsche Lebensbilder. Bd. 4. Magdeburg 1929, S. 20–40.

Best, Terence: Handel's Chamber Music. Sources, Chronology and Authenticity. In: Early Music 13 (1985), S. 476–499.

Böhm, Winfried: Geschichte der Pädagogik. Von Platon bis zur Gegenwart. München 2010.
Böttcher, Wolfgang: Die geschichtliche Entwicklung der extrakorporalen Zirkulation. In: Rudolf J. Tschaut (Hg): Extrakorporale Zirkulation in Theorie und Praxis. Lengerich 2005, S. 17–32.
Böttcher, Wolfgang und Harald Woysch: Die erste erfolgreiche herzchirurgische Operation mit Hilfe der Herz-Lungen-Maschine. In: Zeitschrift für Herz-, Thorax- und Gefäßchirurgie 20 (2006), S. 248–260.
Brademann, Jan: Residenzstadt und frühmoderner Staat. Überlegungen zum verfassungs- und kulturrechtlichen Hintergrund für die Gründung einer Universität in Halle. In: Heiner Lück (Hg.): Christian Thomasius (1655–1728). Gelehrter Bürger in Leipzig und Halle. Abhandlungen der Sächsischen Akademie der Wissenschaften zu Leipzig – Philologisch-historische Klasse. Leipzig, Stuttgart 2008, S. 117–140.
Büttner, Wolf-Ewald: Grundlagen der Elektrotechnik. Bd. 2. München 2012.
Burkhardt, Berthold: Luftig leicht. Kurze Geschichte der Betonschalen. In: Wilfried Dechau (Hg.): Kühne Solitäre: Ulrich Müther – Schalenbaumeister der DDR. Stuttgart, München 2000, S. 11–16.
Ceglia, Francesco Paolo de: I fari di Halle. Georg Ernst Stahl, Friedrich Hoffmann e la medicina europea del primo Settecento. Bologna 2009.
Christ, Andreas und Ute Olbertz: Dem Ultraschall auf der Spur. Erstes Ultraschall-Museum Europas im Aufbau. In: scientia halensis. Das Magazin der Martin-Luther-Universität Halle-Wittenberg 12 (1998), S. 4.
Dean, Winton: Handel's dramatic oratorios and masques. Oxford 1990.
Décaillot, Anne-Marie: Cantor und die Franzosen. Mathematik, Philosophie und das Unendliche. Berlin, Heidelberg 2011.
Decker, Rainer: Hexenjagd in Deutschland. Darmstadt 2006.
Dieser, Oliver: Einführung in die Mengenlehre. Die Mengenlehre Georg Cantors und ihre Axiomatisierung durch Ernst Zermelo. Heidelberg 2010.
Dittrich-Jacobi, Juliane: Pietismus und Pädagogik im Konstitutionsprozeß der bürgerlichen Gesellschaft. Historisch-systematische Untersuchung der Pädagogik August Hermann Franckes (1663–1727). Bielefeld 1976.
Dolgner, Angela: Johann Justus Peter Schulze – Protagonist des Klassizismus in Halle. Zum 150. Todestag des halleschen Stadtbaumeisters und Universitätsarchitekten. In: Ralf Jacob (Hg.): Jahrbuch für hallische Stadtgeschichte 2005. Halle 2005, S. 163–167.
Eberle, Henrik: Die Martin-Luther-Universität in der Zeit des Nationalsozialismus 1933–1945. Halle 2002.
Eckart, Wolfgang U.: Geschichte der Medizin. Fakten, Konzepte, Haltungen. 6., völlig neu bearb. Aufl. Heidelberg 2009.
Eckart, Wolfgang U.: Illustrierte Geschichte der Medizin. Von der französischen Revolution bis zur Gegenwart. Berlin, Heidelberg 2011.
Eisler, Rudolf: Biopsychik. In: Ders. (Hg.): Wörterbuch der Philosophischen Begriffe. Bd. 1: A–K. Berlin 1910.
Elwert, Wilhelm Theodor: Klemperer, Viktor. In: Neue Deutsche Biographie. Bd. 12. Berlin 1979, S. 35.
Engels, Eve-Marie: The importance of Charles Darwin's Theory for Fritz Jahr's conception of Bioethics. In: Amir Muzur, Hans-Martin Sass (Hg.): Fritz Jahr and the Foundations of Global Bioethics. The Future of Integrative Bioethics. Münster 2012, S. 97–129.
Engstrom, Eric und Volker Roelcke (Hg.): Psychiatrie im 19. Jahrhundert. Forschungen zur Geschichte von psychiatrischen Institutionen, Debatten und Praktiken im deutschen Sprachraum. Mainz 2003.

Esser, Brigitte, Hotz, Jürgen, Möller, Christian, Stübler, Klaus und Alfred Beaujean: Kammermusik. Gütersloh 2008.

Eterovic, Igor: Kant's Categorial Imperative and Jahr's Bioethical Imperative. In: Amir Muzur, Hans-Martin Sass (Hg.): Fritz Jahr and the Foundations of Global Bioethics. The Future of Integrative Bioethics. Münster 2012, S. 82–95.

Eulner, Hans-Heinz: Die akademische Frühzeit der Zahnheilkunde in Deutschland. In: Medizinhistorisches Journal 1 (1966), S. 3–74.

Eulner, Hans-Heinz: Die Entwicklung der medizinischen Spezialfächer an den Universitäten des deutschen Sprachgebietes. Stuttgart 1970.

Feicht, Ulrike: Wilhelm Roux (1850–1924) – seine hallesche Zeit. Halle 2008.

Fleischmann, Max: Christian Thomasius. Leben und Lebenswerk. Neudruck der Ausgabe Halle 1931. Aalen 1979.

Forschbach, Edgar: Unendlichkeit und Ewigkeit. In: Otfried Reinke (Hg.): Klärungsversuche aus Natur- und Geisteswissenschaften. Göttingen 2004, S. 52–64.

Fraunhofer IWM Halle: Zahnputzmaschine testet Abrasionsverhalten von Zahnpasten. In: Zahnarzt Wirtschaft Praxis (ZWP) Spezial 11 (2012), S. 29.

Fuchs, Thomas: The Mechanization of the Heart: Harvey and Descartes. Rochester 2001.

Fuest, Klaus und Peter Döring: Elektrische Maschinen und Antriebe. Lehr- und Arbeitsbuch für Gleich-, Wechsel- und Drehstrommaschinen sowie elektronische Antriebstechnik. Wiesbaden 2007.

Geyer-Kordesch, Johanna: Leben und Werk Georg Ernst Stahls. Tübingen 2000.

Geyer-Kordesch, Johanna: Pietismus, Medizin und Aufklärung in Preußen im 18. Jahrhundert. Das Leben und Werk Georg Ernst Stahls. Tübingen 2000.

Giersch, Hans-Ulrich, Harthus, Hans und Norbert Vogelsang: Elektrische Maschinen. Prüfen, Normen, Leistungselektronik. Wiesbaden 2003.

Göbbel, Luminita und Rüdiger Schultka: Vielfalt der Lebensformen, reflektiert in Werk und Sammlungen von J. F. Meckel d. J. (1781–1833). In: Rüdiger Schultka, Josef N. Neumann (Hg.) unter Mitarbeit von Susanne Weidemann: Anatomie und Anatomische Sammlungen im 18. Jahrhundert anlässlich der 250. Wiederkehr des Geburtstages von Philipp Friedrich Theodor Meckel (1755–1803). Berlin 2007, S. 143–173.

Greim, Clemens-Alexander: Geschichte und Entwicklung der Ultraschallverfahren. In: Thomas Grau (Hg.): Ultraschall in der Anästhesie und Intensivmedizin: Lehrbuch der Ultraschalldiagnostik. Köln 2009, S. 5–7.

Groß, Dominik: Die schwierige Professionalisierung der deutschen Zahnärzteschaft (1867–1919). Frankfurt/Main 1994.

Groß, Dominik: Beiträge zur Geschichte und Ethik der Zahnheilkunde. Würzburg 2006.

Gündel, Wolfgang: 40 Jahre HLM in der DDR – Ein Rückblick. In: Kardiotechnik 12 (2003), S. 62–64.

Günther, Siegwart-Horst und Gerald Götting: Was heißt Ehrfurcht vor dem Leben? Begegnungen mit Albert Schweitzer. Berlin 2005.

Hain, Simone: Abenteuer in Beton. Industrialisierung in der DDR. In: Wilfried Dechau (Hg.): Kühne Solitäre: Ulrich Müther – Schalenbaumeister der DDR. Stuttgart, München 2000, S. 17–27.

Helm, Jürgen: „Der erste wahre Geschichtsforscher der Medizin". Johann Heinrich Schulze und seine „Historia medicinae" von 1728. In: Ralf Bröer (Hg.): Eine Wissenschaft emanzipiert sich: die Medizinhistoriografie von der Aufklärung bis zur Postmoderne. Pfaffenweiler 1999, S. 190–200.

Helm, Jürgen: Das Medizinkonzept Georg Ernst Stahls und seine Rezeption im Halleschen Pietismus und in der Zeit der Romantik. In: Berichte zur Wissenschaftsgeschichte 23 (2000), S. 167–190.

Helm, Jürgen: 125 Jahre Zahnmedizinstudium an der Uni Halle. In: Zahnärztliche Nachrichten Sachsen-Anhalt 7 (2005), S. 13–14.

Helm, Jürgen: „Ein guter Anfang zu künfftiger Reformation in rebus medicis". Georg Ernst Stahls medizinische Theorie und der Pietismus des 18. Jahrhunderts. In: Sybille Gerstengarbe, Joachim Kaasch, Michael Kaasch (Hg.): Acta Historica Leopoldina 55. Vorträge und Abhandlungen zur Wissenschaftsgeschichte 2010. Halle 2010, S. 23–38.

Hettwer, Ursula: Leben und Wirken des ersten Lehrers der Zahnheilkunde in Halle Anton Rudolf Hohl. Diplomarbeit. Halle 1950.

Hillmann, Claudia: Revolution aus Halle. Hallenser entwickelten System für Hochspannungsausleitungen, das bis dahin für unmöglich galt. In: Wirtschaftsjournal 12 (2011), S. 16.

Hintzsche, Anna-Elisabeth: Die Friedrichs-Universität Halle und die Erkundung der Welt im 18. Jahrhundert. Georg Wilhelm Steller und Friedrich Hoffmann – der Schüler ehrt seinen Lehrer. In: Ärzteblatt Sachsen-Anhalt 21 (2000), S. 67–68.

Hirschinger, Frank: „Zur Ausmerzung freigegeben". Halle und die Landesheilanstalt Altscherbitz 1933–1945. Köln 2001, S. 46–47.

Hogwood, Christopher: Georg Friedrich Händel. Frankfurt/Main, Leipzig 2000.

Hübner, Hans: Georg Forster – humanistischer Wissenschaftler und deutscher Jakobiner. In: Hans Hübner, Burchard Thaler (Hg.): Georg Forster (1754–1794). Ein Leben für den wissenschaftlichen und politischen Fortschritt. Halle 1981, S. 7–19.

Jacobi, Juliane: Der Blick auf das Kind. Zur Entstehung der Pädagogik in den Schulen des Halleschen Waisenhauses. In: Josef N. Neumann, Udo Sträter (Hg.): Das Kind in Pietismus und Aufklärung. Tübingen 2010, S. 47–60.

Jakubowski-Tiessen, Manfred: Von Spener zu Francke – Der Pietismus im 17. und 18. Jahrhundert in seiner europäischen Dimension. In: Holger Zaunstöck, Thomas Müller-Bahlke, Claus Veltmann (Hg.): Die Welt verändern. August Hermann Francke. Ein Lebenswerk um 1700. Halle 2013, S. 29–39.

Kant, Immanuel: Grundlegung zur Metaphysik der Sitten. Stuttgart 2008.

Kern, Otto: Friedrich August Wolf. In: Historische Kommission für die Provinz Sachsen und für Anhalt (Hg.): Mitteldeutsche Lebensbilder. Bd. 1. Lebensbilder des 19. Jahrhunderts. Magdeburg 1926, S. 1–11.

Kertscher, Hans-Joachim: Hallesche Verlagsanstalten der Aufklärungsepoche. Die Verleger Carl Hermann Hemmerde und Carl August Schwetschke. Halle 2004.

Kertschner, Hans-Joachim: Christian Wolffs zweiter Aufenthalt in Halle. In: Jürgen Stolzenberg, Oliver-Pierre Rudolf (Hg.): Christian Wolff: Gesammelte Werke. Bd. 105 (Wolffiana II.5. Christian Wolff und die europäische Aufklärung). Hildesheim (u.a.) 2010, S. 435–459.

Kirsch, Rainer: Kopien nach Originalen. 3 Porträts & 1 Reportage. Leipzig 1981.

Kleemann, Hans: Robert Franz Reihe. In: Historische Kommission für die Provinz Sachsen und für Anhalt (Hg.): Mitteldeutsche Lebensbilder. Bd. 1. Lebensbilder des 19. Jahrhunderts. Magdeburg 1926, S. 209–220.

Kleinau, Elke: Geschichte der Mädchen- und Frauenbildung. Bd. 1: Vom Mittelalter bis zur Aufklärung. Frankfurt/Main 1996.

Kleinert, Andreas: „Philolog und Kenner der Physik". Altertumskunde und Experimentalphysik bei Johann Salomo Christoph Schweigger. In: Berichte zur Wissenschaftsgeschichte 23 (2000), S. 191–202.

Kleinert, Paul: Comenius, Johann Amos. In: Realenzyklopädie für protestantische Theologie und Kirche. Bd. 4. Leipzig 1898, S. 247–250.

Kleinschmidt, Christian: Technik und Wirtschaft im 19. und 20. Jahrhundert. München 2006.

Kleist, Karl: Carl Wernicke (1848–1905). In: Kurt Knolle (Hg.): Grosse Nervenärzte. Bd. 2. 22 Lebensbilder. Stuttgart 1970, S. 106–128.

Klunker, Ulf Rudyard: Bestand und Identität der human-teratologischen Präparate in den Meckel'schen Sammlungen unter besonderer Berücksichtigung des wissenschaftlichen Werkes von Johann Friedrich Meckel dem Jüngeren (1781–1833). Halle 2003.

Koebling, Huldrych M.: Joseph Lister (1827–1912). In: Dietrich von Engelhardt, Fritz Hartmann (Hg.): Klassiker der Medizin. Bd. 2. München 1991, S. 234–246.

Konert, Jürgen: Die historische Entwicklung der Urologie in Halle und der spezifische Beitrag der „Hallenser urologischen Schule" zur Disziplingenese. Diss. B, Halle (Saale) 1989.

Konert, Jürgen: Hoffmann oder Stahl? Medizinische Fakultät und Franckesche Stiftungen in der Gründungsära. In: Richard Toellner (Hg.): Die Geburt einer sanften Medizin. Die Franckeschen Stiftungen zu Halle als Begegnungsstätte von Medizin und Pietismus im frühen 18. Jahrhundert. Tagungsband zum internationalen Symposium der Franckeschen Stiftungen vom 16. bis 19. April 1998. Halle 2004, S. 51–72.

Kranich, Sebastian: Mathäus Ludwig Wucherer, Carl August Jacob, Johann Gottfried Boltze, Carl Adolph Riebeck: Christliche Unternehmer im Raum Halle. In: Sebastian Kranich, Peggy Renger-Berka, Klaus Tanner (Hg.): Diakonissen – Unternehmer – Pfarrer. Sozialer Protestantismus in Mitteldeutschland im 19. Jahrhundert. Leipzig 2009, S. 111–118.

Krey, Hermann: Carl Adolph Riebeck. In: Historische Kommission für die Provinz Sachsen und für Anhalt (Hg.): Mitteldeutsche Lebensbilder. Bd. 1. Lebensbilder des 19. Jahrhunderts. Magdeburg 1926, S. 258–270.

Kvitting, John-Peder and Christian Olin Clarence Crafoord: A Giant in Cardiothoracic Surgery. The First to Repair Aortic Coarctation. In: The Annals of Thoracic Surgery 87 (2009), S. 342–346.

Labisch, Alfons: Homo Hygienicus. Gesundheit und Medizin in der Neuzeit. Frankfurt/Main, New York 1992.

Labisch, Alfons: Die „hygienische Revolution" im medizinischen Denken. Medizinisches Wissen und ärztliches Handeln. In: Angelika Ebbinghaus, Klaus Dörner (Hg.): Vernichten und Heilen. Der Nürnberger Ärzteprozeß und seine Folgen. Berlin 2002, S. 68–92.

Lammel, Hans-Uwe: Kurt Sprengel und die deutschsprachige Medizingeschichtsschreibung in der ersten Hälfte des 19. Jahrhunderts. In: Andreas Frewer, Volker Roelcke (Hg.): Die Institutionalisierung der Medizinhistoriographie. Entwicklungslinien vom 19. ins 20. Jahrhundert. Stuttgart 2001, S. 27–37.

Lanz, Almut: Friedrich Hoffmann: Concordance between medical theory and practice. In: Jürgen Helm, Renate Wilson (Hg.): Medical Theory and Therapeutic Practice in the Eighteenth Century. A Transatlantic Perspective. Stuttgart 2008, S. 159–176.

Leonhardt, Jürgen: Latein, Geschichte einer Weltsprache. München 2009.

Loch, Werner: Deutsche Pädagogik am Beispiel August Hermann Franckes. In: Martin Brecht, Klaus Deppermann, Ulrich Gäbler, Hartmut Lehmann (Hg.): Geschichte des Pietismus. Bd. 4. Glaubenswelt und Lebenswelten. Göttingen 2004, S. 264–308.

Löffler, Andreas: Sonotec Ultraschallsensorik Halle GmbH. Erfolg durch Kooperation. In: Mitteldeutsche Wirtschaft. Das Magazin der IHK Halle-Dessau 3 (2013), S. 20.

Ludwig, Hans: Das Kaltenbach-Schema. In: Der Gynäkologe 37 (2004), S. 1148–1150.

Lühmann, Werner: Konfuzius: aufgeklärter Philosoph oder reaktionärer Moralapostel? Der Bruch in der Konfuzius-Rezeption der deutschen Philosophie des ausgehenden 18. und beginnenden 19. Jahrhunderts. Wiesbaden 2003.

Lutterbeck, Klaus-Gert: Staat und Gesellschaft bei Christian Thomasius und Christian Wolff. Stuttgart 2002.

Mack, Cecile: Henriette Hirschfeld-Tiburtius (1834–1911): Das Leben der ersten selbständigen Zahnärztin Deutschlands. Frankfurt/Main 1999.

Mahlmann-Bauer, Barbara: Wolffs Hochschulpolitik. Institutionengeschichtliche Hintergründe von Wolffs Vertreibung aus Halle. In: Jürgen Stolzenberg, Oliver-Pierre Rudolf (Hg.): Christian Wolff: Gesammelte Werke. Bd. 105 (Wolffiana II.5. Christian Wolff und die europäische Aufklärung). Hildesheim (u.a.) 2010, S. 358–363.

Mainwaring, John, Asow, Hedwig Müller von und Erich Hermann Müller von Asow (Hg.): Georg Friedrich Händel. Biographie, Briefe und Schriften. (Nachdruck) Hildesheim (u.a.) 1977.

Mansour, Sonia: Die Ausbildung in zahnärztlicher Prothetik an der Universitätszahnklinik Halle in den Jahren von 1948 bis 1998 unter Berücksichtigung der wissenschaftlichen und technischen Entwicklung. Dissertation. Halle 2009.

Marneros, Andreas und Frank Pillmann: Das Wort Psychiatrie ... wurde in Halle geboren. Von den Anfängen der deutschen Psychiatrie. Stuttgart 2005.

Marx, Hans Joachim: Das Händel-Handbuch in 6 Bänden. Bd. 3: Händels Oratorien, Oden und Serenaten. Laaber 2008.

Massenkeil, Günther: Oratorium und Passion. Laaber 1998.

Mocek, Reinhard: Johann Christian Reil (1759–1813). Das Problem des Übergangs von der Spätaufklärung zur Romantik in Biologie und Medizin in Deutschland. Frankfurt/Main 1995.

Müller, Christian: Wer hat die Geisteskranken von den Ketten befreit? Skizzen zur Psychiatriegeschichte. Bonn 1998.

Müller, Ingo Wilhelm: Iatromechanische Theorie und ärztliche Praxis im Vergleich zur galenistischen Medizin, Friedrich Hoffmann – Pieter van Foreest – Jan van Heurne. Stuttgart 1991.

Münch, Hans-Joachim, Horst-Meyer, Santer und Melanie Schmidt: Ultraschall in der Medizin in Sachsen-Anhalt. In: Mitteldeutsche Mitteilungen. Zeitschrift des VDI-Landesverbands 3 (2011), S. 12–13.

Musketa, Konstanze (Hg.): Robert Franz (1815–1892). Bericht über die wissenschaftliche Konferenz anlässlich seines 100. Todestages am 23. und 24. Oktober 1992 in Halle (Saale). Halle 1993.

Musketa, Konstanze und Christiane Rieche: Händel – der Europäer. Führer durch die Ausstellung im Händel-Haus. Halle 2009.

Neidhart, Ludwig: Unendlichkeit im Schnittpunkt von Mathematik und Theologie. 2. historischer und theologischer Teil. Göttingen 2007.

Neumann, Hartmut P. H.: Rudolf Kaltenbach. Zum 150. Geburtstag und 100. Todestag. In: Geburtshilfe und Frauenheilkunde 53 (1993), S. 204–211.

Neumann, Josef N.: „... davon künfftig auch andere in Curen Nutzen haben könten" – Körperkonzept, anatomisches Wissen, medizinische Praxis in der Frühneuzeit bis Ende des 18. Jahrhunderts. In: Rüdiger Schultka, Josef N. Neumann (Hg.) unter Mitarbeit von Susanne Weidemann: Anatomie und Anatomische Sammlungen im 18. Jahrhundert anlässlich der 250. Wiederkehr des Geburtstages von Philipp Friedrich Theodor Meckel (1755–1803). Berlin 2007, S. 73–95.

Nowojski, Walter: Victor Klemperer (1881–1960). Romanist – Chronist der Vorhölle. Berlin 2004.

Oberschelp, Axel: Das Hallesche Waisenhaus und seine Lehrer im 18. Jahrhundert. Lernen und Lehren im Kontext einer frühneuzeitlichen Bildungskonzeption. Tübingen 2006.

Ohmann, Oliver: Friedrich Ludwig Jahn. Sutton, Erfurt 2008.

Ohmann, Oliver: Turnvater Jahn und die deutschen Sportfeste. Sutton, Erfurt 2008.

Pantenius, Michael: Vater des Rationalismus: Christian Wolff (1679–1754), Aufklärer, Philosoph und Publizist. In: Ders. (Hg.): Gelehrte, Weltanschauer, auch Poeten ... literarische Porträts berühmter Hallenser. Halle 2006, S. 39–42.

Pedersen, Olaf: Tradition und Innovation. In: Walter Rüegg (Hg.): Geschichte der Universität in Europa. Bd. 2. Von der Reformation zur Französischen Revolution (1500–1800). München 1996, S. 363–390.

Phillips, Denise: Science, Myths and Eastern Souls. J. S. C. Schweigger and the Society for the Spread of Natural Knowledge and Higher Truth. In: East Asian Science, Technology and Medicine 26 (2007), S. 40–67.

Piechocki, Werner: Johann Christian Reil 1759–1813. In: Rudolf Zaunick (Hg.): Vier auf der Reil-Feier in Halle am 25. Februar 1959 gehaltene Vorträge (= Nova Acta Leopoldina, 144). Leipzig 1960, S. 103–125.

Piechocki, Werner: Zur Leichenversorgung der halleschen Anatomie im 18. und 19. Jahrhundert. In: Rudolph Zaunick (Hg.): Beiträge zur Geschichte des Gesundheitswesens der Stadt Halle und der Medizinischen Fakultät der Universität Halle (= Acta Historica Leopoldina, 2). Leipzig 1965, S. 67–105.

Piechocki, Werner: Gesundheitsfürsorge und Krankenpflege in den Franckeschen Stiftungen in Halle/Saale. In: Rudolph Zaunick (Hg.): Beiträge zur Geschichte des Gesundheitswesens der Stadt Halle und der Medizinischen Fakultät der Universität Halle (= Acta Historica Leopoldina, 2). Leipzig 1996, S. 29–66.

PUCARO Elektro-Isolierstoffe GmbH: HaPusystem. Hochspannungsausleitungssystem für Transformatoren. Roigheim 2012.

Purkert, Walter und Hans Joachim Ilgauds: Georg Cantor. Leipzig 1985.

Quast, Elisabeth: Ein unbequemer Mitarbeiter. Johann Wolfgang Künstel, Chemiker und Arzt. In: Christian Soboth, Udo Sträter, Hartmut Lehmann (Hg.): „Aus Gottes Wort und eigener Erfahrung gezeiget“ Erfahrung – Glauben, Erkennen und Handeln im Pietismus. Beiträge zum III. internationalen Kongress für Pietismusforschung 2009. Halle 2012, S. 735–752.

Reichenbach, Erwin: Die Anfänge und die Entwicklung des zahnärztlichen Unterrichts an den drei mitteldeutschen Universitäten Halle, Jena, Leipzig. In: Deutsche Zahnärztliche Zeitschrift 14/17 (1959), S. 1185–1196.

Reuter, Jürgen: Die Frühzeit der akademischen Zahnheilkunde in Halle. In: Wolfram Kaiser, Hans Hübner (Hg.): Beiträge zur Wissenschaftsgeschichte. Naturwissenschaften und Medizin im ausgehenden 19. Jahrhundert. Halle 1980, S. 26–32.

Ricken, Ulrich: Christian Wolffs deutsche Wissenschaftssprache und einige Aspekte ihrer Rezeption. In: Jürgen Stolzenberg, Oliver-Pierre Rudolf (Hg.): Christian Wolff: Gesammelte Werke. Bd. 105 (Wolffiana II.5. Christian Wolff und die europäische Aufklärung). Hildesheim (u.a.) 2010, S. 177–192.

Ritter, Heidi und Eva Scherf: Habe unbändig viel zu tun ... Johann Christian Reil. Halle 2011.

Roelcke, Volker: „Wir rücken Schritt vor Schritt dem Tollhause näher ...“ Das moderne Leben und die Nervenkrankheiten bei Johann Christian Reil (1759–1913). In: Sudhoffs Archiv 80 (1996), S. 56–67.

Rothschuh, Karl Eduard: Studien zu Friedrich Hoffmann (1660–1742). In: Sudhoffs Archiv 60 (1976), S. 235–270.
Sachße, Christoph und Florian Tennstedt: Geschichte der Armenfürsorge in Deutschland. Bd. 1: Vom Spätmittelalter bis zum 1. Weltkrieg. Stuttgart 1998.
Sass, Hans-Martin: Für präzise und differenzierte Begriffe. In: Mitteilungen des Hochschulverbandes 10 (1991), S. 233–236.
Scheibert, Peter: Lomonosov, Christian Wolff und die Universität Marburg. In: Philipps-Universität Marburg (Hg.): Academia Marburgensis. Beiträge zur Geschichte. Marburg 1977, S. 231–240.
Schierhorn, Helmke: Johann Friedrich Meckel (1724–1774). In: Anatomischer Anzeiger 37 (1975), S. 221–256.
Schmid, Christof, Schmitto, Jan D. und Hans H. Scheld: Herztransplantation in Deutschland. Ein geschichtlicher Überblick. Darmstadt 2003.
Schmidt, Angelika: Leben und Werk des Hallenser Zahnmediziners Hans Körner. Würzburg 2001.
Schmidt, Martin: Epochen der Pietismusforschung. In: Ders. (Hg.): Der Pietismus als theologische Erscheinung. Göttingen 1984, S. 34–83.
Schneider, Felix: Die Entwicklung der Kiefertraumatologie an der Martin-Luther-Universität Halle-Wittenberg. Dissertation. Halle 2012.
Schott, Heinz: Brownianismus. „Sthenie" und „Asthenie" als globales Heilsystem: In: Ders. (Hg.): Der sympathetische Arzt. Texte zur Medizin im 18. Jahrhundert. München 1998, S. 142–247.
Schott, Heinz und Rainer Tölle: Geschichte der Psychiatrie. Krankheitslehren. Irrwege. Behandlungsformen. München 2006.
Schoultz, Martin Weyer von: Max von Pettenkofer (1818–1901). Die Entstehung der modernen Hygiene aus den empirischen Studien menschlicher Lebensgrundlagen. Frankfurt/Main (u.a.) 2006.
Schramm, Manuel: Wirtschaft und Wissenschaft in DDR und BRD. Die Kategorie Vertrauen in Innovationsprozessen. Köln, Weimar, Wien 2008.
Schröder, Dorothea: Georg Friedrich Händel. München 2008.
Schröder, Peter: Christian Thomasius zur Einführung. Hamburg 1999.
Schultka, Rüdiger: Wilhelm Roux (1850–1924) und seine Sammlung für Entwicklungsmechanik. In: Annals of the History and Philosophy of Biology 15 (2010), S. 295–321.
Schultka, Rüdiger: Das vorzüglichste Cabinett. Die Meckelschen Sammlungen zu Halle (Saale). Wettin-Löbejün OT Dößel 2012.
Schultka, Rüdiger und Luminita Göbbel: Philipp Friedrich Theodor Meckel (1755–1803) – Lebensdaten und Lebenswerk. In: Rüdiger Schultka, Josef N. Neumann (Hg.) unter Mitarbeit von Susanne Weidemann: Anatomie und Anatomische Sammlungen im 18. Jahrhundert anlässlich der 250. Wiederkehr des Geburtstages von Philipp Friedrich Theodor Mekkel (1755–1803). Berlin 2007, S. 23–71.
Schultka, Rüdiger und Luminita Göbbel: Die Hallesche Anatomie und ihre Sammlungen. Ein Instituts- und Sammlungsführer. Reinbeck 2011.
Schwarz, Sabine: Die anatomische Privatsammlung der Anatomenfamilie Meckel unter besonderer Berücksichtigung ihres präparationstechnischen Profils. Halle Univ. Med. Fak. Diss. 1999.
Smith, Ruth: Handel's Oratorios and Eighteenth-Century Thought. Cambridge 1995.
Steger, Florian: Antike Diätetik – Lebensweise und Medizin. In: N.T.M. Internationale Zeitschrift für Geschichte und Ethik der Naturwissenschaften, Technik und Medizin 12 (2004), S. 146–160.

Steger, Florian: Johann Christian Reil (1759–1813). Auf dem Weg zwischen Tollhaus und wissenschaftlicher „Psychiaterie“. In: Achim Lipp, Jürgen Lasch (Hg.): Hallesche Helden der Heilkunst. Bedeutende Ärzte und Wissenschaftler der medizinischen Fakultät. Halle 2013, S. 97–113.

Steger, Florian: Fritz Jahr (1895–1953). Eine biographische Skizze. In: Florian Steger, Jan C. Joerden, Maximilian Schochow (Hg.): 1926 – Die Geburt der Bioethik in Halle (Saale) durch den protestantischen Theologen Fritz Jahr (1895–1953). Frankfurt/Main 2014 [im Druck].

Steger, Florian, Meyer, Nadine und Wolfgang Locher: Max von Pettenkofers (1818–1901) Beziehungen zu russischen Hygienikern. In: Ortrun Riha, Marta Fischer (Hg.): Naturwissenschaft als Kommunikationsraum. Aachen 2011, S. 287–298.

Steger, Florian und Maximilian Schochow: Der Medizinische Fakultätentag 1913–2013. In: Michael Gekle, Florian Steger (Hg.): 100 Jahre Medizinischer Fakultätentag – von Halle nach Halle. Halle 2013, S. 13–131.

Steger, Florian und Maximilian Schochow: Medizin in Halle. Ein medizinhistorischer Stadtführer. Halle 2013.

Steger, Florian und Maximilian Schochow: Volkmanns scharfer Löffel und die Märchen von Leander. In: Achim Lipp, Jürgen Lasch (Hg.): Hallesche Helden der Heilkunst. Halle 2013, S. 115–135.

Stier, Bernhard: Fürsorge und Disziplinierung im Zeitalter des Absolutismus. Das Pforzheimer Zucht- und Waisenhaus und die badische Sozialpolitik im 18. Jahrhundert. Sigmaringen 1988.

Stokes, Raymond G.: Von Trabbis und Acetylen – Die Technikentwicklung. In: André Steiner (Hg.): Überholen ohne einzuholen. Die DDR-Wirtschaft als Fußnote der deutschen Geschichte? Berlin 2006, S. 105–125.

Strube, Irene: Georg Ernst Stahl. Leipzig 1984.

Thiele, Andrea: Im Spannungsfeld von Staat und Stadt – soziale und wirtschaftliche Aspekte des Transformationsprozesses Halles von der Residenz- zur Universitätsstadt: In: Heiner Lück (Hg.): Christian Thomasius (1655–1728). Gelehrter Bürger in Leipzig und Halle. Abhandlungen der Sächsischen Akademie der Wissenschaften zu Leipzig – Philologisch-historische Klasse. Leipzig, Stuttgart 2008, S. 98–116.

Trendelenburg, Friedrich: Einleitung. In: Ders. (Hg.): Joseph Lister's Erste Veröffentlichungen über die antiseptische Wundbehandlung (1867. 1868. 1869). Leipzig 1912, S. 3–18.

Trieder, Simone: Richard von Volkmann-Leander. Chirurg und Literat. Halle 2006.

Tütken, Hans: Privatdozenten im Schatten der Georgia Augusta. Zur älteren Privatdozentur (1734–1831). Teil 1. Statutenrecht und Alltagspraxis. Göttingen 2005.

Ueberhorst, Horst: Jahn, Friedrich Ludwig. In: Neue Deutsche Biografie. Bd. 10. Berlin 1974, S. 301–303.

Vögele, Jörg: Der Auf- und Ausbau städtischer Gesundheitsverwaltungen während der Urbanisierung – zur Entwicklung der Gesundheitsverhältnisse im 19. und 20. Jahrhundert. In: Karin Stukenbrock, Jürgen Helm (Hg.): Stadt und Gesundheit. Soziale Fürsorge in Halle vom 18. bis zum 20. Jahrhundert. Halle 2006, S. 64–80.

Wallmann, Johannes: Einführung. In: Paul Raabe (Hg.) unter Mitarbeit von Hannelore Ruhle, Elke Stateczny: Vier Thaler und sechzehn Groschen. August Hermann Francke. Der Stifter und sein Werk. Ausstellung im Hauptgebäude der Franckeschen Stiftungen vom 21. März 1998 bis 31. Januar 1999. Halle 1998, S. 35–47.

Watzka, Carlos: Vom Hospital zum Krankenhaus. Zum Umgang mit psychisch und somatisch Kranken im frühneuzeitlichen Europa. Köln 2005.

Weber, Cornelia: Universitäre Sammlungen – ihre Bedeutung in Vergangenheit und Gegenwart. In: Rüdiger Schultka, Josef N. Neumann (Hg.) unter Mitarbeit von Susanne Weidemann: Anatomie und Anatomische Sammlungen im 18. Jahrhundert anlässlich der 250. Wiederkehr des Geburtstages von Philipp Friedrich Theodor Meckel (1755–1803). Berlin 2007, S. 397–404.

Weder, Heinrich: Sozialhygiene und pragmatische Gesundheitspolitik in der Weimarer Republik am Beispiel des Sozial- und Gewebehygienikers Benno Chajes (1880–1938). Husum 2000, S. 402–403.

Wenzel, Klaus-Peter: Der hallesche Chirurg Karl Ludwig Schober (1912–1999). Halle 2012.

Wilde, Manfred: Christian Thomasius im Spannungsfeld der späteren Hexenprozesse in Kursachsen und in Brandenburg. In: Heiner Lück (Hg.): Christian Thomasius (1655–1728). Gelehrter Bürger in Leipzig und Halle. Abhandlungen der Sächsischen Akademie der Wissenschaften zu Leipzig – Philologisch-historische Klasse. Leipzig, Stuttgart 2008, S. 141–154.

Will, Rolf: Philipp Pfaff (1713–1766): Begründer der Deutschen Zahnmedizin. Langenweißbach 2002.

Winckel, Franz von: Kaltenbach, Rudolf. In: Allgemeine Deutsche Biographie. Bd. 51. Leipzig 1906, S. 25–26.

Winkler, Heinrich August: Der lange Weg nach Westen. Bd. 1. Deutsche Geschichte vom Ende des alten Reiches bis zum Untergang der Weimarer Republik. 5., durchges. Aufl. München 2010.

Wischniewski, M.: 9.3. Trocknen von Kohle. In: Karl Kröll, Werner Kast (Hg.): Trocknungstechnik. Bd. 3. Trocknen und Trockner in der Produktion. Berlin (u.a.) 1989, S. 514–535.

Witt, Ulrike: Bekehrung, Bildung und Biografie. Frauen im Umkreis des Halleschen Pietismus. Göttingen 1996.

Wuttke, Heinrich (Hg.): Christian Wolffs eigene Lebensbeschreibung mit einer Abhandlung über Wolff. Leipzig 1841, S. 107–201.

Zempliner, Artur: Die chinesische Philosophie und J. Ch. Wolff. In: Deutsche Zeitschrift für Philosophie 6 (1962), 758–778.

Zermelo, Ernst (Hg.): Georg Cantor. Gesammelte Abhandlungen mathematischen und philosophischen Inhalts. Berlin 1932.

Ziemer, Gerhard und Axel Haverich: Herzchirurgie. Die Eingriffe am Herzen und den herznahen Gefäßen. Berlin, Heidelberg 2010.

Zierz, Stephan: Aus den Anfängen der Medizinischen Fakultät der Fridericiana Halensis. In: Achim Lipp, Jürgen Lasch (Hg.): Hallesche Helden der Heilkunst. Bedeutende Ärzte und Wissenschaftler der Medizinischen Fakultät. Halle 2013, S. 47–56.

Abbildungsverzeichnis

Eine Einführung in Entdeckungen, Erfindungen und Innovationen in Halle (Saale)

Abb. 1: Johann Heinrich Schulze: Historia Medicinae. Leipzig 1728 (Bayerische Staatsbibliothek München, Bibl. Sud. 2118, Titelblatt)

Abb. 2: Stellersche Seekuh. Radierung nach Johann Andreas Fleischmann (1811–1878), Galerie Saxonia, München

Abb. 3: Georg Forster's sämmtliche Schriften. Erster Band: Johann Reinhold Forster's und Georg Forster's Reise um die Welt in den Jahren 1772 bis 1775. Leipzig 1843 (Universitäts- und Landesbibliothek Sachsen-Anhalt, Dd 873, Titelblatt)

Abb. 4: Stadtarchiv Halle (Saale), A 186

Abb. 5: August Böckh: Ueber die Versmaße des Pindaros. In: Friedrich August Wolf und Philipp Buttmann (Hg.): Museum der Alterthumswissenschaft. Zweiter Band. Berlin 1808, S. 167 (Universitätsbibliothek Heidelberg, Digitale Bibliothek)

Abb. 6: Kurt Sprengel: Der botanische Garten der Universität zu Halle im Jahre 1799. Halle 1800 (Bayerische Staatsbibliothek München, Phyt. 190-1)

Abb. 7: Halle im Bild, www.halle-im-bild.de, Peter Kolbert

Abb. 8: Museo Galileo Florenz

Abb. 9: Halle im Bild, www.halle-im-bild.de, Sven Götze

Abb. 10: Stadtarchiv Halle (Saale), CDR 848

Abb. 11: Dieter Gräf

Abb. 12: Rudolf Kaltenbach: Über Hülfsmittel des gynäkologischen Unterrichtes. In: Zeitschrift für Geburtshilfe und Gynäkologie 21 (1891), S. 228–296 (Universitäts- und Landesbibliothek Sachsen-Anhalt, Um 240, 8)

Abb. 13: Universitätsarchiv der Martin-Luther-Universität Halle-Wittenberg, Rep 40-I, K80

Abb. 14: National Cancer Institute at National Institutes of Health (NIH), www.cancer.gov, USA

Abb. 15: scientia halensis. Das Magazin der Martin-Luther-Universität Halle-Wittenberg 2 (2012), S. 17, Corinna Bertz

Abb. 16: Universitätsarchiv der Martin-Luther-Universität Halle-Wittenberg, Rep 40-I, W9

Abb. 17: Heinz-Bethge Stiftung für angewandte Elektronenmikroskopie

Abb. 18: scientia halensis. Das Magazin der Martin-Luther-Universität Halle-Wittenberg 2 (2012), S. 17, Sarah Huke

Abb. 19: Universitätsarchiv der Martin-Luther-Universität Halle-Wittenberg, Rep 40-I, R 65

Abb. 20: Fraunhofer IWM Halle

Bildung für alle – die Gründung der Glauchaer Anstalten in Halle (Saale) durch August Hermann Francke (1663–1727)

Abb. 1: Martin-Luther-Universität Halle-Wittenberg, Zentrale Kustodie, Fotoarchiv

Abb. 2: Johann Christoph Dreyhaupt: Pagus Neletici Et Nudzici, Oder Ausführliche diplomatisch-historische Beschreibung des zum ehemaligen Primat und Ertz-Stifft (...). Bd. 2. Halle 1750, S. 144

Abb. 3: Franckesche Stiftungen zu Halle (Saale), Uwe Gaasch

Abb. 4: Hermann August Francke: Historische Nachricht. Wie sich die Zuverpflegung der Armen und Erziehung der Jugend in Glaucha an Halle gemachte Anstalten veranlasset eines aus dem andern gefolget und das gantze Werck durch Göttlichen Segen von A. 1694. biß A. 1697. im Monath Junio fortgesetzet und eingerichtet sey. Frankfurt an der Oder 1697 (Universitäts- und Landesbibliothek Sachsen-Anhalt, an Pon Yb 3686 (1), Titelblatt)

Abb. 5: Hermann August Francke: Kurtze und deutliche Nachricht, In welcher Verfassung Die zu Glaucha an Halle Beydes zur Erziehung der Jugend, und zur Aufnehmung, Auch nöthiger Verpflegung der Dürfftigen gemachte Anstalten Sich ietziger Zeit im Julio 1709. befinden. Halle 1709 (Universitäts- und Landesbibliothek Sachsen-Anhalt, an Pon Yb 3713 b/3 (7), Titelblatt)

Europa blickt auf die Medizin in Halle (Saale) – die Reform der Heilkunde im 18. Jahrhundert: Friedrich Hoffmann (1660–1742) und Georg Ernst Stahl (1659–1734)

Abb. 1: Martin-Luther-Universität Halle-Wittenberg, Zentrale Kustodie, Fotoarchiv

Abb. 2: Friedrich Hoffmann: Medicina Rationalis Systematica, Tomi Quarti (…). Halle 1734 (Bayerische Staatsbibliothek München, 4 Med.g. 113 a-4,2/3, Titelblatt)

Abb. 3: Prof. Dr. Stephan Zierz, Daniel Gandyra

Abb: 4: *scientia halensis*. Das Magazin der Martin-Luther-Universität Halle-Wittenberg 2 (2012), S. 17, Sarah Huke

Abb. 5: Martin-Luther-Universität Halle-Wittenberg, Zentrale Kustodie, Fotoarchiv

Abb. 6: Georg Ernst Stahl: Theoria Medica Vera, Physiologiam Et Pathologiam: Tanquam Doctrinae Medicae Partes Vere Contemplativas, e Naturae & Artis Veris Fundamentis Intaminata Ratione Et Inconcussa Experientia Sistens. Halle 1737 (Landesbibliothek Sachsen-Anhalt, Ud 224 a, Titelblatt)

Die Abschaffung der Hexenprozesse – Christian Thomasius (1655–1728) und seine grundlegende Justizreform

Abb. 1: Martin-Luther-Universität Halle-Wittenberg, Zentrale Kustodie, Fotoarchiv

Abb. 2: Christian Thomasius: Institutionum Jurisprudentiae Divinae Libri Tres. Halle 1710 (Landesbibliothek Sachsen-Anhalt, AB 154076 (1), Titelblatt)

Abb. 3: Ludwig Bechstein: Zweihundert Bildnisse und Lebensbeschreibungen berühmter deutscher Männer. Leipzig 1857, S. 379 (Landesbibliothek Sachsen-Anhalt, Nv 452 a)

Abb. 4: Stabsstelle Presse- und Unternehmenskommunikation UKH, Zentrale Fotostelle, Daniel Gandyra

Abb. 5: Stabsstelle Presse- und Unternehmenskommunikation UKH, Zentrale Fotostelle, Daniel Gandyra

Deutsch als Wissenschaftssprache und die Förderung der chinesischen Philosophie in Europa – Christian Wolff (1679–1754)

Abb. 1: Martin-Luther-Universität Halle-Wittenberg, Zentrale Kustodie, Fotoarchiv

Abb. 2: Christian von Wolff: Ausführliche Nachricht von seinen eigenen Schrifften, die er in deutscher Sprache von den verschiedenen Theilen der Welt-Weißheit heraus gegeben. Franckfurt am Mayn 1733 (Landesbibliothek Sachsen-Anhalt, Fa 3122, Titelblatt)

Abb. 3: Stabsstelle Presse- und Unternehmenskommunikation UKH, Zentrale Fotostelle, Daniel Gandyra

Abb. 4: Stabsstelle Presse- und Unternehmenskommunikation UKH, Zentrale Fotostelle, Daniel Gandyra

Abb. 5: Stabsstelle Presse- und Unternehmenskommunikation UKH, Zentrale Fotostelle, Daniel Gandyra

250 Stunden Musik aus einer Feder und das englische Oratorium – Georg Friedrich Händel (1685–1759)

Abb. 1: Pfarrarchiv der Marktkirchengemeinde zu Halle, Taufregister Unser Lieber Frauen 1667-1686, S. 663

Abb. 2: Stabsstelle Presse- und Unternehmenskommunikation UKH, Zentrale Fotostelle, Daniel Gandyra

Abb. 3: Halle im Bild, www.halle-im-bild.de, Peter Kolbert

Abb. 4: Stadtmarketing Halle, Stadt Halle (Saale), Thomas Ziegler

Abb. 5: Stadtmarketing Halle, Stadt Halle (Saale), Thomas Ziegler

Lehren, Forschen, Staunen – die anatomischen Sammlungen der Martin-Luther-Universität Halle-Wittenberg und ihre Gründerväter

Abb. 1: Stadtarchiv Halle (Saale), BK 3765

Abb. 2: Bildarchiv der Meckelschen Sammlungen des Instituts für Anatomie und Zellbiologie der Martin-Luther-Universität Halle-Wittenberg

Abb. 3: Universitätsarchiv der Martin-Luther-Universität Halle-Wittenberg, Rep 40-I, M 22

Abb. 4: Bildarchiv der Meckelschen Sammlungen des Instituts für Anatomie und Zellbiologie der Martin-Luther-Universität Halle-Wittenberg

Abb. 5: Bildarchiv der Meckelschen Sammlungen des Instituts für Anatomie und Zellbiologie der Martin-Luther-Universität Halle-Wittenberg

Abb. 6: Stadtarchiv Halle (Saale), A 1904

Die Anfänge der deutschen Psychiatrie – Johann Christian Reil (1759–1813)

Abb. 1: Stabsstelle Presse- und Unternehmenskommunikation UKH, Zentrale Fotostelle, Daniel Gandyra

Abb. 2: Archiv der Leopoldina Nationale Akademie der Wissenschaften, MI 965

Abb. 3: Stabsstelle Presse- und Unternehmenskommunikation UKH, Zentrale Fotostelle, Daniel Gandyra

Abb. 4: Johann Christian Reil: Rhapsodieen über die Anwendung der psychischen Curmethode auf Geisteszerrüttungen. Halle 1803 (Bayerische Staatsbibliothek München, Path. 1036 b, Titelblatt)

Abb. 5: Stabsstelle Presse- und Unternehmenskommunikation UKH, Zentrale Fotostelle, Daniel Gandyra

Die antiseptische Wundbehandlung. Etablierung und Weiterentwicklung in Deutschland durch den Chirurgen Richard von Volkmann (1830–1889)

Abb. 1: Archiv der Leopoldina Nationale Akademie der Wissenschaften, MI 2353

Abb. 2: Archiv der Leopoldina Nationale Akademie der Wissenschaften, MI 2265

Abb. 3: Dr. Eleonore Schumann

Abb. 4: Stadtarchiv Halle (Saale), BK 7514

Abb. 5: Stadtarchiv Halle (Saale), BK 13815

Abb. 6: Martin-Luther-Universität Halle-Wittenberg, Zentrale Kustodie, Fotoarchiv

Wie groß ist die Unendlichkeit? Georg Cantor (1845–1918) und die Mengenlehre

Abb. 1: Archiv der Leopoldina Nationale Akademie der Wissenschaften, MI 2849

Abb. 2: Stabsstelle Presse- und Unternehmenskommunikation UKH, Zentrale Fotostelle, Daniel Gandyra

Abb. 3: Stabsstelle Presse- und Unternehmenskommunikation UKH, Zentrale Fotostelle, Daniel Gandyra

Abb. 4: Stabsstelle Presse- und Unternehmenskommunikation UKH, Zentrale Fotostelle, Daniel Gandyra

Abb. 5: Stabsstelle Presse- und Unternehmenskommunikation UKH, Zentrale Fotostelle, Daniel Gandyra

Halle (Saale) als Patient – die Bekämpfung der Säuglings- und Kindersterblichkeit durch Wilhelm von Drigalski (1871–1950)

Abb. 1: Stadtarchiv Halle (Saale), S 19

Abb. 2: Stadtarchiv Halle (Saale), P 206

Abb. 3: Wilhelm von Drigalski: Denkschrift über die Bildung einer Vereinigung zur Bekämpfung der Säuglingssterblichkeit und zur Verbreitung der Milch als Volksnahrungsmittel. Halle a. S. 1908. (Universitäts- und Landesbibliothek Sachsen, Pon Yb 3322, QK, Titelblatt)

Abb. 4: Aus dem Stadtärztlichen Amt in Halle a. S. Ueber Ergebnisse und Erfolge bei der Bekämpfung der Säuglingssterblichkeit im Jahre 1911. Leipzig 1912. (Universitäts- und Landesbibliothek Sachsen, Pon Yb 3239 b, Titelblatt)

Abb. 5: Stadtarchiv Halle (Saale), AF 630

Die frühe Gründung der Zahnärztlichen Klinik durch Ludwig Hollaender (1833–1897) an Vereinigten Friedrichs-Universität Halle-Wittenberg

Abb. 1: Universitätsarchiv der Martin-Luther-Universität Halle-Wittenberg, Rep. 6, Nr. 734

Abb. 2: Privatarchiv, Prof. Dr. Hans-Detlef Schneider

Abb. 3: Ludwig Heinrich Hollaender: Die Extraction der Zähne. Für Ärzte und Studierende. Leipzig 1882 (Universitäts- und Landesbibliothek Sachsen, Ul 1581, S. 47)

1926 – die Geburt der Bioethik in Halle (Saale) durch den evangelischen Pastor Fritz Jahr (1895–1953)

Abb. 1: Stadtarchiv Halle (Saale), Geburtsurkunde Fritz Jahr, Nr. 179/1895

Abb. 2: Fritz Jahr: Wissenschaft vom Leben und Sittenlehre. Alte Erkenntnis in neuem Gewande. In: Die Mittelschule. Zeitschrift für das gesamte mittlere Schulwesen 40 (1926), S. 604–605

Abb. 3: Iva Rinčić und Amir Muzur: Fritz Jahr i Radjanje Europske Bioetike. Zagreb 2012, S. 26

Abb. 4: Kosmos. Handweiser für Naturfreunde. Heft 24 (1927). (Universitäts- und Landesbibliothek Sachsen-Anhalt, Pa 1508, Titelblatt)

Die erste selbstgebaute Herz-Lungen-Maschine der DDR und ihr Konstrukteur Karl Ludwig Schober (1912–1999)

Abb. 1: Universitätsarchiv der Martin-Luther-Universität Halle-Wittenberg, Rep. 40-I, S 168

Abb. 2: Universitätsarchiv der Martin-Luther-Universität Halle-Wittenberg, Rep. 40 III, B 6, Bg

Abb. 3: Martin-Luther-Universität Halle-Wittenberg, Zentrale Kustodie, Fotoarchiv

Abb. 4: Universitätsarchiv der Martin-Luther-Universität Halle-Wittenberg, Rep. 40-III, B, 6Bg

Die Entwicklung der Ultraschalldiagnosetechnik in der DDR – Rudolf Millner (1928–2005) und der Standort Halle (Saale)

Abb. 1: Dr. Bernd Frentzel-Beyme, www.ultraschallmuseum.de

Abb. 2: Dr. Bernd Frentzel-Beyme, www.ultraschallmuseum.de

Abb. 3: Dr. Bernd Frentzel-Beyme, www.ultraschallmuseum.de

Abb. 4: Dr. Susanne Millner

Mobile Prüffelder, Öldiagnosen und Retrofit: Innovationen zur Instandsetzung von Transformatoren

Abb. 1: ABB AG Standort Halle (Saale)

Abb. 2: ABB AG Standort Halle (Saale)

Abb. 3: ABB AG Standort Halle (Saale)

Abb. 4: ABB AG Standort Halle (Saale)

Abb. 5: ABB AG Standort Halle (Saale)

Abb. 6: ABB AG Standort Halle (Saale)

Abb. 7: ABB AG Standort Halle (Saale)

Abb. 8: ABB AG Standort Halle (Saale)

Personenregister

Ortsregister

M

N

O

P

R

S

Z